지당에
비뿌리고

지당에 비 뿌리고

발행일	2019년 7월 5일

지은이	조종영		
펴낸이	손형국		
펴낸곳	(주)북랩	편집	오경진, 강대건, 최승헌, 최예은, 김경무
편집인	선일영		
디자인	이현수, 김민하, 한수희, 김윤주, 허지혜	제작	박기성, 황동현, 구성우, 장홍석
마케팅	김회란, 박진관, 조하라		
출판등록	2004. 12. 1(제2012-000051호)		
주소	서울시 금천구 가산디지털 1로 168, 우림라이온스밸리 B동 B113, 114호		
홈페이지	www.book.co.kr		
전화번호	(02)2026-5777	팩스	(02)2026-5747

ISBN	979-11-6299-738-3 03990 (종이책)	979-11-6299-739-0 05990 (전자책)

이 도서의 국립중앙도서관 출판예정도서목록(CIP)은 서지정보유통지원시스템 홈페이지(http://seoji.nl.go.kr)와
국가자료공동목록시스템(http://www.nl.go.kr/kolisnet)에서 이용하실 수 있습니다.
(CIP제어번호: CIP2019025195)

(주)북랩 성공출판의 파트너

북랩 홈페이지와 패밀리 사이트에서 다양한 출판 솔루션을 만나 보세요!

홈페이지 book.co.kr　•　**블로그** blog.naver.com/essaybook　•　**원고모집** book@book.co.kr

중봉 조헌과 그의 의병들

지탕에 뿌리고

저자 조종영 趙鍾英

북랩 book Lab

『지당에 비 뿌리고』는 중봉(重峯) 조헌(趙憲)이라는 역사적 인물의 파란만장한 49년 삶을 엮은 책이다. 중봉 조헌(趙憲, 1544~1592) 선생은 조선 중기의 문신으로, 관직을 떠나 초야에 묻혀 있다가 임진왜란이 일어나자 충청도에서 의병을 일으켜 금산전투에서 순절했다. 민족의 사표요, 절의(節義)의 표상으로 추앙받는 선생은 동국 18현으로 문묘(文廟)에 배향되었고, 영의정에 추증되었다. 선생은 권력과 재물과 명예를 초탈(超脫)한 분이었다. 그의 식견과 학문은 공명정대하고 수기(修己)에 엄격했으며, 불의를 비판하는 일에는 주저하지 않았다. 이에 따르는 온갖 저항과 난관에도 그는 한 치의 흔들림 없는 삶을 살았다.

임진왜란을 맞아 선생이 기병(起兵)하자 1,600여 명의 의사들이 각지에서 순식간에 모여들었다. 무기도 제대로 갖추지 못한 의병(義兵)들은 임진란 최초로 공성작전(攻城作戰)을 감행하여 청주성을 탈환했다. 그러자 이를 시기하는 관군의 방해는 극심했고, 결국 뿔뿔이 흩어지고 남은 의병 700여 명만이 선생을 따랐다. 정규 군인도 아닌 의병들은 금산 연곤평에서 일만 오천의 왜적과 맞서 싸우다가 한날 한자리에서 모두 순절했으니, 이는 동서고금의 전사(戰史)에서 찾아볼 수 없는 새로운 역사를 쓴 것이다. 이름조차 남기지 못한 수많은 의병들! 선생을 따라 고귀한 목숨을 나라에 바친 그 희생정신은 어디서 나온 것일까?

대부분의 사람들은 선생에 대해 임진왜란 당시 의병장(義兵將)으로 금산전투에서 순절한 의거에만 초점을 맞춘다. 그러나 그는 율곡(栗谷)과 우계(牛溪), 토정(土亭) 선생의 학문을 계승하는 큰 학자요, 정치개혁가이다. 또한, 330수의 한시(漢詩)와 3수의 평시조(平時調)도 남겼다. 선생을 단순히 의병장으로만 생각하는 것은 그의 일면만 아는 것에 불과한 것이다. 생전에 선생을 존숭하던 우암 송시열은 이런 사정을 다음과 같이 지적했다.

> 임진왜란에 임하여 목숨을 바친 것은 선생의 한 소절(小節)에 불과한 것인데, 세상에 말하는 사람들이 혹은 "하나의 의사(義士)에 불과할 뿐이다."라고 하는 것이다. 아! 그 덕을 아는 사람이 드무니 어찌 족히 선생의 만분의 일이라도 더불어 의논할 수 있을 것인가.

400여 년 전이나 지금이나 선생에 대한 인식이 별로 달라진 것이 없다는 사실에 안타까움을 느낀다.

선생은 어려서부터 학문에 대한 열정과 능력이 뛰어나서, 방대한 양의 독서와 『주자대전』, 『주자어류』, 『출사표』 등 주요 서적들은 모두 배송(背誦)하였고, 고금(古今)의 일에 박학했다. 선생의 학문은 실천과 실행을 바탕으로 하는 실천지학(實踐之學)에 있었다. 절의(節義)를 위해서라면 죽음을 두려워하지 않는 그는, 잘못된 정치를 비판하고 대안을 제시하며 백성을 염려하는 상소를 끊이지 않았다. 선생이 시폐(時弊)를 논하는 지부상소(持斧上疏)를 올렸다가 선조와 대신들의 노여움을 사 함경도 길주 영동역에 유배된 일이 있었다. 왜사(倭使)의 입국 소식을 듣고, 그는 유배지에서도 일본에 통신사를 보내서는 안 되는 까닭을 상소했다. 임진왜란을 예견하고, 이에 대한 대비를 간곡히 진언했으나 조정은 이를 무시했다. 임란 전에 그가 제시한 영호남비왜지책(嶺湖南備倭之策)은 왜적의 상륙 지역과 공격 진로가 그대로 일치했으니, 그의 안목과 식견에 놀라지 않을 수 없다. 조정이 선생의 상소를 받아들였다면, 왜적이 전 국토를 짓밟는 비극적인 전쟁으로까지 확전되지는 않았을 것이다.

"임란 후(壬亂後)에 이순신(李舜臣)이 있었다면, 임란 전(壬亂前)에는 중봉 조헌(重峯 趙憲)이 있었다."

세상에는 이러한 사실을 기억하는 사람도, 선생의 뛰어난 식견과 불굴의 충절을 제대로 아는 사람도 그리 많지 않다.

선생이 순절하실 때 나이가 49세로 그의 학문을 세상에 펼칠 인생의 황금기였다. 은봉(隱峯) 안방준(安邦俊)은 선생의 귀중한 자료가 민멸될 것을 염려하여 『동환봉사(東還封事)』와 『항의신편(抗義新編)』을 편찬하였고, 영조(英祖)의 명으로 선생의 문집인 『중봉집(重峰集)』을 국가적 차원에서 간행하였다. 이 책은 『중봉집』의 내용을 중심으로 하여 연대별로 정리해서 편집한 것이다.

물질문명에 매몰되어가는 현대사회는 지나친 개인주의에 휩쓸려 인도(人道)가 훼손되고 애국심과 국가관(國家觀)이 위협받는 혼탁한 시대이다. 지금이야말로 선생의 고귀한 정신을 되새겨야 할 때가 아닌가 싶다. 그분의 고결한 삶과 절의정신(節義精神)이야말로 우리에게 깊은 각성의 촉매가 되어줄 것으로 믿는다. 그러므로 정치가는 물론, 국방의 일선에 서 있는 군인, 민생을 보살피는 공직자, 나라의 미래를 짊어질 청년 등 누구나 한 번쯤은 중봉 조헌 선생을 만나볼 것을 권하고 싶다.

아쉽게도 시중에서 선생에 관한 책을 찾기는 그리 쉽지가 않다. 필자가 부족한 식견으로 감히 이 책을 펴내는 이유이다. 미리 밝혀둘 것은, 이미 간행된 저서에서 필요한 부분을 전재(轉載)하거나 인용한 부분들이 대부분이며, 시기가 명확하지 않은 사건이나 전투 상황 묘사에 있어서 필자의 주관적 판단이 일부 개입된 부분이 있다는 점이다.

이 책에 선생의 위대한 정신과 의로운 행적을 제대로 담지 못한 부담감을 떨칠 수는 없으나, 올바른 인식과 이해에 다소라도 도움이 된다면 더 없는 다행으로 삼겠다.

2019년 봄에 조종영

책을 펴내며

제1부 세상에 남아를 낸 것이 어찌 우연이리오(1544~1581년)

제2부 칼로 죽이나 정사(政事)로 죽이나
살인은 마찬가지입니다(1582~1590년)

제3부 오직 한 번의 죽음이
있을 뿐이다(1591~1592년)

제4부   의(義)를 좇아 목숨을 바친 의사(義士)들

후기

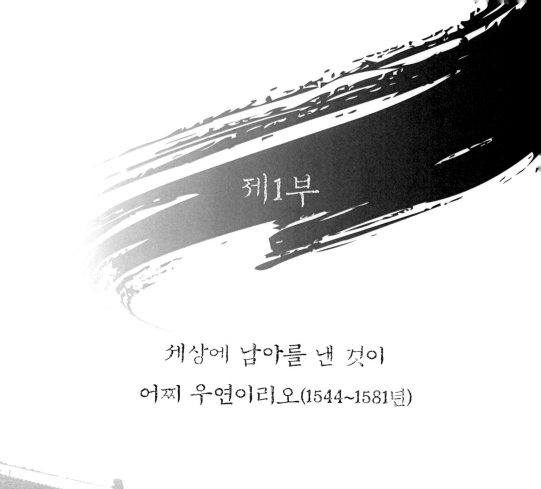

제1부

세상에 남아를 낸 것이
어찌 우연이리오 (1544~1581년)

1. 출생과 세계(世系)

중봉(重峯) 조헌(趙憲)

1544년(중종 39년) 6월 28일, 경기도 김포현(金浦縣) 감정리(坎井里) 중봉산(重峯山) 아래에 있는 선비 조응지(趙應祉)의 집에 위인의 탄생을 알리는 우렁찬 아이의 울음소리가 너른 김포 뜰을 지나 한강으로 메아리쳐 갔다. 그가 바로 동국18현(東國十八賢)이요, 임진4충신(壬辰四忠臣)의 한 분인 중봉(重峯) 조헌(趙憲) 선생이다.

중봉 조헌은 한미한 양반 가문의 아버지 조응지(趙應祉)와 어머니 용성 차 씨(車氏) 사이에서 태어났다. 중봉산 아래 아늑한 곳에 자리 잡은 그의 집은 눈앞에 한강이 흐르고 너른 김포평야가 시원하게 펼쳐져 있는 곳에 있었다. 조헌의 본향은 황해도 배천(白川)으로,

자(字)는 여식(汝式), 호(號)는 후율(後栗) 또는 도원(陶原)이라 했고, 지금 널리 부르고 있는 중봉(重峯)이란 호는 말년부터 쓰인 것이다.

중봉의 가문은 대대로 문무를 겸비한 충신의 핏줄을 이어받은 명문가였다. 그러나 부친이 벼슬길에 나가지 않았기 때문에 권세도 없었고, 가진 것이라고는 초가삼간에 겨우 입에 풀칠할 정도의 땅밖에 없었다. 비록 집안은 가난했으나, 대대로 내려오는 혈통과 가문에 대한 자부심은 대단했다.

배천(白川) 조씨(趙氏)의 시조는 공화공(恭和公) 지린(之遴)으로, 황해도 배천군(白川縣) 도태리(都台里) 사람이다. 지린공은 송나라 태조 조광윤(趙匡胤)의 손자인데, 정란을 피해 고려에 들어와서 성종과 목종, 현종 때 이부시랑(吏部侍郎), 좌복야(左僕射) 참지정사(參知政事)를 지냈으며, 후손들이 배천(白川)에 정착하여 본향으로 삼았다.

중봉의 16대조 양유(良裕)는 지린공의 아들로, 덕종 때 도첨의평리(都僉議評理)를 지냈고 문하시중(門下侍中) 배천군(白川君)에 추봉(追封)되었다. 15대조 선정(先正)은 문종 원년에 장원급제하여 문하시중, 태자태사(太子太師)에 이르렀다. 14대조 중장(仲璋)은 영민 박식하고 재질이 뛰어나서 문장으로 당대에 이름을 떨쳤으며, 판상서호부사(判尙書戶部事) 상주국태자태사(上柱國太子太師)를 지냈다.

고려 고종 때 원나라가 침입하여 전 국토를 유린하자 조정이 강화도로 천도했다. 12대조 충무공(忠武公) 문주(文胄)는 원나라에 사신으로 가서 고려에 주둔하고 있는 원나라 군대가 온갖 살상과 약탈과 방화를 저지르는 폐단을 간곡하게 아뢰었다. 그럼으로써 군사를 철수하게 하는 공을 세워 위사공신 은천군(衛社功臣銀川君)에 봉해지고, 벼슬이 병부상서(兵部尙書), 문하시중에 올랐다.

8대조 천주(天柱)는 형 성주(聖柱), 동생 인주(仁柱)와 더불어 3형제가 예위(禮闈)에 동시에 급제하여 판사농사(判事農事)를 지냈다. 공민왕 10년 홍건적의 난에 상장군(上將軍)으로 도원수(都元帥)가 되어 이방실(李芳實) 등과 박천에서 적을 두 차례나 격파하고 안주를 습격한 적과 싸우다가 장렬하게 순국했다.

천주(天柱)의 아들인 7대조 영삼사사(領三司事) 은천부원군(銀川府院君) 공(珙)은 고려 말에 정몽주(鄭夢周), 이색(李穡) 등과 더불어 고려왕실을 구제하는 데 힘썼다. 그러다가 조선왕조가 개국하자 출사하지 않고 치악산에 은거하다 죽으니, 고려명류십열(高麗名流十烈)로 두문동서원(杜門洞書院)에 배향되었다.

고려조에 번성하던 집안은 조선조에 들어서자 대부분 출사하지 않았다. 5대조 환(環)이 현인군자로 이름이 나서 세종의 부름을 받아 병조좌랑(兵曹佐郞)으로 발탁되어, 경기도사(京畿都事), 강화(江華)와 선산부사(善山府使)를 거쳐서 나주목사(羅州牧使)를 지내고, 상호군(上護軍)으로 물러난 뒤에 통진 양릉농포(陽陵農圃)로 돌아왔다. 이때부터 후손들이 김포 통진(通津)에서 살기 시작한 것이다.

할아버지 세우(世佑)는 정암(靜庵) 조광조(趙光祖)의 문인으로 충무위부사직(忠武衛副司直)을 지냈으며, 증이조참판(贈吏曹參判)이다. 이때 통진 석현(石峴)으로부터 김포군 서쪽 감정리(坎井里)로 이사했다. 아버지 응지(應祉)는 호를 감암(坎菴) 또는 계현(啓賢)이라 했고, 청송(聽訟) 성수침(成守琛)의 문하에서 수학했으며, 증이조판서(贈吏曹判書)이다.

조선조에 들어서 선조들이 출사하지 않아 비록 집안이 한미해지기는 했으나, 크게 번성하던 명문가의 후손으로서 긍지와 자부심만은 굳건히 지켜 왔다.

2. 중봉의 어린 시절[1]

중봉은 어려서부터 남달리 효성이 지극하여 부모의 뜻을 거스르는 일이 없었다. 불과 다섯 살밖에 되지 않은 어린 나이에 서당에 나가 천자문을 배우고, 밤이 이슥하도록 배운 것을 복습하고, 새로운 것이 있을 때는 늘 아버지에게 서슴없이 물었다. 그의 행동거지는 용모단정하고 엄격했으며 한눈을 팔지 않아, 친구들도 함부로 하지 못했다고 한다. 이러한 중봉을 일러 당시 사람들은 기저귀를 면하면서 부모를 섬기는 예절을 알았으며, 부모의 분부가 있으면 반드시 꿇어앉아 대답하는 등 모든 행동이 공손했다고 회자했다.

5세 때인 어느 날, 가까운 임정(林亭)에서 친구들과 천자문을 배우고 있을 때였다. 갑자기 나팔소리가 요란하게 나며 밖이 소란해졌다. 이 지방을 다스리는 지방관이 행차를 하는 것이었다. 함께 공부하던 아이들은 호기심을 이기지 못해 앞을 다투어 밖으로 나가고, 임정은 텅 비어 중봉 혼자 남아 천자문을 읽고 있었다. 그 앞을 지나던 사또는 천자문을 읽는 어린아이의 낭랑한 소리에 올려다보니, 불과 4~5세밖에 되지 않는 어린아이가 단정히 앉아 천자문을 줄줄 외우는 것이 아닌가. 사또는 가던 길을 멈추고 임정에 올라 그 까닭을 물었다. 그러자 꿇어앉아 "전심으로 글을 읽는 것은 아버지의 분부 때문입니다."라고 공손하게 대답했다. 사또는 소년의 태도에 감

---

1   原典『重峯集』. 崔永禧『趙憲全書』 탐구당. 김포문화원『불멸의 重峯 趙憲』 "중봉 조헌의 인생과 사상" 이하준.

탄하며 여러 가지 질문을 했다. 그 대답이 비범하여 보통이 아니었다. 기특한 마음이 들어서 가지고 있던 부채를 선물로 주자, 조헌은 지체 높으신 분의 물건을 받을 수 없다며 한사코 거절했다. 이러한 행동거지를 지켜본 사또는 마침내 조헌의 부친을 찾아가 인사하고, "댁의 자제분은 지금은 비록 어리지만, 훗날 반드시 큰 학자가 되어 세상에 도(道)를 심을 것이니 매우 축하할 일이요." 하고 칭찬을 아끼지 않았다. 그리고 부친에게 공경의 예(禮)까지 올리고 돌아갔다.

생가지에 세워진 우저서원(牛渚書院)

공부하기를 좋아하는 중봉은 추운 겨울에 신과 옷이 다 떨어졌는데도, 바람과 눈보라를 피하지 않고 멀리 떨어져 있는 글방에 나가 공부했다. 곡식이 익을 때면 어버이의 분부로 들을 지키며 밤을 새웠다. 이때 이웃에 사는 아이들은 중봉과 함께 글을 읽다가 앉은 채로 잠이 들었다. 하지만 그는 책 읽기를 그치지 않았고, 잠깐 눈을 붙였다가 닭이 울면 다시 일어나 혼자 책을 읽었다. 중봉의 책 읽는 소리에 놀라 깨어난 아이들은 그의 정진(精進)하는 모습에 이르

지당에 비 뿌리고

지 못함을 늘 한스럽게 여기고 열심히 경쟁했으나, 끝내 중봉을 따라잡지 못했다.

들에서 소를 먹일 때도 반드시 책을 가지고 다니고, 비가 오면 삿갓 밑에 책을 두고 읽었다. 책을 읽다가 소가 간 곳을 잃어버려 찾아 헤매기도 했다. 들에 가면 두렁에 나무를 횡으로 가로질러놓고, 그곳에 책을 두고 읽었다. 매일같이 스스로 나무를 하여 어버이의 방을 덥히고, 불을 지피고는 그 불빛에 비추어 글을 읽었다. 점차 장성해서는 농사를 지어 어버이를 봉양했다.

중봉은 늘 격앙하여 말하기를 "하늘이 사내를 낸 뜻이 어찌 우연하리오."라고 하면서 스스로 자신이 할 바를 깊이 깨달았다.

중봉이 열 살 되던 해에 어머니 차 씨(車氏)를 여의었다. 뜻밖에 어머니를 잃은 슬픔으로 하늘이 무너지고 땅이 꺼지는 것 같았으나, 그는 당황하지 않았다. 어린아이의 행동이 마치 어른과 같았다. 이후 계모 김 씨(金氏)를 맞아서도 공경과 효성이 지극했다.

계모 김 씨는 성품이 퍽 엄한 편이고 중봉을 아주 까다롭게 대했다. 그러나 그는 조금도 서운한 기색 없이 오히려 새어머니를 항상 웃는 낯으로 대하고, 부름이 있으면 항상 부드러운 음성으로 대답했다. 계모는 자기 비위에 맞지 않으면 그를 몹시 나무라고 꾸짖는 것이 예사였다. 하지만 중봉은 자신의 효성과 정성이 부족한 탓이라고 여기고, 오히려 두려운 마음으로 대했다. 하루는 그가 외가를 갔는데, 외할머니께서 계모 김 씨의 행실을 들어 울면서 말했다.

"너의 어미가 너를 대하는 것이 이러하니 장차 어떻게 살아가겠느냐?"

그러자 중봉은 고개를 숙이고 엎드려 대답하지 않고 곧바로 집으로 돌아와 버렸다. 그 뒤 몇 달 만에 외가에 가니 외조모가 어찌 오랫동안 오지 않았느냐고 물었다. 이에 중봉이 답했다.

"전에 왔을 적에 할머니께서 제 어머니의 잘못을 들어 말씀하시니, 자식으로서 그 말씀을 차마 들을 수 없어 오지 않았습니다."

외할머니는 이 말을 듣고 크게 어질게 생각하여, 그 뒤로는 계모 김 씨의 잘못을 다시는 말하지 않았다고 한다.

중봉이 부친을 여윈 뒤에도 계모 김 씨는 더욱더 엄하게 하여, 조그만 잘못이 있어도 준엄하게 꾸짖었다. 그러나 중봉은 지극한 효도로 마음을 편하게 해드리려고 조심하기를 게을리하지 않았다. 김 씨가 혹 몸이 불편하면 의관(衣冠)이나 신발도 제대로 갖추지 못한 채 바삐 돌아다니며 시중을 들었고, 밤낮으로 내실 문 앞에 엎드려 있기도 했다. 십 수 일(十數日)이 되어도 그 정성이 두터워만 갔다. 이후 계모 김 씨는 중봉이 나라를 위해 목숨을 바친 뒤에야 그가 진정한 효자임을 깨닫고, 친자식을 잃은 것과 같은 슬픔에 싸여 밤낮으로 울부짖으며 이렇게 탄식했다고 한다.

"이렇게 훌륭한 인물이 세상에 어찌 다시 있으리오. 슬프도다! 이 자식이 진정 내 아들이다. 생모는 단지 낳아주었을 뿐이다."

계모 김 씨는 중봉이 순절한 뒤 8년 후에 세상을 떠났는데, 죽을 때까지 중봉을 애도하기를 자기 일처럼 했다고 한다.

중봉은 대개 평일에는 묵묵하며 마치 깊은 생각에 잠겨 있는 것 같아서 보는 사람이 두려워했다. 그러나 부모 곁에 있을 때는 상냥하게 대해 화기가 넘쳐 흘렀다. 그러므로 계모 김 씨는 네 아이를 낳았음에도, 하루도 중봉 댁에 의탁하지 않은 날이 없었다. 이처럼 중봉의 효(孝) 실천은 모든 사람을 감동시키기에 충분했다.

중봉이 다니는 서당은 집에서 그리 멀지 않지만 숲이 우거진 산길이어서 으슥한 고개를 넘어야 했다. 중봉은 집이 가난하여 겉옷과 신이 다 해져도, 모진 추위에 휘몰아치는 바람과 눈보라를 맞으며 고개를 넘어 서당에 나가 부지런히 공부했다. 김포에서는 지금도 이 고개를 여우고개라고 부르는데, 중봉에 관한 전설이 전해 오고 있다.

　　서당으로 가는 길목인 산 고개에는 백 년 묵은 여우 한 마리가 살고 있었다. 중봉이 이곳을 지나려면 예쁜 처녀로 변신하여

　　"지나가시는 어린 선비양반 님, 나를 떼어놓고 가시면 어떻게 하시오리까."

　　하며 유혹했다. 하루 이틀도 아니고 매일같이 어여쁜 처녀가 나타나 중봉을 꾀자, 한편으로 겁도 났지만 호기심이 발동했다. 이래서는 안 되겠다고 마음먹은 중봉은 어느 날 스승에게 이 사실을 숨김없이 말하고 묘책을 여쭈었다. 사연을 듣고 난 스승은 이렇게 일러주었다.

　　"그 미녀(美女)의 입안에는 틀림없이 구슬이 들어 있을 것이니, 그 미녀가 너를 꾈 때 주저하지 말고 그 구슬을 빼앗아 삼켜라. 그리하면 너는 후에 반드시 성공할 것이니라."

　　중봉은 스승이 일러주는 대로 그 미녀의 입안에 든 구슬을 삼켜버렸다. 그러자 미녀는 갑자기 여우로 돌변하여 울며 달아났다고 한다. 지금은 이 고개가 구두물과 통하는 넓은 길이 뚫려서 옛 모습과 달라졌지만, 아직도 중봉 선생을 추억할 수 있는 장소로 남아 있다.

　　중봉은 일을 시작하면 끝을 보는 성품이었다. 하루는 동리 아이들과 개울에서 낚시질을 했다. 다른 아이들은 고기를 많이 낚는 데

만 뜻이 있어 자주 자리를 바꾸었다. 그러나 중봉은 한 곳에서만 오래 머물며 고기를 낚았다. 저녁 무렵에 비교해보면 늘 중봉이 잡은 고기가 많았다.

동리에서 가까운 곳에 조그만 연못이 하나 있었다. 깊이가 한 길이 넘었고, 물고기가 매우 많았다. 어느 날 아이들과 그곳에 놀러 갔다가 그 연못의 물을 다 퍼내고 고기를 잡기로 했다. 물을 푸기 시작했다. 해 지는 저녁 무렵이 되었으나, 아직도 물은 많이 남아 있었다. 동리 아이들은 싫증이 나서 중봉에게 포기하고 집으로 돌아가자고 했다. 이에 중봉은 조금도 변하지 않는 모습으로

"산도 평탄하게 할 수 있고 하천도 막을 수 있거늘 이 일도 벌써 반은 이루었는데 어찌 포기할 수 있는가."

하고는 물푸기를 계속했다. 그러나 아이들은 그 말을 듣지 않고 가버려 몇 사람만이 남았다. 날이 저물고 남은 아이들까지도 오늘은 집에 돌아갔다가 내일 다시 와서 하자고 했다. 그러나 중봉은

"그렇지 않다. 오늘 밤 이것을 중지하면 이 물이 도로 연못에 흘러들 것이니, 그렇게 되면 지금까지 한 일이 모두 수포로 돌아간다."

하며 남은 아이들을 강제로 권하여, 기어이 밤새워 물을 퍼내고 고기를 잡아 가지고 돌아왔다. 이처럼 어려서부터 한 번 하겠다고 마음을 먹으면 끝을 내고야 마는 중봉이었다.

나이가 들어감에 따라 더욱 학문에 정진했고, 어버이에 대한 효성은 더욱 지극해갔다. 중봉은 매일 밤늦도록 『중용(中庸)』, 『대학(大學)』과 『이소경(離騷經)』, 『출사표(出師表)』를 읊고 외웠으며, 새벽닭이 울면 일어나서 이를 계속했다. 또 『주자대전(朱子大全)』을 가장 좋아해서 이를 모두 암송했다. 먼 길을 여행할 때도 그 목록만을 뽑아가지

고 다니며 외웠으며, 『어류(語類)』 또한 그렇게 했다.

1555년(명종 10년), 열두 살이 되던 해에 중봉은 김황에게 비로소 시서(詩書)를 배우게 되었다. 어촌(漁村) 김황(金滉, 1524~1593)은 본관이 개성이다. 명종 21년(1566년)에 문과에 급제했으며, 유성룡(柳成龍)과 동방(同榜, 과거에 같이 급제)으로 청도(淸道) 등 네 고을에서 군수를 지냈다. 중봉이 수학할 때는 어촌 선생이 32세 때로, 사마시(司馬試)에 합격하고 김포에 거주할 때로 추정된다. 중봉은 아직 개구쟁이 노릇을 할 나이인데도 사서(四書)의 진리를 거의 깨닫고 마침내 경서(經署)를 대하게 된 것이다. 어려서부터 효성이 지극한 데다 재주가 남달리 뛰어나고 집념이 강한 중봉은 경서를 읽고 또 읽으며, 그 책에 담긴 진리를 하나하나 깨닫는 것을 참으로 즐겁게 생각했다. 이처럼 중봉은 유년 시절부터 강직하고 곧은 성품으로 부모에 대한 효행과 학문에 대한 끊임없는 열정을 지닌 남다른 소년이었다.

그는 태어날 때부터 바탕과 성품이 남다르고, 몸가짐과 예절이 훌륭했다. 큰 키에 큰 귀를 가졌으며 눈빛은 별과 같이 빛났다.

3. 왕후의 명을
거절하다

가. 학문에 목마른 젊은 선비

1561년(명종 16년), 18세가 되었을 때 영월 신씨(寧越辛氏) 가문인 신세성(辛世誠)의 딸에게 장가를 들었다. 장가든 후에도 그는 항상 배움에 힘썼다. 때로는 먼 길을 걸어가서 선비나 학덕이 있는 웃어른들을 찾아가 서로의 학문을 이야기하고 가르침 받기를 청했다. 중봉의 마음속에는 늘 학문의 경지에 도달하고 싶은 욕망이 불꽃같이 훨훨 타오르고 있었다. 하지만 그에게 새로운 진리와 학문을 가르칠 만한 스승이나 선비를 만나보기란 쉽지 않았다. 이때부터 중봉은 학문을 좀 더 체계적으로 공부하고 싶은 생각에 성균관(成均館) 진학을 꿈꾸었다.

중봉이 20세가 되던 해 겨울 어느 날, 서울을 다녀오는 길이었다. 돌아오는 길에는 지금의 양화진(楊花津) 지역인 양천강(陽川江)을 건너게 되었다. 이곳은 서울과 김포를 오가려면 꼭 건너야 하는 길목이었다.

나룻배는 작았지만 중봉을 비롯하여 많은 사람들이 타고 있었다. 사공이 노를 저어 강의 절반 지점에 이르렀을 무렵, 갑작스럽게 큰 바람이 불면서 심한 파도가 일고, 배가 거의 뒤집힐 지경이 되었다. 배에 탄 사람들이 모두 당황하여 아우성을 치고 울고 불며 어찌할 바를 모르는 큰 소동이 일었다. 그러나 오직 중봉만은 뱃머리에 앉아서 꼼짝도 하지 않고 두 눈을 꼭 감고 태연하게 앉아 있었다. 잠시 후에 세차게 불던 광풍(狂風)은 언제 그랬냐는 듯이 멈추고 사람들이 모두 진정하자, 나룻배는 다시 맞은편 나루터를 향해 서서히 움직이기 시작했다. 한바탕 큰 소동을 치르고 죽을 고비를 넘긴 사람들의 눈에 지금까지 가만히 앉아 있던 중봉의 태도가 몹시 못마땅했다. 성이 난 사람들은

"한 배에 탄 사람들이 모두 물에 빠져 죽을 지경에 이르러 아우성치는데, 너는 무엇 하는 위인이기에 꼼짝도 하지 않고 태연하게 앉아 있느냐."

하며 중봉에게 대들고 손찌검까지 하려 했다. 이 말을 들은 중봉은 여전히 부동의 자세로 웃으면서 말하기를

"죽음과 삶은 하늘에 달려 있는 것이거늘 어찌 사람이 울고불고 아우성을 친다고 위험을 모면할 수 있겠는가."

하고 의연한 기색으로 말했다. 그러자 사람들은 더욱 흥분하여 한바탕 싸울 기세였다. 이때 김후재(金厚載)란 선비가 함께 타고 있었는데, 중봉의 말에 크게 경복(敬服)하여

"여러분, 진정하십시오. 이분은 보통 분이 아닌 것 같으니 함부로 행동하지 마십시오."

하고 주위 사람들을 만류하여 모두를 조용하게 하고는, 중봉에게 절하고 돌아갔다고 한다. 여기서 우리는 중봉의 대범함과 의연함을 충분히 알 수 있다.

중봉은 본시 사람 된 바탕과 타고난 성품이 남보다 뛰어나고 의표(儀表)가 훌륭했다. 젊어서부터 장엄(莊嚴) 정중(鄭重)하며 엄숙하고

굳세어서, 사람들이 감히 농을 걸지 못했다고 한다.

1565년(명종 20년), 22세 때이다. 중봉은 그동안 생각했던 성균관(成均館)에 유학하기로 했다. 성균관은 유학(儒學) 교육을 맡던 조선 시대 최고 학문의 전당으로, 지금의 대학과 같은 곳이었다.

성균관에 유학한 지 얼마 안 되어 유생들과 중(僧) 보우(普雨)를 배척하는 상소(上疏)를 올리고, 몇 달 동안 대궐 문 앞에 엎드려 임금으로부터 비답이 내리기를 기다린 적이 있었다. 당시 보우는 명종(明宗)의 어머니 문정왕후(文定王后)가 섭정(攝政)할 때, 강원 감사(江原監司) 정만종(鄭萬鍾)이라는 사람의 천거(薦擧)로 봉은사(奉恩寺)에 있었다. 그는 봉은사를 선종, 봉선사(奉先寺)를 교종의 총본산으로 정하여, 조선 초에 크게 억제했던 도첩(圖牒)을 주는 등 불교를 부흥시킨 장본인이었다. 이렇게 되자 태조(太祖)부터 불교를 억제하고 유교를 숭상하던 나라의 기본 정책에 어긋나게 되었다. 마침내 명종 20년(1565년)에 문정왕후가 세상을 뜨자 유생(儒生)들이 들고 나섰다. 이때 중봉이 보우를 배척하는 운동에 함께 나섰던 것이다.

그런데 몇 달이 지나자 다른 유생은 싫증이 나서, 어떤 사람은 바깥 숙소에서 쉬고 어떤 사람은 집에서 왕래했다. 그러나 중봉만은 처음부터 끝까지 매일 대궐 앞에 꿇어앉아 임금의 하답(下答)을 기다렸다. 이에 함께 있던 모든 유생들과 이를 지켜보던 군중들로부터 크게 주목을 받았다. 결국, 보우는 그해(1565년) 제주도로 귀양 갔다가 이듬해에 피살되었다. 이처럼 중봉 조헌은 매사에 항상 의연하고 대범한 태도를 보였다.

1566년(명종 21), 중봉은 성균관에 유학한 지 1년 만에 향교에서 교육을 담당하는 함경도 최북단에 위치한 온성도호부 훈도(訓導)에 제수되었다.

나. 중봉의 스승들

문과급제 교지

1567년(명종 22년) 24살이 되던 해에 감시(監試, 소과시험)에 나가 동당삼장(東堂三場)에 모두 합격한다. 그리고 그해 11월 식년문과에 병과(丙科) 아홉 번째로 급제했다. 과거에 급제하여 첫 보직으로 교서관 부정자(校書館副正字)가 되어 경서와 서적 인쇄 등의 일을 맡아보게 되었다.

1568년(명종 23년) 25세가 되던 해, 선조 원년으로 평안도 서남해

안에 있는 정주목(定州牧) 교수(敎授)에 임명되었다. 본래 정주라는 곳은 북쪽 오랑캐의 침입이 잦은 지방이고, 선비의 기풍을 찾아보기 힘든 곳이었다. 그러나 중봉이 그곳에 부임해서 만 2년 동안 교육에 힘쓰니, 선비의 기풍과 교육이 크게 진전되었다.

젊은 나이에 천 리 타향을 떠돌다 보니 부모님과 가족들, 그리고 정다운 친구 등 모두가 그리움이었다. 어느 날 밤에 고향 꿈을 꾸었는데, 이웃에 살던 가장 친한 친구 심택중(沈澤仲)이 꿈에 보였다. 중봉은 홀연히 일어나 그리움에 시 한 수를 남겼다.

〈夢見沈兄澤仲(꿈에 심택중을 봄)〉²

黌堂淸曉剪孤燈　맑은 새벽 학당에서 외등불 심지 자르며
對越前賢學戰兢　선현을 마주하듯 삼가 두려워함을 배우네
倦睡也知頗不惡　게을리 잠든 것도 자못 나쁘지 않으니
夢來猶幸見親朋　꿈에나마 다행히 친구를 만나 보네

심주(沈澍)의 자는 택중(澤仲)이고 호는 한천(寒泉)이다. 그의 부친은 정언(正言) 심세림(沈世霖)인데, 젊은 나이에 세상을 뜨고 말았다. 심주의 어머니 홍 씨(洪氏)는 남편을 일찍 잃고, 남편의 벗들이 재앙을 당하는 것을 보고는 아들 심주가 과거에 응시하는 것을 허락하지 않았다. 결국 심주는 글 읽는 것에만 뜻을 두게 되었으며, 옛사람의 글귀나 흉내 내고 시문을 짓는 따위의 학문은 하지 않았다. 뒤에 임진왜란이 일어나자 김천일(金千鎰) 의병에 가담하여 군량을 담

2　原典『重峰集』. 崔永禧『趙憲全書』탐구당 詩 p246. 변형석『重峯詩譯註』중봉조헌선생기념사업회 p41.

　　　　지당에 비 뿌리고

당하다가, 의병이 남쪽으로 이동할 때 병으로 따라가지 못하고 죽었다. 어린 시절 심주(沈澍)는 중봉과 가장 마음이 통하는 친구였다.

중봉이 26세 되던 해에는 서애(西厓) 유성룡(柳成龍)이 정주 땅을 방문했다. 그의 부친 유중영(柳仲郢)이 정주 목사로 있어서 문안하러 왔던 것이다. 정주에서 유성룡을 만나 시를 주고받았는데, 그때 남긴 이별의 시 한 수가 전해온다.

〈控江亭臨別次柳正字而見成龍韻(공강정에서 이별에 임하여 정자 유성룡의 시에 차운한다)〉[3]

秋風蕭瑟動纖波　가을바람 쓸쓸하고 물결은 일렁이는데
擧目東南道路賒　동남쪽 바라보니 멀기도 하다
悵望仙舟追不得　슬프게도 님이 탄 배 쫓을 수 없는데
關山孤客意如何　변방의 외로운 나그네 마음 어떠할까

* 공강정(控江亭): 황해도 박천 청천강 강변에 있는 정자.

1570년(선조 3년) 27세 때 파주목(坡州牧) 교수(敎授)로 자리를 옮겼다. 이때 우계(牛溪) 성혼(成渾) 선생을 찾아뵙고 학문을 청하게 된다. 성혼은 중봉보다 9세 위였으나, 그의 학덕과 학문의 깊이는 이미 경지에 이르러, 당시로써는 율곡과 비길 만한 대학자였다. 성혼은 역경(易經) 속에 담긴 하나하나의 진리를 자상하게 가르쳐주었다. 그러나 성혼은 중봉의 학문에 대한 성취를 보고는, 자기를 스승

3 　原典『重峰集』. 崔永禧『趙憲全書』탐구당 詩 p246. 변형석 『重峯詩譯註』중봉조헌선생기념사업회 p41.

으로 대하는 것을 끝까지 사양하고 외우(畏友)로 생각했다. 그러나 중봉은 끝내 스승으로 섬겼다.

「중봉집」

1571년(선조 4년) 28세 때 홍주목(洪州牧) 교수(敎授)로 이직했는데, 이때 토정(土亭) 이지함(李之菡)을 찾아가서 가르침을 청한다. 중봉과 여러 차례 학문을 토론한 토정은 그의 학식에 크게 놀라

"그대의 덕기(德器)는 하도 높고 깊어서 나로서는 가르칠 만한 사람이 아니다."

라고 사양했다. 토정은 또 말했다.

"우리의 무리 중에는 율곡(栗谷)과 우계(牛溪), 구봉(龜峰) 세 사람이 있는데, 이들 모두가 학문이 고명하고 지극한 행실이 모범이 되네. 그리고 우리 조카 이산보(李山甫)와 우리 문생 서기(徐起) 두 사람 모두가 충신이 기델 만하고 지성이 금석(金石)을 관통할 만하니, 만약에 이 다섯 사람과 더불어 사우(師友)를 맺는다면 성현(聖賢)의 지위에 오를 것을 걱정하지 않을 것이네."

그리고는 율곡 선생을 찾아뵙도록 권했다. 중봉은 그해 가을에 파주로 율곡(栗谷) 이이(李珥) 선생을 찾아뵙고 배움을 청하는 한편,

지당에 비 뿌리고

송도(松都)에서 함께 시를 읊으며 풍류를 즐기기도 했다. 이때 율곡은 이미 조선 시대를 통하여 성리학(性理學)의 최고봉을 이룬 대학자였다. 이러한 율곡에게서 직접 학문의 깊고 그윽한 경지를 배우니, 이보다 더한 기쁨이 없었다. 그 후 중봉은 집에 돌아와 율곡과 토정, 우계 선생으로부터 배운 것들을 읽고 음미하며 이 모든 것을 행동으로 옮기는 데 게을리하지 않았다. 그의 학문은 날로 놀랄 만한 경지에 이르렀다. 이때부터 우계(牛溪) 성혼(成渾)과 율곡(栗谷) 이이(李珥), 토정(土亭) 이지함(李之菡)을 스승으로 모시고, 구봉(龜峰) 송익필(宋翼弼), 고청(孤靑) 서기(徐起)도 반드시 찾아뵙고 교제했다.

이와 같이 관직에 있으면서도 배우기를 자청하여 학문에 심취한 중봉은 후에 점(占)을 치거나 예언(豫言)하는 일이 거의 어긋남이 없을 정도로 통달하여 사물을 보는 혜안(慧眼)이 있었다.

다. 논향축소(論香祝疏)

1572년(선조 5년) 29세가 되던 해에 교서관 정자(校書館正字)에 임명되었다. 옛 관례에 따라 궁중 향실(香室)의 일을 맡아보게 된 것이다. 그해 6월 교서관(校書館)에서는 궁중의 불공(佛供)을 드리기 위한 향(香)을 자수궁(慈壽宮)과 성수청(星宿廳)에 친히 봉해야 했다. 자수궁은 풍수지리설에 따라 왕기(王氣)를 누르기 위해 지은 궁궐이고, 성수청은 조선 시대에 국무당(國巫堂)으로 하여금 국가의 기은(祈恩, 왕가의 복을 비는 행사)을 전담하기 위하여 설치한 관서이다. 이는 유교적인 국책 이념에 배치되었으나, 민간뿐만 아니라 궁중에서

도 호무(好巫)의 전통이 계속되었기 때문이다.

중봉이 어느 날 향실(香室)에 입직(入直)하게 되었다. 명종 비 자전
(慈殿, 인순왕후)이 불공(佛供)을 드리는 데 쓰려고 중봉으로 하여금
향(香)을 드리라고 했다. 이에 중봉은

"이 향실(香室)의 향은 종묘(宗廟)와 사직(社稷) 및 사전(祀典)에 기
재된 경우에만 사용할 수 있는 것입니다. 신은 비록 일만 번 죽는다
고 하더라도 드릴 수 없습니다."

라고 하고 거절했다. 그리하여 궁중에서는 소란이 일고 심부름하
는 사람들이 몇 차례나 왔다 갔다 하게 되었다. 그럼에도 중봉이 끝
내 이를 거절하니 이로써 미움을 받게 되었고, 더는 등용되지 않았
다. 이에 임금 또한 크게 노하여 중봉을 극형으로 다스리고자 했다.
그러나 여러 신하가 힘써 그를 구제했기 때문에 관직을 삭탈 당하
는 것으로 그쳤다. 비록 낮은 벼슬에 있었으나 이때부터 강직한 성
품과 곧은 의리로 여러 중신과 유생들의 눈길을 끌어 그의 이름이
사방에 떨쳐지게 되었고, 사람들이 그를 흠모(欽慕)하고 탄복했다.

관직에서 물러난 중봉은 부여에서 토정 선생을 만나 강사(江寺)에
서 풍류를 즐기며 학문과 시세(時世)를 논했다. 그리고 토정 선생과
함께 공주 공암(孔岩)에 있는 두류산(頭流山)으로 고청(孤青) 서기(徐
起)를 찾아간다. 두류산으로 가는 도중에 있던 일이다. 충남 연산을
지날 무렵 토정이 갑자기 말을 채찍질하며 급히 달려갔다.

"스승께서 무슨 급한 일로 그리 서두르십니까?"

하고 그 까닭을 물었다. 이에 토정은 이렇게 대답했다.

"여기가 김개(金鎧)의 집이니, 바른 일을 하는 사람이 그 사람 때
문에 피해를 당했던 일이 마음에 가득 차서 말이 빨리 달리는 것도,

채찍질한 것도 알지 못했노라."

김개(金鎧 1504~1569)는 기대승(奇大升) 등이 조광조(趙光祖)를 성인 군자로 추대할 때 조광조 일파를 비방한 사람이었다. 당시 동행 길에는 유복흥(柳復興) 등 토정을 따르는 제자 몇 명이 함께 있었다. 그때 토정이 그들에게

"그대들은 나 때문에 금세의 일등 인물인 조헌을 보게 되었으니 어찌 다행한 일이 아니겠는가."

하며 중봉의 사람됨을 칭찬했다. 중봉은 고금사(古今事)에 통달했으며, 무슨 일이건 명료하고 과단성 있게 처리했다. 천품이 질박(質朴)하여 겉치레를 하지 않기 때문에 세상에서 그를 알아보는 사람이 없었다. 또 중봉을 아는 사람이라 하더라도 절의(節義)에 죽을 수 있는 사람이라는 정도만 알았지, 일세(一世)의 인재가 누구냐를 논하게 되면 그를 거론하지는 않았다.

중봉은 재목으로서 부족하여 쓰기에 적합하지 못하다고 의심하는 것이 제노(諸老)들의 의견이었다. 그러나 오직 토정(土亭) 이지함(李之菡) 선생만은 중봉을 알아보았다. 사람들이 토정 선생에게 금세(今世)에 초야(草野)에 묻힌 인물이 있겠느냐고 질문한 적이 있었다. 이때 토정이 대답하기를

"모르겠다. 그러나 우리 당중(黨中)에 조여식(趙汝式, 여식은 조헌의 字이다)이란 사람이 있는데, 가난하기는 하나 스스로 분수를 지키며 명예(名譽)나 사리(私利)를 추구하지 않고 임금을 아끼고 나라를 걱정하는 마음이 지성에서 우러나오니, 이와 같은 사람을 옛사람들 가운데서 찾고자 하여도 짝이 될 만한 인물은 드물 것이다. 내 생각 같아서는 쓸 만한 인재로는 이밖에 아는 바가 없다."

라고 했다. 이에 다른 사람이

"인재라고 하는 것은 큰일을 당하여 능히 그 일을 변통하여 해결책을 얻는 것을 말하는 것인데, 조공(趙公)이 절의(節義)에 복절(伏節, 절개를 굽히지 않고 지킴)하리라는 성품은 세상이 아는 사실이나, 그 사람이 과연 쓸 만한 인재냐에 대해서는 모르기는 하지만 부족한 것 같다."

라고 했다. 그러자 토정은 이렇게 말했다.

"옛날부터 큰일을 담당할 인물은 늘 자기의 분수를 지킬 줄 알고 임금을 아끼며 나라의 운명을 걱정하는 인물이니, 조군(趙君)의 사람됨을 진실로 자네들은 인식치 못할 것이다. 세상 모두가 이 사람을 세상 사정에 어둡고 능력이 없다고 한입같이 말을 하는데, 내 지금의 이 말이 그 사람들에게 들리면 저들은 반드시 크게 웃어넘길 것이다. 단지 자네나 알고 다른 사람에는 말하지 말게. 뒷날에 내 말이 망령된 것이 아니라는 것을 알게 될 것일세."

토정 선생이 중봉을 생각하는 바가 이와 같았다. 다음은 중봉이 두류산에서 서기와 풍월을 즐기며 노닐 때 학민상인(學敏上人)의 운을 본받아 지은 시이다.[4]

〈遊頭流山次學敏上人韻(두류산에서 놀다가 학민상인의 운을 본받았다)〉

樓下寒潭徹底淸 누하의 차가운 못 속속들이 맑은데
楓光斜日暎空明 석양에 비친 단풍(丹楓) 밝기도 해라

4   原典『重峯集』. 崔永禧『趙憲全書』탐구당 詩 p244.

지당에 비 뿌리고

生逢眞界居無計 살아생전 선계(仙界)에 살길이 없어
嗚咽泉聲若有情 목 메인 샘 소리만 내 뜻 같구나

〈그 두 번째〉

滿山楓葉爛秋天 온 산 단풍잎 가을하늘 찬란한데
水石喧邊一路線 물가에 외가닥 길 멀기도 하다
眞界晚來留不得 늦게 찾은 선계(仙界)에 오래 머물 수 없어
碧潭回首倍依然 푸른 못 돌아서니 더욱 섭섭하여라

　　파직 후 중봉은 몇 달 동안 스승과 친구들을 찾아서 산과 강을 벗 삼으며 학문을 강론하고, 안면도에서 한때를 보내기도 했다.

　　다음 해 1573년(선조 6년) 30세가 되던 해에 다시 교서관 저작(著作)에 승진되어 임명되었다. 이번에 맡은 직책도 궁중 향실(香室)에 봉향(封香)하는 일이었다. 이미 교서관 정자로 있으면서 불사에 봉향하는 일이 부당함을 상소하여 삭직을 당한 바가 있는데, 다시 그 일을 맡게 된 것이다. 중봉은 또 자수궁과 성수청에 봉향하는 것에 대한 부당함을 역설하며, 성현의 글을 읽으면서 부처에게 공양하는 향을 손수 주는 것은 신이 차마 하지 못한다는 논향축소를 올렸다. 다음은 상소의 주요 부분만 옮긴 것이다.

〈논향축소[論香祝疏, 1573년(선조 6년)]〉[5]

　신이 작년 6월 초십일(初十日)에 삭향(朔香)을 궁중(宮中)으로 들이는 일과 자수궁(慈壽宮)과 성수청(星宿廳)에 향(香)을 바치는 것이 실제로는 이교(異敎)의 낡은 관습을 신봉하고 지방 향교(鄕校)의 석전(釋奠) 등 제(祭)에는 하나도 경칙(敬飭)하는 곳이 없습니다. 감히 유견(謬見)을 진언하여 성청(聖聽)을 망간(妄干)하고 부당하게 올리는 향을 마땅히 내려주어야 할 곳에 나누어 주도록 청했는데, 다수의 조정 신하가 신의 말이 옳다고 여겼으며, 전하께서도 신의 말이 그르다고 하시지는 않았습니다.

　신이 죄를 입은 후[선조 5년 소(疏)를 올렸다가 삭직된 일], 시골집에 물러가서 가만히 들으니 근세(近世)에는 하나도 향을 내리는 일이 없다고 했습니다. 신은 홀로 기쁘고 다행하게 여겨 외읍(外邑)에 비록 향을 나누어 주는 것을 청하지는 않았지만, 절이나 무당에 제공하는 향은 반드시 받들지 말라고 명(命)한 지가 오래된 줄로 생각됩니다. 그런데 지난번에 신이 죄에서 풀려나온 은혜를 입고 또 향실(香室)에 들어간즉 공불(供佛)에 관계되는 향이 월봉(月封)되는 예(例)가 있는 것 같으므로 신은 해탄(駭嘆)하여 마지않습니다. 일찍이 전하의 학문을 일컬어 이미 바르고 크며 밝게 빛나는 영역을 이루셨다고 했는데, 대체로 이단(異端)이 정치를 방해(妨害)하는 실정이라는 것은 다 동조(洞照)하셨을 것입니다. 그런데 이러한 사람의 도리에 어그러지는 일을 하시어 바르지 아니한 자취를 쫓으시니 어찌 임금의 밝은 지혜가 잘못을 뉘우침에 꺼리시는 것이라 하겠습니까. 이것이 실제로 신들이 두렵게 생각하여 능히 재청(再請)하지 못한 죄 때문입니다.

　신이 엎드려 원하옵건대 전하께서 신의 말로써 모든 신하에게 내려 의논하게 하여 채택(採擇)할 만하다고 할 것 같으면 내입무명

5　原典『重峯集』. 崔永禧『趙憲全書』탐구당 疏 p83. 김포문화원『불멸의 重峯 趙憲』 p255.

　　　　　　　　　　　　　　지당에 비 뿌리고

(內入無名, 궁중에 물품을 들이는 일)의 향(香) 및 자수궁(慈壽宮), 성수청(星宿廳)의 향을 영원히 봉양하지 말도록 명하시고, 영월(寧越)에서 바치는 백단은 자단(字壇)으로 바꾸어 바치게 하며, 능(陵)의 전각(殿閣)에 제공하는 것도 그 실제로 들어가는 수를 상세하게 정함으로써 그 나머지는 팔도(八道) 감사(監司)에게 나누어 주어 여러 읍(邑)의 수령(守令)으로 하여금 각기 제사를 받들게 하면 신인(神人)이 모두 마음으로써 기꺼이 복종하고 스스로 무궁한 복이 있을 것입니다.

미천한 신이 천청(天聽)을 여러 차례 모독(冒瀆)하게 하는 미안함을 모르는 바는 아니지만, 입으로는 "성현의 글을 읽으면서 부처에게 공양하는 향을 손수 주는 것은 신이 차마 하지 못합니다."

그리고 종묘(宗廟, 역대 임금의 위패를 모신 사당), 문묘(文廟, 공자를 모신 사당), 자수궁(慈壽宮, 왕기를 누르기 위해 지은 궁궐), 성수청(星宿廳, 무당이 나라의 복을 빌고 재앙을 물리치는 곳)이 모두 횡으로 열을 지어 있어 대체로 차등이 없는 것도 신은 참을 수 없는 바입니다.

그리고 한 번 청해서 이루어지지 않았다고 해서 갑자기 우리의 임금이 할 수 없다고 말하면, 전하께서 잘못된 곳으로 빠져들어가는 것도 신은 참을 수 없는 바입니다. 이에 금일 자수궁에 봉양해야 할 향을 아래로는 물의(物議)가 비등할까 두려워하고 위로는 성스러운 정치에 누를 끼칠까 두려워서 감히 나아가 봉양하지 못하고 공론이 정해지기를 기다리고 있습니다. 엎드려 바라옵건대 전하께서는 조금 더 살피시옵소서.

중봉은 논향축소에서 전조(前朝)의 예와 현재의 잘못된 사실들을 제시하고, 이를 바로잡아줄 것과 더불어 공론에 부쳐줄 것을 청한다. 비록 상소의 내용이 사리에 정당하다 할지라도, 선조는 크게 노했다. 중봉을 문초하여 극형에 처하려고 했다. 어명으로 추고(推考)했으나, 그래도 그는 여전히 자신의 주장을 꺾지 않았다. 이에 의금부(義禁府)에 내려서 국문(鞫問)하도록 했으나, 역시 중봉의 대답은 변함이 없었다. 노한 선조가 중봉을 극형에 처하려 하자 삼사(三司, 사헌부, 사간원, 홍문관)와 조정 대신들이 나서서 극구 반대함으로써 간신히 벌을 면하게 되었다. 이런 일이 있은 후로 중봉의 명성이 세상에 널리 알려지고, 그를 아는 사람이나 모르는 사람을 막론하고 일반 백성에 이르기까지 서로 사귀기를 원했다.

박순(朴淳), 소제(蘇齊), 이산해(李山海), 류성룡(柳成龍), 김성일(金誠一), 이발(李潑), 홍사신(洪司臣), 정여립(鄭汝立), 윤선각(尹先覺) 등 당시의 명사들이 장차 국가의 안위가 중봉에게 달려 있다고 할 정도였으니, 그의 기개와 인품을 넉넉히 짐작할 수 있을 것이다.

4. 명나라 사행(使行)과
동환봉사(東還封事)

가. 『조천일기(朝天日記)』

1574년(선조 7년) 31세가 되던 해에 중봉은 명나라 황제의 생일을 축하하는 성절사(聖節使)에 질정관(質正官)으로 정사(正使) 박희립(朴希立), 서장관(書狀官) 허봉(許篈)과 함께 명나라에 가게 되었다. 질정관은 불명확한 한자의 음과 뜻을 정확하게 파악하고, 중국의 학문 경향과 현실정치를 살피는 임무를 맡았다. 성절사는 5월 11일에 서울을 떠난다. 중봉은 이날부터 돌아올 때까지 사행일기를 쓰는데, 이것이 『조천일기(朝天日記)』이다. 여기에 『조천일기』의 일부를 올린다.

『조천일기』

5월 11일, 맑음⁶

한양(경복궁 → 모화관) → 경기도 고양(벽제역)

　나는 이번 사행에 질정관(質正官)으로 임명되었다. 아침에 궐에 들어가 배사(拜辭, 임금에게 하직 인사하는 것)를 하려고 했는데, 타고 간 말이 말썽을 부려서 늦게 도착했다. 서장관인 감찰 허미숙(許美叔)을 보루각(報漏閣)에서 만났다. 근무 중이던 정자(正字) 김중숙(金重叔), 수찬(修撰) 윤백승(尹伯昇), 좌랑(佐郞) 이경함(李景涵), 정자(正字) 홍희고(洪希古), 주서(注書) 허자신(許子新), 주서(注書) 최대중(崔大中), 한림(翰林) 김자앙(金子盎) 등 여러 벗이 연이어 작별을 하러 나왔다.

　정사(正使) 박희립과 함께 경회문(慶會門) 밖으로 가자, 국왕께서 내관에게 명을 내려 빈청(賓廳)에서 술을 하사하셨다. 여덟 번 절하고 배사를 마친 뒤 표문(表文)을 받들고 문을 나섰다. 정사, 서장관, 질정관 모두 표문 뒤에 섰다. 모화관(慕華館)에 이르러 이탁(李鐸) 공과 노수신(盧守愼) 공께 찾아가 인사드렸다. 인사할 때 영의정에 읍한 다음 우의정에게 읍했다. 또 서쪽을 향해 경(卿)들에게 읍하고서 나왔다. 사인소(舍人所)에서도 우리 일행을 전별해 주었다. 이때 사인(舍人) 정지연(鄭芝衍)에게 읍하고 참판(參判) 이계진(李季眞)에게도 읍했다. 열심히 중국어를 배우라고 권하셨다. 우윤(右尹) 윤자고(尹子固)가 행의(行衣, 두루마기 형의 유생 옷)를 보내주기로 했다.

　본관에서 전별할 때 좌랑 나성좌(羅成佐), 박사(博士) 조신민(曺信民)이 모두 부채를 보내주었다. 저작(著作) 이자수(李子遂)는 편지로 오지 못한다고 했다. 박사 최선우(崔善遇), 정자 정굉도(鄭宏度)는 시를 주었다. 사록(司錄) 이경우(李景遇), 정자 최지한(崔之翰), 정자 김 아무개는 미리 마중 나와 전별해 주었다. 이어서 좌랑

6　原典『重峯集』. 崔永禧『趙憲全書』탐구당 日記 p223. 최진욱 외『조천일기』서해문집 p22~25.

지당에 비 뿌리고

신입지(申立之)의 거처에서 작별인사를 했다. 곧 순창령(順昌令) 군준(君俊), 좌랑 홍흥도(洪興道), 좌랑 한적재(韓德載), 허자신, 이경함의 거처로 가서 전별을 겸해 경계해야 할 일들에 대해 들었다. 동석자는 운판(運判) 최 아무개와 박응초(朴應初)였다. 술에 취하자 민서초(閔恕初)가 노래하는 아이를 시켜 술 한 사발을 보내 강권했으나 마실 수 없다고 둘러댔다. 윤문옹(尹文翁)의 술잔을 받기만 하고 마시지 않았다.

　이처럼 동료들과 서로 잘 알고 지내던 친구들이 소나무 아래에서 전별을 해 주었다. 술에 취해 사현(沙峴, 홍제동 넘어가는 고개) 북쪽에 누워 있었는데, 충의(忠毅) 이윤종(李胤宗), 내금(內禁) 김양중(金良仲), 조대(措大) 김윤집(金允執), 수재(秀才) 남의중(南宜仲)이 홍제원(弘濟院)에서 기다리고 있다가, 내가 쓰러져 있다는 말을 듣고서 도로 내가 누워 있는 곳으로 왔다. 나는 고개를 들기 어려워 누운 채로 알아서들 술을 마시라고 했다.

　해질 무렵에 정사와 서장관이 먼저 출발했다는 소식을 듣고서 그제야 일어나 벽제역(碧蹄驛)에 투숙했다. 가는 도중에 벽제역까지 5리 정도 남았을 때 뿔피리 소리를 듣고서 사람을 시켜 멈추게 했다. 도착해보니 고양 지역의 친구인 내금(內禁) 신 아무개 부자와 김군거(金君擧) 형제가 먼저 도착해서 기다리고 있었다. 함께 음식을 나눠 먹으며 이야기를 나누었다. 마을 아전이 음식을 차려주려고 했지만, 민폐를 끼칠까 걱정되어 물리치고는 한 사람분의 음식만 받았는데, 이는 신 아무개의 노비가 혹여 굶고 있을지도 몰랐기 때문이다. 사수(士修)는 소를 타고 왔다. 윤중거(尹仲擧)도 왔다.

　사신 일행이 5월 12일 파주에 이르렀을 때는 우계(牛溪) 성혼(成渾) 선생에게 편지를 보내고 답장을 기다렸다. 우계 선생이 굳이 찾아오지는 말라고 하시어 감사의 편지를 드리고 가르침을 구했는데, 엄격히 자신을 단속하고 직분에 충실하라고 훈계하고, 또한 명예를 쫓는다는 비난을 회피하지 말라는 답장을 보내왔다.

13일에는 정사와 함께 율곡 선생을 찾아뵙고 허자신의 편지를 전해드렸다. 그리고 북경에 갔을 때 어떤 예식으로 사신을 만났는지 여쭈어보니 "읍례만 했다."라고 했다. 조회를 할 때는 어떠한 의복 차림을 했는지 여쭈자 "노자로 금단령(錦團領)으로 된 석의(褐衣, 갖옷 위에 걸치는 옷)를 샀다. 옷을 입고 나서는 처치하기가 어려워서 서리에게 주었다."고 하셨다.

5월 15일에 송도(松都)에 이르러 서장관과 함께 정몽주(鄭夢周) 선생을 모신 문충당(文忠堂)에 참배하고 박연폭포를 구경하며 시 한 수를 읊는다.

〈朴淵道中(박연 가는 길에)〉[7]

瓢淵不必勝牛溪 박연폭(朴淵瀑)이 우계(牛溪)보다 나을 것도 없으련만
石路難容接馬蹄 험난한 돌길에 말발굽 디디기 어렵네
要覓奇觀憚受盆 기이한 경관을 보려 하면 할수록 어려움은 더하니
此生行止可堪悽 이 사람의 행지(行止)가 구슬프구나

5월 22일, 군수 조방영(趙邦穎)이 재송정(裁松亭)까지 나와서 작별했다. 평양 대동강에 이르니 감사(監司) 이문형(李文馨)이 도사 이희득(李希得) 등을 시켜 술과 음식을 준비하여 연회를 베풀고, 장경루(長慶樓)와 부벽루(浮碧樓)에 함께 올랐다. 다음 날에는 을밀대(乙密

7   原典『重峯集』. 변형석『重峯詩譯註』중봉조헌선생기념사업회 p44. 최진욱 외 『조천일기』
서해문집 p22~25.

臺) 오르고, 기자묘(箕子墓)에 배알하고, 태조(太祖)의 어용(御容)이 있는 영숭영전(永崇影殿)에 참배했다.

5월 27일에 평양을 떠나 순안에 도착했는데, 정주 기생 정기가 아들 충근(忠勤)이를 데리고 3일 전부터 기다리고 있었다. 정주는 과거에 급제한 다음 해인 25세에 교수로 임명되어 3년 동안 사풍(士風)을 크게 진작시킨 곳이다. 정기가 아이를 가진 것을 보고 정주를 떠났으니 벌써 3년이 지났다. 정기는 비록 가정이 불우하여 기적에는 올라 있었으나 본디 양반가의 여식이었다. 정주목 교수로 있을 때 만나 정이 들었고, 둘 사이에는 남매가 있다. 첫째가 아들 충근이고, 그 후에 딸이 하나 더 태어났다. 이미 아들을 낳았다는 소식은 들었으나, 먼 곳에 떨어져 이번에 처음으로 부자가 상면한 것이다. 아들 충근이가 첫 자식이어서 더 귀엽고 반갑고 기쁜 마음은 이루 말할 수 없었다. 그러나 신분의 차이가 있으니 마냥 좋아할 수만은 없었다. 중봉은 『조천일기』에 "아비가 제 자식을 만나니 그 마음이 어떠하겠는가?"라고 자신의 심정을 솔직하게 써놓았다.

6월 3일, 정주(定州)에 도착했다. 이곳은 일찍이 중봉이 교수(敎授)로 있으면서 후학을 가르치던 고장이다. 향소(鄕所)에 이르니 노경(盧瓊), 조억년(趙億年), 김지(金智), 정건(鄭虔) 등 교생들이 기다리고 있어 반갑게 재회했다. 정주에 도착하자 구성(龜城)에서 찾아온 외삼촌이 3일 전부터 기다리고 있었다. 중봉은 10살 때 어머니를 여의었다. 그 후 오랫동안 소식이 오가지 않았다. 중봉의 소식을 듣고 삭주(朔州) 구성(龜城)에서 찾아온 것이다. 외삼촌은 정주 충근의 집에서 묵고 있었다. 이틀을 머문 외삼촌이 집으로 돌아갈 때는 김찬(金瓚), 윤익상(尹翼商), 탁억손(卓億孫)이 함께 나와 전송했고, 탁억손이 외삼촌에게 호도(虎刀)를 선물로 주었다. 중봉은 귀성으로 돌아가는 외삼촌과의 이별이 아쉬워 동문에서 송별하고 성(城)에 올라, 떠나는 모습을 바라보며 시 한 수를 읊었다.

〈定州東門 送叔舅還龜城 登城以望之(정주 동문에서 귀성으로 돌아가는 작은 외숙을 보내며)〉[8]

千里家書斷往還 먼 길에 편지마저 왕래가 끊겼다가
幸逢舅氏道途間 다행히 외숙을 길에서 만났네
東門延佇看行色 동문에 서서 오래도록 뒷모습을 바라보다
沒帽還嫌眼底山 갓머리 사라져도 돌아오기 아쉬워 저 산만 바라보네

6월 7일 정주를 떠날 때 정주목사(定州牧使)가 영훈루(迎薰樓)에서 사신 일행을 전별해 주었다. 그리고 교생(敎生)들이 전송을 나와서 성 밖에서 작별했다. 사랑하는 여인 정기는 떠나가는 중봉을 바라보며 가까이 오지도 못하고, 아들 충근이를 안고 서문(西門) 밖 멀리서 바라보고 있었다. 여인의 눈에는 눈물이 한가득이다. 언제 다시 볼 수 있을까? 중봉은 『조천일기』에 그때의 심정을 이렇게 기록했다.

> "정기가 충근(忠勤)을 데리고 서문(西門) 밖 죽은 아이를 묻은 곳에 서서 내가 떠나는 모습을 보았다. 나는 차마 얼굴을 돌리지는 못했으나 마음은 처연했다."

---

8   原典『重峯集』. 변형석『重峯詩譯註』 중봉조헌선생기념사업회 p45. 최진욱 외『조천일기』서해문집 p54.

오랜만의 짧은 만남과 이별, 사랑하는 애인과 자식을 두고 떠나는 중봉의 애틋한 심정이 가슴으로 느껴진다. 양반과 기생이라는 신분 차이가 중봉의 가슴을 더욱더 아프게 했을 것이다. 이제 귀국길에서나 다시 볼 수 있을까. 중봉은 연민의 정을 가슴 가득히 담은 채 길을 재촉했다.

6월 16일 압록강을 건너 요동에 이르렀다. 이제 중국 땅에 들어선 것이다. 중봉은 중국 백성들의 삶과 변방의 군사 배치 등을 눈여겨 본다. 요동을 지나는 어느 날의 일기이다.

> 6월 20일, 맑음[9]
> 요동위 일대(통원보 → 분수령 → 연산관)
>
> 이총(李聰)의 곡소리를 들었다. 그 마음이 애처롭다. 이총은 달자(達子)의 땅에서 도망 나온 사람이다. 그의 누이가 이곳에 있었는데 술을 가져와서 먹이고는 함께 통곡했다. 그의 처는 죽었으며 아들은 다른 사람에게 살해당했다고 한다.
> 통원보를 지나 분수령(分水嶺) 강가에서 쉬었다. 팽문주에게 "당신의 땅은 얼마나 되나?"라고 물으니, "한 달 갈이 정도입니다." 라고 대답했다. 이어서 대화를 나누었다.
> "이 땅에도 세금이 있는가?"
> "곤괘(滾掛)한 땅이라 본래 세금이 없습니다."
> "무엇을 곤괘한 땅이라 하는가?"
> "산 위에 경사가 험한 곳의 땅이라 구획을 나누기가 어려우며, 물이 토지를 침식하고 땅은 경사에 걸쳐 있기에 곤괘라고 합니다."

---

9   原典 『重峯集』. 崔永禧 『趙憲全書』 탐구당 日記 p227. 최진욱 외 『조천일기』 서해문집 p71~73.

"당신은 많은 땅을 가지고 있는데 왜 이렇게 궁핍한가?"

"이곳을 관할하는 도사(都司)가 해마다 한 사람당 은 한 냥을 거두는데, 가령 남자 열 명이 있는 집은 해마다 10여 냥의 은화를 내야 하니, 어떻게 궁핍하지 않을 수가 있겠습니까."

"이 지방의 어사는 누구인가?"

"성은 곽이고 이름은 알지 못합니다."(나중에 思極이라고 들었다)

"어디 사람인가?"

"남쪽 사람입니다. 처음 왔을 때는 단지 비쩍 마른 만자(瘦蠻子)였는데, 지금은 살찐 만자(胖蠻子)가 되었습니다."

여기서 만자는 북쪽 사람들이 남쪽 사람을 욕하는 말이다. 곽씨는 산서성 사람인데, 그를 만자라고 한 것은 천자의 명을 받아서 어사가 되었는데도 탐욕스러운 수령을 타파하지 못하고 백성들에게 해를 끼치기 때문에 그리 욕한 것이다. 가난한 백성을 쥐어짜서 스스로 배를 불린 것이 이와 같으니, 그 직무는 다하지 못하면서 녹만 타 먹었다는 것을 알 만하다.

중국 관리들의 횡포와 백성들이 겪는 고통을 눈으로 보면서 조선의 현실을 돌아보지 않을 수 없었다. 어딜 가나 관리들의 횡포가 이러하니, 백성들이 어찌 마음 편히 살 수가 있을 것인가. 명나라의 수도 북경에 도착할 때까지 요동성, 해주위, 광녕위, 영원위, 영평부, 순천부를 지나며 중국의 백성들이 사는 모습과 지방관들의 행태를 목도하고, 지식인들과의 논쟁에도 참여하며 많은 것을 배우고 깨닫는다. 차후 중봉이 실현하고 싶었던 개혁적 사고에는 이러한 영향이 컸을 것이다.

사신 일행이 북경에 도착한 것은 8월 4일이었다. 조양문(朝陽門)으로 들어가 장안가(長安街)를 지나서 회동관 동전소(東前所)에 짐을 푼다. 일행은 중국의 관리들을 만나고 보단을 올리고 성절하례 행사를 준비하며 바쁜 일정을 보냈다. 먼 길을 오다 보니 고국을 떠나온 지도 어느새 석 달이 되었다. 고국이 그립고 정다운 사람들이 생각나는 것은 어찌할 수 없는 감정이다. 8월 12일은 상사의 생일이라 주연을 베풀었다. 타국에서의 소회를 담은 서장관 허봉의 시에 중봉도 시로써 화답한다.

서장관 허봉의 시[10]

塞外秋風起 새외 변방에서 가을바람이 불어와
疏楡落漢關 느릅나무를 거쳐 중국 변관에 이르렀네
旅遊悲上國 나그네는 중국에서 서러워하는데
寒日照西山 차가운 햇살은 서산을 비추는구나

髮染新霜白 귀밑머리는 새로 내린 서리처럼 하얗게 물들고
依鎖舊彩斑 옷은 오래된 무늬로 알록달록하네
憐君不得意 임금을 그리워하는 마음 가눌 수 없는데
衰草伴愁顔 시든 풀만이 근심스런 얼굴로 따르는구나

이에 화답하는 중봉의 시[11]

〈玉河館和許美叔韻(옥하관 허미숙의 시에 차운함)〉

五月離金浦 오월에 김포를 떠나
窮秋走帝關 늦가을에 황제의 궁궐에 도착했네

---

10   原典『重峯集』. 최진욱 외『조천일기』 서해문집 p157.
11   原典『重峯集』. 변형석『重峯詩譯註』 중봉조헌선생기념사업회 p48. 최진욱 외『조천일기』
      서해문집 p157.

凄風腓百卉 서늘한 바람에 풀잎은 시드는데
歸路隔千山 고향까지는 수천의 산이 가로막고 있구나

夢愕魂頻駭 무서운 꿈에 혼백이 여러 번 놀라니
愁深鬢欲班 깊은 근심에 머리가 희끗희끗해지려 하네
白雲思罔極 하얀 구름처럼 생각은 끝없이 펼쳐지고
何日慰親顏 언제 어버이 뵙고 위로해드릴까

또 하나, 중봉의 화답 시[12]

薊路秋爲客 계주의 가을은 손님처럼 낯설고
燕雲晝閉關 한가로운 연경에서는 낮에도 관문을 닫는다
風高墻外樹 담장 밖 나무로 바람이 높이 부니
念切海東山 해동의 산천 생각이 더욱 절실해지는구나!

聽雁愁天遠 기러기 소리를 듣자니 수심이 하늘 멀리까지 퍼지고
倚閭懼鬢班 어머니 애타게 기다리실 텐데 흘러가는 세월이 두렵구나
何當歸有日 돌아갈 날이 분명히 있을 터이니
儺佩動歡顏 섣달에는 기쁜 얼굴로 바뀌겠지

  북경에서의 한 달은 매우 바쁘게 돌아갔다. 6월 9일에는 대명전 (大明殿)에 들어가 황제의 아침 조회에도 참견하고, 13일에는 조천궁 (朝天宮)에서 하례를 연습하고, 17일에는 공식 행사인 황극전(皇極殿) 에서 성절하례식(聖節賀禮式)에 참석했다. 웅장하고 화려한 황극전 과 낯선 행사의 모습은 중봉에게 대단히 놀랍고 인상적이었다. 더

---

12   原典『重峯集』, 변형석『重峯詩譯註』중봉조헌선생기념사업회 p49. 최진욱 외『조천일 기』서해문집 p157.

지당에 비 뿌리고

구나 여러 나라 사신들이 온갖 모습으로 축하 행사에 참여하는 것은 더욱 흥미로웠다. 중봉은 그날의 모습을 『조천일기』에 이렇게 적어놓았다.

> 8월 17일, 맑음[13]
> 북경(자금성)
>
> 황상께서 조회 때 황극전(皇極殿)에 앉아서 성절하례를 받으셨다. 서둘러 장안문에 가서 통정문으로 들어가 문 안쪽에 앉아 날이 밝기를 기다렸다. 환관 몇이 다가와 말을 나누려고 했으나 대화를 할 수 없다고 했다. 또 유생 넷이 와서 "고려인입니까?" 하고 물었다.
>
> 나는 "어째서 매번 고려라고 말하는지요? 고려는 우리 지역의 전대(前代)의 명칭입니다. 지금은 조선이라고 하는데 명나라에서 정해준 국명이기도 합니다."라고 했다.
>
> 이어서 유생이 "당신 나라의 사인(士人)은 또한 하나의 경서만 공부합니까?"라고 물었다.
>
> 나는 "삼경(三經)을 공부합니다."라고 답했다.
>
> 또 육경(六經)이 있습니까? 하길래 "있습니다. 『시경』과 『서경』에 대해서는 사람들이 배우지 않는 바가 없으며, 『역경』, 『춘추』, 『예기』, 『주례』는 스스로 하나를 선택해 읽습니다."라고 했다.
>
> 환관 하나가 내가 꼿꼿이 앉아 있는 것을 기이하게 여겨 속이기를 "당신 사모(紗帽)에는 왜 연각(軟脚, 사모 뒤의 날개)이 없습니까?"라고 했다. 내가 속임을 면치 못하고 손으로 사모를 어루만졌더니, 그가 크게 웃으며 가버렸다. 성품이 남을 속이는 데는 약삭빠르지만, 그것이 자기를 속이는 것임을 알지 못하고 있다. 생각건

---

13   原典 『重峯集』. 崔永禧 『趙憲全書』 탐구당 日記 p235. 최진욱 외 『조천일기』 서해문집 p165~167.

대 조고(趙高, 진나라 환관)의 습성은 이러한 속임수를 키워 사슴을 가리켜 말이라고(指鹿爲馬) 하는 데까지 이르게 된 것이니, 환관을 부릴 때 신중하지 않을 수 있겠는가.

새벽 무렵 반열과 서차가 정해졌다. 닭이 울 때쯤 관원이 문소각(文昭閣)에서 시각을 알리며 소리치기를

"아, 해가 떴다. 아, 사방을 밝힌다. 아, 만방을 비춘다."

라고 하자, 황제께서 황극전에 앉으셨다. 너무 멀어서 바라볼 수 없었다. 명편(鳴鞭)을 세 번 울리자, 모든 신료가 줄을 맞추어 네 번 숙배(肅拜)하고 모두 궤했다.

명찬(鳴贊)이 축하 표문을 황극전 위에서 소리 높여 읽었다. 또 명찬 하나가 계단 위에서 여전(臚傳, 위에서 아래로 말을 전하는 일)하니, 천관이 모두 궤한 후 사배(四拜)를 했다. 또 진홀(搢笏), 무도(舞蹈, 임금 앞에서 손을 휘두르고 발을 구르는 의식), 궤(跪), 진홀, 산호(山呼, 만세를 부름)를 창(唱)하고 끝마쳤다. 부복했다가 일어난 뒤 다시 사배를 하고서 나왔다. 각로(閣老) 이하부터 육부(六部)와 한림관까지는 모두 순서대로 나갔는데, 눈을 다른 곳으로 돌리지 않았으며 걸음걸이가 정연하고 신속했다. 잡관 등은 그 차례를 알지 못해 한꺼번에 같이 나갔다. 우액문(右掖門)을 나서서 오로(五輅, 천자가 타는 다섯 종류의 수레)가 지나가는 것을 보았는데, 모두 코끼리에 멍에를 걸고 있어서 매우 웅장했다. 비록 금은으로 장식하기는 했지만 수류(垂旒, 면류관 전후에 드리운 구슬 줄)와 잡채(雜彩, 다양한 색깔의 장식)는 없었다.

광록시 주방에 도착해 술과 식사를 대접받았다. 어떤 미친 녀석이 음식을 치워버리다가 벌을 받았다. 이날 서정(西庭)에 있던 자들 중 달자는 간혹 변발을 했는데, 위쪽에 머리털을 조금 남기기도 했다. 서번인은 머리털을 바싹 깎고 하의를 입지 않았다. 라마국 사람은 승려의 모습에 호복(胡服)을 입고 있었다.

성절행사의 진행과 참가자들의 모습과 규모를 비교적 상세하게 적

어놓았다. 홍미로운 광경이 아닐 수 없다. 성절하례를 치른 후 중봉은 국자감(國子監)에 가서 성묘(聖廟)를 살펴보았다. 국자감생 10여명과 계성묘(啓聖廟)에 대하여 자세히 질문하고 토론도 했다. 그리고 예부에 글을 올려 성묘(聖廟, 문묘)의 위차(位次) 문제를 질문하니, 예부의 제공(諸公)들이 논란(論難)하며 토론하고 중봉의 깊은 생각에 모두가 감탄하면서 칭찬하기를 마지않았다.

잠시 여유가 날 때 아버지에게 드릴 양가죽 옷을 사고, 여러 사람에게서 부탁받은 물건들도 구입했다. 특히 아버지의 양가죽 옷을 산 것은 중봉에게 가장 큰 기쁨이었다고 기록하고 있다. 사신 일행이 바쁜 일정을 모두 끝내고 북경에서 출발한 것은 9월 6일이었다. 사행 기간은 총 6개월이 걸리지만, 오가는 기간을 빼면 실제 북경에 머무는 기간은 1개월 정도였다. 중봉에게 중국 기행은 현지에서 많은 관리들과 토론할 수 있었고, 새로운 지식과 제도, 문물을 접하는 좋은 기회였다. 귀국길에 영평부를 지날 때는 고죽성(孤竹城)에 있는 백이(伯夷), 숙제(叔齊)를 모신 청성사(淸聖祠)에 참배하고 시를 지었다.

〈伯夷 叔齊의 淸聖祠(백이숙제의 청성사를 뵙고)〉[14]

胸中都是絶毫私 가슴속에는 터럭만큼의 사사로움도 없으니
高節長扶萬古彛 높은 절개는 오래도록 부지하여 만고에 떳떳하도다
願得淸風薰一仰 백이숙제의 청풍한 바람을 한 번 우러러볼 수 있기를
바랐으니

---

14   原典『重峯集』. 崔永禧『趙憲全書』탐구당 詩 p245. 변형석『重峯詩譯註』p46.

醒然起我懶頑資 나의 게으르고 부족한 자질을 깨우치게 하소서

9월 14일 영평부 남쪽 주대보의 집에서 머무는 것을 마지막으로 중봉의『조천일기』는 멈췄다. 왜 여기서 일기를 멈췄을까? 귀국하자 마자 올린 '선상팔조소'에서 그 의문이 풀린다. 중봉은 그날부터 돌아오는 동안에 '팔조소'를 준비했던 것이다. 이처럼 중봉의 준비성은 치밀했다.『조천일기(朝天日記)』는 보물 1005호로 지정되어, 현재 금산 칠백의총에 소장하고 있다.

나. '질정관회환 후 선상팔조소(質正官回還後先上八條疏)'

중봉은『조천일기』에 중국에서 본 변방의 경비 태세와 군대의 기율과 조련, 중국 촌락의 풍속과 향약, 북경에서 눈을 사로잡았던 다양한 사물과 풍경, 관리와의 접견, 연회, 제도 등 어느 하나도 허투루 흘려보내지 않고 기록했다. 명나라에서 돌아온 중봉은 지체하지 않고 사행 중에 살펴본 중국의 문물제도 중에서 본받을 만한 것을 추려서 '시무팔조소(時務八條疏)'를 지어 올린다. 이것이 1574년(선조 7년) 11월에 올린 '질정관회환 후 선상팔조소(質正官回還後先上八條疏)'이다.

'시무팔조소'는 주로 당시 조선의 피폐된 현실과 그 대책을 제시한 것으로, 문묘배향의 제도, 관리임용 제도, 의관 제도, 음식 제도, 관리들의 읍양의 예, 사제 간의 예, 향당의 아름다운 풍속, 군사의 엄정한 기율 등에 관한 사항이다.

곧이어 '의상십육조소(擬上十六條疏)'를 작성한다. 이는 중봉이 밝

힌 바와 같이, 앞서의 '팔조소'는 사무(事務)에 시급한 것이며, 십육조소는 근본에 관한 것임을 구분했다. 이 모두는 요순의 지치를 지향하는 성치(聖治)에 도움이 되기를 바라는 마음으로 작성한 것이다.

이 두 상소문은 중봉이 순절한 40여 년이 지난 1636년에 은봉(隱峯) 안방준(安邦俊) 선생이 한 권의 책으로 엮어서 『동환봉사(東還封事)』를 간행했다. 안방준은 책의 말미에서 "이 책에 담긴 경세제민의 큰 뜻(經濟大志)을 고찰한다면 족히 선생(趙憲)의 대개를 알게 될 것이다."라고 했다. 여기에는 '팔조소(八條疏)'와 '십육조소(十六條疏)'의 주요 부분 일부를 발췌하여 올린다.

〈질정관회환 후 선상팔조소[質正官回還後先上八條疏, 선조 7년 (1574) 甲戌 11월]〉[15]

신(臣) 헌(憲)이 삼가 재배하며 아뢰옵니다.

신이 지난번에 서행(西行, 질정관으로 명나라에 간 일)할 때 사성통해(四聲通解)를 황주 역관(黃州譯官)에게서 빌려 얻어서 질정사(質正事) 이십조(二十條)의 뜻을 이미 알고 있었는데, 옥하관(玉河館)에 이르러 출입할 수가 없어서 단지 통사(通事)로 하여금 남에게 의뢰하여 질문을 청하게 한즉, 해석한 말이 사성통해 밖에 있지 않습니다. 신이 본시 쓸모없음을 부끄럽게 여기고 국가에 도움이 되지 못함을 두렵게 여겼습니다. 길에서 사인 왕지부(士人 王之府)를 만나 이를 질문한즉, 삼사(三事)를 간략하게 설명하고 이를 비웃으며 말하기를 "질정(質正)의 옴이 단지 이 일 때문인가. 이러한 몇 가지 일 같은 것은 이 방술지사(方術之士)를 제외하더라도 능히

---

15   原典『重峯集』. 최영희『趙憲全書』탐구당 疏 p86~106. 김포문화원『불멸의 重峯 趙憲』 p262~304.

다 아는데, 반드시 강문(强問)하려고 한다면 성문(聖門)에 있어서 기물(器物)을 완상(玩賞, 즐기다)하여 그 뜻을 잃는 것이 되고, 우리의 유생(儒生)에게는 넓게 아는 소인이 되는 것이다."라고 했는데, 신은 이 말을 듣고 아주 부끄럽게 여겼습니다. 생각건대 선종조(宣宗朝)가 질정관을 반드시 보내고 이를 그치지 않은 것이 중국인이 우리나라를 가리켜 소중화(小中華)라 한 것은 진실로 능히 예의를 밝히는 것입니다. 그런데 국가에서 관(官)을 모화(慕華), 태평(太平)이라고 이르는 것은, 어찌 반드시 저 명나라의 왕 성제(聖帝)의 대공(大公) 지정(至正)한 제도와 오랫동안 정치하고 오랫동안 백성을 편안하게 하는 술책(術策)을 자세하게 궁구하여 한 지역의 백성들을 태평한 지역에 두려는 것이요, 이것은 중국인이 바라다보도록 밖으로 과시하기 위하여 말한 것이 아닙니다. 고로 차라리 역참으로 통하는 길의 군사들을 수고시킬지언정 지금의 선정을 듣기를 바라고, 장차 크게 폐해를 버리고 흥하게 되는 본을 삼으려는 것입니다.

돌아보건대 미신(微臣)은 아직 아는 것이 적고 생각이 얕으며, 재주가 적고 말이 무디어, 정말로 비리(鄙俚)한 말이 임금의 총명을 욕되게 하고 더럽힐 것을 아는 바입니다. 그런데 영평(永平)에서 공물로 바치는 죽은 말을 보니 그 머리를 동쪽으로 두었기에 이를 통사(通事)에게 물었습니다. 그가 말하기를 우리나라의 말을 매번 보면 죽어서 반드시 그 머리를 동쪽으로 한다고 했습니다. 대저 말도 근본을 잊지 않는데, 신이 말보다도 못한 것을 깊이 부끄럽게 여기는 바입니다. 고로 감히 듣고 본 것으로써 치도(治道)에 관한 것 중 아직 우리나라에서 진미(盡美)하지 않은 것을 외람히 의논하여 쓸 만한 것을 채택하도록 삼가 갖추어 놓았습니다. 엎드려 바라옵건대 성명(聖明)께서는 유의하시옵소서.

◇ 제1조 성묘배향(聖廟配享)의 제(制)

성묘(聖廟, 문묘)의 배향에 관한 것이다. 중봉은 성현의 학문을 배우는 것은 이를 현실에서 실천하기 위함이라고 했다. 그러므로 우리가 성현을 존경하고 받드는 일의 중요성을 이렇게 말했다.

> 대개 그 사람을 받드는 것은 그 도(道)를 통용(通用)하는 것입니다. 그런데 세상의 임금은 다만 외면적인 존경만 하여 배우는 자에게 표시하고 성현의 말씀을 몸소 실행하지 못하기 때문에, 예나 지금이나 천하가 잘 다스려지는 것은 적고 어지러운 것이 많은 것입니다.

그리고 명나라 조정의 종향(從享)하는 일로 인하여 깊이 느낀 바가 있어 김굉필(金宏弼), 조광조(趙光祖), 이언적(李彦迪), 이황(李滉)에 대한 배향을 제안한다.

> 대체로 김굉필(金宏弼)은 처음으로 도학을 제창하여 선성(先聖)을 잇고 후학을 연 업적이 있고, 조광조(趙光祖)는 사도(斯道)를 이어서 밝혀 세상을 건지고 사람을 선량하게 한 공로가 있고, 이언적(李彦迪)은 도(道)를 본떠 순수하고 돈독하게 하여 기울고 위태로운 세도를 부지한 공로가 있습니다. 이 세 사람을 중국에서 찾아본다면 허형(許衡)과 설선(薛宣) 이외에는 견줄 만한 자가 없고, 우리나라에서 찾아본다면 설총(薛聰), 최치원(崔致遠), 안유(安裕) 같은 이도 그 경지에는 미치지 못합니다. 더구나 이황(李滉)은 동유(東儒)를 집대성하고 주자의 적통을 계승하여, 조정에 나가서는 임금을 옳은 도리로 인도하는 정성이 글과 소장(疏章)에서 간절히 나타나고, 초야에 물러나서는 후학을 각기 재능에 따라 가르치는 뜻이 강론할 때 간절히 나타났습니다. 그리하여 선한 자는 그 말

을 듣고 경모(敬慕)하고, 악한 자는 멀리서 그 풍모만 우러러보아
도 스스로 몸을 바로 잡았던 것입니다.

　　오늘날 선비들이 임금을 존경하고 부모를 사랑함을 알고 예의
(禮儀)와 염치(廉恥)가 있게 된 것은 모두 그의 덕에 감화되어 일어
난 것입니다.

중봉은 김굉필, 조광조, 이언적, 이황의 네 선현들이 생존했을 때
도 제대로 등용하여 그 재능을 발휘하게 하지 못했는데, 사후(死後)
까지도 숭장(崇獎)하지 못하고 있음을 한탄하면서, 이들을 종사해야
한다는 논의가 조정에서나 사류에 이론이 없으니, 빨리 사현(四賢)
을 숭장하여 종사(從祀)의 서열에 넣으라고 청했다.

이처럼 성현을 높이는 것은 도학을 크게 일으켜서 선비의 기풍을
진작시키고, 궁극적으로는 인간의 올바른 도를 실천하는 데 목적이
있는 것이다. 이는 나라와 백성을 사랑하는 정신과 당시의 피폐한
사회 현실을 극복하려는 개혁론의 하나라고 할 것이다.

◇ **제2조 내외서관(內外庶官)의 제(制)**

관리임용 제도에 관한 것으로, 국가의 위태함과 민생의 어려움은
그릇된 임용으로부터 비롯된 것이기 때문에 이에 대한 총체적 개선
을 통하여 정치와 백성의 안정을 꾀하자는 것이다.

중국은 인재를 선발할 때, 삼망 제도에 의해 세 사람을 추천하면
그중에서 한 사람을 뽑는다. 이는 관리를 잘못 선발하면 그 피해가
백성에게 돌아가고, 그 화가 국가에 미치기 때문이다. 중봉은 중국
에서 보고 들은 바와 조선의 실정을 비교하여 잘못된 관리임용 제

도의 폐단을 상세히 논하고, 이에 대한 시정 의견을 올린 것이다.

　　대체로 중국에는 인재가 많은데 어찌 삼망(三望)을 갖출 만한 자가 없겠습니까? 이는 참으로 인재를 얻기가 어렵기 때문입니다. 서관(庶官) 가운데 한 사람이라도 혹시 인재가 아닌 자가 끼어 있으면, 그 피해가 백성에게 번져나가고 화(禍)가 국가에 미치게 됩니다. 그래서 밑에서는 감히 좋지 않은 인재를 구차히 천거하지 아니하며, 위에서도 감히 사사로운 뜻으로 구차하게 임용하지 않습니다.

　　신이 생각하옵건대, 우리나라는 인재가 중국의 20분의 1도 못 되는데, 여러 번 사화(士禍)를 겪은 나머지 선비들의 추세(趨勢)가 그릇된 것을 따라서 지금에 이르렀으니, 삼강(三綱)이 밝지 않아 의리(義利)를 분별할 수 없게 되었습니다. 그래서 나라를 경영하고 도를 논하는 자를 쉽게 만나기가 어렵고, 국사를 책임지고 직책을 생각하는 자도 많이 볼 수 없게 되었습니다.

　　그리고 정무를 보는 관청에서 의논(議論)할 때 미리 논하여 정함이 없이 정청(政廳)에서 좌기(坐起, 관아의 수장이 출근)한 후에 붓을 잡고 비로소 논의하므로 삼망(三望)이 전부 합당한 인물인 경우가 거의 없습니다. 빈자리가 많고 인원이 부족한 때는 일망(一望)만 겨우 갖추고 나머지는 모두 구차하게 채우는데, 임금의 낙점(落點)하는 바도 인망(人望) 밖에서 나오니, 군정(群情)이 만족해하지 않고 공론이 시끄러운 것도 이 때문입니다.

　　동에서 빼내어 서에 보충하고, 아침에 관직을 제수하고 저녁에 바꾸는 것을 면치 못하니, 서울과 지방의 관원이 맡은 바 직책이 무엇인지조차 알지 못하며, 앉은 자리가 미처 따뜻해지기도 전에 이임하는 경우도 있습니다. 그리하여 장부가 없어지고 재물만 도적질 당한 채 간악(姦惡)한 서리(胥吏)의 술책에 빠지는가 하면, 신임을 맞고 전임자를 보내느라 인부를 차송하고 말을 보내 천 리 밖에까지 창황 분주하여, 피폐(疲弊)한 백성의 재산을 없애는 것은 중국(中國)에 없는 폐단입니다.

변변치 못한 천신(賤臣)이 시정(時政)을 논의함이 죄스러움을 모르는 바 아니나, 국가의 위태함과 민생의 간난(艱難)함이 모두 임용(任用)을 옳지 않게 하는 데 있음을 눈으로 직접 본 바 있어 입을 다물 수 없었던 것입니다. 바라옵건대 성주(聖主)께서는 불쌍히 여기셔서 조금이나마 살피시옵소서.

◇ 제3조 귀천의관(貴賤衣冠)의 제(制)

의복과 갓을 실용적으로 개선하자는 것이다. 의복과 갓은 신분에 따라 차이가 날 뿐만 아니라, 제한된 일부 계층의 사람들만이 입을 수 있는 현실을 제도적으로 개선하여 모든 계층의 사람들이 입을 수 있도록 해야 한다. 그리고 비를 맞아도 처지지 않는 갓 등, 실용적인 측면과 우리의 현실에 맞도록 개선하자는 주장이다.

의관이 단정하기는 해야 하나 오히려 검약한 풍속은 쫓아야 한다는 중봉의 실용적인 정신이 강하게 드러나 있다. 즉 중국의 제도를 참고하되, 사치하고 큰 것을 사용하는 풍습을 일제 금한다면, 누구나 착용할 수 있도록 개선될 것이라는 실용적인 제안이었다.

대저 중국의 의관 제도(衣冠制度)는 간략하고 쉽게 준비할 수 있을 뿐만 아니라, 지금과 같이 천하의 제도가 같은 때는 운남(雲南), 귀주(貴州)와 같은 곳의 경사(京師)에서 만 리가 훨씬 넘게 떨어져 있어 일찍이 이적(夷狄, 오랑캐)의 지역이었는데, 대소남녀(大小男女)들은 한결같이 중국의 제도를 따르고 있습니다. 하물며 우리나라는 경사(京師)에서 4천 리도 채 떨어지지 않아 실로 오복제후(五服諸侯)와 차이가 없으나 남녀의 의관은 가히 부끄러운 것이 많이 있습니다.
신이 삼가 안시(鴈翅), 유건(儒巾), 붕계(鬅髻), 역자(毼子)를 갖추어 올립니다. 전하께서 만약 지금의 왕실 제도를 감히 따르지 않으면 안 되겠다고 하신다면, 이것을 공조(工曹)에 내려보내어 모양의 모범을 보고 만들게 하십시오. 뇌포(腦包), 건모(巾帽), 삼포(三袍)의 주름과 같은 것을 오래된 통사(通事)로 하여금 공인(工人)에게 상세히 가르쳐주어, 종이를 재단하여 표본(標本)을 만들어서 팔도에 널리 펴서 점차로 고치게 하십시오.

◇ 제4조 식품연음(食品宴飮)의 제(制)

우리나라 풍속은 오로지 풍성한 음식에다 많이 마시는 것에 힘써서 재물이 바닥이 나도 걱정할 줄을 모르고, 백성이 곤궁해도 구제할 줄을 모르고, 위에서 명해도 따를 줄을 모른 채 자연의 물산을 쓸데없이 소모하고, 나라의 근본인 백성을 해치는 일이 끝이 없다. 우리도 중국 사람의 물자 절약을 본받아서 과음, 과식을 삼가야 한다.

신(臣)이 보건대, 중국 사람들은 절약하여 사용치 않음이 없으니, 관원(官員)의 가공(家供)에는 반찬이 두세 그릇뿐이었고 사가(私家)의 음식은 더욱 검소했습니다. 잔치할 때도 작은 잔에 따르고 순배 수를 정해놓고서 감히 한계를 넘게 마셔 정신이 혼란하게 함으로써 맡은 일을 그르치지 않게 하니, 이것이 공사(公私)의 재력이 다 넉넉하고 서정(庶政)이 잘못되지 않게 되는 이유입니다.

그런데 우리나라의 풍속은 오로지 풍부한 음식에 많이 마시는 것에 힘써서 재물이 바닥이 나도 걱정할 줄 모르고, 백성이 곤궁해도 구제할 줄 모르며, 위에서 명해도 따를 줄 모른 채 자연의 물산을 쓸데없이 소모하고, 나라의 근본인 백성을 해치는 일이 끝이 없습니다. 내사(內司)의 관원이 가공(家供)을 행하기는 하나, 호사하는 무리가 찬품(饌品 반찬거리)을 성대히 갖추므로, 빈약한 선비는 그에 미치지 못하는 것이 부끄러워 아무 탈이 없으면서도 병이라 칭하고 직사(職事)에 근무하지 않는 경우도 있으며, 앞을 헤아리는 깊은 생각을 하지 않고 막대한 비용을 소모함이 아주 심합니다. 아, 이것이 무슨 풍속이기에 이를 고칠 생각을 하지 않는다는 말입니까?

중봉은 과소비하는 사회 현상을 지적하고, 중국의 근검절약하는 정신을 본받을 것을 강하게 주장했다. 특히 우리나라 관리들의 낭비가 얼마나 심한지를 낱낱이 열거했다. "나라의 근간을 좀먹는 이러한 과소비 풍속이 무슨 좋은 것이라고 임금께서는 보고만 있는 것입니까?"라고 물었다.

아! 중국의 서관(庶官)은 닭 한 마리도 감히 민간에서 거두지 아니하는데, 우리나라는 관원으로 있는 자가 자신의 구복(口腹)을 채우는 일로 조종(祖宗)의 적자에게 해독을 끼치는 것이 몇천만 가지나 되는지 모릅니다. 어찌 군신이 서로 맹세를 하고 서둘러서 음식을 검소하게 함으로써 진공(進供)을 올바르게 하지 않을 수 있겠습니까.

더구나 변방의 장사(將士)는 한자리에 모여 술 마시는 일이 많습니다. 인경(隣境)의 수수(守帥)와 병사(兵使), 수사(水使)가 왕복할 때 영송(迎送)하는 관례라고 명분을 삼아 소를 잡고 술을 빚으며 짐바리에 보화를 싣는가 하면, 진(鎭)을 버리고 경계를 넘어가서 주거니 받거니 연일 통음(痛飮)하는데, 양계(兩界, 동과 서)와 양남(兩南, 호남과 영남)이 이와 같습니다. 이렇게 되면 잔약한 병졸을 수탈하는 것이 염려스러울 뿐만이 아닙니다. 적이 그 허점을 틈타 침범할 경우, 그 누가 과연 막아 지키겠습니까.

모든 화의 근원은 면밀히 예방하지 않으면 안 되기 때문에 신

지당에 비 뿌리고

은 삼가 작은 술잔 10매(枚)를 갖추어 올립니다.

    원하건대 성상께서는 찹쌀술을 금한 황조(皇朝)를 본받고 음주를 경계한 광묘(光廟)의 뜻을 받들어, 두 개는 경중(京中)에, 여덟 개는 각 도에 견본으로 내려서, 그것을 견본으로 술잔을 만들게 하소서. 그리하여 대빈(大賓), 대사향음(大祀鄕飮), 향사(鄕射, 활쏘기할 때 주연을 겸함)하는 때 중국인의 예법을 따라 잔 수를 엄하게 정함으로써 많이 취하여 몸을 망치게 하지 마시고, 기타 때가 아니거나 예가 아닌 연회와 사행(私行)에 술 석 잔을 초과하여 마신 자는 한결같이 주고(酒誥)의 법대로 처벌하소서. 그러면 거의 재물을 허비하고 백성을 병들게 하여 국정을 해치고 일을 망치는 화가 없게 될 것입니다.

관리들의 잦은 교체가 백성들의 삶을 어렵게 할 뿐만 아니라, 지나친 연회(宴會)와 음주로 인한 폐해가 막대하므로 이를 엄격히 통제해야 한다. 이러한 폐단들이 병졸과 백성들의 생활을 피폐하게 만들고 국정을 해침으로, 과음을 삼가도록 10개의 작은 술잔을 만들어 조정과 8도에 보내서 음주 통제의 기준으로 삼도록 제안하였으니 얼마나 폐해가 심했는지 짐작할 만하다.

◇ 제5조 사부읍양(士夫揖讓)의 예(禮)

중국의 예부(禮部)에서 우두머리가 업무를 행하는 의식과 일을 처리하는 절차를 면밀히 관찰하니, 직급에 따라 관리의 예(禮)와 절차가 명확하고, 공사(公私)의 일을 임금께 주하(奏下, 임금의 재가)하는 데 하루 이틀에 지나지 않으며, 대부분의 업무를 당일에 신속하게 처리하는 것을 보고 감탄하여 우리나라의 실정과 그 폐단을 이렇게 지적한다.

아! 중조(中朝)는 서관(庶官)이 예를 좋아하고 일에 부지런한 것이 이와 같은데, 우리나라의 육조등처(六曹等處)는 예모(禮貌)가 허소(虛疎)하고, 무리한 일이 지금은 혁파되었다고 하더라도 좌랑(佐郎)이 정랑(正郎)에게 가서도 감히 쳐다보고 말하지 못합니다. 고로 무릇 공사(公事)를 조사(曹司)인 좌랑(佐郎)에게 일임하는데, 좌랑은 그 일을 능히 다 다스리지 못한 나머지 왕(王)의 재가를 받는 공사(公事)는 혹 순월(旬月, 열흘이나 한 달가량)이 지나도록 신복(申覆)할 것을 생각하지도 못하며, 군민(軍民)의 송첩(訟牒)은 서리(書吏)에게 뇌물을 바치지 않으면 바로 판결(決判)하여 주지 않습니다.

신(臣)은 이러한 폐단이 제거되지 않으면 국사(國事)는 끝내 잘 다스려질 날이 없으리라는 것을 두려워하는 바입니다.

우리나라 관리들은 예모가 허술하고 폐풍이 만연되어 있다. 구체적으로 좌랑이 정랑을 쳐다보지 못하고 말할 정도이니, 상하 간에 무슨 의논이 가능하겠으며 업무가 신속히 처리되겠느냐는 것이다. 또한, 백성의 송사가 서리에게 뇌물을 주지 않으면 판결을 하지 않는 실정이다. 이러한 폐단을 현실적이고 실용적인 측면으로 개선하자는 것이다.

◇ 제6조 사생상접(師生相接)의 예(禮)

올바른 교육 풍토의 정립을 위한 방안으로 사제 간의 바람직한 관계 정립을 제시하고 있다.

중국에서는 항간에서도 책 읽는 소리가 낭랑했는데, 지극히 가난하고 천한 사람도 힘써 돈을 마련하여 아들을 학관(學館)에 보내려고 했다. 어릴 때부터 성장할 때까지 예모(禮貌)로 검속하고 인륜의 명분을 가르쳐서 온 세상 사람으로 하여금 보고 느껴 더욱 분발하게 하여, 많은 선비를 배출함으로써 사방의 쓰임에 부족함이 없도록 하려는 것이었다.

그러나 우리나라에는 동몽(童蒙, 장가가지 않은 아이)은 다행히 날로 배우는 무리가 있으나 대체로 질서가 없고 지나치게 공손하기만 할 뿐, 행렬을 차려 읍양(揖讓, 인사하고 사양하는 행위)하는 예(禮)가 없다. 교육이 이렇게 된 것은 외읍(外邑)의 교관으로 급료를 받는 사람도 모두 공력(公力)만 허비할 뿐 성묘(聖廟)가 있는 것도 모르는데, 급료를 받지 않는 학장이 어찌 책임 있게 가르칠 수 있겠느냐는 것이다.

이에 대한 방편으로 모든 사생(師生)이 서로 대하는 예와 삭망에 알성(謁聖, 공자의 신위에 참배하는)하는 규례에 대해 반드시 내외(內外)로 하여금 한결같이 제도대로 따르게 하고, 외학(外學)의 학장(學長)에게는 월료(月料)를 주고 교육을 책임 지워, 천자문(千字文)을 배우는 자라도 읍양의 예를 강명하게 해야 한다. 그러면 사람들이 책 읽기를 생각하고 선비마다 예를 지켜서 나라에 쓸모 있는 인재를 배양할 수 있다는 개혁적인 교학진흥론(敎學振興論)을 제시했다.

산해관(山海關) 이서(以西)는 머리를 땋고서 책을 끼고 다니는 사람이 많았으며, 항간에는 책 읽는 소리가 낭랑했는데, 지극히 가난하고 천한 사람도 힘써 돈을 마련하여 아들을 학관(學館)에 보내려고 했습니다. 그 가르치는 것이 비록 삼대(三代)의 정도(正道)로 교양하는 법은 아니었지만, 어릴 때부터 성장할 때까지 예모(禮貌)로 검속하고 명교(名敎)로 격려하여 온 세상 사람으로 하여금 보고 느껴 더욱 분발하게 하는 것이었으니, 이것이 바로 중국이 많은 선비를 배출하여 사방의 쓰임에 부족함이 없게 되는 이유입니다.

명색이 유(儒)를 업으로 하고 과거(科擧)에 합격한 자가 오히려 예양(禮讓)이 무슨 일을 하는 것인지 알지 못하는데, 몸을 교적(校籍)에 의탁했어도 반 줄의 글도 읽지 못하는 자가 어찌 능히 윗사람에게 공손하는 풍속을 알겠습니까? 이것이 어릴 적부터 늙을 때까지 무식하여 윤기를 손상하게까지 되는 이유입니다.

외학(外學)의 학장(學長)에게 월료(月料)를 지급하고 교육을 힘쓰게 해서 비록 천자문(千字文)을 처음 배우는 자라도 읍양의 예를 강명하게 한다면, 사람들이 책 읽기를 생각하고 선비마다 예를 지켜서 쓸모 있는 인재를 배양할 수 있을 것입니다.

◇ **제7조 향려습속(鄕閭習俗)의 미(美)**

마을의 풍속에 관한 것이다. 중봉이 보건대 중국의 산해관(山海關)에서는 마을마다 향약소(鄕約所)가 있어 향약에 든 사람들을 모아 서로 예양한 뒤에 가르침을 강론하는데, 그것이 부모에게 효순(孝順)하고, 장상(長上)에게 존경하고, 이웃과 화목하고, 자손을 가르치고, 농상(農桑)을 부지런히 하고, 불의를 저지르지 않는다는 등의 고황제(高皇帝)에 가르침이라고 한다.

그 조목이 '여씨향약(呂氏鄕約)'처럼 자상하지는 못하지만, 그 강령이 간결하여 쉽게 백성이 깨우칠 수 있으므로, 백성들은 이를 믿어 촌항(村巷, 시골의 궁벽한 거리)의 담벼락에 제시해두고 서로들 외고 익히는 것이었다. 그러므로 오랫동안 오랑캐 풍속에 젖은 요동과 계주 땅 사람들도 대명(大明)의 풍화(風化)로 새롭게 변했다고 한다.

지당에 비 뿌리고

신이 보건대 산해관(山海關) 이서지방(以西地方)에는 촌마다 향약소(鄕約所)가 설립되어 있길래 무령(撫寧) 등 현인(縣人)에게 물은즉, 매월 삭망(朔望)에 약정(約正), 부정(副正), 직월(直月)이 현(縣)의 장관(長官)을 회견하여 단지 일배삼고두(一拜三叩頭)를 행한 후에 명(命)을 듣는다고 했습니다. 그리고 영평인(永平人)에게 물은즉 약정, 부정, 직월 등이 삭망으로 부(府)의 장관을 회견하는데, 월대(月臺) 위에서 사배(四拜)를 하면 부의 장관이 의자에서 내려와 받으며, 약정 등은 부장관(府長官)의 의자 앞에 나아가 서서 그 교(敎)를 함께 듣고, 듣는 것이 끝나면 한 번 읍하고 물러나서 각기 그 향약소에서 향약 안에 있는 사람들을 모아 서로 예(禮)를 하고 부장관에게서 들은 교(敎)를 강(講)한다고 들었습니다.

주상께서 해마다 명령을 발하여 백성을 교화하고 양속(良俗)을 이루는 데 힘써왔으므로, 당연히 호(戶)에는 착한 사람이 있고, 향(鄕)에는 온후한 풍속이 있어야 할 텐데, 근년 이래로 민심이 날로 박해지고 강상(綱常)의 도(道)가 흔들려서, 어버이는 자식을 가르칠 줄 모르고 자식은 어버이를 효로 섬길 줄 모르며, 형은 아우와 우애롭지 않으며 아우는 형을 잘 받들어 공경하지 않고, 남편은 그 아내를 능히 단속하지 못하며 아내는 그 남편에 능히 순종하지 않습니다. 그리고 인근에 사는 자가 비록 절친(切親)이라고 하나 날로 싸움을 일삼으며, 붕우(朋友) 되는 자가 비록 달관(達官)이라고 하나 날로 사기(詐欺)로써 일삼는 것입니다. 집에 있으면서 능히 그 행실을 닦지 못하므로, 임금을 섬기되 능히 그 직을 다하지 못하고, 임금의 명령을 거슬러 백성을 침학(侵虐)하는 자가 내외에 널려 있으니, 신이 보건대 가히 신하가 신하 노릇을 못 하고 자식이 자식 노릇을 못 한다고 할 수 있을 것입니다. 오호라! 신하가 신하 노릇을 못 하고 자식이 자식 노릇을 못 하면, 임금과 어버이 된 자 그 나라가 있다고 말할 수 있겠습니까? 비유컨대 이른바 곡식은 있되 얻어먹을 수 없는 것이 정말로 가히 한심합니다. 이러한 까닭을 살펴본즉 비록 세속이 효박(淆薄, 인정과 풍속이 어지러움)한 까닭이지만, 신의 우견으로는 전하의 교(敎)를 베풂이 오히려 지극하지 않은 때문입니다.

　신이 듣건대, 기묘년에 영변 백성 가운데서 하도 가난하여 그 아비를 봉양하지 못하고 산골짜기에 버린 자가 있었는데, 향약의 글이 조정으로부터 내려왔다는 말을 듣고 그날로 다시 모셔다가 있는 힘을 다해 봉양했다고 합니다. 아, 이와 같이 한다면 어찌 좋은 풍속이 이루어지지 않겠습니까.

　우리나라는 본디 예의지국으로서 열성(列聖)을 감화시키는 가르침을 받았다. 주상께서 유신(維新)의 정사에 힘입어 해마다 내놓는 명령이 오직 백성을 교화하고 풍속을 아름답게 하는 것에 힘써왔으니, 당연히 집집마다 착한 사람이 있고 고을마다 후한 풍속이 있어야 할 것이다. 그러나 근년 이후로 인심은 날로 천박해지고, 강상(綱常)의 도가 어지러워졌다. 그 까닭을 따져보면 비록 세속의 추세가 잘못된 데서 나온 것이긴 하지만, 임금께서 가르치시는 것이 오히려 극진하지 못한 점이 있으신 듯하다. 왜냐하면 아무리 양지(良知), 양능(良能)이 있는 자라 하더라도, 반드시 선한 말과 선한 행동이 견문(見聞)에 익은 다음에야 분발할 것을 생각할 수 있는 것인데, 국가에서 백성을 깨우치는 것을 미리 널리 알리지도 않고서 자기들 멋대로 하도록 방치하고 있으니, 이것이 곧 수령이 태만하고 선한 사람이 일어나지 않는 이유이다.

　그러므로 백성들이 인간의 도를 알고 아름다운 풍속이 일어나도록 향약의 필요성을 강조했다.

◇ 제8조 군사 기율(軍師紀律)의 엄(嚴)

  중봉은 군대(軍隊)의 강약은 주장(主將)의 우열(優劣)에 있는 것이지, 군대의 많고 적음에 있는 것이 아니라고 했다. 중봉이 명나라 군대의 기강을 보고 깨달은 것이다. 그리고 장수를 육성하는 제도에서부터 문무를 겸비하도록 해야 한다고 주장한다. 명나라에서 본 군대의 사례를 들어, 군대의 기강이 얼마나 중요한 것인가를 강조하고 있다.

> 신(臣)이 계주(薊州 地方)의 길에서 보졸(步卒) 수천 명이 군량을 싣고 가는 것을 보았는데, 감히 무리가 많음을 믿고 남의 재물을 약탈하지 않았으며, 또한 나귀와 노새가 끄는 병거(兵車) 수십 량(數十輛)으로 밭 옆에서 쉬는데도 감히 볏단 하나도 가져다가 그 나귀에게 먹이지 않았습니다.
>
> 신(臣)이 그 군대의 행진에 법도가 있음을 이상히 여겨 물은즉, 달로(撻虜)가 변경(邊境)을 침범해 노략질하여 계진 총병관(薊鎭摠兵官) 척계광(戚繼光)이 중군장(中軍長) 예선(倪善)에게 명령(命令)하여 기현군(畿縣軍) 3만을 거느리고 그곳으로 간다고 했습니다. 이것은 주장의 위신(主將威信)이 평소에 드러나 있으므로, 군사들이 그 명령을 두려워하여 감히 백성들을 괴롭히지 못한 것이었습니다.

  중국에서 목격한 엄정한 군율하에 움직이는 질서정연한 명나라 군대의 모습에서 중봉은 큰 충격을 받는다. 그리고 조선군의 실태를 이렇게 비판한다.

> 신이 이 일로 삼가 생각하여 보았습니다. 듣건대 '서해평(西海坪)에서 오랑캐가 심은 벼를 베어버리는 거사 때 내지(內地)의 군

사들이 한결같이 통할(統轄)됨이 없어서 지나가고 머무르는 곳마다 마음대로 민전(民田)의 곡식을 취하여 말에 먹였기 때문에 작년 수확이 적은 데다가, 금년에 또 가뭄이 들어 늦게서야 비로소 씨를 뿌려 가을에 곡식이 익기를 기다린 것이 군대(軍隊)의 해를 입어 바로 적지(赤地, 농작물이 아주 없게 된 땅)가 되어 원통히 울부짖는 형상을 차마 볼 수가 없다'라고 했습니다.

신이 살펴보건대 국가의 간성을 맡은 자는 처음에는 비록 청동(淸動)하나, 배우지 않고 재주가 없기 때문에 그 관위(官位)가 중하고 녹(祿)이 후해지면 스스로가 바라고 원한 것이 이미 다했다고 하여, 몸과 마음을 다하여 왕사(王事)에 목숨을 바치려 하지 않고, 오직 사사로운 것이 있다면 반드시 힘을 다해 이를 완수합니다. 이로써 군사는 도마(悼馬)와 같이 되고 군위(軍威)는 서지 않아, 변방은 터진 제방과 같고 국세(國勢)는 강해지지 않습니다.

중봉은 유능한 장수를 양성하기 위해서는 반드시 문무를 겸비하도록 해야 한다고 주장했다. 중국은 무학생(武學生)을 설치하여 독서(讀書)를 가르치고 과거를 볼 때 비변삼책(備邊三策)을 시험 본 연후에 선발한다. 이와 같이 국가의 간성(干城)을 맡은 자는 그 책임과 더불어 문무를 겸한 지식을 갖추어야 한다는 것이다. 특히 전장에서 패했다고 죄를 묻기 전에 군대를 평소부터 훈련하고 양성하는데 힘써야 하는 훈련의 중요성을 강조했다.

그리고 비록 병사라 할지라도 전사자에 대하여는 반드시 비문을 지어 제사를 지내고, 그들이 용감하게 싸운 업적을 비(碑)에 기록하여 잊지 않으니 어찌 임금과 나라에 충성하지 않겠느냐며, 전공자에 대한 예우가 곧 강한 군대를 만드는 요소라는 것이다.

지당에 비 뿌리고

전하(殿下)께서는 일국(一國)의 병세(兵勢)를 보아서 강하다고 하시겠습니까, 약하다고 하시겠습니까?

대개 군대(軍隊)의 강약은 주장(主將)의 우열(優劣)에 있는 것이지, 군대의 다과(多寡)에 있는 것이 아닙니다. 고로, 경자(頃者)에 김수문(金秀文, 조선 중기의 무신) 같은 자도 여러 번 적지에 깊숙이 들어갔지만, 일찍이 내지(內地)의 군대를 멀리 발동(發動)함이 없이 강변(江邊)의 사병만을 사용함에 그쳤는데도 패(敗)한 일이 없습니다.

근세에는 원병을 출정시켰으나 공을 이루지 못하고 비웃음과 업신여김이 더할 뿐입니다. 만약 패사(敗事)한 후에 단지 그 죄를 다스리기만 하고 그에 앞서 군대를 교련(敎鍊)하고 양성(養成)함이 없다면, 범죄자는 날로 많아져 변방이 안전할 때가 없을까 합니다.

중국의 장수를 선발하는 제도를 보면 이미 무학생(武學生)을 설치하여 독서를 가르치고, 과거를 볼 때 비변삼책(備邊三策)으로 시험을 본 연후에 선발해서 임용하는 고로, 비어수보(備禦守堡)의 직책을 받은 자라도 역시 서(書)를 알고 일에 익숙하여 그 직책을 다하는 자가 많습니다.

신이 척계광(戚繼光) 총병이 지은 삼첩(三帖)을 보니 전사한 사졸들을 위하여 글을 지어 제사를 지내지 않음이 없으며, 행사계도(行師戒塗)에는 경건하고 정성스럽게 신에 고하지 않음이 없습니다.

'선상팔조소'는 임금께서 사회적 폐단을 바로잡고 백성들을 구휼하는 데 힘씀으로써, 사풍(士風)과 민풍(民風)을 바로 하여 나라를 튼튼히 할 것을 간절히 바라는 다음과 같은 말로 끝을 맺는다.

이상의 몇 가지는 비록 아주 작은 일 같지만, 사습(士習)과 민풍(民風)이 약해진 것을 소생시키고 폐단을 바로잡는 데에 관계되는 것이 매우 절실하기 때문에, 어리석은 신이 스스로 분수를 헤아리지 못하고 감히 보고 들은 바를 다 아룁니다. 삼가 원하건대 전하께서는 천신(賤臣)의 말이라고 생각지 마시고, 국사가 잘못된 것만을 생각하시어 대신에게 의논하시고 빨리 조치할 것을 추진하신다면, 동방의 사민(士民)이 다행하기 그지없겠습니다.

지금까지 살펴본 '선상팔조소(先上八條疏)'는 나라의 근본이 되는 모든 부분에 대하여 중봉이 사행을 통해서 얻은 중국의 제도와 실태에 대한 지식을 바탕으로, 우리나라의 실정을 비교하여 제시한 대단히 시급하고 바람직한 제안들이었다. 팔조소(八條疏)는 중봉이 명나라에서 돌아온 11월 초에 서울에 도착하자마자 지체 없이 지어 올린 것이다. 이는 미리 준비하지 않으면 할 수 없는 일이었다. 중봉은 사행 길을 오가며 보고 들은 바와 직접 확인한 것들을 그때그때 빠짐없이 정리하고 생각하여, 도착한 즉시 상소문을 완성했다. 『조천일기(朝天日記)』가 명나라로 출발하는 1574년 5월 11일부터 시작되어 귀국하는 도중인 9월 14일 중국 땅 영평부(永平府)에서 멈춰지는 것도 '팔조소'를 완성하는 데 집중했던 까닭으로 보인다.

중봉이 올린 '선상팔조소'를 받은 선조는 부정적인 견해를 밝힌다. 선조 7년, 11월 1일『선조수정실록』에 이에 대한 기사이다.

질정관 조헌이 경사(京師)에서 돌아왔다. 조헌은 중국의 성대한 문물을 익히 살펴보고 그것을 동방에 시행해볼 생각으로 우리나라에 돌아와서는, 시무(時務)에 절실한 것 8조와 근본에 관계된 것 16조 등 상소문을 두 장 초했다. 이는 중국의 제도를 먼저 인용한 다음, 우리나라가 현재 시행하고 있는 제도를 언급하여 그 득실의 이유를 갖추어 논하고, 고의(古義)와 절충하여 오늘날 시행할 수 있음을 밝힌 것이었다.

먼저 '팔조소'를 올리자 상이 답했다.

"천백 리 풍속은 서로 다른 것인데, 만약 풍기(風氣)와 습속이 다른 것을 헤아리지 않고 억지로 본받아 행하려고 하면 끝내 소요만 일으킬 뿐 일이 성사되지 않을 것이다."

이 때문에 조헌은 '의상십육조소(擬上十六條疏)'를 지어놓고 올리지 않는다.

다. '의상십육조소(擬上十六條疏)'

중봉은 '팔조소'를 올리고 나서 곧바로 '십육조소'를 준비했다. 그러나 '팔조소'가 채택되지 않는 것을 보고는 지어 놓은 '십육조소'를 올리지 않았다. 『선조수정실록』에는

> 중봉이 올리려던 십육조소(十六條疏)는 하늘에 닿는 정성(格天之誠), 근본을 생각하는 효도(追本之孝), 능침의 제도(陵寢之制), 제사의 예절(祭祀之禮), 경연의 규례(經筵之規), 조회의 의식(視朝之儀), 간언을 듣는 법(聽言之道), 사람을 뽑는 법(取人之方), 음식의 절제(飮食之節), 국가의 곡식을 알맞게 쓸 것(餽餫之稱), 생산을 늘릴 것(生息之繁), 사졸의 선발(士卒之選), 조련을 부지런히 하는 것(操鍊之動), 못된 사람을 내쫓고 착한 사람을 올려 씀을 밝게 하는 것(黜陟之明), 명령을 엄하게 하는 것(命令之嚴), 끝으로 군상(君上)이 마음을 바르게 하여 모범을 보이는 도(道)를 총론(總論) 했다.

라고 기록하고 이를 요해하여 실었다.

'의상십육조소' 분량이 대단히 많아서 전문을 전재할 수가 없어, 중심이 되는 내용 중 극히 일부를 발췌하여 여기에 옮긴다.

〈의상십육조소[擬上十六條疏, 선조 7년(1574) 甲戌 11월]〉[16]

신(臣) 헌(憲)이 삼가 재배하여 상언(上言)합니다. 신이 세인(世人)의 정(情)을 돌아다니며 보니, 먼 것을 소홀히 하고 가까운 것을 좋아함이 많았습니다. 세상의 먼 것은 비록 요순(堯舜)의 지치(至治)라도 망연(茫然)히 그 도(道)를 멀리하는 것 같고, 시대에 가까운 것은 그 일사(一事)의 옳은 것과 일정(一政)의 선(善)한 것을 듣고 개연(慨然)히 따르려는 마음이 있습니다. 만약 가까운 곳에서 일마다 옳은 것을 구하고 말마다 선(善)한 것을 취하여 분연(奮然)히 뜻을 세워 쉬지 않고 이를 행한다면, 요순(堯舜)같이 될 수 있는 것도 멀지 않습니다. 그런데 혹 가까운 것에 게으르고 소홀히 한다면, 요순(堯舜)같이 되도록 바라기가 어려울 뿐만 아니라 어찌할 도리가 없는 것이 조석(朝夕)에 이를 것이니, 정말로 몹시 마음 상할 일입니다.

신이 중국 일을 보고 우리나라와 비교하니, 제도는 거의 같은데 현재 행해지는 규모가 혹은 상략(詳略, 상세함과 간략함)의 다름이 있고, 혹은 번약(煩約, 번거로움과 부적절함)의 이의(異宜)한 것이 있습니다. 상(祥)하되 번(煩)한 것에 구차(苟且)한 것을 의지하고, 거짓을 인습(因襲)하는 부끄러움이 있을 뿐만 아니라 재궤(財匱, 재물이 다함), 근상(根傷, 상처가 뿌리박다), 민산(民散, 백성이 흩어짐), 국위(國危, 나라의 위태로움)의 걱정이 있는 것입니다.

신이 삼가 사무(事務)에 간절한 것은 앞에 남진(濫陳, 늘어놓음)하고 근본(根本)에 관한 것은 그다음에 개열(開列)했습니다. 엎드

---

16   原典 『重峯集』. 崔永禧 『趙憲全書』 탐구당 疏 p106~137. 김포문화원 『불멸의 重峯 趙憲』 p304~362.

지당에 비 뿌리고

려 바라옵건대 성명(聖明)께서는 광망(狂妄)한 자의 말이라 이르지 마시고 평온한 마음으로 천천히 살피신다면, 성치(聖治)에 있어서 만에 하나라도 도움이 되는 바가 없지 않을 것입니다.

◇ 제1조 격천(格天)의 성(誠)

하늘에 닿는 임금의 정성에 관한 것으로, 수양과 반성과 도(道)를 다하여 하늘과 사람을 감동시켜야 하며, 임금 스스로 격천감인(格天感人)의 정성을 다해야 한다.

황상(皇上)께서는 기내(畿內, 서울에 가까운 지방)의 큰 가뭄을 염려하여 궁중에 단을 쌓고 정성을 다하여 기도드리며, 제사(諸司)는 모두 성계(省戒)를 행하여 백성의 인심이 감격하지 않음이 없다고 했습니다.

이는 일찍이 전하께서도 행하신 일인데, 제사성계(諸司省戒)의 강목(綱目)은 다만 공문이 있을 뿐이요, 전혀 봉행하지 않습니다. 구중궁궐 내에서 정전(正殿)을 피하고 식음을 줄이는데, 산음(山陰)이나 강곡(江曲)에서는 무리 지어 모여 거리낌 없이 사사로이 마시며, 서민들 중에는 굶어 죽는 사람이 많은데, 주루(州樓, 주·현의 누각) 현사(縣舍, 관리들이 사무를 보는 곳)에서는 아무렇지도 않은 듯 노래 부르고 놀며 연회를 벌입니다. 이것은 비록 기강이 없기 때문이지만, 신의 우견으로는 전하의 격천(格天)의 정성이 이르지 않은 것으로 생각합니다.

옛적에 태조 고황제(高皇帝)께서는 한 달 동안 비가 안 오면 매일 음식을 줄여 소식(素食)하며 근신에게 이르시기를 "나는 가뭄 때문에 모든 궁중과 함께 소식하며 민력(民力)의 힘들고 고생됨을 알게 했는데, 과거에는 군중(軍中)의 수용(需用)인 소여담장(蔬茹醓醬, 채소와 좋은 술과 젓갈)이 모두 태관(太官)의 공급하는 데서 나왔으나, 지금은 모두 내관(內官)이 이를 하므로 그것이 백성을 번거롭고 요란스럽게 할까 두렵다."라고 하셨습니다. 그리고 이미 큰 비가 와서 군신들이 왕의 음식을 평상시와 같이 회복하도록 청하니 왕께서 이르시기를 "가뭄이 재해가 되었으니 정말로 내가 부덕한 소치이다. 지금 비록 비가 왔다고 하나 모종 세가 말라죽은 것이 반드시 많을 것이니, 비록 먹더라도 어찌 맛이 있을 수 있겠는가. 민심을 얻으면 천심을 얻는 것이니, 지금 천재(天災)를 그치게 하려면 마땅히 삼가 수기(修己)하고 정성껏 애민(愛民)하여야만 대체로 하늘의 돌봄에 답할 것이다." 하시고 마침내 백성들의 그해 전조(田租, 토지세)를 면하도록 명을 내리셨습니다. 그리고 세종대왕께서는 약간의 수재(水災)나 한재(旱災)를 당하여 백성이 혹 먹을 것이 어려우면 바로 궁내에 들이는 주선(酒膳, 술과 반찬)을 거두시고, 천재가 호전된 연후에야 전과 같이 회복하셨습니다.

신은 엎드려 바라옵건대, 전하께서 먼저 수성(修省)의 도(道)를 다하심으로써 격천감인(格天感人)의 본(本)으로 삼으시고 내외서관(內外庶官)에 신칙(申飭)하여, 자신을 검약(儉約)하고 백성을 위하는 정치에 한결같이 실제(實際)로 힘쓰며, 겉치레를 받들지 않으면 백성들이 춥고 배고프지 않으며 하늘이 격노하지 않을 것입니다.

◇ 제2조 추본(追本)의 효(孝)

근본을 생각하는 효도에 관한 것으로, 백성의 덕(德)이 도타와지도록 임금부터 선조에 대한 추모의 효를 다할 것을 강조한 조목이다.

신이 듣건대 태조황제께서 일찍이 인조(仁祖)의 기일을 맞이하여 사당에 나아가 제사를 끝내고 편전에 나오셔서 눈물을 그치지 않고 시신(侍臣)에게 이르기를 "지난날 나의 부친께서 10월 6일에

지당에 비 뿌리고

돌아가셨고, 형은 9일에 돌아갔으며, 모친께서는 22일에 돌아가셔서 한 달 사이에 삼상(三喪)이 계속되니 그 심정이 어찌했겠는가. 이를 생각하니 망극하도다.” 하고 더욱 흐느끼며 쳐다보지 못했다고 합니다.

신이 상인(常人)의 정(情)을 가만히 생각하여 보건대, 어려운 때를 만나면 혹 부모가 길러준 노고를 생각하지만, 편안과 재물이 넉넉해지고 마음이 사치욕(奢侈慾) 빠지면 나를 낳아준 은혜를 생각하는 자가 드뭅니다. 신이 엎드려 생각하옵건대, 성효(聖孝)가 지성이 있어 태조(太祖)께서 선조를 사모하는 일이나 영종(英宗)께서 매일 조회 받는 일을 상행(常行)하지 않는 것이 아니라 군신(群臣)과 더불어 얘기하지 않으셨으니 일국신민(一國臣民)이 장차 무엇을 법(法)받겠습니까? 엎드려 바라옵건대 지금부터 태조(太祖)·영종 황제(英宗皇帝)의 일을 인연(因緣)하여 성덕(盛德)이 외롭지 않음을 더욱 믿으시어 자식과 자손들에게 본보기가 되는 법을 드러내시고, 성효(聖孝)가 다하지 않은 것을 길이 여시면 효리(孝理)의 효과가 나타나서, 당년(當年)에 효(孝를) 일으킬 뿐만 아니라 또한 만세에까지 내려줄 것입니다.

◇ 제3조 능침(陵寢)의 소(疏)

중국은 왕릉을 간소하게 하고, 백성들은 이를 이웃과 같이 여긴다. 이를 본받아 풍수설(風水說)을 지나치게 믿고 능(陵)을 사치하게 하고 이를 수호(守護)하는 인력이 과다하게 소요되는 폐해가 없도록 이를 간소화시켜야 한다.

신이 들으니 중국의 홍무중(洪武中)에 처음으로 황릉(皇陵)을 세워 능의 경계를 재고 담을 쌓으려고 할 때, 유사(有司)가 그 부근에 있는 민가와 분묘를 옮길 것을 청하자 고황제(高皇帝)께서는 이를 말리며 말씀하시기를 "이 분묘들은 모두 나의 집(吾家)의 옛적 이웃이니 밖으로 옮길 필요가 없다." 하시고 마침내 봄가을로 백성들이 제사를 지낼 수 있게 허락하시고 출입도 금하지 않으셨다고 했습니다.

우리 동방의 습속(習俗)은 풍수설(風水說)을 무조건 믿어 공경사민(公卿士民)이 일찍이 많이 감염되어 임금의 상(喪)을 당할 때 왕위를 이을 임금이 바야흐로 명령과 계율에 있지 않고 점괘를 점쳐 혈(穴)을 정하는 데 한결같이 상지관(相地官)의 말만 믿고 모든 신하들이 감히 말 한마디 하지 못하였습니다.

전조(前朝) 구왕(舊王)의 능(陵)은 지금 경상(卿相)의 묘와 같은데 불과하고, 공양왕 때 비로소 석장(石藏)을 하여 그 석물(石物)이 커졌습니다. 건국 초기에도 비록 제도에 따랐지만 제능(齊陵), 후릉(厚陵)은 심히 높고 크지 않았습니다. 태릉(泰陵), 강릉(康陵)에 이르러 극히 사치하고 커져서, 그 무거운 석물을 끌어 멀리 옮길 때 기보(畿輔)의 백성들이 사상자가 많이 났는데도 감히 임금께 고하는 자가 없었습니다.

지나간 일은 이미 어떻게 할 수 없으나, 지금부터 만세에 이르기까지 변하지 않는 법규(法規)를 오래 드러내도록 이를 금석(金石)에 새기고, 선릉(先陵)의 곁에 그 수혈(壽穴)을 정하기를 한결같이 인묘(仁廟)의 명(命)과 같이하고, 석장(石葬) 석물(石物)은 비록 갑자기 폐하기는 어려우나, 창업(創業)한 때보다 작게 하면 성효(聖孝)가 무궁하고 검덕(謙德)이 한명(漢明)에 그치지 않을 것입니다. 화담(花潭) 서경덕(徐敬德)도 일찍이 소(疏)를 올려 이를 말했으나 끝내 상달(上達)하지 못했습니다. 그 소를 시험 삼아 취하여 보신다면, 신의 말 또한 허망(虛妄)된 것이라 하지 않으실 것입니다.

지당에 비 뿌리고

◇ 제4조 제사(祭祀)의 절(節)

　제사의 예절에 관한 것으로, 예(禮)에 번거롭고 제(制)에도 너무 지나치지 않도록 할 것이며, 제사에 올리는 쌀과 밀가루가 백관(百觀)의 녹(祿)보다 많은 현실을 개선해서 왕실부터 제사를 간소하게 하여 백성의 어려움을 덜어주고, 이를 비축하여 위급할 때 쓰이도록 해야 한다.

　　신이 들으니 중국에서는 선조를 제사 지내는 예(禮)는 구묘(九廟)에 그치고, 능침(陵寢)에는 시절(時節)의 제(祭)가 있으며, 삭망(朔望)의 천(薦)은 봉선전(奉先殿) 중에서 오직 신물(新物)이 있으면 이것을 드리며, 매일 전(奠, 음식과 과일을 올리는 일)을 올리는 바가 별로 없다고 합니다.
　　신이 엎드려 생각건대 문소전(文昭殿, 태조와 신의왕후를 모신 신전)에 매일 전(奠)을 올리는 것은 실로 열성(列聖)의 성효(聖孝)가 무궁한 데서 나온 것인데, 이를 전고(典故)에서 헤아려본즉 3대(三代) 이하 송(宋)과 원(元)에 이르기까지 모두 하지 않은 것이며, 우리 동방에서 고찰한즉 고려조 이상은 역시 행하지 않았습니다.
　　이 일은 번거롭고 신에 모독되며 시왕(時王)의 제(制)에도 너무 지나치며, 그 효성을 한다는 것도 정말로 이치에 당연한 효가 아닙니다. 또한 일전의 근심으로 말한다면, 부고(府庫, 창고)의 축적(蓄積)이 왕년(往年) 같지 않고, 백성의 가난이 전보다도 더 극심하여 무릇 제사에 올리는 미면(米麵, 쌀과 밀가루)의 수는 백관(百官)의 녹(祿)보다 많습니다. 그리고 소채(蔬菜)를 마련해서 준비하는 것은 한결같이 가난한 백성들에게서 나오는 것입니다. 저 굶주리고 추위에 떠는 사람들이 이웃 사람에게 빌려 간신히 바쳤는데, 관아의 서리(胥吏)는 인정금(人情金, 뇌물)을 요구하며 온갖 방법으로 방해하니, 반드시 월리금(月利金)을 구하여 그 욕심을 채워주고 돌아와서는 그 돈을 갚을 도리가 없어 가슴을 두드리며 목 놓

아 우는 상태를 본다면, 조종(祖宗) 재천(在天)의 영혼도 불안해하
실 것입니다.

　부득이하여 삭망(朔望)의 제를 반드시 지낸다면, 한(漢)의 원묘
(原廟)와 같이 하는 것으로 그치십시오. 그리고 기타 매일의 수자
(水刺)는 감히 다시 더럽히지 마시고, 미율(米栗)은 저축하여 궁민
(窮民)의 힘을 펴시면, 이것은 조종(祖宗)께서 듣기 좋아하실 것입
니다.

　『주역(周易)』 췌(萃)의 육이(六二)에 가로되 "성의가 있으니 제사
를 올리기에 좋다. 신의 가호를 받아 만사(萬事) 순조(順調)로우리
다." 했으니, 제사(祭祀)의 도(道)는 성의(誠意)로 본(本)을 삼되 간략
하게 하는 것이 좋다고 말한 것입니다. 그런데 문소전(文昭殿) 제
관들은 아래로 포적(胞翟)의 천(賤)에 이르기까지 매일 빈번하게
제(祭)를 올려 권태(倦怠)하지 않음이 없은즉 가히 지성(至誠)이 있
고 간략하게 하는 것이 좋다고 이를 수 있겠습니까?

◇ 제5조 경연(經筵)의 규(規)

　군주에게 유교의 경서를 가르치는 경연의 규례(經筵之規)에 관한
것이다. 임금은 경연강의를 독실하게 수강할 것과 경연 뒤에는 시무
(時務)를 대신들과 상의하는 등, 분위기를 온화하게 하여 상하의 뜻
이 자유롭게 통하도록 해야 한다.

　신이 중국에서 들으니 황상(皇上)께서는 경연(經筵)에 근어(勤
御)하시는데 3·6·9일 외에는 아직 일찍이 조금도 폐한 적이 없습
니다. 그리고 진강(進講)할 때 강관(講官)이 서서 강(講)하면 허심
(虛心)하게 묻기를 좋아하며, 그 자리에서 끝까지 궁구(窮究)하여
성학(聖學)을 날로 고명하게 이루시려 합니다. 강(講)이 끝나면 각
각 시무(時務)를 진언하면 온화한 얼굴로 살펴 들어 대신들에게

　　　　　　　　　　　　　지당에 비 뿌리고

상의하는 고로 서사(庶事)가 퇴이(頹弛)한 데 이르지 않습니다.

신이 엎드려 생각하옵건대, 성명(聖明 임금)께서는 이 일을 몸소 실천하지 않음이 없지만 혹 무고하게 자주 정지(停止)하는 일이 있으며, 비록 혹간 경연에 나오시더라도 상하의 정이 믿음을 나누는 날이 드물고, 혹 밑에서 정당한 말을 올려도 전하께서 다른 일을 둘러보고 물으시며, 혹 위에서는 바햐흐로 즐겨 듣는데 밑에서는 부복(俯伏)하여 길이 잠든 자도 있다고 합니다. 이 부복(俯伏)의 예(禮)는 실로 지경(至敬)의 도(道)가 아닙니다. 고로 조종조(祖宗朝)에는 의례 편히 앉게 했습니다. 세종대왕께서는 상참(常參, 항상 참여함)하고 전향(傳香)하는 날에도 강(講)을 그만두지 않으시고, 온화한 안색으로 조용히 고문(顧問)하심이 가인(家人)이나 부자(父子) 같은 모양이었습니다. 이때는 상하의 뜻이 통하지 않음이 없으며, 백성의 원망과 국가의 병폐가 달(達)하지 않음이 없습니다.

자고로 윗사람이 세력을 방자하게 하고 밑에서는 그 세력을 두려워하면서, 능히 치도(治道)를 이룬 자는 아직 없었습니다. 고로 영종과 효종은 매일 각로(閣老)와 더불어 정사를 의논하여 정할 때 매번 선생이라 칭하여 겸손하게 말하고, 엄숙하게 예를 지켜 각로(閣老)가 생각하고 있는 바를 진언하지 않음이 없었습니다. 그래서 천순홍치(天順弘治)의 다스림이 두드러졌던 것입니다.

신이 엎드려 바라옵건대, 자금(自今) 이후로 비록 중국의 입강(立講)의 제(制)를 회복하지 못한다고 하더라도, 편좌(便坐)의 명(命)을 조종(祖宗)의 규(規)와 똑같이 하소서. 그리고 대사(大事)가 있지 않으면 진강을 폐하지 말고 강(講)한 서(書)를 일일이 천행(踐行)하여 행하다 장애처(障礙處)에 이르면, 나 개인이 아직 극진하지 못한 것이라 여기시고 반드시 능히 갈 길을 도모하시면, 재상 된 자가 선정을 베풀어 임금의 손발이 되어 옛것을 배워 얻는 것이 있을 것입니다.

◇ 제6조 시조(視朝)의 의(儀)

조회의 의식(視朝之儀)에 관한 것으로, 중국 황제는 아직 어려서 날마다 전(殿)에 나가지는 않으나 3일·6일·9일에 정해진 것을 지키고, 6부에서 일이 있으면 황제에게 직접 아뢰며, 언관이 논할 것이 있으면 소(疏)를 가지고 와서 친주(親奏)하는 등, 임금과 신하의 언로가 지극히 자유스러움은 본받을 만하다.

신이 중국의 황상(皇上)께서 조회(朝會)받는 의식을 보니 황상이 아직 나이가 어리셔서 비록 날마다 전(殿)에 나아가시지는 않으나, 3일, 6일, 9일의 정해진 날에는 이를 어기지 않았습니다. 그리고 육부(六府)에서 일이 있으면 면품(面稟, 얼굴을 보이는 것)하지 않음이 없으며, 언관(言官)이 논할 것이 있으면 소(疏)를 품 안에 가지고 와서 친히 아룁니다.

신이 추념하옵건대 우리나라 조정의 상참(常參, 아전과 대신들이 날마다 편전에서 국무를 아뢰는 일)은 비록 육조(六曹)가 참현(參現)하는 예(禮)가 있으나, 주사(奏事, 공적으로 임금께 아룀)의 의(儀)가 없고 외읍(外邑)의 배전(陪箋)한 관원이 면견(面見)할 수 없은즉 그 진공(進貢, 공물을 갖다 바치는) 이졸(吏卒)은 더욱 가망이 없습니다. 하물며 전하께서 조정에 자주 임하시지 않으셔서 공보(公輔) 시종(侍從)이 전하의 의상(衣裳)을 보기가 드물고, 감사(監司) 수령(守令)이 하직할 때도 성교(聖敎)를 면승(面承)할 때가 거의 없고, 단지 정원(政院)에 '의전언송(依典言送)'이란 사자(四字)로 명할 뿐이십니다.

신이 엎드려 바라옵건대, 전하께서는 조종(祖宗)의 법규를 따르시어 상참(常參, 매일 편전에서 임금께 아룀)에 나오시지 않는 날이 없게 하시며, 대사(大事)는 모두 면주(面奏, 임금을 뵙고 말씀을 아룀)케 하여 그 치민(治民) 방법을 시험 삼아 물으십시오. 열읍이민(列邑吏民)으로써 진공(進貢)하는 자 및 신관(新官)을 맞고 구관(舊官)을 보내기 위해 한양에 머무르는 자를 모두 정견(庭見)케 하여 그 걱정거리의 유무를 시험 삼아 묻되, 무릇 억울함이 있는 자는 의례 개달(開達)하도록 허락하시면 백사(百司) 열읍(列邑)이 어찌 부지런하지 않겠습니까. 먼 곳의 궁민(窮民)도 모두 성주(星主)께서 자기들을 생각함이 깊으시다는 것을 알아서 감사하고 공경하는 마음이 영구(永久)할 것입니다.

◇ 제7조 청언(聽言)의 도(道)

간언을 듣는 도리(諫言之道)에 관한 것으로, 일찍이 율곡(栗谷)이 상소한 바와 같이 민폐의 제거를 위한 올바른 소리를 채택해야 한다는 것을 천명하며, 임금은 듣기 좋은 말보다는 귀에 거슬리는 말을 받아들일 것을 요청하고 있다.

신이 황상(皇上)께서 납간(納諫, 간언하는 것을 듣는 일)하는 일을 비록 상세히 물어보지는 못했으나, 통보(通報)를 복견(伏見)하니 육과(六科) 급사중(給事中) 및 십삼도(十三道) 무안어사(撫按御史)가 날마다 주소(奏疏)한 것이 있는데, 의례 해당 부서에 내려보내서 이를 상의케 하고 해당 부서에서는 보내온 공문을 검토하여 임금께 아뢰면 조정의 원로들께 물어 시행하지 않는 것이 없습니다. 이것은 바로 천하의 일을 한결같이 조정의 공론에 붙이고, 황제는 감히 일호(一毫)의 사의(私意)도 그사이에 넣지 않습니다. 또한 근습(近習)의 말에 천혹(遷惑)되는 바도 없습니다.

성명(聖明)께서는 위로는 조종조(祖宗朝)에서 간(諫)함을 쫓으셔서 거절하지 않은 뜻을 생각하시고, 아래로 생민(生民)이 원한을 품었으나 고할 곳이 없는 것을 생각하사 스스로 퇴탁(退托)하여 남의 말을 비루(卑陋)케 생각하심이 없도록 하사 허심탄회하고 깊이 생각하시어, 가까운 말도 반드시 살피시고 조그마한 선행(善

行)도 반드시 행하셔야 합니다.

성상(聖上)의 마음에 거슬리는 말은 반드시 임금의 욕심을 바로잡는 것이라 하여 도(道)에서 구하여 나를 좋게 하려 한다고 이를 것이요, 성상(聖上)의 뜻에 공손(恭遜)한 말은 반드시 임금의 뜻에 영합(迎合)하는 것이라 하여 도(道)가 아닌데 구하여 나에게 아첨(阿諂)하려는 것이라 하옵소서. 요컨대 상하의 뜻을 통달(通達)하여 시무(時務)의 급한 것을 강구하는 데 힘써 백성의 간난(艱難)을 제거하고 국가의 병통(病痛)을 치료하는 데 극진함을 다하신다면, 곧 훌륭한 격언(格言)이 날로 들리고 성상(聖上)의 정치가 날로 빛이 나서, 동우(東隅, 동쪽 귀퉁이)에서 잃은 것을 추급(追及)하지는 못하나 상유(桑榆)의 만효(晚效)를 행(幸)여 거둘 수 있을 것입니다.

◇ 제8조 취인(取人)의 방(方)

사람을 뽑는 방법(取人之道)에 관한 것으로 인재라고 판단되면, 그 사람의 문벌을 논하지 말고 취하라는 진취적이고 파격적인 신분제에 관한 주장을 개진하는 한편, 재가(再嫁)를 완전히 막는 것과 서얼의 무조건적 등용 불가에 대한 반론을 제기했다. 이는 궁극적으로 인재의 등용과 국력의 신장에 목적을 두고 있는 것이다.

황조(皇朝)의 인재를 양성하는 길은 심히 넓습니다. 재주 있는 자는 그 사람의 문벌을 논하지 않고 서용합니다. 재주 있는 자는 그 사람의 문지(門地, 문벌)를 논하지 않고 서용합니다.

고로 비록 거인공사(擧人貢士)라도 현도(顯途)에 많이 나갔으니, 이것이 황조(皇朝)가 현자(賢者)를 등용함에 제한함이 없어 능히 민중(民衆)을 어루만져 원방(遠方)을 제어(濟禦)할 수 있었던 것입니다. 신이 유념하옵건대, 국가의 사람 채용하는 제도가 무릇 백

지당에 비 뿌리고

성의 준수한 자는 모두 과거를 보게 허락하고, 서얼(庶孼)로 학식 있는 자는 동몽(童蒙)을 가르치게 하며, 공천(公薦)된 유식자는 또한 대관(臺官)에 보충하니, 사람은 재주를 버림이 없고 선비는 채용할 수 있게 되어서 현자(賢者)를 일으키고 가르침을 베푸는 것이 정말로 지극합니다.

대개 고려 중엽부터 권신(權臣)이 나라 일을 맡아보면서 장차 충지(忠智)의 선비가 초야에서 일어나 세정(世政)에 방해됨이 있을까 두려워하여, 서얼(庶孼)의 과(科)를 모폐(謀廢)하여 현로(賢路)는 점차 좁아지고 국가는 날로 쇠하여갔습니다.

신의 우의(愚意)로 생각하옵건대, 재가(再嫁)를 전혀 못 하게 하면 범중엄(范仲淹) 같은 인재가 세상에 등용되지 못하고, 서얼(庶孼)을 전폐하면 이중호(李仲虎) 같은 자들이 또한 굶주려 서울과 지방의 영재(英才)가 배워서 성취함이 없어 강륜(綱倫)이 마침내 무너지며 걱정이 국가에 미칠 것입니다.

지금 만약 불세출(不世出)의 군주(君主)가 멀리는 성탕(成湯)을 흠모하고 가까이는 중국을 본받아 변통(變通)하는 술책이 있어 인재(人才) 얻기를 기약한다면, 번성했던 고대(古代)의 다스림을 수십 년 후에는 이룰 수 있을 것입니다.

◇ 제9조 음식(飮食)의 절(節)

음식의 절제(飮食之節)에 관한 것으로, 임금에게 진상하는 음식을 줄여서 백성들의 부담을 덜어주고, 관리들에게 모범을 보이라는 것이다.

신이 듣건대 중국 황조(皇朝)의 어선(御膳, 임금에 올리는 음식)의 비용은 모두 민부(民賦)에서 나오는데, 은(銀)을 거두어 상선감(尙膳監)에 간직했다가 태감(太監)이 날마다 은을 내어 물선(物膳)을 시장(市場)에서 사서 요리하여 올립니다.

이 법이 정해지자 백성은 갑절이나 더 내는 걱정이 없어지고, 역(驛)에서 거듭 운반하는 수고가 없어졌으며, 시전(市廛)에는 백물(百物)이 모두 구비되어 가격에 따라 은(銀)이 정해져 어선(御膳)을 올리기에 빠짐이 없습니다. 이것이 중원(中原)의 백성이 재물이 풍부해지고 태평한 기반(基盤)이 갈수록 공고해지는 까닭입니다.

우리나라의 백성을 생각해보건대, 상공(常貢) 외에 또 진상물선(進上物膳)을 무납(貿納)하는 고통이 있습니다. 이것이 비록 열성조(列聖朝)에서 태상전(太上殿, 제사와 증시를 맡아보는 관청)을 위하여 공봉(供奉)의 자(資)로 설(設)한 것인데, 자만(滋蔓)의 폐가 지금까지 전하여져서 궁민(窮民)이 근심하고 원망하여 장차 국가의 걱정이 될 것입니다.

우리나라의 어선(御膳)은 아첨하는 신하 때문에 비롯되었는데, 폐가 모든 백성에 미침이 이와 같습니다. 하물며 연산군이 황음(荒淫, 지나치게 여색에 빠짐)할 때 진상물(進上物)이 많이 증정(增定)되었고, 지금까지 세 왕(三王)을 거치는 동안 실로 상변(祥辨)하여 역주(力奏, 강력히 주달하다)한 자가 없었습니다. 다행히 지난가을에 이이(李珥)가 상언(上言)하여 온 나라의 굶주리는 백성이 거의 하루라도 빨리 회복될까 했으나 끝내 윤허하지 않으셨습니다. 이를 먼저 하지 않고 수령(守令)의 횡령을 금하려고 한다면, 수령들은 모두 횡령하는 일이 자래(自來)로 내 입안에 든 물건이라 하여 이르기를, "국가도 오히려 구례(舊例)를 따르는데 신이 무엇이길래 감히 전례(前例)를 고치겠는가."라고 말할 것입니다. 때문에 세감(稅歛)을 덜고 음식을 간략히 하라는 교(敎)를 해마다 역마(驛馬)에 전해도 백성은 혜택을 받지 못합니다.

전하께서 진실로 영종(英宗)께서 음식을 분수에 알맞게 한 것을 생각하시고, 고황(高皇)께서 삼가 음식을 간결하게 하신 것을 본받으시어, 여덟 가지 진미(珍味)의 진상을 입에 맞는 것만 진상토록 하시고, 입에 맞지 않는 것은 다 진상에서 제외하시어 민간(民間)의 힘을 펴주십시오.

지당에 비 뿌리고

또한 팔도의 수령으로서 하직(下直)하는 자 및 일로 한양에 온 자를 항상 만나시어 어선(御膳)의 간소함을 보도록 하고, 장지백(張知白)·노종도(魯宗道)의 가법(家法)을 친히 쓰셔서 내려주어 돌아가서 본받게 하면, 감히 무명색(無名色)으로 백성을 가혹하게 다스리고 자기 욕심만 채우지 않을 것인즉, 검약(儉約)하는 풍속이 위로부터 아래에 이르러 백성이 살찌고 방본(邦本)이 영원히 단단해질 것입니다.

◇ 제10조 희름(餼廩)의 칭(稱)

하급 관원의 부패 방지를 위한 급여의 지급에 관한 것이다. 서리들에게 전혀 보수를 주지 않음으로 인하여 발생하는 폐해를 없애기 위해서는 일정한 보수를 지급하여 생활 대책을 강구해야 한다.

중국에서는 부부연리(部府掾吏)로부터 밖으로는 서리(胥吏)에 이르기까지, 그리고 문자(門子), 사수(寫手), 급예(皂隸), 뇌자(牢子, 군대에서 죄인을 다루던 병졸) 같은 자에게도 모두 월봉(月俸)의 은(銀)이 있으며, 한 사람이 관(官)에 있으면 집에 있는 자제가 비록 4~5인에 이르더라도 모두 정역(定役)을 하지 않는다고 합니다. 그와 같이 비록 천리(賤吏)라도 관에 있으면 보수가 없을 수 없으므로 은(銀)을 주어 의식을 잇게 하고, 정역을 하지 않아 그 집안을 온전하게 합니다.

우리나라는 안으로 서리(胥吏), 급예(皂隸), 전복(典僕)으로부터 밖으로 아전(衙前), 서원(書員), 사령(使令) 등에 이르기까지, 날마다 관(官)을 떠나지 않고 그 노고(勞苦)는 막심하나 일전(一錢)도 받는 것이 없는 데다, 농사지을 겨를도 없고 또 장인(匠人)이 하는 일이나 장사를 할 수도 없으니, 그 옷과 음식은 대체로 출처가 없는데 도적질하자니 틈이 없고 개걸(丐乞)하자니 한가하지 않습니다.

그들이 관(官)을 속이고 농술(弄術)을 부려 백성을 협박하여 재화를 요구하고, 문부(文簿)를 농간(弄奸)하여 재물을 훔치고 창고에 들어가 곡식을 훔치는 것은 항심(恒心, 늘 지니고 있는 떳떳한 마음)이 없고 항산(恒産, 일정한 재산이나 생업)이 없는 자들이 곧 죽을 수 없어서 염치를 돌보지 않고 하는 것입니다.

신이 생각건대 허다한 서리가 급료를 받지 못하여 여러 가지로 농간하고 사기하여 국사를 그르치는 것이 몇 가지 일이나 되는지 모르고, 국가의 재화를 훔치는 것이 얼마만 한 수가 되는지도 모르며, 군민(軍民)의 산업을 파괴하는 것이 얼마가 되는지 모르겠습니다.

임사자(任事者)에 대한 희름(餼廩)은 안에서는 상공(上供)을 절약하고 용비(冗費, 쓸데없는 비용)를 제거하여 고르게 급여하고, 밖으로는 읍(邑)의 비용을 절약하고 그 비모(費耗)를 헤아려 고르게 급여하여, 그들로 하여금 각각 일을 맡게 하되 혹 작간범과(作姦犯科)가 있는 자는 변경(邊境)으로 보내면, 사람마다 자기가 할 일을 하여 국용(國用)이 심히 고르게 되고 관리는 그 임무에 충실해져서 공무(公務)가 또한 밝아질 것입니다.

◇ **제11조 생식(生息)의 번(繁)**

생산을 늘릴 생식지번(生息之繁)에 관한 것이다. 물자의 생산은 물론, 인구를 늘리고 백성들이 흩어지지 않고 편안하게 살아갈 수 있는 대책을 강구하자는 것이다. 특히 시집가지 않는 여자는 벌을 주고, 과부의 개가를 허용하여 백성의 편의를 도모하고 생산도 늘려야 한다는 혁신적인 주장이다.

지당에 비 뿌리고

중국은 압록 이서(鴨綠以西)에서부터 순천(順天)에 이르기까지 석산척원(石山瘠原)을 제외하고는 불경(不畊, 경작하지 않는 땅)의 곳은 하나도 없어서 촌둔읍리(村屯邑里)에 닭과 개의 소리가 서로 들리고 소, 말, 돼지, 양이 산야(山野)에서 마음대로 놀고 있으며, 집집마다 자녀들이 다섯씩 아홉씩 무리를 이루었으며, 그 빈부에 따라 각기 편안하게 살고 있었습니다.

지금 이처럼 부성(富盛)한 것은 대개 천조(天朝)의 조종(朝宗)께서 앞을 내다보는 깊은 생각으로 방본(邦本)의 확고(確固)가 민안(民安)에 있다는 것을 알았기 때문입니다. 그래서 한 마리의 닭이나 한 마리의 양이라도 백성에게서 빼앗지 않았습니다.

비록 수령이 월급을 받더라도 매월 은량(銀兩)을 받아서 시장의 물건을 가지고 사용했으므로 감히 민간으로부터 한 개의 계란이나 일 척(一尺)의 포(布)를 거두지 않았으며, 백성으로 하여금 전부(田賦)와 신역(身役)을 바치게 하는 외에는 다른 잡요(雜徭)가 없었습니다.

그런데 슬프게도 우리 동방(東方, 조선)은 양계(兩界)에서 도성(都城)에 이르는 외에는 기름진 땅이 혹 불경(不畊)의 땅이 되고, 옛날에는 백성이 거주하던 곳이 지금은 많이 풀이 우거진 곳이 되었습니다. 집에 우마(牛馬)를 가진 자가 열에 하나나 둘이 안 되고, 백성의 자녀가 무리를 이룬 것도 심히 보기 드뭅니다. 대저 천지생물(天地生物)의 수가 어찌 해우(海隅, 바다의 한쪽)에 치우쳐 부족하겠습니까? 대개 조정의 법은 본래 백성에게 편하게 하자는 것이었는데, 목민(牧民)의 관원(官員)이 많이 몸소 실행하지 않습니다.

토속(土俗)이 으레 폐습으로써 대전(大典)보다도 중대하게 생각합니다. 탐관오리(貪官汚吏)가 박민(剝民, 과중한 조세나 부역으로 괴롭힘)함이 심한 것도 행한 지 오래되면 후임자는 그 이(利)를 즐겨 이르기를 "전(前) 수령(守令)도 그러했고, 국가에서도 오히려 진상물(進上物)의 수를 감하라고 하지 않았는데, 이는 어찌 우연한 계산에서 이와 같이 하겠는가."라고 할 것입니다. 그 자봉(自奉)의 폐는 그칠지언정 진상(進上)의 폐는 민산(民産)을 무너뜨리고 국본 (國本)을 위태롭게 하는 데 이르더라도 아무도 감히 어찌할 수 없 는 것입니다. 장차 그 폐를 제거하고 백성을 구하고자 하는 데 그 근본(根本)을 먼저 하지 않으면, 비록 주관(周官)의 제도를 회복한 다 해도 백성은 힘입어 살지 못할 것입니다.

가히 그 백성을 애양(愛養)할 수 있는 것은 하지 않은 바가 없 고, 생물(生物)은 근원(根源)을 또한 폐절(廢絶)되지 않게 하고, 여 자가 장성하여 시집가지 않으면 죄를 주며, 과부(寡婦)가 되어 의 지할 데 없는 자는 재가(再嫁)를 허락하셔서 남자가 홀아비 되지 않게 하고, 여자는 원망(怨望)이 없이 백 년 간 생육(生育)하고 각 기 안거(安個)하게 한다면, 이로부터 팔도(八道) 내에는 한광(閑曠) 의 처(處)가 없어질 것이고, 장차 기약하지 않아도 부서(富庶)해지 는 날이 돌아올 것입니다.

◇ 제12조 졸오(卒伍)의 선(選)

사졸(士卒)의 선발에 관한 사졸지선(士卒之選)으로, 노비를 줄여서 병사로 선발하여 20년 이내에 백만 정병을 갖추자는 백만양병설(百 萬養兵說)을 주장했다. 중봉은 사사로움을 버리고 지극히 공정한 도 (道)를 따르면 백만 정병(百萬精兵)을 갖추는 것이 20년 이내에 가능 하다고 구체적인 방안을 논했다.

신이 들으니 중국 사변(四邊)에 성곽이 바둑돌같이 흩어져 있 고 병같이 열(列)져 있어 그 수를 알지 못하는데, 능히 단단하게 지켜 걱정 없이 만세에 전할 수 있는 것은 천하의 백성을 혼합하 여 사부(士夫) 이외에는 농공(農工)이 아니면 군(軍)에 충당하고 농공의 소산(所産)하는 물건을 양군(養軍)하는 데 돌리기 때문 입니다.

지당에 비 뿌리고

아조(我朝)에 이르러서는 군역(軍役)이 가장 고통스러워 백성들이 감당하고 지탱할 수 없어서, 아들이 있는 자는 산승(山僧)이 되는 것을 불허한즉, 천비(賤婢)에게 장가보내 처(妻)로 삼게 하고, 딸이 있는 자는 천노(賤奴)에게 시집 보내 값을 받고 일변일족(一邊一族)의 비용(費)을 면하고자 합니다.

하물며 내수사(內需司)의 노비(奴) 같은 것은 국가에서 특별히 그 호(戶)를 보전하게 하여 궁민(窮民)의 잔파자(殘破者)가 더욱 투속(投屬)하기를 다툽니다. 현재 살 수 있는 땅은 전(田)을 개척하지 않은 것이 없고, 호(戶)는 증가하지 않은 것은 아닌데 신벽(新闢)된 전(田)이나 신립(新立)된 호(戶)를 살펴보면 모두 양반(兩班)과 사노(私奴), 내노(內奴)의 전(田)·호(戶)이며, 양인(良人)의 전(田)·호(戶)는 날로 없어지고 축소되어 정군(正軍)의 수가 삼십만도 되지 못한다고 합니다.

지금 만약 위로부터 사노를 한정하는 제도를 만들어 내수(內需) 노비(奴婢)는 각 천 명으로 그치되 그 건장한 자를 뽑아 군정(軍丁)에 보충하고, 공경 이하(公卿以下)도 차례로 노비의 한계를 정하되 여력(膂力) 있는 자를 뽑아 보병(步兵)으로 정하며, 전지(田地)가 있으나 몸이 약한 자는 졸정(卒丁)으로 정하고, 전지(田地)가 없고 몸이 건장한 자는 연대(煙臺)의 성(城)에서 소집하여 공지(空地)를 개간하게 하여 세업(世業)을 삼게 하고, 전업(田業)이 아직 성취되기 전에는 관(官)에서 옷과 양식을 주고 또한 활과 화살을 주어 십 년간 생취(生聚)하여 재산을 모으고 십 년간 교훈(敎訓)한다면, 백만(百萬) 정병(精兵)을 가히 이십 년 후에는 판비(辦備)할 수 있을 것입니다.

◇ **제13조 조련(操鍊)의 근(勤)**

군사의 조련에 관한 조련지근(操鍊之勤)이다. 군의 만연한 부패를 일소하고 훈련을 강화하고 군마(軍馬)를 확보하도록 강조했다.

신이 옥하관(玉河關)에서 이른 아침에 누차 포(砲) 쏘는 소리를 듣고 물으니, 황조(皇朝)에서 태평한 때도 위험을 잊지 않고 입번 군사(入番軍士)로 하여금 항상 교장(敎場)에서 전법(戰法)을 익히게 하는 데 5일 휴식하고 3일 조련하며, 변방의 대영(大營) 소보(小堡)가 그렇게 하지 않음이 없다고 합니다. 그 무사한 날에 구상(笱桑)의 계(戒)를 항상 두게 하고 배반(背反)하기 전에 융적(戎狄)의 마음을 복종하게 함이 이와 같았습니다.

　우리나라 열무(閱武)의 법은 일 년에 자주 거행하지 않으며, 올 가을에 한 번 가졌는데 행오(行伍)가 불명하고 기고(旗鼓, 기와 북)가 부정(不整)하여 보는 자가 아이들의 장난 같은 모습에 탄식했습니다. 평시에도 이와 같으니 적(敵)을 맞으면 어찌 조처하겠습니까?

　상번(上番) 군사는 비록 중일(中日) 습사(習射)하는 규칙이 있으나, 훈련 관원(訓練官員)이란 자는 으레 궐지(闕紙) 일권(一卷)만 거둘 뿐이요, 활 쏘는 법을 가르치는 자가 전혀 없습니다.

　아조(我朝)의 사졸들은 겨우 한두 보인(保人, 보증인)이 있으나 비급(備給, 준비)할 수 없어 마장(馬裝), 기계(器械)를 모두 자비(自備)하게 되어 있습니다. 점고(點考)할 때는 남의 것을 빌려 점고를 받고, 혹 빌릴 곳이 없는 자는 수 두(數斗)의 미(米)를 리(吏)에게 주면 없어도 있는 것이 됩니다.

　청컨대 먼저 군폐(軍弊)를 제거하고 군장(軍裝)을 마련하는 일을 급히 도모하여 조치하시고, 또한 『동국병감진법(東國兵鑑陣法)』 등의 책을 장사(將士)에게 찍어주어, 장수(將帥)는 병감(兵鑑)을 익히게 하고 군졸(軍卒)은 진법(陳法)을 깨닫게 하여, 이에 조련(操鍊)을 가하여 안으로부터 밖에 이르기까지 장황(張皇)하고 정돈(整頓)하지 않음이 없게 한다면, 토끼를 그물로 잡는 야부(野夫)도 가히 간성(干城)이 될 수 있을 것입니다.

◇ 제14조 성대(城臺)의 고(固)

성지를 견고하게 하는 성지지고(城池之固)로, 변방의 성을 견고히 쌓을 것을 강조한 것이다. 특히 성을 쌓는 일은 민력(民力)만 쓰지 말고 국가의 재정으로 충당해야 한다는 점을 논했다.

신이 보건대 요양 이서(遼陽以西)에서 산해관(山海關)에 이르기까지 일로(一路)에는 호지(胡地)와 가장 가까운 거리에 있는 고로, 이미 극변(極邊)에는 만리장성(萬里長城)을 접하여 장장(長墻)을 구축하고, 장하(墻下)에는 호여(壕予, 밖으로 둘러서 판 못)가 있으며 오리마다 각각 일 연대(一烟臺)를 설치했고 대하(臺下)에는 소방성(小方城)이 있습니다. 또한 장장(長墻)의 안에는 대략 십오 리의 연도(沿道)에 호(壕)를 파고 그 흙으로 긴 제방을 쌓아 호병(胡兵)이 직진(直進)하는 것을 방용(防備)했습니다. 연대(烟臺) 방성(方城)은 모두 극변(極邊)과 같은데, 대상(臺上)에는 옥(屋)이 있고 성(城)의 사방에는 각각 비옥(陴屋)이 있어 길을 향하여 문을 냈으며, 문상(門上)에도 비옥(陴屋)이 있는데 모두 개와(蓋瓦)로 덮었습니다. 성외에는 깊은 구덩이를 서너 겹 팠으며, 구덩이 밖에는 버드나무와 느릅나무를 열 지어 심었습니다. 그래서 비록 오랑캐 군사가 몰려오더라도 빨리 돌진할 수가 없습니다. 성(城) 중에는 으레 오군정(五軍丁)으로 하여금 가족을 거느리고 지키게 하며, 정(丁)에게는 은(銀)으로 월봉(月俸)을 주며 각기 성 옆의 공지를 개간하여 산업으로 삼게 했습니다. 경고(警告)가 있으매 연해거민(沿海居民)이 군취(群聚)하여 지킵니다.

신이 이로써 생각건대 아국(我國) 양계 지방(兩界地方)은 비록 장성(長城)이 있으나 말이 뛰어넘을 수 있고, 비록 연대(煙臺)가 있으나 사람이 거할 수 없습니다. 그리고 바람이 불고 눈이 올 때는 얇은 옷을 입은 수졸(戍卒)이 동사(凍死)할 걱정이 있어서 적이 오기를 기다리지도 않고 도망가니 누가 이를 사수하기를 좋아하겠습니까? 또한 주진(州鎭)의 성(城)은 높이가 고르지 않은 곳이 심히 많아 오랑캐의 침구(侵寇)가 있으면 호령 한 소리에 올라갈 수 있습니다. 그리고 성중(城中)의 인물은 끝까지 쓸쓸한 모습이어서, 비록 남녀를 다하더라도 혹 성의 일면(一面)도 지킬 수 없습니다.

오호라, 국가의 믿는 것이 사변(四邊)의 허술한 수비(守備)에 그치며 내지(內池)는 모두 막을 곳이 없어서 일처(一處)가 와해되어 팔뚝을 걷어붙이고 곧장 앞으로 가면서 능히 방어할 곳이 없습니다. 이러한 것을 생각하니 가히 한심합니다.

지금 만약 중국의 제도를 따라 성(城)과 대(臺)를 설치하더라도 민력(民力)만을 쓴다면, 성대가 완성되기 전에 백성은 피폐하여 지키지 못할 것입니다.

하물며 병조(兵曹)에 해마다 들어오는 포(布)가 무용(無用)하게 쌓여 있는 것이 심히 많습니다. 만약 저 병판(兵判)·병사(兵使) 된 자가 몸소 순국(殉國)하려는 뜻이 있고 재산을 모을 생각이 없다면, 이 미포(米布)를 내어 기민(飢民, 굶주리는 백성)을 분모(分募)하여 해마다 수 개의 성을 완성할 수 있습니다. 그리고 부족하다면 내수사(內需司) 노비(奴婢)의 공(貢)을 덜어서 그 부족을 보충한다면, 저 변장(邊將)된 자가 아주 어리석은 사람이라도 역시 성명(聖明)의 지성에 감동되어 다투어 사용(私用)의 물건을 내어 그 성을 쌓는 데 도움이 될 것입니다.

◇ 제15조 출척(黜陟)의 명(明)

못된 사람을 내쫓고 착한 사람을 올려 쓰는 일을 바르게 하는 출척지명(黜陟之明)이다. 인사 행정의 공정성, 책임 한계 등을 분명히 하고 승진과 좌천 등 인재를 등용할 것을 논했다.

신이 듣건대 황조(皇朝)에서는 어두운 자를 축출하고 밝은 자를 진급시키는 정사(政事)에 있어서 기(其) 실지(實地)를 쫓는 데 힘씁니다.

현자(賢者)를 천거하고 사자(邪者)를 탄핵하여 인재를 아끼고 불급(不及)한 자를 인도하는 일이 정당하게 처리되지 않음이 없으며, 이부(吏部)는 이것으로 복주(覆奏)하여 시행합니다. 그래서 염근공근자(廉謹公謹者)는 삼고(三考)를 기다리지 않고 탁용(擢用)되며, 탐오사사자(貪汚私邪者)는 영원히 폐해서 악한 일을 하지 못하게 되고, 간국(幹局)이 번거로운 것을 감당할 수 없는 자는 한적한 곳으로 배치하며, 그 선한 것의 일단(一端)을 취할 수 있는 자는 그 그릇에 알맞게 가르치니, 천하의 서관(庶官)이 분연히 흥사(興事)하고 실적을 많이 올리기에 힘써 희제(熙帝) 연간(年間)에는 서민(庶民)을 편안하게 했습니다.

신이 어리석지만 이로써 생각건대 국가에서 팔도감사(八道監司)를 본견(分遣)하여 출척(黜陟)의 법을 밝히려는 것이 중국의 제도에 가까운데, 군사멸공(徇私滅公)의 폐는 오래될수록 더욱 심합니다. 무릇 서관(庶官)을 포폄(褒貶, 칭찬과 나무람)할 때는 그 병민(兵民)의 휴척(休戚, 평안과 근심)과 직무의 근해(勤懈)를 보지 않고, 당로(當路, 정권을 잡음)의 친인(親姻)을 먼저 따지고 다음으로 자신과의 교구(交舊)를 따져, 비록 장암(贓暗)이 심한 자라도 으레 최(最)로 돌리고 추고(推考)하라는 명이 있을까 염려되어, 죄를 돌릴 곳이 없으면 소현감무(小縣監務, 작은 고을의 원)나 소보권관(小堡權管)을 약간 폄론(貶論)하여 색책(塞責, 책임을 면하기 위해 꾸며 둘러댐)을 하려고 합니다. 그중 스스로 직(職)을 다하려는 자는 휘장을 가리고 순행(巡行)하여 사사로운 빈객(賓客)에게 이를 물어 고하(高下)를 정할 뿐입니다. 말을 타고 능히 넓은 지역을 방문하면서 들을 보고 정사(政事)를 알며 풍속(風俗)을 관찰함으로써 상벌을 밝히려는 자는 원래 한 사람도 없습니다.

오호라! 국가의 억만 백성들의 명맥(命脈)이 오로지 사람을 쓰고 버리는 바에 달려 있는데, 오늘날은 이것이 전도(顚倒)되기가 이와 같으니, 이것이 그 당로자(當路者)들에게는 득계(得計)됨이 있겠으나 천백 년 종사(宗社)에 관하여서는 어찌하겠습니까?

신의 어리석은 생각에는 우리나라에 문교(文敎)가 비록 행했으나 실지(實地)에 힘쓰는 사람은 적다고 생각합니다. 수령들은 수령으로서 할 법도(法道)를 알지 못하며, 감사(監司)나 순무(巡撫)들은 영(令)을 행하는 방법을 알지 못하고 백성을 다스리는 한 지방을 성찰(省察)하는 것을 오직 자기의 의견을 쫓아 일을 처리하는 까닭에, 수령들의 하는 일이 활략(闊略)하건만 방백(方伯, 관찰사)이나 전형(銓衡)의 임(任)에 있는 사람들은 늘 사람을 알아보기 어려움을 근심하고 있습니다. 만일 당나라의 육얼(陸贄)이 어사(御使)들을 가르친 말과 같이 간절(簡切)하게 모두 갖추어 수령들이 이것으로써 백성을 다스린다고 하면, 거의 볼 만한 정치가 행하여질 것이며, 방백(方伯)들이 이것을 가지고 그 지방을 성찰(省察)하면 사람을 보는 법도(法道)를 얻을 것입니다.

◇ 제16조 명령(命令)의 엄(嚴)

명령지엄(命令之嚴)에 관한 것이다. 명령의 엄정을 강조하는 한편, 물자를 절약하고 백성을 사랑하는 민본정신에 입각하여 임금이 덕을 선양하는 도(道)를 총정리했다.

신이 듣건대 황상(皇上)께서는 액자(額字) 쓰기를 좋아하시어 "경외(敬畏)" 2자를 써서 중서각로(中書閣老)에게 내려주시고 "정기솔거(正己率居, 자기를 바르게 하고 집을 이끈다" 4자를 써서 육부상서(六部上書)에게 내려주시며, 또한 "책난진선(責難陳善, 재앙을 없애는 말을 하다)" 4자를 써서 경연강관(經筵講官)에게 내려주십니다. 그리고 신하의 가르침을 먼저 듣는 고로 조신(朝臣)이 삼가고 두려워하지 않음이 없으며, 각로(閣老)는 날마다 각(閣)에 있고

지당에 비 뿌리고

육부서사(六部庶司)도 매일 상임(常任)하여 그 맡은 바 일을 다 합니다.

무릇 조정에서 무안(撫按) 총독(總督)이 봉신(奉申)할 말 및 읍수(邑守) 진장(鎭將)이 봉행(奉行)할 말을 명할 일이 있으면 하나도 어지럽게 쓰지 않고 중자(中字)로 베껴서 포성촌점(鋪城村店)의 사이에 명계(明揭)하지 않음이 없어, 비록 궁염벽항(窮閻僻巷)의 백성이라도 모두 조정에서 어떤 명을 내려서 어떤 폐(弊)를 제거한다는 것과 수령이 모령(某令)을 내려서 모사(某事)를 행하는 것을 모두 알아 기일을 어기지 않고 모여 감히 소홀히 하지 못하며 간서(奸胥, 간사한 서리)와 호족(豪族)이 그 사이에서 재주를 부리지 못합니다. 이와 같이하여 만성(萬姓)을 유지하고 사방의 기강을 세움으로써 그 구안장치(久安長治, 평안한 정치)의 업을 보전하는 것입니다.

어리석은 신이 살펴보건대 성주(星主)께서 임어(臨御)하신 이래 중외(中外)에 하교하신 것이 인심(仁心)·인문(仁聞)에서 발하지 않은 것이 없으나, 상사(上司) 서리(胥吏) 및 감사(監司) 영리(營吏)가 취중(醉中)에 어지럽게 써서 반은 빠지고 반은 써서 소각사(小各司)·주현(州縣)에 전한즉, 소각사·주현의 이(吏)는 등록(謄錄)에 간략히 써서 관원에게 보이고, 관원된 자는 전혀 뜻을 두지 않고 혹은 끝내 행하는 것을 보지 않고 급히 감추라고 명하여 말하기를 지금 이 세상에서 하지 못할 일이라고 합니다.

오호라! 군주(君主)가 명을 내리고 신하는 행한다는 것은 무엇을 말하는 것이겠습니까? 장차 상덕(上德)을 선양하여 이를 백성에게 이르게 하려고 하는 것입니다. 지금 당로(當路, 정권을 잡음)의 절간(折簡)은 비록 지극히 중난(重難)한 일이라도 벽에 붙여 시행하지 않음이 없는데, 유독 성주(星主)의 우민(憂民)의 명(命)은 손바닥 뒤집기보다 쉬운 일로 폐각(廢閣)하여 소홀히 여기니, 신이 말한바 삼강(三綱)이 불명하다는 것이 이에 이르러 증험(證驗)될 수 있습니다. 그리고 중원(中原)의 백성들은 비록 지극히 어리석고 천하더라도 오히려 먼저 조정을 말하고 다음에 관사(官司)를 말하는 것을 아는데, 아국(我國)의 백성은 관원이 있음은 알고 조정이 있음은 모르며, 심한 자는 이서(吏胥, 서리)가 있음은 아나 관원이 있음은 모릅니다. 자고(自古) 이래(以來)로 군민신서(君民臣庶)가 한결같이 모두 환산(渙散, 흩어짐)되고도 능히 그 나라를 길게 한 것을 신은 아직 듣지 못했습니다.

이상으로 '의상십육조소(疑上十六條疏)'의 중심이 되는 내용을 살펴보았다. 앞서의 '팔조소(八條疏)'와 함께 민본주의에 경세제민을 지향하는 중봉의 개혁주의와 실학적 사상이 담겨 있다. 중봉은 당시 우리나라의 문물제도를 중국과 비교하여 실용적인 측면을 수용함으로써 백성을 평안하게 하고 국력을 강화하고자 했다. 16조에 이르는 장문의 상소에는 나라를 걱정하고 백성을 사랑하는 마음이 어느 한 틈도 비어 있는 곳이 없다. 중봉은 우국애민(憂國愛民) 정신을 바탕으로 개혁적인 제도들을 제시한 것이다.

이러한 '십육조소'를 준비한 중봉은 '팔조소'가 채택되지 않은 것을 보고, '도끼자루는 모나고 도끼의 구멍은 둥글어서 서로 맞지 않는 것이다'라고 생각해서 이를 올리지 않았다.

『선조실록(宣祖實錄)』에 '팔조소'의 내용과 십육조소의 항목들이 기록되어 있는데, 여기에 다음과 같은 말을 덧붙여 놓았다.

조헌은 경국제세(經國濟世)의 뜻을 지녀 글을 읽거나 이치를 궁구할 때 현실에 시행하는 것을 목표로 삼았다. 한 차례 중국에 들어가 몇 개월간 객관에 머물면서 여러 가지를 알아보고 물어서 거의 빠뜨린 것이 없었으니, 그 정근(精勤)하고 충직한 말은 과거에도 없었던 일이다.

5. 통진현감(通津縣監) 부임과 시련

가. 주자대전(朱子大全)의 교정

1575년(선조 8년) 3월 중봉의 나이 32세, 명나라를 다녀온 이듬해에 교서관박사(校書館博士)에 올랐고 이어서 병조좌랑(兵曹佐郎), 예조좌랑(禮曹佐郎), 성균관전적(成均館典籍), 사헌부감찰(司憲府監察) 등의 다양한 직책을 거친다.

중봉은 예조좌랑에 제수되자 곧바로 상소를 올렸다. 대략의 뜻은 출신 가문이 미천하니 예조좌랑을 사직하겠다는 것이었다. 그리고 새로운 계(啓)를 올렸다.

> 시간이 있는 인장(印匠)들을 시켜 진서산(眞西山)의 정경(政經)과 지지당고(止止堂稿)를 인각(印刻)하게 하시고, 또 동몽수지(童蒙須知)를 인쇄하소서. 한 질의 정경은 백성을 기르는 데 이보다 절실한 책이 없으니, 만약에 성은을 입어 민생을 깨우치기로 기약하신다면 1본(本)은 중앙에 두고, 그 나머지는 책 첫 면에 어보(御寶)를 찍고 아울러 경계하는 말을 써서 8도의 대읍(大邑)에 반포하되, 모든 공액(貢額) 이외에 지가(紙價)를 거두는 등의 백성을 괴롭히고 관리를 살찌우는 일이 없게 하소서.[17]

---

17   김포문화원『조선왕조실록(중봉 조헌 편)』p19~20.

또 이렇게 계를 올렸다.

계장 척원경(戚元敬)은 사람됨이 공정하고 부지런하며 적을 물리쳤으니, 그의 문집(文集)을 비변사에 내려 초록(抄錄)하여 널리 반포하게 하소서. 신이 또 『동몽수지』를 보건대, 자제를 미리 가르치고 바르게 기르는 데는 이 책보다 절실한 것이 없습니다. 그런데 세상의 부형들은 이 책으로 먼저 자제를 가르칠 줄을 모르기 때문에, 그 자제가 장대한 뒤에는 부형의 명에 항거하여 『소학(小學)』·『대학(大學)』에 나아가려 하지 않습니다. 그러므로 신이 제조(提調) 유희춘(柳希春)에게 구결(口訣)을 묻고, 김현성(金玄成)에게 책을 빌려다가 베껴서 현재 판각(板刻)이 이미 끝나 인쇄하려고 하고 있습니다. 인쇄가 끝나는 대로 15질을 각각 묶어서 8도 감사에게 보내겠으니, 열읍(列邑)에서 오는 이민(吏民)들로 하여금 각각 한 부씩을 베껴서 돌아가 어린아이들을 가르치게 하소서.

신이 『주자어류(朱子語類)』와 『주자대전(朱子大全)』 등의 책을 보건대 모든 이치가 분명했습니다. 이는 주자께서 당시에 미처 거행하지 못했던 것을 글로 써서 만세에 전하여 가르치신 것이니, 전하께서 주자의 가르침을 미루어 밝히려 하신다면 주자의 글들을 널리 인쇄하여 반포하는 것이 실로 우리나라 천백 년 다행히 될 것입니다. 바라건대 8도의 토관(土官)이 있는 4~5곳에 모두 이 책을 간직하여 감사, 병사, 수령, 변장(邊將)들과 기타 뜻있는 곤궁한 선비들로 하여금 그 사류(事類)를 찾아보게 하소서.

그러자 임금이 이렇게 답했다.

그대가 예관(禮官)에 합당하지 않은 것은 아니니 사직하지 말라. 인쇄한 3종의 책은 각각 한두 질씩을 올려라.

지당에 비 뿌리고

중봉이 교서관 전적(校書館典籍)으로 있을 때 교서관에서는 『주자대전(朱子大全)』과 『주자어류(朱子語類)』의 간행을 준비 중이었는데, 이를 교정할 사람이 마땅치가 않았다. 이에 미암(眉庵) 유희춘(柳希春)은 이 책을 교정할 수 있는 사람은 오직 조헌(趙憲)뿐이므로 교감이 끝날 때까지 직책을 옮기지 않도록 선조에게 주달했다. 이에 대하여 실록에 다음과 같이 기록하고 있다.

> 강목(綱目)을 교정하는 문제에 대하여 유희춘이 선조에게 아뢰기를
> "교서관 관원들은 학식이 천단(淺短)하고 문적(文籍)도 또한 적어 교정할 수가 없으니, 옥당의 입번(入番) 관원들에게 『훈의강목』에 의거하여 교정하게 하소서. 신과 조헌이 『주자대전』 교정을 끝낸 다음에 한다면 내년 무렵에야 강목을 교정할 수 있을 것입니다. 교서관 안에서는 오직 조헌만이 이 책을 교정할 수 있습니다."

중봉은 어려서부터 '장부(丈夫)를 탄생케 한 것은 우연한 일이 아니다'라는 신념을 가지고 학문에 전심했다. 그는 평생을 두고 학문에 힘썼다. 어려서는 가난 속에 농사를 지을 때도 주경야독(晝耕夜讀)했고, 과거에 급제하여 사로(仕路)에 든 뒤에도 중국을 다녀오는 수레 속에서나 심지어 귀양길에서도 항상 독서를 그치지 않았다. 특히 유교 경전(經典)에 대해 이해가 깊었을 뿐만 아니라, 고사(古事)와 금무(今務)에 정통했으며, 방대한 양의 독서로도 유명하다. 굴원(屈原)의 『이소경(離騷經)』, 제갈량(諸葛亮)의 『출사표(出師表)』 등을 모두 암송했으며, 140권이 넘는 『주자대전(朱子大全)』과 『주자어류(朱子語類)』를 모두 배송(背誦, 책을 보지 않고 뒤돌아서 외움)했다고 한다.

중봉의 학문은 단순히 박학을 능사로 삼는 것이 아니었다. 무엇보다도 공자와 맹자 그리고 정자와 주자의 학문을 근본으로 하여 그 진수를 몸소 체득하여 실천하고자 했던 것이다. 한갓 지식에 머무르는 것이 아니라, 자득하여 인간의 참된 도리를 구현함에 목적을 둔 것이다. 중봉은 항상 제생들에게

> 글을 읽지 않으면 마음이 밝지 못하고, 공경스러운 태도를 갖지 않으면 마음의 중심이 존재하지 않으며, 힘써 행하지 않으면 밝은 마음을 갖고 있던 마음의 중심이 모두 허탕한 데로 돌아가 이단으로 빠져든다.[18]

라고 가르쳐서, 이론과 실천의 중요성을 강조했다.

나. 통진현감 부임과 유배

1575년(선조 8년) 12월, 중봉은 『주자대전(朱子大全)』과 『주자어류(朱子語類)』의 교정을 마치고 통진현감(通津縣監)에 부임한다. 통진은 고향 김포와 인접했으니 백성들을 편안히 살도록 해주고 싶은 마음이 남달랐을 것이다. 이때 율곡 선생이 중봉에게 하나의 제도를 시험할 것을 주문한다. 율곡은 이렇게 말했다.[19]

---

18   原典 『重峯集』. 최영희 『趙憲全書』 탐구당 遺事 p77.
19   原典 『重峯集』. 최영희 『趙憲全書』 탐구당 遺事 p60.

지당에 비 뿌리고

조여식(趙汝式)이 통진현감으로 나에게 조언을 구하기에 나는 한 읍을 다스리는 데 두 가지 방안이 있음을 말했다. 즉, 백성들의 이익을 더하고 해독을 제거하여 백성들이 풍족하게 살게 함이 상책이고, 구폐(舊弊)를 요량(料量)하여 덜어줌으로써 맑고 깨끗하게 살게 함이 차선(次善)의 방법이니, 앞에서 말한 것은 번요(煩擾)케 하여 실수하면 백성들의 원망이 일고, 뒤에 말한 것은 소탈(疎脫)함에 빠지면 이정(吏情)이 해이(懈弛)하니 일을 하면서도 번거롭지 않게 하고, 하지 않으면서도 성글지 않은 연후에야 가히 십 실(十室)의 읍(邑)을 다스릴 수 있다.

여식(汝式)은 독서(讀書)하고 궁리(窮理)하며 마음은 사물(事物)을 아끼고 사랑하는 데 쓰고 있으니, 이제 일읍(一邑)을 다스림에 하나의 목숨뿐만 아니라 반드시 많은 백성들을 구제할 것이다.

백성에게 임하는 요체(要諦)는 기(其) 정(情)을 서로 옮겨주는 데 불과한 것이며, 이서(吏胥)를 제어(制御)하는 방법은 자기를 바르게 하고 사물의 이치를 연구하는 데 있다고 말한 정자(程子)의 말로 토로(吐露)되었으니, 내가 어찌 다시 체언(贅言)하겠는가. 다만 한 가지 일은 한 번 시험해보고자 했지만, 아직 시행해보지 못한 것을 이제 이야기한다.

옛날에 읍을 다스리는 자는 백성에게 부세(賦稅)하여 봉급(俸給)을 만들었다. 봉급에는 상제(常制, 항상 정해진 제도)가 있어 먹고 남은 것은 친구들에게 두루 나누어주었고, 봉급의 다소(多小)를 보고 많고 적음을 재량(裁量)했다. 지금은 그렇지가 못하고 읍을 다스리는 수령에게 상규(常規)의 봉급이 없다. 읍중(邑中)의 두미(斗米) 이상은 모두가 국유물(國有物)이니, 비록 백이(伯夷)와 같이 청렴한 사람이 수령 노릇을 한다고 하여도 국유물을 사사로이 사용치 않으면 호구(糊口, 겨우 먹고 삶)의 방법이 없게 되었으니, 이것은 국법이 제대로 갖추어져 있지 않은 것이다. 이에 군자(君子)도 법을 지키기 어렵게 되었으며, 빈관(貧官)들은 법을 어기는 것이 매우 심하게 되었다. 국가에 바치는 공부(貢賦) 이외의 무명의 과감(科歛)은 백성들을 감내(堪耐)키 어렵게 만들었다. 오직 다행히 의창(義倉)이 있는 고을에는 봄철에는 양곡을 대여했다가 겨울에 거둬들일 때 일할(一割)을 더 증수(增收)하는데, 이 모곡(耗穀)이라고 하는 것이 수령이 사용할 수 있는 통례(通例)가 성립되어 있다. 내 어리석은 생각이지만 이름 없는 과감(科歛)을 모조리 혁파(革罷)하고 한 해의 모곡(耗穀) 중 삼분지 일(三分之一)은 아속(衙屬)들에게 주고, 또 일부는 사객(使客)이나 친구들의 응수(應需)로 쓰고도 항상 일분(一分)의 잉여가 있을 것이니, 이 방법이 가히 시행될 수 있을 것인지 알 수 없겠다.

여식(汝式)은 해현(該縣)에 취임(就任)하면 이것을 시험 삼아 헤아려보고, 시행할 수 없을 것 같으면 돌아와서 나와 의논함이 가할 것이다.

율곡은 통진현감으로 있는 중봉을 통해서 자신이 구상하는 제도를 시험하고자 했다. 특히 율곡 선생이 생각했던 지방 수령과 서리들의 녹봉 문제는 중봉도 그 폐단을 인식하고 8조소와 16조소에서도 상언한 바가 있었다.

중봉이 현감으로 있으면서 백성을 사랑하고 스스로 검소하여 옛 폐단을 없애려고 노력한 결과, 이서(吏胥)는 두려워하고 백성들은 편히 살게 되었다. 아마 현감 생활이 평탄했으면 스승 율곡이 제시한 제도를 적용하는 데 충실히 노력했을 것이며 백성들의 삶도 많이 나아졌을 것이다. 그러나 뜻밖의 일로 이러한 계획은 모두 수포로 돌아가고 말았다.

어느 날 권세를 믿고 모진 행패를 부리는 오만방자한 관노를 치죄하다가 그만 죽게 된 일이 있었다. 이 일로 지방의 간사한 무리들이 중봉을 헐뜯고 무고하여, 결국 누명을 쓰고 34세가 되던 1577년 겨울에 달포쯤 구속되었다가, 인근 부평(富平)으로 귀양을 가게 된 것이다.

지당에 비 뿌리고

귀양 간 지 얼마 안 되는 이듬해(1578년) 1월 24일 부친 응지공(應祉公)이 세상을 떠났다. 귀양지에서 불과 몇십 리 밖이 생가였으나, 죄인의 몸이라 조상을 하지 못하고 애만 태웠다. 더구나 어려서 일찍 어머니를 여의었으니 가장 의지하던 아버지가 아닌가. 어찌할 수 없는 안타까움에 아침저녁으로 땅을 치며 통곡하는 소리가 얼마나 비통하고 구슬펐던지, 듣는 사람이 감동하여 울지 않는 이가 없었다고 한다.

다. 부친과 스승 토정(土亭)의 묘소를 찾다

1580년(선조 13년) 4월, 부평의 귀양에서 풀려난 것은 37세가 되는 해였다. 약 2년 남짓 귀양살이를 한 것이다. 귀양에서 풀려난 중봉은 아버지의 묘소를 찾아 하염없이 눈물을 흘린다. 그리고 자식으로서 임종도 지키지 못한 불효를 빌었다. 부친은 비록 벼슬도 하지 않았고 집안은 가난했으나, 면학(勉學)과 수성(修省)으로 도리(道理)를 가르치신 분이었다. 더구나 10살에 어머니를 여읜 중봉에게 아버지는 더욱 소중한 존재였다. 임종 때 부친께서 소고기를 먹는 것이 소원이었으나 집이 가난하여 해드리지 못했다는 식구들의 말을 전해 듣고는 그 후부터 중봉은 소고기를 대하면 눈물을 흘렸고, 평생토록 소고기를 입에 대지 않았다고 한다.

아버지의 묘소를 찾아뵌 중봉은 곧 보령으로 향한다. 토정 선생의 묘소를 찾아가는 것이다. 유배 중에 존경하는 스승 토정(土亭) 이지함(李之菡) 선생도 세상을 뜨고 말았다. 생각해보면 인생에 큰 기둥과도 같던 두 분을 유배 중에 모두 잃었고 문상도 못 했으니 얼마나 가슴이 아프고 죄스러웠겠는가.

토정 선생은 중봉이 28세 때 홍주목 교수(洪州牧教授)로 있으면서 처음 찾아뵙고 가르침을 청하여 사제관계를 맺게 되었다. 중봉은 이후로 가끔 토정 선생을 찾아가 민폐(民弊)의 구제책(救濟策)과 경세책(經世策)에 대해서 흉금을 털어놓고 토론을 거듭했다. 항상 뜻을 같이하던 스승과의 지난날을 잊을 수가 없었다.

중봉에게는 일찍이 율곡과 우계, 토정 세 스승이 있었다. 그중에서도 토정 선생은 중봉을 가장 잘 알고 아끼고 사랑해준 스승이었다. 중봉이 통진현감으로 있을 때는 토정 선생이 찾아와 시정을 논하고 많은 가르침을 주고 간 일도 있었다. 중봉이 부평에 유배 중에 아버지가 돌아가셨으나 죄인의 몸이라 조상하지 못했을 때도 토정 선생은 김포 생가로 문상을 다녀갔다.

당시 사람들은 중봉을 잘 모르고 평하기를 사리에 어둡고 어리석으며 재주가 적고 쓸 만한 것이 없다고 할 때도, 토정은 초야(草野)의 인재로서 쓸 만한 재주를 가진 사람은 오직 중봉뿐이라고 했다. 토정 선생은 일찍부터 중봉의 인재 됨을 알아본 것이다. 어느 날 토정 선생과 함께 지리산에 간 일이 있었는데, 중봉은 선생의 모든 언행과 일거일동에 탄복하여 어느 것 하나 가르침이 아닌 것이 없다고 했다. 이에 토정 또한 매번 이르기를

"사람들은 중봉의 스승이 나인 줄 알지만, 중봉이 정말로 내 스승인 것을 모르고 있다."

라고 했으니, 토정과 중봉의 각별한 관계를 짐작할 수 있다. 유배에서 풀려난 중봉은 서둘러 선생의 묘소가 있는 보령으로 달려온 것이다. 중봉은 지난날이 그립기도 하고 한없이 송구하기도 했다.

이러한 심회(心懷)를 한 수의 시로 읊는다

〈保寧途中憶土亭先生(보령 도중에 토정 선생을 생각하며)〉[20]

碩人千里昔同遊 지난날 천 리 길에 선생과 노닐 때
期我終身少過尤 나에게 종신(終身)토록 허물없기를 희망했네
今日重來思不見 오늘 다시 왔건만 뵈올 길이 없으니
可憐誰進濟民謨 구국위민(救國爲民)계획을 누구에게 묻겠소

　보령으로 가는 길에 날이 저물어 점사(店舍)에서 머물게 되었다. 잠자리에 들려고 하는데 마침 이생(李生)이라는 사람이 그곳에 이르렀다. 그도 하룻밤 묵어갈 생각이었다. 그는 중봉의 행색을 보고는 떠돌아다니는 천한 사람으로 알았다. 그런데 가만히 보니 용모가 뛰어난 것이 보통사람 같지 않았다. 그는 점사를 떠나 다른 곳으로 가려고 일어섰다. 그때 중봉이 그를 불렀다.
　"이 집도 꽤 넓으니 하루를 같이 지내는 것도 무방하오."
　이생은 그 말에 다시 돌아와 머리를 조아려 성명을 묻고 한방에 머물렀다. 저녁에 중봉 선생이 종을 불러 관솔불을 밝히고 행낭에서 책을 꺼내 의관을 정제하고 단정히 앉아 밤이 깊도록 책을 보았다. 이생이라는 사람이 선비로서 가히 이야기할 만하다고 여긴 중봉은 『격몽요결(擊蒙要訣)』을 꺼내 보이며 이를 본 적이 있느냐고 물었다. 그가 본 적이 없다고 하자
　"수신(修身)과 요체(要諦)가 여기에 갖추어져 있어서 선비로서 먼저

20　원문『重峯集』.『趙憲全書』詩 p245.

이 책을 읽지 않으면 안 된다."

라고 말했다. 그러자 이생이 송구한 마음으로 경청했다. 그리고는 행낭에서 종이를 꺼내 책을 만들고, 전사(傳寫, 서로 돌려가며 베껴 씀)하여 그것을 이생에게 주고, 새벽닭이 울 무렵에야 자리에 누웠다. 그로부터 이생이 며칠 동안 중봉을 동행했지만 한 시도 책 보기를 멈추지 않았고 수기독행지사(修己篤行之事)가 아닌 것이 없었다. 이생이 말에 실린 것을 살펴보니 모두 책과 관솔뿐이었다. 중봉이 힘써 배우고 후생들을 권장(勸奬)함이 이와 같았다.

토정 선생 묘소를 찾은 중봉은 눈물을 흘리며 제사를 올렸다.

〈제토정선생문(祭土亭先生文, 萬曆 八年 庚辰 윤4월 13일)〉[21]

후학 은천(銀川) 조헌은 토정 선생의 영전에 감히 밝게 고하나이다. 아! 선생께서 살아계실 때는 나라와 백성이 의지하였으며 도(道)가 부칠 바 있었고 선비들이 돌아갈 바가 있었습니다. 그러나 이제는 선생께서 작고하신바 나라에는 삼강(三綱)의 기둥이 없어졌고 백성들은 사유(四乳, 문왕을 일컬음)와 같이 희망하던 뜻을 잃었습니다. 이 도(道)는 고요하고 쓸쓸하게 되었으며 후학들은 향하여 갈 곳이 없게 되었습니다. 헌(憲) 같이 어리석은 자로서 의문이 있으면 어디에다 질정(質正)하며 죄과(罪過)가 있으면 누가 경계하여 주겠습니까? 그런즉 선생이 가시는데 어찌 목메어 통곡하며 하늘을 우러러 눈물을 흘리지 않겠습니까? 아! 선생이 태어나신 것은 한 시대를 바로 잡으라는 하늘의 명령이었습니다. 선생은 사람 된 바탕과 타고난 성질이 이미 절이(絕異)하셨을 뿐만 아니라 일찍부터 수양(修養)에도 완전하셨으며 경학(經學)을 연구하

---

21   原典 『重峯集』, 최영희 『趙憲全書』 탐구당 祭文 p255.

실 때도 통달치 않으시면 절대 그만두지 않으셨습니다. 총명이 절특(絶特)하셨으나 공부는 오히려 다른 사람에 비하여 몇 배를 더 하셨으므로 조예(造詣)가 이미 깊으셨고 道를 몸소 실천하셨으며 성현들의 격언도 모두 가슴 속에 지녔습니다.

아! 선생은 겨우 이 정도를 사시고 마셨습니까? 우매한 헌(憲)은 소호(巢湖)에서 늦게사 선생을 뵈었습니다. 그때 선생께서 저를 권하여 힘쓰게 하여 주심에 너무도 부지런하셨고 여러 차례나 저를 찾아 주심에 조금도 거리낌이 없었습니다. 명승지를 저와 함께 가셨고 멀리 두류산으로 은사(隱士)를 방문도 하였습니다. 저를 이끌고 다니실 때 선생의 동정과 언행은 모두 처세(處世)의 교훈을 암시하여 주시었습니다.

선생은 저에게 보신(保身)의 방법과 종효(終孝)의 이치를 禮에 의거하여 깨우쳐 주셔서 몸에 상처를 내지 않게 해 주셨습니다. 그런데 어찌 오늘날 이 같이 선생을 영결하게 될 줄을 알았겠습니까? 선생의 덕용(德容)을 깊이 회상하옵고 남쪽을 바라보며 슬퍼할 뿐입니다. 경세(經世)의 뜻도 아! 그만이었고 육영(育英)의 계획도 길이 바랄 수 없습니다. 어진 사람은 반드시 장수한다 하였는데 어찌하여 높은 수(壽)를 못 하셨습니까? 벼슬자리도 만족하지 못하셨으니 덕(德)도 믿을 수 없으며 어진 사람은 자손이 있다 하였는데 어찌 착한 아들을 잃으셨습니까? 아! 슬프다 시변(時變)이라 할까, 아니면 천명(天命)이라 할까요. 사방을 둘러보아도 그 누가 저를 사랑해 주겠습니까? 아무리 바쁘게 다녀보아도 지극한 말 한마디 들을 곳이 없습니다. 선생의 묘소를 둘러보니 풀뿌리가 얽혀있습니다. 선생님을 다시 받들 길 없어 통탄한 생각을 견디지 못하겠습니다. 아무리 통탄하고 사모(思慕)를 하여도 소용이 없군요. 한마디 거친 제문으로 영이별을 고하옵고 닭고기와 술을 올려 저의 조그만 정성을 표시하오니 아! 선생은 저의 마음속에서 우러나오는 참된 정을 감촉하시옵소서.

스승과 함께하던 지난 일들이 떠올랐다. 시정을 논하며 산천을 주유하시던 그분을 다시는 뵐 수 없다는 것이 가슴 아팠다. 두 분은 단순한 사제관계를 넘어 평생 뜻을 같이한 지우였던 것이다. 중봉은 애절한 심정으로 시 한 수를 남기고 떠난다.[22]

> 평생에 안택경영(安宅經營) 오래 한 결과
> 아름답게 물 서쪽에 터를 잡았네
> 이제 와서 사당(祠堂) 앞에 한 번 절하니
> 계정(溪亭)에 서린 봄빛 예와 같구나

선생의 묘소에 참배한 중봉은 서천의 명곡서당(鳴谷書堂)을 찾았다. 그곳에서 강학하고 여름이 지나서야 김포로 돌아온다.

가을에는 해주(海州) 석담(石潭)으로 율곡(栗谷) 선생을 찾아뵈었다. 이곳에서 여러 달 동안 율곡으로부터 가르침을 받는 한편 유생들에게 강론도 했다. 율곡(栗谷)은 중봉의 사상 형성에 가장 큰 영향을 끼친 인물이다. 율곡을 계승한다는 의미로 자신의 호를 후율(後栗)이라고 정하고, 평생 동안 그를 존숭했다. 어느 날 율곡과 중봉 그리고 여러 사람이 만나 호연정(浩然亭)에 올라 시를 주고받게 되었다.

> 대중(大仲), 여식(汝式, 조헌), 여러 사람과 호연정에 올랐다[23]

> 지상의 신선을 서로가 부여잡고

둘러앉아 창해(滄海)에 달빛 희롱하니
가을 경치 천하에 가득하여
만경(萬境)이 모두 절승(絕勝)이로다
맑은 바람 산들산들 불어오는데
피리소리 구름 가에 사무치누나
잔을 들고 슬픈 생각 금치 못함은
저 하늘가 우리 님이 계시겠기에

- 율곡

〈浩然亭次栗谷先生 [호연정에서 율곡 선생의 운(韻)을 본받음]〉[24]

烟島乘桴晚　노을 진 섬 저물어 뗏목을 타니
結亭高壓巔　새로 지은 정자가 산마루를 눌렀네
潮聲洲外壯　조수 소리 섬 밖에 웅장도 하고
松影水中懸　소나무 그림자는 물속에 달렸도다

岊色靑連海　멧뿌리 푸른빛은 바다에 닿은 듯하고
風光爽滿天　맑은 바람 기운은 하늘에 가득 찼네
襟懷方丈濶　가슴속이 방장산(方丈山)같이 넓었으니
何處更求仙　어디서 다시 신선을 찾을까

- 조헌

　　중봉이 떠나올 때는 율곡 선생이 호연정(浩然亭)까지 나와 시(詩)
를 지어 배웅했고, 황해도 관찰사 이해수(李海壽)도 나와서 전송했다.

---

24 原典 『重峯集』. 최영희 『趙憲全書』 탐구당 詩 p246.

6. 도사 중봉(重峯)과 관찰사 정철(鄭澈)

1581년(선조 14년), 중봉의 나이 38세 때, 공조 좌랑(工曹佐郎)에 임명되었다가 얼마 안 되어 전라도 도사(全羅道都事)에 부임한다. 도사(都事)는 관리의 감찰, 규탄 등의 일을 맡아보는 직책이다.

중봉은 이때 백성들에게 가혹한 연산조(燕山朝)의 공안(貢案, 공물의 품목과 수량)을 혁파(革罷)할 것과 율곡 이이(李珥)의 외롭고 위태함을 논하는 소(疏)를 올렸다. 이에 대한 임금의 비답은 있었으나, 받아들여지지는 않았다. 도사로 있던 어느 날 도원(陶原)에서 여러 군자들과 노닐 던 중봉은 즉흥시를 읊는다.

〈陶原卽事 示同遊諸君子(도원에서 즉흥을 읊어 같이 노닌 여러 군자에게 보임)〉[25]

靜裏冥觀萬化源　가만히 만화(萬化)의 근원을 살펴보니
一春生意滿乾坤　봄 속에는 삶의 뜻이 가득하구나
請君莫問囊儲乏　묻지 말게나 그대들의 주머니에 가진 것 적다고
山雨終朝長菜根　비 그친 아침이면 나물 뿌리 자란다네

25　原典『重峯集』. 변형석『重峯詩譯註』 p52.

〈그 두 번째〉

坐見閒雲度遠岑 한가로이 먼 산봉우리 넘는 구름을 보며
俯聽溪曲有淸音 맑은 시냇물 소리 굽어 듣는다
幽居莫恨無人識 그윽한 삶을 남들이 모른다고 한하지 마라
千古仁賢獲我心 천고의 어진 사람에게서 나를 찾는다네

도사로 복무한 지 얼마 지나지 않아서 송강(松江) 정철(鄭澈)이 전라도 관찰사(觀察使)로 내려왔다. 관찰사와 도사의 관계로 만나게 된 것이다. 이 소식을 들은 중봉은 정철이 도경계(道境界)에 이르자 그날로 짐을 싸서 떠나려고 나섰다. 친교를 맺고 지내던 이발(李潑)과 김우옹(金宇顒), 최영경(崔永慶) 등이 한결같이 말하기를, 정철은 인간 됨됨이가 소인(小人)일 뿐만 아니라 흉험한 인물이어서 그와 함께 일하기가 힘들 것이라고 비방했기 때문에 그 말을 믿었던 것이다.

중봉은 정철이 전주 감영에 도착했다는 소식을 듣고는 삼례역으로 떠났다. 그 소식을 들은 정철은 이를 만류하기 위해 사람을 보내 "도사(都事)도 사무를 인수인계해야 할 일이 있는데 이토록 바삐 떠날 수는 없지 않겠느냐."라고 말하니, 중봉은 하는 수 없이 전주 감영으로 되돌아왔다. 정철이 술자리를 정중히 마련하고

"도사께서 나를 흉험한 인물이라고 하여 같이 일할 수 없다고 떠나려 하셨다는데, 그게 사실이요?"

하고 물었다. 이에 중봉이

"그러하옵니다."

하고 대답하니, 정철은

"도사와 나는 아직 서로를 모르고 지내온 처지인데 어찌하여 내가 흉험하다는 것을 알겠소. 열흘이고 한 달이고 같이 일을 하면서

정상을 살핀 후, 사실대로 내가 흉험하다는 것을 알고 난 다음에 나를 버리고 떠나도 늦지 않을 것이오."

라고 했다. 그러나 중봉은

"내 뜻은 이미 정한 바가 있습니다."

하고는 마침내 떠나가고 말았다. 정철은 이 사실을 중봉의 스승인 율곡(栗谷)과 우계(牛溪)에게 알리고 같이 일하게 해줄 것을 부탁했다. 중봉은 두 스승의 간곡한 권유에 못 이겨 다시 전주 감영으로 돌아오게 된다. 그렇다고 정철에 대한 중봉의 마음이 달라진 것은 아니었다. 정철은 임지에 있으면서 풍류를 즐기고 술을 좋아했다. 중봉은 그것이 못마땅하여 어쩌다 정철과 술자리를 함께할 때면 늘 말하기를

"수령이라는 자들은 백성의 고혈(膏血)을 빨아 자기 뱃속이나 주머니를 채우는 데 급급할 뿐이고, 더러는 그것을 가지고 자기 상관에게 아첨하기가 예사이며, 감사라고 하는 자는 백성의 즐거움과 슬픔은 생각지도 않고 오직 술이나 마시는 것을 직책으로 삼으니, 이것이 어찌 백성의 피를 빨아먹는 것과 다를 것이 있는가."

하고 책망했다. 어느 날 정철이 강진(康津) 지방을 순시할 때 청조누상(聽潮樓上)에서 중봉과 자리를 함께한 적이 있었다. 이 누각은 바다 입구에 자리 잡고 있어서 호남의 경관으로 이름이 나 있었다. 관찰사 정철이 왔다는 소문을 듣고 꽤 많은 사람이 모여들고, 곧이어 주연이 베풀어졌다. 이때 정철이 중봉에게 술잔을 주면서

"오늘은 경치가 아름다워 술을 먹을 만한데 왜 한사코 사양하시오."

하며 적극적으로 권했다. 중봉은 아무런 대답도 하지 않은 채 술

잔을 뿌리치고는

"어떻게 백성의 피를 먹을 수 있겠습니까?"

하며 끝내 술을 입에 대지 않았다. 결국, 정철도 중봉의 고집을 꺾지 못했다. 뒷날 정철이 해남현(海南縣)에 가서 지인을 방문하게 되었는데, 주인이 그를 위하여 술자리를 마련했다. 이때 정철이 술에 취하여 다음과 같은 시를 지었다.[26]

傍人莫笑酩酊醉 주위에 임자들 내가 취했다 웃지 마오
此酒應非赤子血 이 술은 백성들의 피가 아닐세

이는 중봉이 일찍이 정철에게 술을 먹지 말라고 충고하며, 수령(守令)이 된 자가 마시는 술은 백성의 피라고 말한 것에 대한 풍자인 것이다. 그러나 두 사람의 교분은 날이 갈수록 점차 두터워졌다. 후에 중봉은 "내가 처음에는 타인으로 인하여 잘못하여 공을 잃을 뻔했다."라고 진심으로 사과했다고 한다. 이 일로 인하여 친교가 있었던 중봉과 이발(李潑), 김우옹(金宇顒)과는 정철을 모함한 일로 틈이 벌어지게 된다.

중봉이 전라도사로 있을 당시는 동·서 당쟁으로 분열이 극심한 시대였다. 율곡은 이를 융합하려고 노력했으나 오히려 서인으로 몰리는 등 당쟁은 날로 격렬해져 갔다. 이러한 현실을 안타까워하던 중봉은 스승 율곡에게 다음과 같은 시를 지어 올린다.

---

26   原典『重峯集』. 최영희『趙憲全書』탐구당 遺事 p55.

〈上栗谷先生(율곡 선생께 올림)〉[27]

氷炭元難合 얼음과 불은 본디 합칠 수 없으니
朱林豈相調 朱子와 林栗이 어찌 화합하리오
大老思渭上 大老께서 渭水에 뜻을 두시니
陽道恐漸消 군자의 道가 사라질까 두렵습니다

　전라도사로 있던 기간은 중봉에게 호남의 지리와 백성들의 사정
을 익히는 대단히 중요한 기회였을 것이다. 전라도의 각 고을을 다
니며 백성들의 삶을 가까이에서 직접 볼 수 있었고, 남쪽의 지리를
소상히 살펴보고 익혀둘 수 있었다. 그 무렵에 강진 땅 만경루(康津
萬景樓)에서 지은 시 한 수가 있다.

〈康津萬景樓(강진 만경루)〉[28]

岡巒如畵水如灣 그림 같은 산과 언덕에 물은 굽이져 흐르고
湖界蒼茫一望間 호수는 아득히 한눈에 들어오네
恰似重峯三月暮 큰 산봉우리 삼월의 저녁 같은데
臨江遙對兩京山 강가에서 멀리 양경산을 마주하네

　중봉은 곧 전라도 도사의 임기가 끝났다. 이 기간은 나름대로 대
단히 유익한 기간이었을 것이다. 전라도 지역의 실정을 익힐 수 있
었고, 정철이라는 새로운 인물을 만나게 되었다.
　임기를 마친 중봉은 다시 한양으로 올라가게 된다. 마침 공산(公

27　　原典『重峯集』. 변형석『重峯詩譯註』 p42.
28　　위의 책 p61.

　　　　　　　　　　　　　　　　지당에 비 뿌리고

山, 공주의 옛 이름)을 지나며 고청 서기(徐起)를 찾아보지 못하고 지나치는 마음이 매우 아쉬웠다. 공주 계룡산에서 서원(書院)의 원장으로 있으면서 강학을 하는 서기는 비록 천한 신분 출신이었지만, 제자백가(諸子百家)에 통달하고 실용적 학문에 힘쓰는 분이었다. 중봉은 이러한 서기를 경대(敬待)하며 교우하고 있었다. 중봉은 시 한 수를 지어서 차마 들르지 못하고 지나치는 심정을 이렇게 전했다.

중봉 선생 친필 시판(詩板)

〈過公山 寄徐山長徐龜堂起 (공산을 지나며 산장 서귀당에게 보냄)〉[29]

德人心眼定何如 덕 있는 사람의 육안이 어떻게 정해졌기에
泉石膏肓想未袪 천석(泉石)으로 고황(膏肓)을 없애지 못하는가
靜對雲山供嘯咏 고요히 구름 산 마주하여 휘파람 불고 읊조리며
新開蝸室展圖書 새로이 방을 열고 책을 펼치누나

---

29 原典『重峯集』. 변형석『重峯詩譯註』 p51.

冠童日見昏蒙豁　어른과 어린 학생들은 날로 어리석음이 열리고
侯伯時詢弊瘼除　고을 원님도 때때로 폐해 없앨 방도를 묻네
悵我方憂將母急　슬프게도 나는 어머니의 급한 일이 근심되어
蹇驢不克造門閭　저는 나귀 타고 서당 문에 나아가지 못하네

* 고황(膏肓): 심장과 횡격막 사이에 생기는 병.

지당에 비 뿌리고

제2부

칼로 죽이나 정사(政事)로 죽이나
살인은 마찬가지입니다(1582~1590년)

1. 충청도와의 인연

가. 외직을 자청하다

1582년(선조 15년), 39세가 되던 해에 중봉은 전라도 도사의 임기가 끝나고 종묘령(宗廟令)으로 전임되어 한양으로 올라왔다. 그러나 얼마 지나지 않아서 계모를 모신다는 이유로 외직을 요청한다.

그는 타고난 효자였다. 일찍이 10살 때 친어머니를 잃었고, 부평에 유배되었을 때 부친마저 세상을 뜨신 뒤로 홀로 되신 계모가 있는데 친어머니보다도 더 극진히 모셨다. 계모를 모시기 위해서 스스로 외직을 요청한 것이었다. 그곳은 아무런 연고도 없는 보은현감(報恩縣監) 자리였다. 그는 품계가 낮은 현감(縣監) 자리도 마다하지 않았다. 그에게 벼슬은 크게 중요하지 않았던 것이다. 이렇게 고향에서 멀고 먼 작은 고을 보은(報恩)으로 내려와 충청도와 인연을 맺게 되었다.

중봉이 보은에 내려온 것은 8월이었다. 현감에 부임해서 백성들의 어려운 실정을 보고는 곧 비언칠사(備言七事)의 소(疏)를 지었으나, 무슨 연유인지 이를 올리지는 않았다. 비록 이 상소문이 조정에 닿지는 않았으나, 내용은 그대로 전해오고 있다. 중봉은 백성들의 실태를 아주 낱낱이 파악하고 그 고통을 충분히 이해하면서, 이것이 제도적인 문제와 관리들의 폐해에서 기인함을 지적하고 있다. 당시 백성들이 겪던 고통의 실태를 가슴 아파하고 이를 개선하기 위해 노력했던 중봉의 상소문 전문이다.

<의상소[擬上疏, 선조 15년(1582) 壬午 8월]>[30]

신은 오늘에 천안(天顔)을 뵈옵게 되었으니 평생의 영광이 이에 이르러 지극합니다. 원컨대 직사(職事)의 소관으로 고견(顧見)을 드리오니 예단(叡斷)을 내려주시기를 삼가 기다리겠습니다.

오늘날 수령된 자들은 모두가 칠사(七事), 즉 농상(農商)을 성(盛)하게 하고 호구(戶口)를 증가시키며 학교를 일으키고 군정(軍政)을 닦으며 부역(賦役)을 고르게 하고 사송(詞訟, 민사소송)을 간결하게 처리하고 간사하고 교활한 무리들을 없이 하는 것을 능히 할 수 있다 하나, 신의 생각으로는 한 가지도 능한 것이 없습니다.

옛날에는 전토(田土)를 받지 않은 백성이 없으나 백성의 힘을 이용하는 것이 일 년에 사흘을 넘지 않게 한 것은 사람마다 농상(農桑)에 진력하게 하여 의식을 풍족하게 하자는 까닭이었는데, 오늘날에는 가난한 백성들이 많고 또 송곳을 꽂을 만한 땅도 갖지 못했는데, 일 년 동안 부역에 종사하는 날이 거의 한 달이 넘고, 사소한 대출 양곡은 낭비가 많아 농량(農糧)을 능히 이어가지 못하며, 농상이 성하지 못하여 많은 백성이 추위와 굶주림에 있는 까닭입니다. 옛날 훌륭한 수령은 호수(戶數)를 증가시키고 요역(徭役)을 감하여 백성들은 편안하고 물품은 넉넉하여 대가거족(大家巨族)이 각자 근본을 아껴 완급(緩急)한 사태에 힘을 쓸 수 있었는데, 오늘의 가난한 백성들은 남자는 겨우 기저귀를 면하게 되면 곧 군정(軍丁)에 보충되고, 한 집안의 응역(應役)하는 사람이 많아 이미 견딜 수가 없습니다.

30   原典『重峯集』. 최영희『趙憲全書』탐구당 疏 p137~140. 김포문화원『불멸의 重峯 趙憲』
      p363~367.

더구나 일족첩징(一族疊徵)의 화환(禍患)으로 전택(田宅)을 모두 팔아도 오히려 지탱할 수가 없어, 떠돌아다니는 백성이 날로 늘어 나고 동리는 쓸쓸해져 갑니다. 옛날에 가르치는 법은 어려서부터 공손하고 효제(孝悌)하는 방법으로 가르치고 자라면 명덕(明德)·신 민(新民)의 학문을 가르친바 현재(賢才)가 많고 국가에 사람이 모 자란다는 탄식이 없었습니다. 오늘날에 사유(師儒)들은 가르칠 만 한 사람은 간택하지 않고, 열에 아홉은 취식(取食)하는 것만을 주 안으로 하며, 겨우 가르친다고 하는 것이 대구(對句)와 논사(論史) 만을 선무(先務)로 하고 궁리(窮理)와 수신(修身)은 무엇인지를 알 지 못하고 있으니 인재 양성에는 족히 보잘것없으며 사습(士習)과 민속은 날로 박악(薄惡)하여가고 있습니다.

장졸들도 전량(錢糧)이 있어 전쟁 시가 아니면 별로 침요(侵擾, 침노하여 소요를 일으킴)의 고통이 없으므로 씩씩한 무리가 많아 간 성(干城)으로 유용하게 활용했는데, 오늘날의 장사(將士)들은 수료 (收料)의 폐습으로 인하여 입번자(入番者)는 오직 부목(負木)에 대 한 근심만 하고 활 쏘는 것이 무엇인지조차 알지 못하며, 하번자 (下番者)는 다시 유망한 일족(一族)의 몫을 대신하고 수령은 훈련 도 시키지 않으니, 무략(武略)은 진보되지 않고 국세(國勢)는 날로 쇠약해져 갑니다.

옛날의 제왕은 절용(節用)하는 것을 숭상하여 만민이 오직 공 정한 공부(貢賦)만을 부담하고, 경비는 하나도 없으므로 부역을 고르게 하고, 양리(良吏)가 위의 교화(敎化)를 선포하기가 쉬웠습 니다. 오늘날의 경비(經費)는 날로 번성하여 부세의 원수입은 비 록 가감이 없으나, 갱미(粳米, 멥쌀) 1석을 상납하려면 반드시 포목 (布木) 삼십 필을 인정(人情, 벼슬아치에게 주는 선물이나 뇌물)으로 쓰 게 되었고, 황두(黃豆) 1석 대신에 쌀 15석을 징수하며, 광흥창(廣 興倉, 관리의 녹봉에 관한 일을 맡아보는 관아)에 정포류는 3배, 기타 의 공물도 진상하는 것 이외에 인정비(人情費)라고 하여 중간에서 소비되는 것이 원수(元數)의 10배를 넘어, 조그마한 고을에서 변 상(辨償)하는 것이 큰 고을에 못지않으니, 백성들은 그 고통을 감내하지 못하며, 유력자(有力者)는 면역(免役)할 방법만 찾고 무력자는 그 고통스러운 의무를 독변(獨辨)하자니 원성은 날로 높아가고, 조금이라도 측은한 생각을 가진 사람이 조력하려 하면 유력자들은 조신(朝臣)들에게 유언비어(流言蜚語)를 하여 소요(騷擾)라고 하지 않으면 변란(變亂)이라고 지칭하고 있습니다. 방납자는 사술을 농간하여 공사를 조종하고 토산물을 억저(抑沮)하려 하므로 중간 모리배들은 균역관을 원수같이 여기고 백반(百般)으로 구함(構陷)하려다가 뜻을 이루지 못하면 그 가옥을 불 지르고 무덤을 파헤치니, 휼민(恤民)하는 관리가 비록 시구(鳴鳩)의 일편(一片) 마음이 있더라도 부역을 고루 하기 어려운 까닭입니다.

　나라에 법이 있음은 착한 것은 권장하고 악한 것은 징계하여 윤상(倫常)을 부지하고 치도(治道)를 보도(補導)함이라, 선정자(善政者)는 친한 사람에게 벌하기를 피하지 않고 오직 지정공명하게 하여 사람들이 마음으로 외복(畏服)하고 감히 허탄(虛誕)한 언사를 못 하는 것입니다. 오늘날에는 사사로운 정이 판을 치고 공정한 도는 씻은 듯이 없어져서 송사(訟事)를 처리하는 관리는 청탁(請託)하는 말을 많이 들어주어 환과(鰥寡)의 억울한 일은 덮어두고 있으며, 간활(奸猾)한 무리들은 세력과 부호(富豪)들에 의지하여 관리를 기만하고, 이곳에서 실수를 저지르고 저쪽에다 송사를 하며, 밝음을 등지고 어둠을 추종하여 온갖 휼계(譎計)로 요행을 바라고 있으니 궁민(窮民)의 무고(誣告)는 늘어가기만 합니다. 단송(斷訟)의 법칙이 법전에 엄연히 기재되어 있건만, 그것을 실행하지는 않고 오직 간인들의 분소(紛訴)만 듣고 있어 사송(詞訟)이 번잡하게 되었습니다.

　또 서리(胥吏)들은 안으로 제사(諸司)와 밖으로 주현(州縣)에 이르기까지 한 푼의 구전도 없이 관역에만 장구한 세월을 종사하니, 그들은 의식의 대책을 마련하기 위하여 백성을 침해하고 공사(貢使)를 박탈하고 있습니다. 이제 사변이 공변으로 바뀜에 따라 내리(內吏)들은 외리(外吏)들에게 말하기를 인정(人情) 쓰는 모든 물건은 내가 먹는 것이 아니요, 관원들의 공억(供億)으로 쓰는 것이라는 구실을 붙여서 온갖 횡포를 저질러도, 수령으로서는 감히 물어보지 못하기 때문에 내외서리(內外胥吏)들은 서로 근거(根據)를 체결(締結)하고 백성들의 모적(蟊賊)이 되어 있습니다. 이제 이것을 종합하여보면, 인정(人情)이란 폐습이 시작되자 부역의 번중(繁重)함을 견디지 못하게 되었고, 대량(代糧)의 화근이 늘어남에 따라 군정(軍政)이 날로 무너지게 되었습니다.

부역에 지탱하기 어려우므로 농상(農桑)을 보살필 겨를이 없고, 군졸들이 유망(流亡)하므로 현재 호수(戶數)도 오히려 보전하기 어렵게 되었습니다. 교관을 간택치 않음으로 학교가 쇠색(衰索)하고, 공도(公道)가 불명함으로 사송(詞訟)이 분분하며, 사변(私辯)이 행하여지자 않자 간활(奸猾)한 무리들이 날로 늘어나게 되었습니다. 그렇게 된 원인을 추구하여 보면 근래 학궁(學宮)에서의 교육이란 것이 사화(詞華)만을 숭상하고 도학(道學)은 도외시했습니다. 요행히 과목에 응시하여 발신(拔身)한 그들이 위국보민(爲國保民)하는 급무(急務)가 무엇인가를 아는 사람은 드물고, 오직 밑에 놈들은 손해가 되어도 윗사람들만 이익이 되게 하는 것을 당연한 것으로 알아, 이록(利祿)에 훈염(薰染)됨이 오래되면 그 양심을 상실하게 되어 남을 모함하고 기만하는 사람으로 변모하게 되고, 간활한 서리들이 이를 빙자하고 모략과 농간으로 부역을 고르게 하기 힘들게 하고, 군정을 청정치 못하게 하며, 사송을 간략히 하지 못하게 하여 백성은 떠돌아다니고 변방은 황무지가 되어, 생민들의 질고(疾苦)가 이보다 더 심한 때가 없게 만들었습니다. 비록 밝은 도리로 다스려보고자 하는 수령이라도 진실로 손을 써볼 수 없으니, 안진경(顏眞卿)과 장순원(張巡遠) 같은 사람이 수재(守宰)가 되었더라도 인심을 수습하고 방본(邦本)을 유지하지 못했을 것입니다.

이제 성상께서 초심을 크게 가다듬으시고 열성조(列聖朝)의 공열(功烈)을 더욱 빛내시와 철인(哲人)을 널리 구하여 그의 아름다운 진언을 펴게 하시며, 성상께서 허심탄회(虛心坦懷)하게 받아들이시어 선책(善策)을 쫓아 군폐(軍弊)와 민막(民瘼)을 듣는 대로 급

지당에 비 뿌리고

히 구제할 생각을 불에 타는 자를 구해주고 물에 빠진 자를 건져 내듯 하여, 내외의 대소 신료로 하여금 사체(四體)를 펴고 먼저 부역을 고르게 하며 간활한 이서(吏胥)들이 중간에서 저요(沮撓)하지 못하게 하시고, 다음에 학문과 교육을 밝게 하시어 부화(浮華)의 폐습을 지양하고 밝은 덕을 존숭하는 선비를 보는 대로 등용해야 합니다. 그리하여 이들을 중외(中外)에 퍼뜨려 국가의 기강을 신장케 하시어, 군민(軍民)의 자원(咨怨)을 주달케 하며 백성들과 더불어 고락을 같이하여 혈구(絜矩)의 도리를 극진히 하시고 또 수령들을 자주 바꾸는 폐단을 제거하여 그 직에 오래 있도록 하여, 서리나 백성들이 그를 외애(畏愛)하도록 하며 요역(徭役)을 경하게 하고 정치를 청렴하게 해서 힘껏 농업을 근본 삼고 여가(餘暇)가 있으면 효제충신(孝弟忠信)을 닦아 존군친상(尊君親上)의 의리를 알도록 한다면, 몸뚱이를 갖고 저 왜적과 야인의 군사도 몰아낼 수 있을 것이니, 어찌 사송의 번거로움을 근심하며 간활(姦猾)들이 성할 것을 두려워하겠습니까. 천안(天顔)을 떨어져 있는 신하는 근본적인 근심을 가눌 길이 없어 감히 미치광이 같은 말씀을 다했으니, 성자(聖慈)께서는 특히 긍종(矜從, 즐거이 따름)하여주실 것을 복원(伏願, 공손히 원함)하나이다.

중봉은 말하기를 한 고을의 수령(守令) 된 자는 ① 농상(農商)을 성(盛)하게 하고 ② 호구(戶口)를 증가시키며 ③ 학교를 일으키고 ④ 군정(軍政)을 닦으며 ⑤ 부역(賦役)을 고르게 하고 ⑥ 사송(詞訟, 민사소송)을 간결하게 처리하고 ⑦ 간사하고 교활한 무리들을 없이하는 칠사(七事)를 잘해야 하나, 자신이 보기에는 어느 수령도 제대로 하는 사람이 없다고 평했다.

지방 수령들이 이러하니 백성들의 부역(賦役)이 과다하고 한 집안에 군정(軍丁)에 나가야 하는 남자가 많아서 농업과 양잠이 일어나지 못하고, 떠도는 백성이 날로 늘어만 가고 있으며, 가르치는 일에 소홀하여 선비의 풍습과 민속은 날로 야박하고 모질어가는 현실을 한탄했다. 이러한 근본적인 원인으로 지방 관아에 속해 있는 서리(胥吏)들이 문제였다. 관아의 수령(守令)은 재임 기간이 단기이고 실정에 어두운 데 비해 서리들은 장기인 데다가 급료를 보장받지 못하기 때문에, 그들이 관(官)을 속이고 농간을 부려 백성을 협박하여 곡식과 재물을 훔치는 폐단이 계속되고 있다.

그러므로 임금께서는 먼저 부역(賦役)을 고르게 하여 간사하고 교활(姦猾)한 서리(胥吏)들이 중간에서 어지럽히지 못하게 하시고, 학문과 교육을 밝게 하시어 부화(浮華, 겉은 화려하나 실속은 없다)의 폐습을 지양하고, 덕을 숭상하는 선비를 등용할 것이며, 백성과 더불어 고락(苦樂)을 같이하여 도리를 극진히 하시고, 수령들을 자주 바꾸는 폐단을 제거하고, 요역(徭役, 장정에게 부과하는 노동)을 줄이시고, 정치를 청렴하게 할 것을 상소하려고 했다. 이 상소는 백성들의 고통이 어디에 있으며 나라의 모양이 이 지경이 된 원인과 그 대책을 상세하게 기록한 글로, 당시의 실정이 잘 나타나고 있다.

중봉이 보은현감 재임 기간 중에 또 소(疏)를 올린 바가 있다. 그 내용으로는 민간의 질고(疾故) 및 내수외양지책(內修外攘之策)과 노산군(魯山君), 연산군(燕山君)의 후사를 세우고, 사육신(死六臣)을 정표(旌表)할 것과 왕자(王子) 제택의 사치를 금할 것을 청하는 것이었다. 그러나 이 소(疏)는 전하지 않는다.

1583년(선조 16년), 보은현감으로 1년을 지낸 중봉은 반대하는 사람들의 모함에도 불구하고 다시 재임하게 되었다. 가을에 이산보(李山

甫)가 경차관(敬差官)이 되어 호서 지방의 민정을 살피고 돌아갔다.

경차관(敬差官)이란 중앙정부에서 필요에 따라 특수 임무를 띠고 지방에 파견되는 관리이다. 국방, 외교, 재정, 산업 등 모든 분야에 걸쳐 각 임무를 부여했다. 그중에서도 손실(損實)과 재상(災傷)이 중요시되어 거의 매년 파견했다. 이외에도 호구증대(戶口增大), 토지개간, 농업의 제고, 수령권의 남용, 부정과 침탈로 인한 민원 등을 파악하기 위한 경차관을 보내기도 했다. 경차관 임무를 수행하고 돌아온 이산보에게 임금이 물었다.

"치적(治績)이 있는 수령이 누구냐?"

이에 이산보가 대답했다.

"신이 살펴본 바로는 충청우도(忠淸右道)에는 별로 잘 다스리는 수령이 없고, 듣자 하니 좌도(左道)에 보은현감으로 있는 조헌(趙憲)이 백성 다스림이 제일이라 하옵니다."

백성을 생각하는 중봉의 생각이 이미 상소에서 잘 나타난 바와 같이 민생의 평안을 위해 골몰하던 중봉의 치적이 조정에 전해진 것은 매우 다행한 일이었다.

다음은 중봉이 보은현감으로 재직하던 무렵에 남긴 시 한 수이다. 서원의 여러 군자들에게 '오늘은 다시 얻을 수 없다'라는 뜻을 담은 시이다. 여기에도 사심을 두지 않고 항상 자신을 수양하는 데 정진하는 중봉의 의도가 담겨 있다.

〈以此日不再得 示書院諸君子('오늘을 다시 얻을 수 없다'라는 뜻을 서원의 여러 군자에게 보임)〉[31]

人從外慕謾奔馳 사람이 부질없이 영예만 생각하며
却懼窮閭老大悲 외딴 시골에서 늙는 슬픔 두렵게 여기누나
如信聖言專爲已 성인의 말씀대로 내 한 몸 수양하면
闇然會有日章時 비단같이 빛날 날이 언젠가 있으리라

〈그 두 번째〉

志學無成歲易馳 뜻 둔 학문 보람 없이 세월만 흘러
忽焉哀老最堪悲 홀연히 늙는 신세 제일 서럽네
山齋日永無餘事 긴 햇살 밝은 서제(書齊) 딴 일 없으니
正好工夫百倍時 공부하기 좋은 시절 바로 이때다

중봉은 이미 통진현감을 지낸 바가 있어서 백성들의 고충과 어려운 삶을 깊이 파악했고, 전라도사를 거치며 그 폐해를 자세히 확인했다. 더구나 가난한 환경에서 자란 중봉이기에 백성들의 고충을 누구보다도 잘 이해하는 관리였다. 이산해가 본 중봉의 치적은 정확했다. 그리고 선조도 그대로 믿었다.

그러나 중봉을 미워하는 사람들은 산골 현감 자리마저도 그냥 두지 않았다. 임금에게 간(諫)하는 기관인 사간원에서 중봉을 모함하는 데 앞장섰다. 『선조실록』에 의하면, 이해 겨울에 사간원 정언(司諫院正言) 송순(宋諄) 등이 임금에게 아뢰기를

"보은현감 조헌(趙憲)은 어리석고 망령된 자로 각박하게 일을 처리

---

31   原典『重峯集』. 최영희『趙憲全書』탐구당 詩 p243.

지당에 비 뿌리고

해 백성들이 많이 흩어지고 있습니다. 파직시키소서."

하니, 임금이 답하기를

"앞서 이 사람이 백성을 잘 다스린다고 들었다. 이와 같은 사람은 쉽게 얻을 수 없다. 윤허하지 않는다."

하고 7일 동안을 끝내 윤허하지 않았다. 조헌(趙憲)은 여러 번 치적(治績)으로 알려졌으나 성품이 강직하고 과감하여 시류(時流)에 부합하지 않았다. 지평 송순이 그를 혐의하고 꺼려하여 논박하는 데 적극이었다. 그러나 "이민(吏民, 아전과 백성)들은 마치 친척을 잃은 것처럼 중봉을 사모했다."라고 기록되어 있다.

1584년(선조 17년) 정월에 중봉은 뜻밖의 비보를 듣는다. 스승 율곡(栗谷) 선생이 세상을 뜨신 것이다. 자신의 호(號)를 후율(後栗)이라고 지을 만큼 존경하고 의지하는 스승이었다. 중봉은 관직에 매여 문상을 가지 못하는 대신에 우위(虞位)를 베풀고 곡을 했다. 이때 율곡 선생의 죽음을 애도하는 만시(挽詩)를 짓는다.

〈晚栗谷先生(율곡 선생 만시)〉[32]

胡爲夫子便長休 어찌하여 선생께선 길이 쉬게 가셨나
斯道斯民不幸秋 도(道)와 백성이 불행한 때로구나
弊瘼從今誰與議 민간폐단을 뉘와 더불어 의논할 거며
危微自此罔攸求 마땅하고 옳은 학설 구할 길이 없구나
溪堂永夜憂時歎 밤새워 계당(溪堂)에 시국 걱정뿐이었고
海閣高談經世謀 해각(海閣)에서 이야기도 경세(經世)할 계책이었지

---

32   原典『重峯集』. 최영희『趙憲全書』탐구당 詩 p247.

萬事悠悠嗟己矣 지나간 일 생각해야 어쩔 수 없건만
愚蒙增痛喪交修 어리석은 나로서는 더욱 슬퍼합니다

비록 보은현감에 재임은 했으나 당쟁이 극심한 시국에서 강직한 성품의 중봉에게는 현감 자리도 유지하기가 쉽지 않았다.

사사로운 감정을 가진 송순과 대간(臺諫)들의 끈질긴 모함으로 결국 그해 겨울에 보은현감에서 파직되고 만다. 몇 년 전부터 중상모략이 그치지 않았으나 선조에 힘입어 간신히 유지되어왔는데, 율곡이 세상을 떠나자 당론은 더욱 극심해지고 중봉도 파직을 면치 못하게 된 것이다.

나. 벼슬을 버리고 옥천 산골에 은거

1584년(선조 17년) 겨울, 41세가 되던 해에 결국 대간(臺諫)의 모함으로 보은현감에서 파직된 중봉은 세상을 등지고 서울과 먼 보은현(報恩縣)과 회인현(懷仁縣)에 인접한 옥천(沃川郡) 안읍(安邑) 도레밤티(栗峙)라는 인적도 없는 심심산골로 찾아 들어갔다.

현재 밤티의 행정구역은 옥천군 안내면 용촌리인데, 면 소재지에서 6km 정도 떨어진 곳으로, 도율리 고개를 넘어야 하는 깊은 산골이다. 지금도 궁벽한 이곳이 당시에는 어떠했을까. 중봉은 외딴곳에 홀로 집을 짓고 계모와 식솔들을 모두 이곳으로 옮겼다. 인가는 멀고 주변에 절간도 없었다. 우물을 파고 밭을 개간해서 농사를 지었다. 용촌리 주민이 중봉의 생가가 있던 곳이라고 가리키는 곳은 동네 뒷골짜기에서도 가장 끝에 있는 산밑이었다.

중봉은 한양을 피하여 고요하고 아늑한 산속으로 옮겨와 후율정사(後栗亭舍)를 짓고 강론(講論)으로 세월을 보낼 작정이었다. 그는 곧 집 가까이에 후율정사를 지었다. 청렴하게 살아온 그의 궁핍한 사정은 한 채의 정자를 짓는 일도 벅찼다. 후율정사 상량문(上樑文)에는 그가 이곳으로 들어온 의도와 당시의 사정과 도학 정신이 어떻게 흘러왔는가를 설명해 놓았다. 다음은 중봉의 후율정사 상량문[33]이다.

후율당(後栗堂, 옥천)

봉산(蓬山)의 북쪽 노악(老嶽)의 한 가닥이 남쪽으로 굽혀 내렸도다. 하나의 원천(源泉)은 도도한 물결이 되어 바다를 연결했고, 네 개의 우뚝 솟은 산봉우리는 울울한 숲이 하늘을 가렸도다. 산골짜기 깊숙하여 비록 살 수는 있겠으나, 너무 황적(荒寂)하여 풍교(風敎: 風化)가 없을까 걱정되도다. 또한 물과 땅은 좋으나 오래 으슥했으니, 사람들은 재지(才智)를 안고 거의 고락(枯落)했도다. 우물을 파서 마시고 밭 갈아 먹으니, 임금은 멀리했으나 어버이를

33   原典『重峯集』. 최영희『趙憲全書』탐구당 記 p259.

근심 없게 했도다. 태고시대의 순박(淳朴)함은 비록 가상(嘉尙)하
나 풍속(風俗)을 교화(敎化)하는 서륜(胥淪, 영락하여 떠돌아다님)
이 두렵도다. 자제(子弟)들이 견문이 없으니 부모들이 크게 근
심하도다.

나의 천(賤)한 자취는 이곳에 우거(寓居)하노라. 그러나 자신이
이미 혼우(昏愚)하니 사람들을 깨우치지는 못하는 것이 부끄럽고,
벗들이 늘 찾아오건만 성의(誠意)를 다하지 못했도다. 두세 개의
서까래를 바위에 걸쳤으니 여러 사람들이 같이 살 수 없는 것이
민망하도다.

곁에는 사원(寺院)이 없으며 주위의 실가(室家)는 멀도다. 오직
인재의 양성에 뜻을 독실(篤實)히 했으며, 후생(後生)들을 이끌어
도와주는 긍분(矜奮)을 위하여 서제(書齊)를 세우게 되었도다. 산
기슭에 서 있는 이 모옥(茅屋, 띠집)은 오직 비바람의 표요(飄搖)를
막았도다.

건립할 때는 재력이 궁핍하여 온갖 곤란을 겪으면서 일을 이루
게 되었다. 그뿐만 아니라 눈으로 보고 마음으로 느끼는 바에
오는 선비들이 계속 있게 되었으니, 어른과 아이가 모두 기쁜
경사를 함께하리라.

또한, 상량에는 "静庵忠孝退溪學一脈昭昭石潭"라는 글이 있다.
정암(静庵) 조광조(趙光祖)의 충효와 퇴계(退溪) 이황(李滉)의 학문이
일맥을 이루어 석담(石潭)에 있다는 것에서 도통(道統)이 율곡에게
이어져 있음을 말한다. 결국 그 학맥이 결국 중봉에게까지 이른 것
이다.

상량문에 적힌 대로 밤티는 인적이 없는 아주 외딴 곳이었다. 분
명하지는 않으나 살림집은 골짜기에 있었고, 후율정사는 관천석(觀
天石), 지금의 유상지석(遊賞之石) 부근의 바로 산 아래에 있었던 것

지당에 비 뿌리고

으로 보인다. 이와 같이 깊은 산골에 은거하게 된 것은 세상을 멀리 두고 학문을 연마하기에 좋은 이곳에서 선비들과 교우하고 인재를 양성하는 즐거움으로 살고자 했던 것이다.

사람들은 중봉이 첩첩산중인 도레밤티(栗峙)를 택한 이유를 오지라서 은거하기 좋은 곳이기도 하고, 자신의 선조들이 사시던 배천 율원(栗原)이란 지명과 유사해서라고도 한다. 그의 선조들은 황해도 배천(白川) 율원(栗原) 치악산(雉嶽山) 근처에 살았었다. 그리고 또 하나는 스승의 호가 율곡(栗谷)이어서 그를 존경하는 마음도 선택에 한 역할을 했을 것이라고도 추정한다.

중봉은 이곳 뒷산을 일컬어 중봉(重峯)이라 했다. 그가 태어난 김포(金浦) 감정리(坎井里)의 생가가 바로 중봉산(重蜂山) 기슭에 있었다. 비록 몸은 떠나 있어도 꿈에도 잊지 못하는 고향이었다. 집 뒤에 버티고 있는 중봉산은 어머니의 품과 같았다. 그 산을 오르내리며 어린 시절을 보냈다. 옥천에 내려와 후율정사를 짓고 그 뒷산을 중봉(重峯)이라 일컬은 것 또한 고향에 대한 그리움을 달래려는 심산이었다. 후에 사람들이 그를 중봉(重峯) 선생이라 부른 것도 이러한 사연과 연관이 있는 것이다.

유상지석

　지금도 중봉 선생이 마시던 용촌리 우물에서는 맑은 옥수가 넉넉
하게 용솟는다. 천기를 살피던 관천석(觀天石)에는 중봉선생유상지
석(重峯先生遊賞之石)이라고 쓰인 작은 비(碑)가 서 있어 옛일을 추상
(追想)하게 한다.

　중봉이 강학하는 곳으로는 후율정사 외에도 각신서당(覺新書堂)이
있었다. 지금은 이지당(二止堂)으로 불리는 서당의 본래 이름이다.
이지당(二止堂)이란 현판은 후대에 송시열(宋時烈)이 바꿔 건 것이다.
밤티에서 멀리 떨어진 옥천 각신리(覺新里) 주민들이 새로이 강당(講
堂)을 지어놓고 중봉을 청한 것이다. 중봉은 강당에 친필로 각신서
당(覺新書堂)이란 현판을 내걸었다. 높은 산과 서정천 하류가 흐르는
산수 절경이 뛰어난 곳이었다. 중봉은 이곳의 뛰어난 경치를 아주
좋아해서 선비들과 자주 어울렸다.

지당에 비 뿌리고

각신서당 현판(중봉 선생 친필)

이지당(二止堂, 옥천)

　　우암(尤菴) 송시열(宋時烈)도 이곳 각신서당에서 강학한 바가 있고, 입구의 산 중턱에 있는 큰 바위에 그가 친필로 '중봉조선생유상지소 (重峯趙先生遊賞之所)'라고 음각(陰刻)해 놓았다.

다. '율원구곡가(栗原九曲歌)'

중봉이 밤티로 들어와서 공주 제독(公州提督)에 제수되기 전까지 1년여 동안은 매우 바쁜 중에도 마음만은 편안하지 않았을까 싶다. 금강을 끼고 있는 옥천은 산천이 아름다운 고장이다. 중봉은 명소를 찾아 주유하면서 선비들과 시(詩)를 짓고 강학(講學)으로 세월을 보냈다. 이때 남긴 것 중의 하나가 '율원구곡가(栗原九曲歌)'이다. '율원구곡가'의 제목은 '유율원차무이도가운(遊栗原次武夷棹歌韻)'이다. 이는 주자(朱子)의 무이도가(武夷悼歌)에서 차운했다고 한다.

중봉의 율원구곡(栗原九曲)은 옥천 금천계곡으로부터 서화천(西華川) 하류에 걸쳐 설정되었다. 옥천군 군서면 금산리(金山里) 금천계곡부터 군북면 용호리까지 60리의 절경을 담은 것이다.

중봉의 '율원구곡시(栗原九曲詩)'는 다음과 같은 서시(序詩)로부터 시작된다.

〈遊栗原次武夷棹歌韻(율원에 노닐며 무이도가시에 차운함)〉[34]

서시(序詩)

天成老嶽閟精靈 하늘이 낸 노성산(老城山)에 만물이 그윽하니
嶽下泉流步步淸 산 아래 흐르는 샘물 흘러 한결같이 맑아라
行到栗原奇勝處 그 물이 율원(栗原)에 이르러 빼어난 경치 이루니
武夷須續棹歌聲 모름지기 무이(武夷)계곡의 노 젓는 뱃노래가 이어지네

---

34   原典『重峯集』. 변형석『重峯詩譯註』p69~73. 이상주『重峯趙憲栗原九曲歌地誌』옥천문화원. 옥천향토사연구회『沃川의 漢詩』.

중봉은 율원의 기이하고 아름다운 곳에 도달하니 무이도가(武夷櫂歌)의 노 젓는 소리가 이어진다고 했다. 무이구곡(武夷九曲)과 같은 승경지에 율원구곡을 설정하고 시(詩)를 써서 주자(朱子)와 같은 생활을 하려고 했던 것이다. 서시에서 이러한 점을 표명했다. 노악산은 지금 보은 회남과 회북면에 걸쳐 있는 노성산(老城山)으로, 이 끝에 중봉이 거처하는 도례밤티가 있었다. 그리고 그가 판 우물에는 지금도 맑은 물이 솟아나고 있다.

〈제1곡 창강(滄江)〉

一曲滄江有小船　일곡이라 창강에 작은 배 떠 있는데
發源南嶽作長川　남쪽 산에서 발원하여 긴 강을 이루었네
西歸錦麓因歸海　서쪽으로 금록(錦麓)을 돌아 바다로 흘러 들어가
碧浪應通洙泗烟　푸른 물결 당연하게 안개 낀 수서(洙泗)로 통하네

제1곡은 창강으로 옥천군 군서면 금산리 일대의 계곡이다. 남쪽 산에서 발원하여 긴 내를 이루었다. 서대산에서 흘러온 물줄기가 금천으로 흘러들었고, 여기저기에 기암괴석을 이루고 있으며, 금강으로 들어간 물은 서쪽 바다로 합류한다. 공자(孔子)가 중국의 수수(洙水)와 사수(泗水) 근처에서 제자들에게 도를 가르쳤으므로, 중봉은 여기에서 자신이 공자의 학문을 계승했다는 뜻을 담고자 한 것이다.

〈제2곡 장현봉(奬峴峰)〉

二曲岩嶢奬峴峰　이곡이라 높디높은 장현봉
千巖萬壑淡秋容　수많은 바위와 골짜기 가을 모습 맑아라
西臺望了因瞻北　서대산을 바라보다 북쪽을 우러르니
緬想蓬萊翠萬重　만 겹 멀리 봉래산 푸른 봉우리 생각나네

　제2곡은 장현봉(奬峴峰)으로 군서면에 있는 장용산 또는 장령산(藏靈山)이라고도 한다. 수많은 바위와 깊은 골짜기에 가을빛이 물들었다. 서대산을 바라보다 북쪽을 우러르면, 봉래산(蓬萊山, 금강산)을 생각나게 한다. 그만큼 장현봉의 산세와 풍광이 금강산처럼 아름답다는 것을 읊은 것이다.

〈제3곡 임정(林亭)〉

三曲林亭小似船　삼곡이라 숲속의 정자 작은 배와 같은데
一隣茅屋自何年　언제부터 초가집 하나 이웃했나
人携棗栗呈新釀　사람들이 대추와 밤에 새 술을 드리니
老守風流爾亦憐　늙은 태수의 풍류 그 또한 아름다워라

　제3곡 임정(林亭)이다. 지금의 군북면 이백리 이지당(二止堂) 부근이다. 작은 정자가 허공에 떠 있는 듯이 보이는 곳에 있다는 표현이다. 이웃에 모옥은 언제부터 있었나. 마을 사람들이 밤과 대추에 새로 뜬 술을 가져오니 인심 좋은 이곳에서 풍류를 즐기는 기쁨을 말하고 있다.

　이지당(二止堂)은 본래 중봉이 교육하던 곳으로 모옥에 각신서당

(覺新書堂)이란 친필 현판을 걸었다. 후에 각신서당을 개축하면서 우암 송시열(宋時烈)이 이지당으로 바꿔 걸었다고 한다. 이지당 입구에는 우암이 친필로 "趙重峯先生游賞之所"라고 큰 바위에 음각해놓았다. 이는 존숭하던 중봉의 흔적을 보전하고자 하는 우암의 정성이었을 것이다.

〈제4곡 창병(蒼屛)〉

四曲蒼屛大石巖　사곡이라 큰 돌 바위 푸른 병풍 같은데
巖前楓葉影毶毶　바위 앞에 늘어진 단풍잎 그림자 짙어라
山容峻秀無人見　산은 높고 빼어나지만 보는 사람 없는데
戛玉鳴泉馨碧潭　우는 강물 구슬 부딪치듯 푸른 연못을 울리네

제4곡은 창병(蒼屛)으로 군북면 추소리 부소무니에 있다. 바위들이 길게 병풍 같은 모양으로 서 있는 모양이 기이하다. 그 앞에 가을 단풍 그림자가 물결에 흔들린다. 산은 높고 빼어나지만 사람은 없고, 물소리는 옥(玉) 부딪치는 소리처럼 맑고 청아하다. 고즈넉하고 한적한 곳에서 만난 가을 산과 물과 기암절벽의 절경을 한 수의 시(詩)에 담았다.

〈제5곡 동남곡(東南谷)〉

五曲東南谷口深　오곡이라 동남쪽 깊은 골 어구가 깊은데
依俙仙侶隔雲林　저만큼에 구름 낀 높은 산은 신선의 세계와 닮았네
林邊有客形容癯　숲가에 나그네 몸은 가냘파도
山水高歌千古心　산과 물가에서 천고의 마음을 큰소리로 노래하네

제5곡은 동남곡(東南谷)으로 군북면 추소리 '골냄이'이다. 동남쪽으로 골짜기가 깊숙한 것이 신선의 세계와 닮았다. 이곳의 풍광이 절경이라는 것을 강조했다. "개천가 아늑한 골짜기 숲가에 나그네 변함없는 마음으로 노래하네."라고 하여 언제나 변함없이 즐길 아름다운 절경임을 표현하고 있다.

〈제6곡 문암(門巖)〉

六曲松杉護碧灣 육곡이라 소나무 삼나무 푸른 물굽이 감쌌는데
蕭疎一逕石爲關 쓸쓸한 오솔길에 돌문이 닫혔구나
蒼崖翠壁高千尺 푸르고 푸른 벼랑이 천 자인데
俯仰夷猶客意閒 내리보고 올려보며 망설이는 나그네가 한가롭다

제6곡은 문암(門巖)이다. 군북면 추소리 추동 연하봉 서당골 강기슭에 있었다. 서화천 물가에 바위가 문(門) 모양을 이루고 있었다. 그래서 문암이라고 불렀다. 물가에 소나무와 삼나무가 숲을 이루고 한적한 오솔길에서 석문을 만난다. 그 길에서 석문을 바라보는 마음이 한가했으리라. 그러나 문암(門巖)은 대청댐 건설 당시 석문(石門)을 이루고 있던 돌을 옮겨가, 아쉽게도 지금은 남아 있지 않다.

〈제7곡 은병(隱屛)〉

七曲褰裳渡碧灘 칠곡이라 바지 걷고 푸른 여울을 건너며
隱屛幽谷費回看 그윽한 은병(隱屛) 몇 번을 뒤돌아보네
人言秋雨霖霏甚 사람들은 가을비가 거세다고 하지만
我愛飛泉添得寒 나는 샘물이 더 차가워짐을 좋아한다네

제7곡은 은병(隱屏)이다. 군북면 이평리 이탄(梨灘) 여울 근처에 있다. 여울을 건너다 은병 깊은 골을 바라본다. 바위 절벽이 병풍을 펼쳐놓은 것 같다. 깊은 곳에 숨어 있는 병풍 같다 하여 은병(隱屏)이라고 했다. 그 경치를 짐작할 만하다. 그곳에 긴 가을비가 내린다. 사람들은 길어지는 가을비를 탓하지만, 중봉은 샘물이 더욱 맑아지고 시원해짐을 반긴다. 자연의 조화미를 예찬한 것이다.

〈제8곡 환산성(環山城)〉

八曲穹林眼豁開 팔곡이라 깊은 숲에서 눈이 확 트였는데
岡巒寥廓水東廻 산 언덕은 고요하고 물은 동쪽으로 감도네
秋原喜問耕雲叟 가을 언덕 구름 밭 가는 늙은이에게 물으니
爲道二三佳客來 두셋 아름다운 손님이 와 계신다네

제8곡 환산성(環山城)은 백제 시대에 축조한 것으로, 군북면 이백리와 환평리, 이평리에 걸쳐 있다. 산은 고요하고 물은 동쪽으로 감돈다. 오밀조밀한 산세와 돌아가는 강줄기가 장관이다. 가을 언덕에서 구름 밭을 가는 노인은 속세의 사람이 아닐 것이요, 두 사람의 가객 역시 그러할 것이다. 구름 속에 싸인 신비로운 환상성을 노래한 것이다.

〈제9곡 삼봉(三峯)〉

九曲三峯對肅然　구곡이라 숙연하게 세 봉우리 마주하는데
遠山西鶩隔南川　먼 산은 서쪽으로 내달려 남쪽 시내에 막혔네
巖松溪柳裝新巷　바위의 소나무와 시냇가 버드나무 동네를 단장하니
果是塵寰別箇天　과연 여기가 속세의 별천지로다

　제9곡은 삼봉(三峯)으로 마지막 절승이다. 옥천군 군북면 이평리 하류와 금강이 만나는 지점이다. 삼봉은 숙연한 마음으로 대하게 한다. 먼 산이 서쪽으로 흘러 내려오다가 하천에 막혀 멈췄다. 산과 물의 만남은 가장 아름다운 곳이란 의미이다. 바위틈에는 푸른 소나무가 운치를 더하고 물가에 늘어진 버드나무가 무성하다. 그 옆으로 옹기종기 둘러앉은 마을이 평화스럽다. 중봉은 그 모습이 마치 신선이 사는 별천지와 같다고 생각한 것이다.

2. 이발(李潑)과의 절교

1585년(선조 18년), 옥천 밤티로 들어온 다음 해에 중봉은 이발(李潑)과 결별하는 가슴 아픈 일을 겪는다.

이발(1544~1589)의 자는 경함(景涵), 호는 북산(北山)과 동암(東庵)이다. 30세에 문과 알성시에 장원급제하여 벼슬이 대사성(大司成)에 이르렀고, 동인(東人)의 강경파로 북인(北人)의 영수였다. 중봉과 이발은 죽마고우로 동료 가운데 가장 친분이 있었다. 이발도 중봉을 가장 소중히 여겨서 중봉의 등용과 불등용에 자신의 진퇴까지 건 적이 있었다. 율곡이 이조참의(吏曹參議)로 있을 때 이발이 이조좌랑(吏曹佐郎)으로 있으면서 중봉을 크게 등용하려고 했다. 이발이 율곡에게 말하기를

"여식(汝式)을 쓴다면 크게 등용(登用)할 것이요, 그렇지 않으면 그대로 두고 불문(不問)에 붙이는 것이 옳다."

라고 했다. 이에 율곡은

"여식이 비록 경세제민(經世濟民)의 큰 뜻을 가지고 있으나 그의 재능이 미치지 못하며, 고집이 극심하여 시세(時勢)를 헤아리지 않고 자기의 뜻과 같지 않으면 강경한 언사로 간(諫)할 우려가 있으니, 자네가 이미 헌(憲)과 마음으로 교분이 있어 그를 발탁하는 데 몰두하여 그것이 성공하더라도 여식에게 이로운 것이 없고 도리어 해가 될 것이다. 듣자 하니 요즈음 여식이 글을 읽고 있다 하니, 오륙 년을 기다려 그의 학문이 성숙한 연후에 그를 등용하더라도 늦지 않을

것이니, 자네는 깊이 생각하라."

고 했다. 이 말을 들은 이발은

"어려서부터 많은 글을 읽은 여식(汝式)에게도 이공(李公)의 말씀이 그러하거늘, 하물며 본래 글을 읽지 못한 우리들이야 어찌 하루라도 벼슬을 살 수 있겠습니까."

하고 사퇴하고자 하니 율곡을 그를 말리지 못했다.

중봉이 옥천에 내려와 초야에 묻혀 세월을 보내는 동안 조정에서는 사색당파(四色黨派)가 극에 달했다. 율곡이 세상을 떠난 지 얼마 안 되어 정여립(鄭汝立)이 율곡과 성혼(成渾)을 모함하는가 하면, 이발도 이에 동조하기에 이르렀다.

정여립은 전주 출신으로 1570년 식년문과 을과에 급제하여 율곡과 성혼의 각별한 후원과 촉망을 받던 인물이다. 그의 사상은 대단히 개혁적이었다. 1583년 예조정랑이 되고 수찬(修撰)에 올랐다. 본래는 서인이었으나 수찬이 되면서 동인 편에 서서 율곡을 배반하고 성혼을 비판한다.

정여립이 팔을 휘저으며 큰 소리로 말하기를

"계미년(癸未年) 춘하 간(春夏間)에 이이(李珥)의 무상함을 깨닫고 서한을 보내 절교를 알렸는데, 일찍 절교하지 못한 것이 한스럽다."

고 했다. 이에 세상 여론이 들끓고 모두가 정여립에게 침을 뱉고 욕하자 몰래 도망쳐 달아났다. 그러나 이발은 오히려 세상 여론이 그르다고 하여 정여립을 두둔하고 나서자 중봉과 대립하기에 이르렀고, 서로 왕복하며 시비를 논변(論辨)했으나 이발이 듣지 않으므로 끝내 절교의 서한을 보내게 된 것이다.

홍가신(洪可臣)은 일찍이 중봉과 교류하던 인물이다. 그때 홍가신

지당에 비 뿌리고

은 호서지방(湖西地方)에서 벼슬을 했고, 이발은 남평(南平)에 살고 있었다. 중봉은 이발에 대한 옛정이 깊어 늘 그의 태도를 개탄해 마지않았다.

중봉은 김포에서 추위와 눈보라를 무릅쓰고 도보로 이발을 만나러 나섰다. 가는 길에 호서(湖西)의 홍가신을 먼저 찾았다. 홍가신과 얘기하면서 우계(牛溪) 성혼(成渾)과 율곡(栗谷) 이이(李珥)를 지극히 추장(推奬)하고 존경하는 뜻으로 이야기했다. 이에 홍가신은

"율곡(栗谷)은 소인(小人)이란 평을 면하지 못한다."

고 말했다. 이 말을 들은 중봉은

"당신이 나를 앞에 놓고 공공연하게 작고한 스승을 소인이라 배척하니 당신의 심사를 알 만하다."

하고 옷자락을 떨치고 일어섰다. 난처해진 홍가신이 내가 농담으로 그런 것이라고 변명하고 만류했으나 들은 척도 않고 남평으로 향했다. 남평에서 이발을 만난 중봉은 더불어 논쟁하며 그의 생각을 바로잡으려고 애써 노력한다. 그가 율곡을 배반한 행위를 힐책하자

"율곡은 성인(聖人)이 아닌데 어떻게 매사에 옳을 수 있으며, 나더러 배반(背叛) 운운하는데 나는 그런 일이 없으며 당신의 말이 잘못되었다."

고 했다. 이에 중봉은

"정여립의 엎치락뒤치락하는 꼴이 무상하다는 것은 거리에 있는 사람까지도 다 아는 사실인데, 당신은 어째서 즉시 그와 절교하지 않고 도리어 일을 같이 하니 그것은 무엇이냐?"

고 질타했다. 이에 이발은

"사람의 소견은 처음에는 옳았는데 결과가 그를 수도 있고 처음에

는 나빴는데 결과는 옳을 수도 있으니, 정여립이 무슨 잘못이 있겠는가. 아마도 그는 뉘우치는 뜻이 없을 것이다."

라고 대답했다. 안타까운 마음에 중봉은 애절하고도 차마 하기 어려운 말로 무려 10여 일을 간곡하게 충고했으나 이발은 끝내 받아들이지 않았다. 중봉이 이발에게 말하기를

"자네가 내 말을 쫓지 않고 자기의 견해만 편집(偏執)하며 우계(牛溪)와 율곡(栗谷) 선생을 배척하고 정여립을 추장(推獎)하니, 뒷날에 가서 후회막급인 일이 있을 것이고, 내가 자네와 결별할 바에는 이 물건을 내가 가지고 있을 수 없다."

하고 입고 있던 털옷을 벗어 이발에게 내주었다. 그 털옷은 일찍이 중봉이 전라도사로 있을 때 이발이 준 것이었다. 그리고는 자리에서 벌떡 일어난 중봉은 결연한 얼굴로 하직을 위한 칼을 뽑았다. 그 칼로 앉았던 자리를 베면서 칠언시(七言詩) 일절(一絶)을 지어 이로써 결별하는데, 마지막 구(句)에 이르기를

"나는 가고 자네는 남되 각자가 수성(修省)하자."

는 것이었다. 그러고는 눈물을 뿌리며 이발과 절교했다. 이때 박천연(朴天挺) 형제가 한자리에 있었다. 이들은 중봉이 얼굴이나 알 정도의 사람들이었다. 중봉이 물러간 뒤에 박천연이 이발에게 중봉이 어떠한 사람이냐고 물었다. 이발은

"삼대(三代, 夏殷周) 시대나 볼 수 있는 인물인데 고집이 질병이다."

라고 말했다. 이에 박천연이

"말세(末世)와 같은 우리나라에 어떻게 삼대(三代)에서나 볼 수 있는 그런 인물이 있을 수 있느냐? 당신 말이 지나치다."

하니, 이발이 말하기를

지당에 비 뿌리고

"자네나 우리 따위는 중봉을 이렇다 저렇다 하고 헤아려 논할 바가 못 된다."

하고는 자리에서 일어섰다. 그리고 날이 저무는 것을 바라보며

"오늘은 중봉이 몇 리를 가다가 쉴 것인지!"

하고, 못내 아쉬운 정(情)을 나타냈다. 그 뒤에 이발이 서울에 올라가는 길에 공주(公州)에 들렀다. 중봉이 공주 제독관(提督官)으로 있을 때이다. 이발이 중봉에게 만나보기를 청했으나 끝내 거절하고 만다. 다음 해에 중봉이 공주 제독으로 있으면서 올린 만언소(萬言疏)에서 성혼을 두둔하는 내용 중에 이발과 결별하는 부분을 이렇게 적었다.

> 신은 그래도 이발이 옛 친구인 것에 연연하여 차마 즉시 교제를 끊지 못하고 추위를 무릅쓰고 남쪽으로 달려가 반복하여 충고하여서 미혹된 마음을 돌이키기를 바라고 애절한 말로 간절하게 타일렀습니다. 그러나 그들 형제는 노여워하는 뜻이 더욱 치솟아 수그러지지 않고, 오히려 성혼을 그르고 여립은 옳다 하며 숫자가 많은 쪽이 사림이고 적은 쪽이 불초(不肖)한 자들이라고 하면서 눈썹을 치켜올리고 눈을 부라리며 마치 날뛰는 돼지와 같은 기세였습니다. 신이 이에 세 차례 편지를 보내 교제를 끊고 개탄해온 지가 오래되었습니다. 그래서 지금 고을을 지나면서 한 번 만나기를 청했으나 신은 병을 핑계로 가지 않았고, 두 편의 시를 지어 거절했습니다.

그 뒤부터 중봉은 정여립(鄭汝立)을 논할 때마다 역적질을 할 사람이라고 말했다. 사람들이 너무 심한 소리가 아니냐는 말에 중봉은

"나는 유독 그가 사우(師友)를 배반한 것만으로 그르게 여기는 것

은 아니다. 그가 상 앞에 있을 적에 말과 기색이 패오(悖傲)하다는 말을 자세히 들었으니 반드시 역심이 있어서 그런 것이다."

라고 했다. 이후에 중봉의 말대로 정여립 모반 사건이 일어난다.

지당에 비 뿌리고

3. 공주 제독관에 제수

　　1586년(선조 19년) 중봉의 나이 43세가 되는 해 늦은 봄, 평범한 베옷을 걸친 농부 차림의 중봉은 밤티 후율정사 뒷산 능선에 있는 작은 밭에서 하인들의 일을 거들고 있었다. 밤낮으로 글을 읽고 강론으로 보내는 중에 잠시 심신의 여유를 누리는 시간이었다. 그때 관리로 보이는 낯선 사람들이 찾아와서 중봉에게 길을 물었다.

　　"여기 조헌 선생이 사시는 집이 어디에 있소."

　　그들의 눈에는 중봉이 한갓 농부로 보였을 것이다. 중봉은 모른 척 시치미를 뚝 떼고 일부러 시간이 걸리는 산모퉁이를 빙 돌아가는 먼 길을 가르쳐줬다. 누구인지는 모르지만, 찾아온 손님을 노천에서 함부로 맞이할 수는 없다고 생각했던 것이다. 그리고는 지름길을 이용해 부지런히 후율정사로 내려와 목욕을 하고 의관을 정제한 후 그 사람들을 기다렸다. 그들이 바로 공주목교수겸제독속교관(公州牧敎授兼提督屬敎官)에 임명한다는 첩지를 받들고 온 사자(使者)였던 것이다.

　　주학 제독관(州學提督官)이란 향교의 교육 진흥을 위해서 각 목(牧)에 배치되는 신설된 직책이었다. 중봉은 과거에 급제한 후 주로 교육을 담당하는 직책에 오래 머물렀다. 이번에도 역시 교육에 종사하는 공주목교수겸제독관(公州牧敎授兼提督屬敎官)에 임명된 것이다.

가. 변사무겸논학정소(辨師誣兼論學政疏)

그해 10월, 주학제독관으로 제수된 중봉은 붕당의 시비와 학정의 폐단을 논하는 '변사무겸논학정소(辨師誣兼論學政疏)'를 올린다. 이는 제독관으로서의 직무와 직접 관련한 상소였으니 그가 모든 분야에서 얼마나 박식했는가를 알 수 있다. 여기서 중봉은 율곡과 성혼의 학문의 바름과 나라에 충성한 정성을 극력 진술하고 학정(學政)의 문제점을 상세히 논했다. 장문의 상소문에서 일부만 발췌하여 싣는다.

〈변사무겸논학정소[辨師誣兼論學政疏,1586년 10월, 공주 제독 시(公州提督時)]〉[35]

신은 광솔(狂率)한 것이 병통(病痛)이 되어 세상에서 저촉되는 바가 많습니다. 황산(黃山)에 귀양 가 있을 당시 모친의 동뇌(凍餒)에 대하여 무척 근심을 했습니다. 이제 다시 제독(提督)의 직을 무릅쓰게 되었으나 어두운 자신으로서 남을 밝게 교화한다는 것이 마음에 몹시 부끄러워 부임에 용기를 내지 못했습니다. 그러나 모친의 공양이 조석으로 급박하여 부득이 성정(聖庭)을 쓸게 되었습니다. 옛날 우리나라는 기자(箕子)의 교화를 찾아볼 수 없었으며, 삼한(三韓) 이후에는 국가의 기강마저 듣지 못할 지경이 되었습니다. 다행히 설총(薛聰)과 우탁(禹倬)이 사서(四書)와 오경(五經)을 속해(俗解)로 강명(講明)했고 목은(牧隱) 이색(李穡)과 포은(圃隱) 정몽주(鄭夢周)는 가례(家禮)를 천명했습니다. 이로부터 국조(國朝)의

---

35   原典 『重峯集』. 최영희 『趙憲全書』 탐구당 疏 p140~152. 김포문화원 『불멸의 重峯 趙憲』 p367~396.

기강이 계승하게 되었고 점필재(佔畢齋) 김종직(金宗直)의 설교로 인하여 또 많은 의사들이 배출되었으니, 곧 한훤당(寒暄堂) 김굉필(金宏弼)과 일두(一蠹) 정여창(鄭汝昌)은 도학(道學)을 창도(倡道)했으며, 정암(靜庵) 조광조(趙光祖)의 득위(得位)로 말미암아 민속은 거의 변화되었습니다.

김정(金淨)과 박상(朴祥)의 당직(讜直)한 의논과 정광필(鄭光弼)의 인현(仁賢)들을 힘껏 구제함이며, 류운(柳雲)의 군소배(群小輩)들에게 굽히지 않는 그 기상, 이언적(李彦迪)의 변간(辨姦), 헌충(獻忠) 권발(權撥)의 임위진언(臨危盡言), 김안국(金安國), 송린수(宋麟壽)의 선택부교(宣擇敷敎), 백인걸(白仁傑), 안명세(安名世)의 위언직필(危言直筆) 등은 참으로 국가의 지주였습니다. 이들이 만일 참벌(斬伐)의 화를 당하지 않았더라면 그 제제(濟濟)한 다사(多士)와 광보(匡輔)의 군언(群彦)들이 반드시 옛날 주문왕 시대(周文王時代)와 같았을 것입니다.

이이(李珥)의 경국제민(經國濟民)하는 재주는 이미 등과(登科) 초에 볼 수 있었고, 거폐(祛弊)와 제막(除瘼)의 뜻은 동호문답(東湖問答)에 수기(修己)와 위정(爲政)의 도(道)는 『성학집요(聖學輯要)』에 구비되어 있습니다. 현명하신 임금께서는 진위를 똑똑히 살펴주시옵소서. 비록 소신들의 미원(微冤)이라 할지라도 반드시 살피셔야 하옵거늘, 항차 대신의 지원(至冤)을 소홀히 하실 수 있겠습니까? 이(耳, 율곡)가 병판(兵判) 당시 현훈(眩暈, 현기증)의 증세가 있었던 것은 국인(國人)이 다 알고 있는 바입니다. 성상의 부르심을 받고도 증세가 갑자기 악화되어 명령대로 못 했을 뿐이었는데, 그들은 이(耳)를 교건(驕蹇, 교만)하다고 공격했습니다. 이(耳)는 또 병무(兵務)의 편의와 사세(事勢)의 급박함에 따라 선거후문(先擧後聞)이 있었습니다. 그러나 그들은 또 이(珥)는 나라의 근본을 마음대로 농락한다고 공격하여 하루라도 빨리 조신(朝臣)의 반열에서 내쫓으려고 했던 것입니다.

사우(師友)의 도(道)는 이제 극도로 상실되었다고 신은 생각합니다. 그들은 처음에 이(珥, 율곡)와 혼(渾, 성혼)을 태산같이 높이 공경했으며 조석(朝夕)으로 문안까지도 했습니다. 그러나 그들은 동인(東人)의 추천이 한 번 늦음에 대하여 일시에 승냥이와 범과 독약같이 돌변했습니다. 자고로 사우의 도(師友之道)를 잃고는 그 임금을 능히 사랑하는 사람이 없었습니다. 그들은 성혼의 곧은 말을 사적으로 보호한다고 하고 저희들은 현인(賢人)을 해치는 상소문을 조금도 괴이하게 여기지 않았으니, 소인들의 정상(情狀)은 서로 얽히면서 사슴을 말이라고까지 속이려고 합니다. 성상께서 만일 그것을 밝히지 않으시면 남곤(南袞)의 소행이 이들 가운데에서 재생하여 충현(忠賢)을 장해(戕害)할지도 모릅니다.

당시 이(珥)가 철(澈)을 추천함과 혼(渾)이 이(珥)를 구호(救護)함이 모두 사심이라고 그들은 생각합니다. 그러나 퇴파(頹波)에 휩쓸려 부조(浮躁)하는 자가 과연 군자이겠습니까? 아니면 횡류(橫流)에 지주(砥柱)를 세워 수해를 막는 자가 과연 소인이겠습니까? 그들이 성혼(成渾)을 잘못이라 책망하는 것은 더욱 무리한 짓이라 하겠습니다. 일찍 그들을 제거하지 않으면 이 나라가 장차 저들의 손아귀에서 무너질까 신은 두려워합니다. 신은 이 세상에서 사사(師事)할 사람은 이지함(李之菡)과 성혼(成渾)과 이이(李珥)이 세 사람이라 하겠습니다. 학문의 이루는 바는 비록 같지 않으나 그 청심과욕(淸心寡欲, 마음이 깨끗하고 욕심을 적게 함)과 지행범세(至行範世)는 서로 같습니다. 신은 일찍이 세 분의 학문을 만분의 일이라도 배워보려고 무척 노력했으나 결국 터득하지 못했습니다. 그러나 제독(提督)의 임무를 담당하게 된 오늘에 천견박식(淺見薄識)함에도 불구하고 그 세 분이 신을 가르쳐주던 교법(敎法)으로 훌륭한 선비들을 달래어 가르치려 하오나 저들의 사설(邪說, 이단적인 설)에 의혹되고 있습니다. 이제 들으니 신은 이(珥)·혼(渾)의 무리라 하여 서생들은 많이 흩어지고 욕하는 말들은 사면에서 일고 있습니다. 신의 무상(無狀)으로 인하여 사우(師友)에까지 욕이 미치게 됨을 부끄럽게 생각하며 또 성주를 위하여 애석하게 여깁니다.

또한, 중봉은 나랏일을 걱정하면서 임금의 올바른 인재 등용을
다음과 같이 촉구했다.

이이(李珥)는 해서(海西)에 있을 당시 『眞西山政經』 가운데서
수령들이 마땅히 해야 할 법규를 채취하여 그 방백(方伯)인 이해
수(李海壽)와 서로 강시(講試)했고, 대사헌으로 있을 당시에는 『政
經』으로 계서(戒書)를 삼아 행하기 쉬운 것을 골라서 팔도에 분포
했습니다. 목사와 수령 중에 뜻있는 자는 벽에 붙여두고 보았으니
그 이익 됨이 컸던 것입니다. 이 또한 이(珥)의 불후의 일단이라 하
겠습니다. 이제 그 사람은 비록 죽었으나 그 벗들은 오히려 생존
하여 있으며, 그 벗들 중에서 계서(戒書)를 아는 사람을 시켜 일도
(一道)에 깨우쳐주고 차례로 타방(他方)에 미치게 하여 원근의 수
령들로 모두 애민(愛民)의 성심(誠心)을 갖게 하시옵고, 아울러 정
철(鄭澈)의 양도(兩道)의 균역법을 취하여 타도에도 그 법을 실시
케 하시오면 목마른 백성이 조금은 소생할 것입니다.
신이 듣자오니 "아름드리의 좋은 재목도 일찍 심어 가꾸면 얻
을 수 있고, 청운(靑雲)의 뜻을 품은 훌륭한 선비도 초려(草廬, 초
가)에서 일어난다."라고 했습니다. 이제 인재를 양성하는 데에 네
가지 기구(器具)가 갖추어져 있지 않다고 신은 봅니다.
첫째는 교사(敎師)로서의 자격자들이 아니라 하겠습니다. 지금
에 광문주의(廣文注擬)의 일은 전조(銓曹)가 능히 살피지 않고 서
리(書吏)들의 손에 맡겨 뇌물의 다소에 따라 교사(敎師)들을 택송
(擇送)하게 됩니다. 그러므로 그들이 부임하면 오직 포철(哺啜)만
을 일삼고 권강(勸講)은 무엇인지도 모르고 있습니다.
둘째는 격려(激勵)의 방범(方範)이 없다 하겠습니다. 우리나라
조종조(祖宗朝) 이래로 길재(吉再)를 가장(嘉獎)하시었으며, 정몽주
(鄭夢周)를 추작(追爵)하시었고, 성명(聖明)께 이르러서는 김굉필(金
宏弼), 정여창(鄭汝昌), 조광조(趙光祖), 이언적(李彦迪)에게 추시(追
諡)하시었으며, 더욱이 서경덕(徐敬德), 조식(曺植), 성운(成運), 박

훈(朴薰) 등에게는 치제(致祭)하여 가장(嘉獎)하시었습니다. 이것은 유림(儒林)들을 격려하심이 지극하다고 하겠습니다. 그러나 고상한 행실이 있는 이지함(李之菡)만은 홀로 가장(嘉獎)을 하시지 않으셨으니, 산골에 묻힌 몽매한 선비들을 무엇으로 장진(獎進)하려 하십니까? 지함(之菡)의 사람됨은 천자(天資)가 기위(奇偉)할 뿐만 아니라 효도와 우애에도 극진했습니다.

성혼과 이이는 그를 가장 경중(敬重)했고, 정철의 강직한 성품으로도 항시 그를 칭찬했습니다. 지함은 또 후진을 양성하는 데에도 공이 많습니다. 이산보(李山甫)의 효우충신(孝友忠信)과 이춘무(李春茂)의 염정유수(恬靜有守)와 서기(徐起)의 자이역학(資以力學) 등은 모두 지함(之菡)이 남긴 가르침이라 하겠습니다.

이제 만일 조식(曹植)과 박훈(朴薰)의 예에 따라 지함에게 증작(贈爵)하시고 사제(賜祭)하여 박속(薄俗)을 돈후(敦厚)하게 하옵시면, 사람들은 그의 독행(篤行)에 감화되어 사친종형(事親從兄)의 도는 물론이며 사군(事君)하는 데에도 큰 효과를 거둘 것입니다.

셋째는 금방(禁防, 막고 금함)의 법이 없다 할 것입니다. 우리나라에 현량(賢良)한 명경과(明經科)는 조광조(趙光祖)의 입조 당시 겨우 설치되어 겨우 시행되었으나 곧 폐지되고 행하여지지 않았습니다. 그뿐만 아니라 그 과(科)에 입격(入格)했던 사람도 아울러 죄망(罪網)에 함닉(陷溺)함을 당하고 말았습니다. 그 후로 과거 한 가지만 가지고 사람을 쓰는 길로 했습니다. 그러므로 사람들은 요행을 품고 과거 공부에만 전력하여 관록(官祿)을 구하고 있습니다. 심지어는 과장위졸(科場衛卒) 따위를 통하여 서로 시관(試官)의 눈을 속이려 합니다. 육갑(六甲) 중 한 가지도 이해하지 못하는 자가 사마(司馬, 소과)에 합격하며, 삼사(三事)도 모르는 인사가 별거(別擧, 별시 과거시험)에 뛰어오르고 있으니, 이는 오직 백일장에서만 사람을 기만할 뿐 아니라 장차 밝은 세상에서도 현인들을 질투할 것입니다.

그러므로 이이(李珥)는 그것에 대하여 깊이 근심했습니다. 일찍이 석담서실(石潭書室)에는 문인(門人)들이 과문초집(科文抄集)을

지당에 비 뿌리고

들고 들어오는 것을 절대 허락하지 않았습니다. 오직 『소학(小學)』과 『근사록(近思錄)』을 먼저 권장했고, 그다음에 사서와 오경을 가르쳤습니다. 만일 경학(經學)에 밝지 못하며 문리(文理)를 통하지 못한 사람은 과거 응시 허락을 하지 않았던 것입니다.

신은 제독(提督)의 책무를 가졌으므로 선현들의 말씀을 빌어 학교의 규제를 신거(申擧)하옵시고 과거의 사목(事目)을 엄격히 하옵시기를 간청하나이다.

넷째는 보익(輔翼, 도와서 좋은 데로 인도함)의 도(道)가 마땅치 않다고 하겠습니다.

주자(朱子)가 위응중(魏應仲)에게 주는 편지에 쓰인 십훈(十訓) 등이 보익의 좌우명이라 하겠습니다. 이제 학교에서는 혹 그것을 써서 난간 위에 걸어두기는 하지만, 유사(有司)들은 시부(詩賦)만 취하고 준수(俊秀)한 선비들도 사장(詞章)과 훈고(訓詁)에만 힘쓰며, 그 난간 위에 걸어놓은 것을 쳐다보고 경심(警心)과 수신(修身)을 찾는 사람은 하나도 없습니다. 이것은 그들의 마음이 이욕(利慾)에 사로잡혀서일 뿐만 아니라 실은 주자의 시대가 너무 오래되어 그 유풍(遺風)마저 듣는 것도 희미해서 그리된 것이라 하겠습니다.

이제 저들의 사설(邪說)이 사람의 이목을 가리우고 진유(眞儒)들의 올바른 의논이 장차 사람들을 효유(曉諭)하지 못하게 되겠습니다. 신이 원하는 바로는 이제 이이(李珥)의 서실(書室) 약속을 전국 학교에 반포하시옵고, 또 『격몽요결(擊蒙要訣)』과 『성학집요(聖學輯要)』를 인출(印出)하시어 계수관(界首官, 수령)에게 나눠주십시오. 『성학집요(聖學輯要)』는 입지(立志)를 비롯하여 수감(收歛)과 입기(立紀)와 안민(安民)의 도리가 극진할 뿐만 아니라 고금 성현들의 수훈(垂訓)을 수록했으며, 그 책에 쓰인 글들이 자자구구(字字句句)마다 인주(人主)로 하여금 스스로 반성하여 요순(堯舜)의 도(道)를 알게 했습니다. 참으로 보통 문집과 같이 보아넘겨서는 안 될 것입니다. 또 이 책 중에 『용현(用賢)』과 『취선(取善)』 2장(二章)은 군자와 소인을 깊이 밝혔습니다. 그러므로 요즈음 이(珥)를 비

방하는 무리들이 다른 날에 이 판본을 없애버릴지 모르니 또한
두려운 바가 있습니다. 동(東), 서(西) 두 자(二字)는 신에게는 관계
가 없습니다. 순(淳)과 철(澈), 이(珥)와 혼(渾)은 심적(心迹)이 오직
일월과 같이 밝습니다. 그들은 절대로 편당(偏黨)함이 없었다고 생
각합니다. 군사(君師)의 의(義)가 지중하옵기에 신은 거듭 이(珥)와
혼(渾) 등에게 억울하게 씌워진 서인(西人)이란 칭호를 벗겨주시옵
고, 그 교훈을 추중(推重)하여 누구나 다 같이 추모하고 배우게 하
여주시기를 간절히 원합니다. 신은 고분(孤憤)이 격중(激中)하옵기
에 마음속에 있는 말들을 참지 못하고 이같이 두서없는 글을 올
립니다. 성주께서는 유신(留神)하옵시고 재택(裁擇) 하시옵소
서. 신은 격절(激切)하고 전률(戰慄)한 심회(心懷)를 견디지 못하
옵니다.

　중봉은 상소에서 학정(學政)의 여러 문제점을 제시했다. 청운(靑雲)
의 뜻을 품은 훌륭한 선비는 초려(草廬)에서 일어나는 것인데, 뇌물
로 교사를 뽑아서 자격자도 되지 않는 사람에 의한 교육이 이루어
지는 여러 문제점을 세세히 논한다. 훌륭한 선현들을 가장(嘉奬)해
서 사도(師道)를 세울 것과 과장(科場)의 문란한 기강으로 요행을 품
고 과거에 응시하는 자들이 입격하는 사례가 만연하는 것을 방지하
기 위한 제도적 보완을 주장했다.
　그러나 임금에게 상소가 들어간 지 7일이 지나도록 궁중에 두고
이를 조정에 내리지 않자, 조헌이 다시 상소하여 앞서 말한 바를 반
복하여 진술하니, 선조가 이렇게 전교했다.
　"그대가 소장을 봉진(封進)한 지가 이미 오래되었는데, 요즘 내 심
사가 편치 못하여 미처 펼쳐볼 겨를이 없었으므로 즉시 결정하지
못했다. 그대가 혹시 임지로 돌아가거든 더러 임의대로 시행하라."

그리고 해사(該司)에서 의논하여 아뢰도록 명했으나, 이를 흐지부지하고 회보하지 않고 말았다. 이때 홍문관 부제학 정윤복(丁胤福)이 조헌의 상소는 그릇되고 망령된 것이라고 논척(論斥)했다. 그러자 선조는

"나는 부족한 덕과 어두운 식견으로 인사(人事)에 밝지 못한데, 하물며 누가 옳고 그른가를 알겠는가. 다만 차자(箚子, 신하가 임금에 올리는 간단한 보고서)를 보고 생각해보니, 이러한 쟁변은 무익하다고 생각된다. 내가 말을 잘한다면 저 사람도 말에 능한 법이다. 그런 까닭에 끝없는 구설로 무익한 시비를 다투는 것은 자신을 반성하여 스스로를 살피는 것만 못하다."

라고 전교하여, 오히려 스스로를 반성하라고 하교했다.

나. '만언소(萬言疏)'와 제독관의 사임

다음 해 1987년(선조 20년) 여름이었다. 중봉은 간사한 무리들이 나라를 그르치고 있으며, 정여립(鄭汝立)의 험상하고 패악함을 논박하는 '만언소(萬言疏)'를 지어서 관찰사를 통해 올렸다. 상소에는 이산해(李山海)의 오국(誤國)을 논하는 내용도 들어 있었다. 중봉의 상소문이 제출되자 관찰사 권징(權徵)은 자기에게 화가 미칠 것을 두려워하여 이를 받으려 하지 않았다. 중봉은 다시 짧은 소(疏)를 지어 원소(原疏)와 함께 올렸다. 이렇게 6월에서 9월까지 무려 다섯 차례나 상소를 올렸으나 권징이 끝내 이를 받아들이지 않자, 문묘(文廟)에 글을 지어 고별하고 제독 벼슬을 내놓고 옥천에 내려와 강학(講

學)으로 일생을 마치려고 마음먹었다. 중봉은 향교에 앉아 눈물을
흘리며 시를 읊는다.

〈讀楚辭有感[초사(楚辭)를 읽고 느낌이 있어]〉[36]

霜秋寥廓夜凄其　서리 내리는 적막하고 쓸쓸한 가을밤
午就簷陽點楚辭　한낮 처마 볕에 나아가 초사(楚辭)에 점을 찍는다
我是東韓一狂士　나는 동한(東韓)의 미친 선비
如何對此涕漣洏　어찌하여 이를 대하고 눈물 흘리나

* 초사(楚辭): 초나라 애국 시인 굴원(屈原)이 지은 사부체(辭賦體)의 운문.

이 일에 대하여 『선조실록』은 중봉이 공주 제독을 사임하는 이유
를 다음과 같이 상세하게 기록하고 있다.

　　공주교수(公州敎授) 조헌(趙憲)이 주도(州道)를 통하여 소장을
올렸는데 감사가 받지 않자, 관직을 사임하고 고향으로 돌아갔다.
지난해 조헌(趙憲)이 '만언소(萬言疏)'를 올려 시사(時事)를 말하자
조론(朝論)이 공박하기를 마지않았으나 상이 용서했다. 같은 해 5
월에 다시 소장을 올려 시사에 대해 극언(極言)하면서 고금의 사
례를 원인(援引, 문헌이나 사실을 인용)하여 분주(分註)해서 첩황(貼
黃)했는데, 모두 수만 언(言)이었다. 가난하여 행장을 꾸려 서울
에 올라올 수 없으므로 관례대로 주도(州都)를 통하여 소장을 올
렸다. 감사(監司)가 그 소장의 내용이 시기(時忌)에 크게 저촉됨을
보고 연루될까 두려워하여, 격례(格例)에 잘못이 있다고 핑계하여
물리쳤다. 조헌이 곧 짧은 상소를 첨부하여 네 번이나 올렸으나

36　　原典 『重峯集』. 변형석 『重峯詩譯註』 p122.

네 번 모두 받지 않았다. 뒤에 초소(草疏)를 올리려 했으나 시행되지 못했다.

1587년(선조 20년) 9월, 공주 제독을 사임하기로 결심한 중봉은 먼저 선성묘(先聖廟, 문묘)에 다음과 같은 글을 지어 고한다.

〈고사성묘문[告辭聖廟文, 선조 20년(1587) 9월]〉[37]

"그 자리에 있지 않거든 그 정사(政事)를 꾀하지 말라.", "행실(行實)은 고상(高尙)하게, 말씀은 겸손하게 하라."라는 훈계는 밝고 또 지극하며, 달콤한 말로 나라를 망치는 것은 공자(孔子)가 미워한 바이고, 우리 임금이 능하지 못하다고 하는 것은 맹자(孟子)가 적(賊)이라고 불렀습니다.

헌(憲)은 지난가을에 스승과 벗들이 무고(誣告)를 당한 데 대하여 통탄했고, 두 차례나 이를 임금께 변명하는 소(疏)를 올려서 어리석은 정성을 다했습니다. 그리하여 임금께서도 밝게 고쳐주시리라 믿었던 것입니다. 그런데 간사한 사람들은 맑지 못한 기분을 덮어 숨기려 하는 데 힘을 다했기에 재해가 아울러 이르고 흉년이 겹쳐 왔습니다.

그리하여 안으로는 백성들이 떨어져 흩어지고 밖으로는 군사들이 무너져 어지럽게 되었습니다. 이 나라 장래의 근심하는 바가 어찌 홍수(洪水)와 맹수(猛獸)처럼 될 뿐이겠습니까?

조정의 의논들이 불안한 표정을 갖고 모두 헌(憲)으로 말미암아 시끄럽게 되었다 하여 대관(大官), 미관(微官) 할 것 없이 직장을 비운 지 오래되었습니다. 이러므로 태학(太學, 성균관)의 선비들이 다른 말만 믿고 헌(憲)에게 배우다가는 미치광이가 될까 두려워한다고 하오니, 여러 준수한 인재를 성취시키기란 기약할 수 없습니

---

37   原典 『重峯集』. 최영희 『趙憲全書』 탐구당 祭文 p201.

다. 이 고비석(皐比席, 文席의 별칭)에 앉아 있을 면목이 없으므로 마음속에 있는 것을 쏟아서 임금께 세 번이나 호소하고 거친 산골로 돌아가서 벌 받으란 명령이 내리기를 기다리려고 합니다.

아! "쓰이면 나와서 도(道)를 행(行)하고 버리면 물러가 은퇴한다."라는 것은 소자(小子)의 바랄 바가 아니고, 세상을 잊는 데 과단성이 있고 용감하게 하는 것은 선성(先聖)께서도 한탄하신 바입니다.

명정(明廷)에 삼가 작별을 고하게 되니 깊이 사모함을 이기지 못하옵니다.

이 제문에 공주 제독을 사임하는 이유가 상세하게 들어 있다. "쓰이면 나와서 도(道)를 행(行)하고 버리면 물러가 은퇴한다."라는 것은 자신이 바랄 바가 아니라고 했다. 도(道)를 행함이 어찌 버슬과 관계되랴. 중봉은 그 자리에서 더 이상 할 일이 없다고 판단했다. 관직에 미련을 두지 않고 사임하는 중봉의 사심 없는 심정이 이 제문에서 그대로 읽힌다. 그렇게 중봉은 다시 옥천(沃川) 향리로 돌아왔다.

날씨가 화창하고 한가한 어느 가을날, 이생(李生) 종철(宗喆)과 냇가를 산보할 때 생원(生員) 김대승(金大升)과 훈도(訓導) 주헌민(周獻民)이 각신서당으로 술을 들고 찾아왔다. 가을 정취가 넘치는 냇가에서 기쁘게 취하여 시를 지으며 즐겼다.

지당에 비 뿌리고

중봉 선생 친필 시판(詩板)

〈與李生宗喆散步川上 適値金生員周賢仲携酒見訪乘醉言志
(이생 종철과 냇가를 산보하는데 마침 김생원과 주현중이 술을 들고 찾아와 취하여
뜻을 말하다)〉[38]

水麗山明地　물 곱고 산 밝은 땅
風高葉落秋　바람 일고 잎이 지는 가을
徜洋提督趙　배회하는 조제독(趙提督)
邂逅廣問周　주광문(周廣文)과 해후했네
幸値仙翁集　다행히 신선들이 모인 때
因攜童子遊　어린 사람 데리고 같이 노닐며
悠然成一醉　한가로이 다 함께 한껏 취하여
乘月步長州　달빛 타고 강가의 긴 모래톱을 거니네

* 提督: 유생들의 교육을 맡아 보던 벼슬, 廣文: 훈도의 다른 이름.

38　　原典『重峯集』. 변형석『重峯詩譯註』p87.

4. 왜국의 사신을
배척하소서

1587년(선조 20) 9월에 왜국의 사신 귤강광(橘康廣)이 입국했다. 풍신수길(豐臣秀吉)은 대마도 도주 종의지(宗義智)에게 조선 국왕을 입조시키라는 터무니없는 명령을 내렸다. 그러나 종의지는 대마도가 조선과의 무역에 의존하는 상황에서 풍신수길의 말을 그대로 전할 수가 없었다. 조선에는 그러한 사실을 은폐하고 일본에 통신사를 보내줄 것을 요청한다.

당시 일본의 정세는 1467년부터 무로마치 막부가 몰락하면서 그로부터 약 1백 년간에 걸쳐 각지에서 군웅이 할거하는 이른바 전국시대(戰國時代)가 이어져 왔다. 1568년 전국 대명의 일원인 오다 노부나가(織田信長)가 실권을 장악하고 전국 통일을 실현시키려 했다. 그러나 1582년 그의 부장 아케치 미스히테(明智光秀)에게 피살당하고 만다. 풍신수길은 본래 병졸 출신으로 오다 노부나가(織田信長)의 부장(部長)이었다. 이에 풍신수길이 아케치를 응징하고 오다의 후계자로 일본 전국을 통일하여 일본의 실권자로 등장하게 된다. 그는 명나라를 정벌하여 중국 대륙을 편입시키겠다고 호언장담하면서, 그 망상을 실천에 옮길 준비를 하고 있었다.

중봉은 누구보다도 국제 정세에 명철(明哲)했으며, 일본의 사정을 훤히 알고 있었다. 그래서 처음부터 일본에 대한 경계를 특별히 했다. 그러나 조정에서는 일본의 실정에 어두울 뿐만 아니라 당파 싸

지당에 비 뿌리고

움에 매몰되어 그들의 야욕을 전혀 파악하지 못하고 있었다.

옥천 향리로 돌아온 중봉은 왜국 사신의 입국 소식을 듣고, 이제 일본이 그들의 야욕을 드러내기 시작했다고 생각했다. 중봉은 11월에 왜국 사신을 배척할 것을 상소하는 청절왜사소(請絶倭使疏)를 써서 관찰사 권징(權徵)에게 주어 임금에게 올리도록 했다. 그러나 관찰사는 자신이 연루자가 될 것을 두려워하여 이를 올리지 않았다. 중봉은 하는 수 없이 12월에 다시 소를 지어서 서울로 직접 올라갔다.

그리고는 지난번에 올리지 못한 소장과 그전에 올리지 못한 다섯 건의 소장과 이번에 지은 청절왜사소(請絶倭使疏) 2소(二疏)를 함께 올렸다.

중봉은 소장의 말머리에 감사가 소장을 받아주지 않아 직접 서울에 올라와 직소(直疏)하는 이유를 설명하고 있다. 다음은 청절왜사소 1소(請絶倭使疏一疏)의 주요 부분만을 발췌한 것이다.

국방강화상소도

〈청절왜사소 1소[清絶倭使疏一疏, 1587년(선조 20) 11월 公州提督
時]〉[39]

동변(東變)이 있다는 소식을 듣고 놀라 목욕하고 상소문을 지
어 북쪽을 향해 네 번 절하고 삼가 주상전하께 올립니다.
엎드려 생각건대 주문왕(周文王)은 다른 나라와 교류함에 있어
신실(信實)하는 데 그친다 했으며, 유자(有子)는 말하기를 믿음은
의(義)에 가까워야 말을 할 수 있다 했습니다.
주역송봉상(周易訟封象)에 이르기를, 일을 함에는 일을 꾀할 맨
처음에 근신하여 후일에 쟁송(爭訟)이 없도록 해야 한다고 했고,
정자(程子)가 전하기를 처음을 숙모(熟謀)한다는 뜻이 이웃 나라와
의 교린에서 삼가할 것과 문서를 맞출 때는 명확해야 한다는 것이
바로 이것이라 했습니다.
역대로 교린을 믿음의 의로써 하지 않고 일은 시초부터 숙고하
지 않아 스스로 후환을 끼쳐 복망(覆亡)하는 재앙을 얻게 됨을 청
사에서 알 수 있습니다. 양송(兩宋)이 금(金)나라와 원(元)나라에
대하여 스스로 강대하여질 것은 꾀하지 않고 통호하는 데만 급
급하더니, 금(金), 원(元)의 징색(徵索)하는 환난을 당하게 되자, 끝
내는 도성과 온 백성을 포로로 만들었습니다. 오늘날 일본의 사
절이란 도시 무슨 명분이 있습니까? 신의 생각으로는 계평자(季
平子)가 소공(昭公)을 몰아내고 제(齊)를 이룩한 것이며, 진(晉)나라
사마소(司馬昭)가 위주(魏州)를 시역(弑逆)하고 오촉(吳蜀)에 위세를
보인 것과 같습니다.
임금에게는 능포(凌暴)한 짓을 거리낌 없이 하면서, 이웃 나라
에 영원한 화목을 도모하는 자는 고금 이래로 없는 이치입니다.
그들의 심사는 자기의 병력으로 상하를 협복(脅服)했으며, 조선은
남북으로 군사를 잃을 위험성이 있으니, 만약 저들의 혁명의 위세

39   원전 『重峯集』. 최영희 『趙憲全書』 탐구당 疏 p152~158. 김포문화원 『불멸의 重峯 趙憲』
      p397~408.

에 사절을 보내 서로 축하를 한다면 이것은 곧 국가가 뜻을 굽혀 저들을 쫓는 꼴이 되고, 저들은 더욱 교만해져서 안으로 방시(放弑)의 패적(悖迹)을 감추고, 밖으로는 인방(隣邦)에 징색(徵索)함이 점증되어 이로써 군사를 일으켜 도적질할 틈을 찾자는 것이니, 저들이 과연 우리를 사랑하고 존경하는 마음에서 우리나라에 사자를 보내는 것이라고 보아야 하겠습니까?

아! 신하가 임금을 방축(放逐)하는 것은 인륜의 큰 변란이며 천지가 용납될 수 없는 것입니다. 국사를 도모하는 자로서 저 먼 절역(絶域)에 비록 찬을 들고 가서 저들의 목을 베지는 못할지언정, 그 어찌 차마 사신을 보내어 저들을 사위(謝慰)하여 그들의 성세(聲勢)를 조장하겠습니까?

신이 여러 날을 두고 듣자오나 의리를 부르짖고 왜사(倭使)를 거절하자는 계획을 듣지 못했으니 어찌 나라에 대신이 있다고 하겠습니까? 만약 저들이 강하고 우리가 약하다고 핑계 삼으며 저들에게 물량(物量)을 끊음으로써 난(亂)을 발생시킬까 두렵다고 한다면, 옛날 항우(項羽)의 강함이 천하에 대적할 사람이 없을 때, 한왕(漢王)이 항우가 그 의제(義帝)를 죽인 죄를 천명함에 필부는 기가 막혔고 제후들은 항우를 돕지 않았습니다. 지금 일본의 원씨(原氏)를 죽인 새 추장(酋長)이 비록 강하더라도 항우에는 그 힘이 미치지 못할 것이며, 10여 개의 섬으로 된 일본이 비록 좁다하나, 한둘의 충의지사(忠義之士)가 없지 않을 것입니다. 만약 우리나라에서 대의로 성토하여 사신을 내쳤다는 소문이 들린다면 멀리 떨어져 있는 무리들을 격동시킬 것이니, 그들은 구주(舊主)를 위하여 원수를 갚고자 하는 자가 자연히 있게 될 것입니다.

우리나라의 지세는 층층이 관문으로 성을 만들고 바다로 못을 삼아 능히 지켜낼 수 있습니다. 옛날에는 수양제(隋煬帝)가 고구려에 패했고, 당태종(唐太宗)도 천하에 떨치던 위세가 꺾였으며, 호발도(胡拔都)의 강대한 힘도 우리 태조대왕에게 인월(引月)에서 전멸했으며, 봉중(琫中)의 간교에도 중종대왕이 자세히 살펴서 폐관(廢關)했으니, 우리나라가 옛날에는 강하고 지금은 약하다고 못할 것입니다.

만약에 왜사(倭使)를 준엄하게 거절하지 못했다면, 그가 머무를 동평관(東平館)에 예관(禮官)을 보내 왜국 내에서 찬역(簒逆, 왕위를 뺏으려 반역함)의 사유를 자세히 물어보고, 전왕(前王)의 폐출(廢黜)이 과연 백성들의 동분(同憤)에서 나온 것이 아니라면, 한나라 진평(陳平)이 항우의 사자에게 악초악식(惡草惡食)으로 박대하여 초나라 사자를 끊어버린 것과 같이하며, 또 팔로(八路)에 여론을 분격(奮激)시켜 임금을 시역(弑逆)한 놈은 이웃 나라의 관역(館驛)에 용납되지 못함을 알게 한다면, 곧 오(吳)나라 서성(徐盛)의 말 한마디에 위(魏)나라 형정(邢貞)이 공경한 마음을 일으키게 하여 앉아서도 남당(南唐)이 떨치지 못하도록 하는 데 이르는 것과 같을 것입니다.

또 가령 왜국의 신왕(新王)에게 현저한 정적(政績)이 있고 구왕(舊王)은 폐하여도 좋고 하면, 하늘에는 두 개의 해가 없으니 왜국에서도 칭황(稱皇)도 마땅하다 하려니와, 우리나라는 명나라를 공경하는 터이니 왜국 신왕(新王)의 심사가 허위라는 것을 알리지 않을 수 없고, 또 그들과 교환을 끊지 못한다고 한다면 이 기회에 왜사의 서계(書契, 일본과 주고받던 문서) 중에 있는 위호(僞號)를 삭제하도록 해야 합니다.

또 춘적(春賊)이나 사화동(沙火同) 같은 놈을 박송(縛送)한 연후에 관(關)을 트고 왕래하게 한다면, 저들의 모든 섬은 우리나라에서 생자(生資)를 구하는 것이 심히 많으니, 어찌 몇 자의 글자를 바꾸는 것을 꺼려 삼강(三綱)의 이치를 무너뜨리며 적도(賊徒)의 생명을 두호(斗護)하기 위하여 팔천 석이나 되는 미곡(米穀)을 가벼이 여기겠습니까.

맹자가 말씀하시기를 "사람은 반드시 스스로를 모욕한 다음에 남이 그를 모욕하며, 나라는 반드시 스스로를 공격한 다음에 남이 그 나라를 공격한다."라고 했습니다.

오늘날 팔다리와 눈, 귀가 된 자들이 비해(馮瀣)나 하집중(何執中)보다 현명치 못하면서 현인을 시기하고 능력자를 질투합니다.

붕당을 만들고 자기의 사람을 포열(布列)하여 신속하지 못할까 두려워하며, 두루 돌아다니며 범처럼 물고 몽둥이로 백성들을 두들겨서 고혈을 짜냄으로써 백성들은 유랑하고 군대는 흩어짐이 끝이 없고, 강상(綱常)의 변괴가 잇달아 일어나도 여전히 교만하고 사치하며 혼탁하고 썩어서 기강을 잡고 백성을 도탄에서 구제해야 함을 알지 못합니다. 항상 성주(聖主)를 눈앞의 편안함으로 인도하여 안으로 지키고 밖으로 막아냄에 한 가지도 믿을 것이 없으니, 하찮은 개나 양이라도 침범하고 능멸할 수 있을 것입니다.

　이로 말미암아 나를 스스로 업신여기니 남들도 우리를 업신여기고, 우리끼리 서로 치고 헐뜯어 남들이 우리를 침벌(侵伐)하니 신은 실로 이것을 통탄합니다. 아! 갈백(葛伯)이 그 동자(童子)를 죽였다 하여 탕(湯) 임금은 오히려 갈백을 공벌(攻伐)했거늘, 하물며 일본은 신하가 그 임금을 쫓아냈는데 우리가 그들을 받아들인다면, 후세에 누가 전하를 탕(湯, 은나라를 창건한 왕)과 같은 올바른 용단을 했다고 하겠습니까? 신은 왜국의 사신을 우리나라에 입국하기 전에 막지 못했다면, 그들을 관중(館中)에 구류(拘留)하고 저들 찬역(簒逆)을 모의한 괴수의 머리를 명나라에 보내게 하고, 종자(從者)들은 왜국으로 돌려보내서 저들로 하여금 예의가 엄연한 우리나라를 결코 범할 수 없다는 위엄을 보여줘야 할 것입니다.

　오랑캐들을 대하는 데에는 본래 상책이라고는 없습니다. 인의예지(仁義禮智)로 저들을 감화시키는 것뿐입니다. 당당한 우리나라는 태조대왕께서 창업하신 이래 관해(關海)에서 백전(百戰)을 겪어 생령(生靈)들을 편안케 하셨으며, 열성조(列聖朝)께서 큰 덕을 전하여 미봉(彌縫)하심이 세밀하셨으며, 진(鎭)과 보(堡)가 별과 같이 벌려 있고 문교(文敎)가 때로 선양되었습니다.

　중봉은 '청절왜사소(請絶倭使疏)' 1소에서 통신사를 보내라는 왜사(倭使)의 요청을 단호하게 거절할 것을 주문한다. 그리고 일본에 사신을 보내는 것이 무슨 명분이 있는가를 물었다.

우리가 저들의 혁명에 사절을 보내서 축하한다면, 자기의 임금을 찬역(簒逆)하고 정권을 탈취한 무도한 자들을 인정하고 받아들이는 꼴이 될 것이며, 저들은 더욱 교만해지고 우리나라를 도적질할 틈을 찾을 것이라고 했다. 자기 임금에게 거리낌 없이 포악한 짓을 하는 자가 이웃과 화해를 도모하는 경우는 고금을 통하여 없는 이치라고 지적하며, 과연 저들이 우리를 사랑하고 존경해서 사신을 보냈다고 생각하느냐고 물었다.

또 말하기를 "신하가 임금을 방축(放逐)하는 것은 인류의 큰 변란이며 천지가 용납될 수 없는 것입니다. 국사를 도모하는 자로서 저 먼 절역(絶域)에 비록 창을 들고 가서 저들의 목을 베지는 못할지언정 그 어찌 차마 사신을 보내어 저들을 사위(謝慰)하여 그들의 성세(聲勢)를 조장하겠습니까?"라고 우려했다.

중봉은 왜적의 강함을 인정하면서도 저들이 우리를 공격한다고 하여도, 우리나라의 지세는 층층이 관문으로 성을 이루고 있고 바다를 이용하여 방어한다면 능히 지켜낼 수 있다고 했다. 우리는 역사적으로 수양제가 고구려를 침입하다가 패했고 천하에 떨치던 당 태종의 위세도 꺾은 바가 있다. 우리나라가 그때는 강하고 지금은 약하다고 할 수 없으니 저들의 기세에 미리 위축되거나 비굴할 필요가 없다는 것이다. 그러므로 지금은 일본과의 교류가 아니라 임금부터 위기를 인식하고 파당이나 사리사욕을 탐하는 잘못된 현실을 바로잡고 능력 있는 사람들을 모아서 자강(自彊)에 힘쓸 때라는 것이다.

그러면서 중봉은 일본과 통호를 하지 않는 것이 상책이지만, 부

지당에 비 뿌리고

득이 할 수밖에 없다면 먼저 다음과 같은 요구를 해야 한다고 했다.

첫째, 이 기회에 외교문서에 나타난 일본의 위호(僞號)를 삭제하도록 하여 명분을 바로 세울 것.

둘째, 왜구 및 왜상의 불법 침입을 금할 것.

셋째, 전라도 왜구 침입 시 포로가 되어 끌려간 반민(叛民)과 사화동(沙火同) 같은 놈을 송환할 것.

이 세 가지 조건이 이루어졌을 때야 통호가 가능하다고 했다.

이처럼 중봉은 국내외 정세의 올바른 인식을 바탕으로 왜사의 요청을 거절해야 하는 까닭과 우리가 시급히 해야 할 일을 분명하게 상소했다.

중봉은 '청절왜사소' 1소(淸絶倭使疏一疏)와 '청절왜사소' 2소(請絶倭使二疏)를 함께 올렸다. 2소에서도 일본의 요구를 거절할 것을 강력히 주장했다. 중봉은 우리가 통신사를 보낼 수 없는 까닭을 다음과 같이 논했다.

풍신수길이 저희 임금을 폐출한 까닭이 명백히 해명되지 않았는데, 새로운 사귐이 달다 하여 구의(舊誼)를 저버리는 것은 신의에 어긋나는 일이라고 본다. 조선은 조종(祖宗)에 이르기까지 이웃 나라를 모욕하고 침략하지 않았으며, 한 번도 군사를 일으켜 바다를 건넌 일이 없었다. 우리는 인도(人道)를 숭상하고 평화를 애호하는 나라로 무도한 왜국과는 다르다는 것이다. 이것은 임금께서 왜사에게 할 말씀을 조언한 것으로 통신사를 보낼 수 없는 까닭을 분명히 밝히라는 것이다.

그리고 왜적이 흥양(興陽, 고흥)을 침범했을 때 길잡이 역할을 한 무리들을 잡아 송환하고, 다시는 침범하지 않도록 종용해야 한다.

풍신수길은 전왕(前王)을 살해한 죄를 그대로 둔 채, 사신이라는 것이 고작 염탐꾼이나 장사치가 아니면 검객이나 보내왔으니 이제 우리는 저들을 대적할 방도를 구하고 유능한 인재를 불러 쓰도록 종용했다. 그리고 깨끗한 선비로 홍성민(洪聖民), 이준민(李俊民), 안자유(安自裕), 이산보(李山甫), 이해수(李海壽), 이증(李增)을 추천했으며, 당시의 중진으로는 박순(朴淳), 정철(鄭澈), 송순(宋純), 성혼(成渾)을 추천한다. 그렇게 함으로써 백료(百僚)를 바로잡고, 줄기를 굳게 하고 뿌리를 튼튼히 하면, 오랑캐가 넘보는 것과 도적이 횡행하는 것을 비록 크게 그치게는 못할지라도, 위난으로부터 국가를 부지(扶持)할 수는 있을 것이라고 했다.

중봉의 '청절왜사소(請絶倭使疏)' 1, 2봉서(封書)를 받은 선조는 지난번에 올린 다섯 건의 시사(時事)에 대한 상소는 물론, 이번의 상소도 궁내에 보류해두고 회보(回報)를 내리지 않았다. 이 일에 대하여 선조 20년 12월 1일의 『선조수정실록』은 이렇게 기록하고 있다.[40]

전 교수(敎授) 조헌(趙憲)이 소장을 올려 왜국에 사신을 보내지 말 것을 청하고, 아울러 전의 소장도 올렸으나 회보하지 않았다.

조헌이 향리로 돌아오고 나서 일본 사신이 와서 통빙(通聘)을 요구한다는 말을 전해 듣고는, 드디어 소장을 초하여 그것이 실책임을 극력 말하는 내용으로 감사에게 올렸다. 감사는 "풍신수길의 찬시(簒弑, 임금을 죽이고 그 자리를 뺏음)에 관한 일을 자세히 모른다." 하고, 소장에 또 재상을 논했으므로 기휘(忌諱, 꺼리어 싫어함)에 저촉된다고 하여 물리치고 받지 않았다. 이에 조헌이 도보로 서울에 들어와서 전에 시사(時事)에 대해 말한 다섯 건의 소장

---

40   김포문화원 『조선왕조실록(중봉 조헌 편)』 p237.

지당에 비 뿌리고

과 함께 올렸더니 궁내에 보류해두고 내리지 않았다. 정원이 소장을 궁내에 너무 오래 보류해둔다고 하여 사관에게 내리기를 청하니 선조가 비로소 하교하기를

　　"지금 조헌(趙憲)의 소장을 보건대 이는 곧 인요(人妖, 상식에 벗어난 괴상한 짓을 하는 사람)이다. 하늘의 견고(譴告)가 지극히 깊어 두렵고 조심스러움을 견딜 수 없다. 어쩌면 과인이 현상(賢相)과 명경(名卿)에게 평일 지성으로 대우하지 못하고 전적으로 위임하지 못한 탓으로 이런 일이 있게 된 것이 아닌가 하여 더욱 부끄러움을 견딜 수 없다. 이 소장을 내려보내지 않을 수 없으나 차마 내리지 못하겠다. 일단 내려보내면 손상되는 바가 많을 것이어서, 차라리 내가 허물을 받는 것이 낫겠기에 이미 태워버렸다. 사관은 내 허물을 크게 기록하여 후세에 경계하면 좋겠다."

　이렇게 실록에 선조가 조헌의 상소를 불살라버렸다고 기록하고 있다.

　소장이 올라오면 임금은 3일을 넘기지 아니하고 반드시 정원(政院)에 내려보내야 한다. 만일 비사(批辭)가 없고 계(啓)자만 찍어 내릴 경우에는 승지가 소장에서 말한 내용을 혹 해사(該司)에 내려 복의(覆議)하게도 하고, 혹 소청을 윤허하면 성지(聖志)를 받드는 것이 규례(規例)이다. 만일 계(啓)자를 찍지 않고 내리면 정원이 원각(院閣)에 간직하는데 사관(史官)이 취하여 일기(日記)에 채록(採錄)하고, 채록할 만한 것이 없으면 그대로 두는데 유중불보(留中不報)라는 것이 이것이다. 임금이 조헌의 소장을 불태웠으나 위에서 그 사유를 비시(批示, 청원에 대해 지시를 내리다)했으면 폐기하지 못하는 것도 규례였다.

　선조가 소장을 불태웠다는 말을 듣고 중봉은 옥천으로 내려온다.

내려오는 길에 공주 공암에 있는 고청(孤靑) 서기(徐起,1523~1591)를 찾았다. 서기는 이지함(李之菡)의 문하에서 공부했고 경서에 밝았으며, 공주 공암 고청봉 아래에 충현서원(忠賢書院)을 창건하고 그곳에서 강학하고 있었다.

서기는 본래 심충겸(沈忠謙)의 노비였는데 어려서 신동(神童)이라 불렸다. 백가(百家)에 통하고 『주역(周易)』, 천문(天門), 지리(地理)에 밝았다. 심충겸이 그를 해방시켜 처사로 불렀으며 토정을 만나 성리학에 심취했다.

중봉과 서기가 도의지교(道義之交)를 두터이 하여 각별히 지내게 된 것은 이지함 선생의 권유에서 시작되었다. 서기는 중봉보다 21살이나 많았다. 서기는 중봉에게 이번에 절차를 밟지 않고 직소(直疏)한 것은 잘못된 것이라고 크게 꾸짖으며

"토정 선생이 그대는 원대한 그릇이 될 것이라 하여 내가 태산(泰山)과 북두(北斗)같이 바랐는데, 어찌 오늘에 진소양(陳少陽)과 호담암(湖澹菴)의 부류가 되고자 하는가?"

하고 벽을 보고 돌아앉아 말을 하지 않으려고 했다. 그러자 중봉이

"내가 지은 소(疏)를 한 번 보시오."

하고 소장을 내어주자 서기는 머리를 흔들며 보고 싶지 않다고 했다. 이에 중봉 스스로가 소리 내어 상소문을 읽기 시작했다. 중봉이 반도 읽기 전에 서기는 갑자기 자리에서 일어나 의관을 가다듬고 재배(再拜)한 후에

"공(公)의 이 소(疏)에 힘입어 우리나라는 장차 오랑캐가 됨을 면할 것이니 홍수(洪水)를 휘어잡고 맹수(猛獸)를 몰아낸 무리와 같다."

하고 감탄하는 것이었다.

지당에 비 뿌리고

한편, 중봉의 상소에서 배척을 받은 조정의 신하들이 사직을 청하는 차자를 올렸다. 이조판서 이산해(李山海)는 조헌의 상소에서 그를 드러내놓고 비난하고 배척했다 하여 사직을 청하였고, 응교 김홍민(金弘敏)이 조헌으로부터 비방을 받았다고 사직을 청하였다. 그러나 선조는 조헌이 모함을 하였다고 하여 이를 윤허하지 않았다. 또한, 대사간 이발(李潑)이 아뢰기를 "조헌(趙憲)이 상소에서 '역마를 타고 정도(正道)를 굽혀 서인원(徐仁元)을 만났다고' 지척하였습니다. 역마를 타고 정도를 굽힌 것은 자연 그 죄가 있으니 연도의 관부(館夫)로 공급(供給)하던 사람들이 모두가 명확히 아는 바입니다. 사패(司敗)에 나아가 신의 죄를 바로 잡게 하소서." 하니 사직하지 말라 하였다. 사간원(司諫院)에서도 "조헌의 상소는 근거도 없는 것을 날조하였으니 이발을 출사케 하소서." 하고 아뢰니, 선조는 아뢴 대로 하라고 하였다. 중봉의 진정어린 상소에 대하는 선조와 조정의 태도는 항상 이와 같았다.

5. 칼로 죽이나 정사(政事)로 죽이나 살인은 마찬가지입니다

가. 고향으로 향하는 발길

서울을 오가는 사이에 어느덧 겨울이 되었다. 안읍 밤티의 후율정사에도 어김없이 엄동의 추위가 찾아들었다. 이제 한 해가 가고 또 새해가 찾아올 것이다. 후율정사에는 중봉을 따르는 문인들의 발길이 끊이지 않았고, 나라를 걱정하는 소리는 멈출 줄 몰랐다. 그리고 또 하나 선비들이 모이는 곳으로 각신서당(覺新書堂)이 있었다.

중봉이 보은현감으로 내려온 것이 벌써 5년 전의 일이다. 보은현감을 사임한 후에 공주 제독관을 지내기도 했다. 이미 절의의 선비로 명성이 난 그에게 인근에서 학문을 배우려는 사람들이 모여들었다. 중봉은 후율정사와 각신서당을 오가며 후학을 지도하고 강론으로 지냈다.

1588년(선조 21년) 중봉의 나이 45세, 새해를 맞이한 것이 엊그제인데 어느새 봄이 되었다. 중봉은 나랏일만 생각하면 걱정이 앞섰다. 일본의 야욕을 알지 못하고 오직 당파의 논쟁에 빠진 조정이 답답했다. 이미 여러 차례 상소를 올려 정국을 바로잡고 일본의 속셈을 알리려 했으나, 아무도 그의 말을 귀담아들으려 하지 않았다. 오히려 임금은 중봉의 상소문을 불태워버리는 등 군주의 도리를 저버

지당에 비 뿌리고

리는 사태에까지 이르렀다. 봄이 되자 중봉은 답답한 심사도 달랠 겸 한동안 찾아뵙지 못한 김포 선영으로 향했다.

중봉 조헌 동상(김포)

중봉의 본향은 황해도 배천(白川)이다. 5대조까지의 선대 묘소는 김포(金浦)와 통진(通津)에 있었다. 5대조 환(環)이 강화부사(江華府使)와 나주목사(羅州牧使)를 지냈는데, 그때부터 통진에 이주하여 정착하게 되었고, 조부(祖父)이신 세우(世佑)공이 김포 감정동 구두물로 이주하신 것이다.

중봉은 어려서부터 부모를 공경하고 섬김이 지극하여, 부모의 명이 있을 때는 반드시 무릎을 꿇고 대답했고, 부모에게 편지를 쓸 때는 손을 씻고 의관을 바로 했다. 제사 때는 정성과 공경(恭敬)을 극진히 했으며, 평생 쇠고기를 먹지 않았다. 하루는 어른 되시는 분이

억지로 쇠고기를 먹이려고 했다. 중봉은 눈물을 흘리면서

"나의 아버지께서 임종(臨終)하실 때 쇠고기를 잡수고 싶어 하셨으나 집이 가난하여 드릴 수가 없었는데, 어찌 차마 이것을 먹을 수가 있겠습니까?"

이렇게 말하고 끝끝내 쇠고기를 먹지 않았다.

김포 고향에는 전에 살던 집과 전답이 그대로 남아 있었다. 중봉은 선조의 묘소를 찾아 성묘부터 했다. 그리고 한동안 고향에 머물기로 했다. 중봉산 기슭에 고즈넉이 자리 잡은 집 바로 앞으로 한강이 흐르고 있었다. 너른 들판과 어우러진 한강이 한눈에 들어왔다. 비록 지금은 아버지도, 어머니도 안 계시지만, 그래도 고향은 언제나 넉넉하고 포근했다. 중봉은 그리운 친구와 지인들도 만나 회포도 풀며, 삶의 어려움도 보고 들었다. 중봉의 머릿속은 항상 나라 걱정으로 가득했다. 그러나 그런 그의 뜻을 아는 이가 없으니 외롭고 답답한 심사를 어찌하랴. 중봉은 어머니의 품처럼 포근한 고향에서 잠시나마 시름에서 벗어나 마음의 여유를 얻을 수 있었다. 이 시조는 그즈음에 지었을 것으로 추정되는데, 삶의 여유와 아름다운 자연의 풍경을 담았다.[41]

> 창랑(滄浪)에 낚시 넣고 편주(片舟)에 실렸으니
> 낙조청강(落照淸江)에 빗소리 더욱 좋다
> 유지(柳枝)에 옥린(玉鱗)을 꿰어 들고 행화촌(杏花村)을 찾으리라

어느 날 김포에서 서울에 볼일이 있어 다녀오는 길이었다. 우연히

---

41   송인기 『조선문학전집』 1941년. 황순구 『靑丘永言硏究』 1980년.

태의(太醫)로 이름난 양예수(楊禮壽, ?~1600)의 집을 방문하게 되었다. 양예수는 일찍이 명의(名醫)로 이름을 날렸는데, 그의 출생과 성장에 대해서는 알려진 것이 없다. 그는 명종과 선조의 신임을 받아 의관으로서의 신분을 뛰어넘어 벼슬이 종3품(正三品) 통정대부(通政大夫)에 올랐고, 선조 때는 가선대부(嘉善大夫)의 품계를 받았다. 본래 양예수는 재기가 뛰어나고 겉보기에는 공손한 듯하면서도 속으로는 거만했다. 사람들에게는 약간의 존경을 받는 인물이었다.

마침, 여러 사람과 자리를 함께하고 있던 양예수가 좌중의 사람들에게 중봉을 소개했다. 그는 웃으면서

"여러분들은 일찍이 이분을 본 일이 있느냐?"

라고 물었다. 그러자 사람들이 대답했다.

"이름은 들었으나 본 일이 없습니다."

양예수는 웃으면서 이렇게 말했다.

"여러분들이 나의 친구들이기 때문에 이분을 면식(面識)할 수 있으니 정말 다행한 일이다."

양예수는 약방(藥方)을 물으러 오는 사람이 비록 명향달관(名鄕達官)이라도 맞아들이고 돌려보낼 때 문밖까지 나오는 법이 없었다. 더구나 다리에 병이 있어 더욱 그러했다. 그런데 중봉이 올 때는 뜰에까지 내려가서 무릎을 꿇고 절하며 지극한 존경을 표했다. 중봉이 상좌에 앉아 용무를 마치고 돌아간 다음에 그 자리에 모였던 사람들이 양예수에게 물었다.

"당신은 발의 병으로 인하여 손님을 영송(迎送)하지 않은 지가 오래되었는데, 오늘은 무슨 기운으로 중봉을 공경하는 것이 이토록 지극하냐?"

이 말을 들은 양예수가 감탄하며 말하기를

"이분의 평생 하는 거지(擧止)는 옛사람들에게서 구하려 하여도 짝할 수 있는 사람은 드물 것이다. 백성에게 인자하고 사물을 아끼는 그 마음씨는 비록 그분을 성인(聖人)이라고 하여도 옳을 것이다."

라고 했다. 그리고 계속하여 말하기를

"이분이 전에 제관 벼슬을 할 때 길을 가다가 좁은 길목에서 장작을 싣고 가는 사람과 마주쳤다. 그 사람이 선생(중봉)을 앞에서 인도하는 사람에 채여 짐을 실은 말이 넘어지면서 그 장작이 엎어졌다. 그때 이분이 자기를 따르는 사람을 불러 넘어진 말과 짐을 챙겨 보낸 다음에야 자기의 길을 간 일이 있었다. 이런 과정의 일은 이분에게는 예사로운 일이지만, 이 한 가지 일만 보더라도 여타의 행동을 알 만하다. 내가 의업(醫業)으로 하여 여러 사람을 접해보았지만, 일찍이 그분과 같은 사람은 본 일이 없다."

고 하면서 감탄하기를 마지않았다.

중봉이 서울을 다녀서 다시 김포로 돌아오는 길에는 반드시 양천강을 건너야 했다. 양천강에 도착했을 때는 마침 해는 서산으로 기울어가고, 강변을 나는 기러기와 석양에 비치는 촌락의 풍경은 한없이 평화로웠다. 오두막 굴뚝에서 모락모락 피어오르는 연기 속에서 단란한 백성들의 행복을 그려보며, 자신도 모르게 시조 한 수를 읊었다.[42]

평사(平沙)에 낙안(落雁)하고 황촌(荒村)에 일모(日暮)로다

---

42   송인기 『조선문학전집』 1941년. 황순구 『歌曲源流』 1987년.

어선(漁船)도 도라들고 백구(白鷗) 다 잠든 적에
빈 배에 달 실어 가지고 강정(江亭)으로 가리라

　김포에 머물던 중봉은 더위가 한풀 꺾일 무렵에야 다시 옥천으로
내려온다. 오는 길에 어떤 사람이, 달아난 종이 모현(某縣)에 살고 있
다고 알려주었다. 여러 대를 두고 이 사실을 모르고 있었는데 새롭
게 알려준 것이다. 중봉은 걸어서 그곳을 찾아갔다. 마침 그곳에 전
부터 알고 지내던 신언경(愼彦慶)이 부사(府史)로 있었다. 그 사실을
들은 신언경이 형리를 보내 그 종을 붙잡아왔다. 종은 처음에 중봉
을 주인으로 인정하지 않고, 자기는 본래 양가 출신이라고 속였다.
　이에 신언경이 노하여 태(笞) 수십을 쳤으나, 그래도 승복하지 않
았다. 이때 중봉이 그 종놈이 매를 맞는 고초를 가엾게 여겨 신공
(愼公)에게 이르기를

　"이놈이 과연 나의 종놈이라고 하면 비록 중한 형장을 맞고 죽어
도 괜찮겠으나, 만일 매질에 못 견디어 거짓으로 승복하게 한다면,
이것은 양민을 위협해서 강제로 천민을 만드는 것이니 불가한 일이
요. 일이 잘못될까 의심스러우니 강권으로 승복시키는 것은 온당치
못하다. 형벌을 중지하고 정(情)으로 물어봄이 가할 것이다."

　라고 했다. 이에 신공(愼公)이 크게 웃으며 하는 말이

　"과연 그럴까? 아마도 공(公)이 몰라서 하는 말이다. 이 자가 도망쳐
멋대로 산 것만 해도 이미 그 죄가 중하고, 또 이놈이 공의 위세를 두
렵게 여길 만한 것이 없다고 여겨 요행(僥倖)히 종놈의 신세를 모면하
려 하여 중한 장형을 가하여도 승복하지 않는데, 하물며 온화한 말로
물어본다고 하여 어찌 스스로 사실을 고백할 리가 있겠는가?"

라고 했다. 그러나 중봉은 완강하게 신공(愼公)의 형신(刑訊, 정강이를 때리며 캐묻던 일)을 만류하니, 신공(愼公)도 더 이상 고집하지 못했다. 좌중에 있던 사람들이 모두 중봉을 향하여 세상 사정에 어둡다고 웃었다. 중봉은 그 종놈을 앞으로 불러 말하기를

"네가 과연 양민이라고 하면 이까지 말한 것같이 하여도 좋겠다. 그러나 그렇지 않다고 하면 주인을 배반하고 양민을 모독한 것이니 죄는 네게 있는 것이다. 너도 인간으로 양심이 있을 것이니 물러가서 깊이 생각해보라."

하니 그 종놈이 유유히 집으로 돌아갔다. 다음날 중봉과 신공(愼公)이 마주 앉아 있는데, 그 종놈과 그의 노모 및 자녀들이 관아에 나타나 머리를 조아리고 눈물을 흘리며 사죄하기를, "누대(累代)를 두고 주인을 배반했으니 소인의 죄가 만 번 죽어 다하지 못한 것인데, 오늘날 주인어른의 정성스러운 마음에서 우러나오는 따뜻한 말씀이 이와 같으니 하늘이 두려운지라, 어찌 감히 끝내 주인을 배반할 수 있겠습니까?"라고 자백했다. 이 광경을 지켜보고 있던 신공(愼公)이 경탄하여 오래도록 탄복하며 말했다.

"관가에서 형벌을 가하는 것이 공의 후덕한 한마디 말만 같지 못하다."

나. 도끼를 놓고 올린 '논시폐소(論時弊疏)'

1589년(선조 22년) 4월, 중봉은 혼탁해가는 세상을 앉아서 바라만 보지 못했다. 그는 시폐(時弊)를 논하는 상소를 들고 어깨에는 도끼

를 메고 옥천에서 한양으로 향했다. 이번의 상소는 일만 자가 넘는 양의 만언소(萬言疏)이다. 나라를 어지럽히는 여러 폐해를 논하고, 나라를 그르치는 대신들의 비행을 탄핵하는 내용이었다. 오랫동안 시정(時政)을 관찰하고 품어오던 생각을 실행에 옮기는 것이다. 설사 임금의 노여움을 사서 목숨을 잃는 한이 있더라도, 임금을 바르게 인도할 수만 있다면 지부상소(持斧上疏)를 해야 한다고 결심했다. 도끼를 옆에 놓고 상소문을 올리는 지부상소(持斧上疏)는 내 말에 잘못이 있다면 죽어도 좋다는 결연한 의지의 표명으로, 목숨을 걸지 않으면 할 수 없는 일이다. 지부상소를 결심하기까지 얼마나 많은 고심을 했을까?

그는 지부상소를 올리기 전에 김포 선영부터 찾았다. 이것이 마지막이 될 수도 있기 때문이었다. 중봉은 제문을 지어 부모님 신주에 고했다.

〈제고비문(祭考妣文)〉[43]

만력 17년 사월 팔일(萬曆十七年 乙丑 四月八日)에 효자 헌(憲)은 현고(顯考) 모관부군(某官府君) 현비(顯妣) 모봉 모씨(某封某氏)께 감히 밝게 고하나이다.
엎드려 생각하옵건대 타향(他鄕)에 떠돌아다님으로써 어머님을 봉양하는 일이 매우 고생스러웠습니다. 힘대로 할 것이 농사뿐이므로 조금의 겨를도 없었던바, 봄 한식(寒食) 시절이 되었어도 한 차례 성묘를 못 했으니 자식 된 도리를 다 못 하고 구름만 바라보며 길이 애통했습니다.

43   原典『重峯集』. 최영희『趙憲全書』 탐구당 祭文 p201.

사도(師道)의 부색(否塞)함과 국운(國運)의 쇠퇴(衰退)함을 가만히 생각하오니 "임금과 스승과 아버지는 한 몸이다."라고 훈계하신 말씀이 생각되옵니다. 그리하여 위험한 만언소(萬言疏)를 올리게 되었으나, 분수에 넘치고 시대에 기피되는 일에 부딪혀 큰 죄를 얻게 되면 앞서의 훈계를 떨어뜨릴까 두렵습니다. 이에 임금의 명을 기다리는 아침이기에 삼가 어물(魚物)과 술잔을 갖추어서 공손히 경례(敬禮)드리오니 흠향하시옵소서.

중봉은 이번에 올리는 상소가 임금과 중신들의 분노를 일으킬 것을 이미 알고 있었다. 당연히 이에 따르는 죄가 절대 가볍지 않을 것도 충분히 짐작하고 있었다. 그럼에도 도끼를 메고 대궐 앞에 엎드려 지부상소(持斧上疏)를 하지 않으면 안 되는 중봉의 충정을 그 누가 알겠는가. 나라는 점점 어지러워지고 백성들의 삶은 더욱 팍팍해져 갔다. 간신들이 성총을 흐리게 하고, 대신들은 사익을 추구하여 나라를 도탄에 빠뜨리고 있다고 생각했다. 이를 보고만 있을 중봉이 아니었기에 마지막이 될 것이란 결연한 심정으로 김포 선영에 제사를 올리고 대궐로 향한다. 대궐로 향하는 중봉은 시 한 수를 읊는다.

〈省墓後 詣闕陳疏(성묘 후 대궐에 나아가 상소함)〉[44]

朝辭考墳哭 아침엔 아비 무덤에 이별을 고해 울고
夕向君門去 저녁엔 님 계신 대궐로 향해 가네
君門倘一開 님 계신 대궐 문이 한 번 열린다면

---

44   原典『重峯集』. 최영희『趙憲全書』탐구당 詩 p244.

지당에 비 뿌리고

請陳虞周語 요순문무(堯舜文武) 좋은 정치 여쭈어보렴

〈그 두 번째〉

我非屈三閭 나는 굴삼려(屈三閭)도 아니고
我非陽諫議 양간의(陽諫議)도 아닌데
三年吃吃不能休 새 해를 더듬더듬 그칠 수 없는 것은
欲爲軍師明大義 님을 위해 대의를 밝히고저 함이다

중봉은 대궐 문 앞에서 메고 온 도끼를 옆에 놓고 '논시폐소(論時弊疏)'를 올렸다.

우리나라에서 최초로 지부상소(持斧上疏)를 한 사람은 고려 말 감찰규정(監察糾正)으로 있던 우탁(禹倬, 1263~1342)으로 충선왕(忠宣王)의 패륜 행위를 직간(直諫)한 데서 비롯되었다. 중봉 역시 우탁의 대의를 계승하여 지부상소를 하게 되었음을 상소문에서 밝혔다. 다음은 상소의 주요 부분이다.

〈논시폐소[論時弊疏, 선조 22년(1589년)]〉[45]

　　신이 그윽이 듣건대 요사이 천재(天災)와 시변(時變)은 전고(前古)에 없는 바이므로 비록 삼척동자라도 미리 헤아릴 수 없는 화가 있을 것을 알고 있습니다. 화근의 소재는 오직 백성을 옮기는 한 가지 일을 점차적으로 하지 않고 너무 급박하게 처치(處置)함으로써 재화(災禍)를 불러온 듯합니다.

45　原典『重峯集』. 최영희『趙憲全書』탐구당 疏 p158~172. 김포문화원『불멸의 重峯 趙憲』
　　p408~419.

비단 이민으로 간 사람만이 의지할 곳이 없어 도망을 가거나 또는 죽는 것이 아니고, 이를 보호하는 인족(隣族)도 또한 꼬리를 물고 달아나 피하니, 비록 상앙(商鞅, 부국강병 계책을 낸 진나라 사람을 빗댄 말)의 밀법(密法, 교묘한 방법)으로도 수습을 못 할 것이라 생각됩니다.

이제 백성을 기르는 것과 나라를 지키는 것을 비유한다면 그릇에 물을 담는 것과 같습니다. 그릇을 위험한 곳에 두면 기물이 깨어지는 것과 같이, 백성을 사지(死地)로 몰아넣으면 백성이 패망하는 동시에 나라도 따라서 멸망할 것입니다.

전하께서 이미 북쪽의 요새를 걱정하시니, 신이 그 지극히 지탱하기 어려운 정상을 먼저 말씀드리겠습니다. 해내(海內)가 왕토(王土)가 아닌 것이 없으니, 백성을 사랑하고 길러내는 데 법도가 있다면 어느 곳인들 살지 못하겠습니까. 저 도망친 자들도 반드시 남녘땅이 아름다워서가 아니라, 임금의 교화(敎化)가 너무 멀어서 무인(武人)들의 횡포에 바치라는 물품이 대충 말하기조차 어렵기 때문입니다.

다만 심한 것만을 들어 말씀드리면, 관아에서 날마다 궐(闕, 참여하지 않음)로 받아들이는 세 종목이 있으니, 연가(烟家)와 환상(還上, 환자), 산행(山行)이 그것입니다. 한 사람의 이름을 세 문서에 나누어 기재하여 삼군문(三軍門)에 나누어 주었으므로 각처에서 이름을 점호할 적에 겨우 한 곳의 이름에 응하면 반드시 두 곳은 궐이 나게 되는데, 그렇게 되면 초피(貂皮, 돼지가죽)와 세포(細布, 세마포)를 반드시 그 사람에게 책임지웁니다.

또 대소 관료들에게 성대하게 차려내는 음식이 그들의 뜻에 차지 않으면 엄형과 중벌이 따릅니다. 토병(土兵, 지역민으로 편성된 지방 군사), 객호(客戶, 다른 지방에서 옮겨와 사는 사람), 포정(庖丁, 백정), 재부(宰夫)들이 처음에는 관곡(官穀)을 빌어다가 마련하고, 다음에는 전지와 집을 팔아 마련하며, 마지막에는 친족의 농우까지 빼앗아다가 바쳐도 지탱할 수가 없으니 서쪽으로 남쪽으로 도망하는 것은 절로 막기 어려운 점이 있습니다.

지당에 비 뿌리고

지금 쇄환(刷還, 유랑하던 사람들이 돌아옴)한다 하더라도 전지(田地)와 집이 남의 소유가 되어 있고, 엄혹한 형벌은 예전보다 더 가중되었으며, 태장(笞杖)의 크기가 관죽(管竹)만 하므로 아전과 백성들은 살가죽이 온전한 데가 없습니다. 약간의 창고 곡식으로 오랑캐까지 힘입고 있는 실정으로 주호(主戶)를 넉넉히 해주면 객호(客戶)가 굶어 죽는 자가 많고, 객호를 넉넉히 해주면 주호가 굶주리게 됩니다. 따라서 적곡(糴穀)을 바칠 길이 없어 관에서는 빈 문서만 쥐고 있으므로 계속하여 진휼(賑恤, 흉년에 곤궁한 백성을 도와줌)할 수가 없습니다.

나물과 나무 열매로 어렵게 먹고 살아가는 정상은 멀리서 듣는 사람도 놀라게 합니다. 그래서 이주하는 초기에는 모두 반드시 죽을 것이라는 마음을 품게 되니, 그렇다면 죄 없는 백성을 강제로 몰아다가 반드시 죽을 곳으로 나아가게 하는 것은 결코 성상으로서는 차마 하실 일이 아니옵니다.

가령 유사(有司)가 법을 봉행하고 백성이 과연 영을 따른다고 하더라도, 옥비(玉婢)의 자손 200여 명을 옮겼는데 지금은 열 사람도 차지 않는다고 합니다. 이는 백성의 산업(産業)을 주관하는 사람이 사람마다 모두 살아가도록 하지 못하고 도리어 못 살게 재촉했기 때문입니다.

가령 셋으로 나누어 옮기되 먼저 건아(健兒)가 있는 민호(民戶)를 먼저 옮기고, 3분의 2는 남겨두었다가 이들에게 각각 공물을 거두어, 먼저 옮겨간 민호를 부호(扶護, 도와서 보호함)하게 하여 저들이 전지를 개간한 다음에 점차 옮기게 하면, 거주하는 자와 옮겨가는 자가 양쪽 모두 온전하게 될 수 있습니다.

'칼로 죽이는 것이나 정사(政事)로 죽이는 것이나 살인한 것은 같습니다.'

전하께서 이 백성들이 모두 죽었다는 것을 들으시면 반드시 척연(戚然)히 마음속으로 슬퍼하게 될 것입니다. 백성의 부모가 되어 어찌 차마 먼저 백성의 산업을 관리하지 아니하고, 그저 백성을 옮기는 명령만 급급히 내리신단 말입니까. 지금 백성의 산업을 관리하는 데에는 다른 방법이 없습니다.

　오직 현재 쇄환시키는 문서에 기록되어 당연히 옮겨야 할 백성들에 대해서, 그 가운데 노약자는 그대로 남쪽 지방에 살게 허락하되, 그들의 소원에 따라 해마다 공목(貢木)을 납입하게 한 다음, 관에서 역마로 운송하여 토병(土兵)의 남녀로서 농사를 지을 수 있는 자에게 각각 1필씩 나누어주어 둔전(屯田)을 개간하게 하소서. 그렇게 하면 토병의 남녀가 추우면 옷을 입게 되고 굶주리면 이를 팔아 밥을 먹을 수 있으니, 오랑캐 지방의 찌꺼기를 빌어먹기 위해 몰래 왕래하면서 나라의 계책을 누설하는 지경에 이르지 않을 것입니다.

　새로 개간한 전지의 수확이 점차 축적되어 신호(新戶)를 부양할 수 있게 된 뒤에 각진(各鎭)으로 하여금 개간한 전지가 몇 결(結)이 되고, 신호 몇 가구를 수용할 수 있는가를 갖춰 보고하게 하여 곧 호조, 병조로 하여금 상의하여 현재 쇄환시키는 문서에 따라 장정이 많은 호구를 먼저 선택하여 점차 들여보내소서. 그리고 간혹 문관(文官)인 부사(府使)와 판관(判官)을 배치하여 조종조(祖宗朝)처럼 십분 다독거려 배양시키게 하소서. 그리하여 세 종류의 문서로 나뉘어 궐(闕)을 징수하는 폐단을 제거하되, 초피(貂皮)를 경상(卿相)의 집에 바치는 자는 아대부(阿大夫)로 지목하고 태형(笞刑)과 장형(杖刑)으로 교정하는 규정을 회복하되 한 사람의 목숨이라도 잔인하게 죽인 자는 엄벌에 처하소서.

　신구(新舊)로 이사한 백성이 소도 있고 자기(磁器)도 있어 농사에 힘쓸 수 있다면, 요새 밑의 황전(荒田)이 낙토(樂土)가 되지 않을 곳이 없을 것입니다. 이같이 한 후에 전법(戰法)을 교련시키되 효제충신(孝弟忠信)을 우선적으로 하고, 사어(射御, 활쏘기와 말타기)를 잘하는 자에게 상을 내리며 원대(遠大)한 꾀가 뛰어난 자는 뽑아서 쓰십시오. 그들이 윗사람을 잘 섬기고 어른을 위하여 죽는 것이 의리인 줄 알게 된다면, 몽둥이로 오랑캐를 칠 사람이 토병(土兵)과 이민(移民)에서 반드시 나올 것이며, 남녘땅의 정병(精兵)을 해마다 뽑아 보낼 필요조차 없을 것입니다.

지당에 비 뿌리고

조정에서는 국경선이 북방으로 확대됨에 따라 남쪽 백성을 북방으로 이주시키는 사북령(徙北令)을 시행했다.

상소에 나타난 바와 같이 변방으로 이주한 백성들의 참상은 이루 말할 수 없이 비참했다. 중봉은 임금에게 이렇게 간절히 정책의 과오를 지적한 것이다.

"칼로 죽이는 것이나 정사(政事)로 죽이는 것이나 살인한 것은 같습니다. 전하께서 이 백성들이 모두 죽었다는 것을 들으시면 반드시 척연(戚然)히 마음속으로 슬퍼하게 될 것입니다. 백성의 부모가 되어 어찌 차마 먼저 백성의 산업을 관리하지 아니하고 그저 백성을 옮기는 명령만 급급히 내리신단 말입니까."

이 상소를 받은 선조는 무슨 생각을 했을까?

중봉은 문제만을 지적한 것은 아니었다. 이에 대한 대안도 함께 제시했다.

사북령(徙北令)에 문제가 많음을 지적하고, 이에 대한 구체적인 방안을 제시하는데, 그것이 삼분사일제(三分徙一制)이다. 즉, 옮기려는 백성을 삼분 하여 먼저 장정이 있는 가구로 삼 분의 일을 옮기고, 나머지는 머물게 하여 먼저 간 호구를 부호(扶護)하다가, 먼저 간 사람들이 전지를 개간한 다음에 단계적으로 옮겨간다면 모두가 온전할 것이라는 방안이다. 중봉은 이주민들이 도저히 살아갈 수 없는 눈물겨운 실태를 밑바닥까지 세세히 살펴서 제시했다. 현실을 바탕으로 제시한 대책은 백성들의 고충을 덜어줄 수 있을 뿐만 아니라, 북쪽 변방을 튼튼히 할 수 있는 현실적이고 실질적인 제안이었다.

아! 북도의 빈약함은 진실로 근심스러운 일이지만, 남쪽 지방의 공허(空虛)함도 실로 국가의 큰 근심거리입니다. 백성들이 흩어지는 까닭이 한둘이 아니지만 큰 것만 추려서 말씀드리면, 역역(力役)이 번다하게 일어나는 것, 공부(貢賦, 공물과 세금)가 가혹한 것, 형옥(刑獄, 형벌과 감옥)이 번거롭고 원통한 것입니다. 이 세 가지 일이 백성에게 원한이 쌓인 것은 진실로 하루 이틀이 아닙니다. 그러나 지엽(枝葉)이 떨어짐으로써 근본이 장차 위축되게 되었으니, 하늘이 경계를 보이고 사물이 요괴를 일으킨 것이 모두 전대 말세의 변괴입니다. 군사와 백성의 감손이 그지없으니 국운이 사뭇 위태로운 오늘날 빨리 고치기를 바라지만 또한 시기가 늦은 듯싶습니다.

아! 연산군(燕山君) 때 제정된 공안(貢案, 공물을 징수하는 안)은 경륜이 있는 사람의 손에서 나오지 못하고, 원대한 식견이 없는 사람에게서 스스로의 이익을 추구하는 계책으로 만들어진 것입니다. 크고 작은 고을에 공물을 배정함이 고르지 못하고 조목을 세밀히 나누어 마치 새털처럼 번다합니다. 한 자그마한 물건을 서울로 올려보낼 때 인정(人情, 벼슬아치에게 주는 선물이나 뇌물)과 작지(作紙, 부가세의 하나)의 비용이 갑절 또는 5배 이상 듭니다. 삼명일(三名日, 세 명절)에 바치는 방물(方物, 임금과 수령에게 바치는 특산물)의 대가가 지나침이 극도에 달하여, 가죽 한 장의 값이 포목(布木) 1동(同, 무명과 베는 50필에 해당)이 넘기도 하고, 그 나머지 작은 물건도 모두 8결(結, 조세를 부여하기 위한 논밭의 단위)에서 마련하니 포목이 공허(空虛)해져서 의복이 없으니 추위에 떠는 노약자에 미치지 못합니다.

호조(戶曹)에서는 국용(國用)이 결핍된 것을 근심한 나머지 이문(移文, 공문)을 급히 보내어 기준 세액을 확보토록 명령하니, 각 고을의 서리(胥吏)는 흉년을 당한 메마른 땅이건, 병충해를 입은 전지이건 일체를 상지상(上之上)으로 과세합니다. 재상 경차관(災傷敬差官) 일행은 다만 아래 사람의 것을 줄여서 윗사람에게 더 보태어 주게만 할 뿐, 살가죽이 다 없어지면 털이 붙어 있을 곳이

지당에 비 뿌리고

없게 된다는 것을 알지 못합니다. 그리하여 타작마당에서 급히 징수하여 가고, 꾸어서 바쳐도 부족하여 쌀알이 굶주리는 노약자에 미치지 못합니다.

군정(軍丁)의 역사(役事)는 괴로운 것이 많은데, 이웃과 일족에 대한 침탈이 해마다 더욱 가중됩니다. 게다가 수령을 자주 바꿈으로써 신구의 수령을 전송하고 영접하는 절차가 빈번하여 객태(客馱)가 해마다 무거워지고, 진상하는 물건에 뇌물을 가지고 가니 우역(郵驛)의 말과 백성의 농우가 날로 죽어가고 있습니다. 결부(結負)에 대한 요역(徭役)이 달마다 증가하는 것은, 또 공족(公族)들의 궁실(宮室)에 사용하는 재목을 오로지 이 백성에게서 판출하여 내고 성을 축조하는 승군(僧軍)의 대가도 곤궁한 민가에 책임 지우고 경상(卿相)의 집을 수리하는 데에도 이들에게 의뢰하고 있기 때문이니, 지금 백성의 역역(力役)이 번다한 것이 예전 백성에 비해 어떠하겠습니까. 옛날의 백성은 공부(貢賦, 공물과 세금)를 바쳐서 왕실을 호위할 따름이었는데, 오늘날의 백성은 사문(私門)의 역사(役事)가 한 해에 헤아릴 수 없습니다. 그리고 변방의 역사가 진나라 때의 노고보다 심하니, 어찌 백성이 곤궁하지 않고 또 도둑질하지 않을 수 있겠습니까?

더구나 형옥(刑獄)의 처리는 법을 무시하고 뇌물의 다소와 형세에 따라 처결하는 것은 이루 다 말할 수 없습니다. 양인(良人)을 억압하여 천인으로 만들고 사람을 빼앗아다 종으로 삼으며, 탐욕한 사람이 세상을 으르고 난민(亂民)이 횡행하여 남의 분묘(墳墓)를 파헤치고, 남의 집을 헐어 빈터로 만들어버립니다. 이리하여 죄 없는 백성이 하늘에 호소함으로써 수재와 한재의 재앙이 이미 초옥(楚獄)처럼 억울할 뿐만 아니라 성심(聖心)에도 몹시 가슴 아프게 여기시는 바입니다.

지난가을부터 북쪽 사람을 쇄환(刷還)하라는 명령이 계셨는데, 감옥이 이미 차서 옆집까지 감옥으로 만들었습니다. 수금되는 근심이 양민에게 미칠 뿐만 아니라, 사대부의 자제도 형장(刑杖)을 면치 못합니다. 이주를 기피한 품팔이꾼을 거접(居接, 몸을 잠시 의탁)했다가 온 가족이 북방으로 이민을 가는 지경에 이르렀고, 한 골육의 정을 끊기 어려워서 잠깐 쉬게 했다가, 그 피해가 수십 호의 이웃에 미칩니다. 이러므로 이주하는 백성에게 조금만 관계되는 이웃은 모두 체포될까 두려워하게 되므로 비지 않는 마을이 없고, 계획적으로 패옥(敗屋, 허물어진 집)한 것이 10분의 4에 이르며, 몰래 도망한 자도 무려 만으로 헤아릴 정도입니다.

아! 어린아이가 물이나 불 속에 빠졌다면, 옆에 있던 사람은 자기의 몸이 물에 빠지거나 머리카락이 불에 타거나 돌보지 않고 빨리 달려가서 힘써 구원하여야만 실오라기만큼 붙어 있는 목숨을 보전할 수가 있을 것입니다. 이제 민생이 곤궁하고 나라의 운명이 기울어서 지금의 사태는 마치 억만창생(億萬蒼生)을 새는 배에 태우고 출항했다가, 중도에서 폭풍을 만나서 돛을 잃고 사방을 돌아보니 망망대해에 배 대일 곳이 없는 것과 같습니다.

유능한 뱃사공이라야 거센 파도를 헤치고 나올 수 있을 것인데, 현임(現任) 사공은 그렇지 못하여 험한 길을 가리켜 평탄하다고 하며 위태함을 일러 안녕하다고 하여 돛이 기울고 돛대가 부러져도 태연하게 걱정을 하지 않으니, 결국에는 침몰되고 말 것입니다.

여기까지가 '논시폐소(論時弊疏)'의 전반부에 해당하는 주요 내용이라고 할 수 있다. 이 상소를 읽은 선조가 마음에 감동이 없었다면 이 또한 이상한 일이 아닐 수 없다. 그러나 어디에도 반성의 기미나 쇄신의 움직임은 조금도 찾아볼 수가 없다. 오히려 이 상소로 선조와 대신들의 가슴에 분노의 불을 지르게 되었다. 계속되는 중봉의 상소는 국정의 책임을 져야 할 대신들의 비행을 하나하나 열거해 나갔던 것이다.

성상께서는 청명(聽明)하시고 경사(經史)를 널리 읽으셨으니 흥

지당에 비 뿌리고

망과 치란(治亂)의 근본적 요소를 밝게 보시고 익숙하게 생각하셨을 것입니다. 그런데 어찌하여 이와 같이 위급한 때를 당하여 전적으로 답답한 무리에게 위임하여 조종(朝宗)의 중기(重器)를 그르치게 하십니까?

옛날 명종(明宗) 때 윤원형(尹元衡)과 이량(李樑)이 충신(忠臣)과 현신(賢臣)을 모두 몰아내고 조정을 흐리고 어지럽게 하므로 종묘 사직이 거의 위태로울 지경이었는데, 명종께서는 밝게 그 간사한 정상을 보시고는 비록 외척의 친분이었으나 서슴지 않고 이들을 버리시어 종묘와 사직을 평안하게 했습니다. 그런데 전하께서는 명종이 이량을 쫓아내던 춘추(年歲)가 이미 지났음에도 오히려 이량과 윤원형을 이어받을 자들의 갇히고 가리운 바가 되어, 사당(私黨)을 심고 간사를 부려도 일찍이 깨닫지 못하시옵니까?

김귀영(金貴榮)은 앞서 돈을 부당하게 모았다는 탄핵이 있었고, 뒷날에는 어진 사람을 방해했다는 논란이 있어 공론이 좋지 않으므로, 백유양(白惟讓)에게 의탁하여 정권을 잡고 은총을 독차지하려던 계략을 꾸미니 강서(姜緖)가 그를 더럽게 여기었습니다. 류전(柳㙉)은 장수(將帥)를 천거함에는 뇌물만을 전적으로 숭상했으므로 심암(沈巖)이 싸움에 패하여 군사가 몰살되었으며, 상과 벌을 내릴 때는 오직 성세(聲勢, 명성과 위세)만을 보았으므로 서예원(徐禮元)이 적병을 불러들였습니다. 또한 약방의 제조로 있으면서 임금의 병환을 대수롭지 않게 보았고, 명나라에 사신으로 가서는 군부의 명을 크게 욕되게 했습니다.

정언신(鄭彦信)은 본래 지식이 없는 자로서 최고의 벼슬에 올라 전적으로 뇌물을 받아 자기의 이익을 차리는 것을 업으로 삼아서, 변방 장수의 임명을 뇌물의 많고 적음으로써 하고, 아내와 함께 유람 다니며 시장의 계집들과 함께 어울리니 그 실질 행동이 지극히 추접합니다. 그뿐만 아니라 남녘의 관청에서 힘을 다하여 군량을 보내면 우리의 군사들을 배불리 먹이지 않고, 사적으로 간사하고 흉악한 자들에게 나누어준 것이 헤아릴 수 없을 정도입니다. 그리고 내노(內孥)를 다 쓸어서 재물이나 혹은 포목을 보내면, 호인의 머리와 바꾸지 않고 중간에서 부정하게 소모되는 것이 헤아릴 수 없이 많습니다.

아! 이 몇몇 사람은 국가에 대하여 깊이 쌓인 분노는 없었으나, 계책이 원대하지 못하고 일 처리가 성글고 어긋나니 반드시 왕권을 전복하고야 말 것입니다. 어리석은 신은 모르겠습니다만, 전하께서 몇몇 신하에게 취하는 점은 무슨 일이었습니까. 이들은 공고하게 성세(聲勢)를 서로 의지하고 있으므로 도성 사람이 모두 타기(唾棄, 업신여기거나 더럽게 생각함)하는데, 아직까지도 성상께 아뢰지 않은 채 오늘날에 이르렀으니 신은 실로 전하께 언관(言官)이 있는지 모르겠습니다.

윤탁연(尹卓然)이 형조판서(刑曹判書)가 되어서는 뇌물이 공공연하게 행해져서, 사형수를 까닭 없이 석방하며 인명을 살상하고 죄를 증감하는 데 오직 뇌물이 많고 적음으로써 합니다. 이것이 부족해서 통문(通文)을 각도(各道) 열읍(列邑)에 두루 돌려 혼수(婚需)를 구하는데, 지금도 비변사(備邊司) 유사당상(有司堂上)에 재직 중이므로 주(州)와 현(縣)에서는 바치는 뇌물을 배에 싣고 말로 수송하는 것이 전후(前後)에 연속해서 들어옵니다. 이같이 더러운 지아비가 무슨 깊은 꾀가 있어서 적을 제압하고 승리할 수 있겠습니까?

심지어 윤탁연 같은 자는 일찍이 판서직에 올라서 여러 가지 탐오한 죄를 저지르고도 비변사의 유사당상을 맡게 된 것은 이성중(李誠中)과 혼인하고 이산해(李山海)와 심붕(心朋)이 되어 성세(聲勢)를 서로 의지했기 때문입니다. 서울 안의 사람들이 모두 이를 마음 착하지 못하고 더러운 사람으로 여기는데, 전하께서는 지금껏 그 소문을 듣지 못하시고 또다시 그에게 도지(度支)의 무거운 책임을 내리시니, 신은 실로 조정의 언관이 있는지 알 수가 없습니다.

옛사람이 말하기를 "천하의 안정과 위태함을 알고자 하거든 재상이 어진가, 어질지 못한가를 보라."라고 했습니다. 윤원형(尹元衡)이 재상으로 있을 때는 당상당하(堂上堂下) 사이에 뇌물 쓰는 폐단으로 그 해독이 백성에까지 미쳤고, 또 관청에서 백성의 재물을 강제로 빼앗아가기 때문에 마을이 빈터로 되었습니다.

그런데 박순(朴淳)이 재상이 되어서는 위의 두 가지 폐단을 일절 제거하고 근절시키므로 이민(吏民)이 조금 평안하여지고 공의(公議)가 차츰 행하여지게 되었습니다. 그리고 정철(鄭澈)은 집론(執論)이 더욱 나라와 백성을 위해서 강개(慷慨)하게 곧은 말을 하므로 모든 관료가 두려워하고 꺼려하였습니다. 만약 이들이 마음껏 집정하였다면, 그 폐막(弊瘼)은 거의 제거되어 조야(朝野)가 밝고 깨끗하였을 것입니다.

김응남(金應南)과 류성룡(柳成龍)이 재상이 되어서는 부정이 심하므로 백관들이 각각 윤원형(尹元衡)과 같은 욕심을 부려서, 수령이 바뀔 때면 승진하려고 뇌물을 쓰는 폐단으로 이민(吏民)을 수탈하고, 부세의 강제 수탈로 해독이 군졸(軍卒)을 깎아 먹었으며, 심지어는 경향(京鄕)의 서리(胥吏)까지 백성의 고혈을 활취(割取)하여 나라의 기본을 크게 상하게 하는데 시정할 계책이 없습니다.

이산해(李山海)가 재상이 되어서는 나랏일의 중대함을 잊어버리고 사당(私黨)만을 끌어들이려고 하는 데서 어진 사람을 방해하고, 일을 그르치는 사람을 나라를 근심하는 노성(老成)한 선비보다 먼저 등용하고, 군국(軍國)의 중요한 일은 일체 이조와 병조에 달려 있는데도 곧 나라를 좀먹는 간인을 그 지위에 나누어 배치하고 공심(公心)을 가진 사람을 배척했습니다. 전곡(錢穀)의 관리에 이르러서도 사인(私人)이 주관하게 하고 관각(館閣, 홍문관, 예문관, 규장각을 이름)의 선임(選任)도 항상 아첨하는 소인에게 맡겼습니다. 그리고 언책(言責)과 시종(侍從)의 반열에도 그의 심복이나 앞잡이가 아니면 온갖 계책으로 은밀히 배척하여 고매하고 방정(方正)한 선비로 하여금 일체 왕의 처소에 가까이하지 못하게 합니다. 관학(館學)에서 사특한 논의를 주장하는 우두머리를 모두 드러내어 상을 줌으로써 선비의 기풍을 그르치게 했습니다.

엎드려 원하옵건대 전하께서는 빨리 대명(大命)을 내리시어 충현(忠賢)을 부르시고, 간사한 사람을 차례로 버리시어 곤궁한 백성을 살게 하여주시면 하늘은 인재를 내어서 일대(一代)에 부족함이 없이 쓸 수 있게 하여줄 것이오, 본심으로 나라를 받들어 일할 수 있는 사람이 조반(朝班)에 나와서 왕국을 안정시키고 외침(外侵)을 막을 것입니다.

상소문에서 변방 백성의 고초가 이루 말할 수 없을 정도로 비참했음을 알 수 있다. 하소연할 곳조차 없는 힘없는 백성들의 어려운 심정이 어떠했으랴. 중봉은 나라를 이 지경으로 만든 재상의 반열에 있는 대신들의 과오를 하나하나 지목했으니, 목숨을 내놓지 않고서는 감히 할 수 없는 대담한 행동이었다. 그것은 사회정의와 사랑을 구현하려는 불의에 대한 엄중한 비판이었으며 중봉의 실천적 사상이었다. 이 상소로 인하여 임금으로부터 해당 신하에 이르기까지 모두가 중봉을 향해 분노의 칼날을 겨누게 된다.

지당에 비 뿌리고

6. 함경도 길주
영동역에 정배하라

가. 고난의 2천 리 귀양길

1587년 11월 공주 제독(公州提督)으로 있을 때, 풍신수길이 조선의 정세를 정탐하려고 사신을 파견했다. 중봉은 이를 극구 배척하라는 '청절왜사소(請絶倭使疏)'를 지어 관찰사 권징(權徵)에게 주어서 임금께 올리도록 했으나 관찰사가 이를 보고하지 않았다. 중봉은 분개하여 그해 12월 몸소 한양으로 올라와, 다시 지은 상소와 지난번의 상소를 임금에게 함께 올렸었다. 이를 받아본 선조는 매우 노하여 소를 불태우고 승정원(承政院)에 이렇게 일렀다.

"내가 차마 볼 수가 없어서 이미 이것을 불태우게 했다. 원컨대 사관(史官)은 짐(朕)의 악함을 크게 써서 후세를 일깨우게 하라."

중봉은 그 일로 인하여 임금과 조정 대신들의 미움을 잔뜩 받고 있었음에도 불구하고 또, 도끼를 들고 시폐를 논하는 지부상소(持斧上疏)를 올린 것이다. 이 상소에서 대신들의 비행이 낱낱이 지적되자 조정이 발칵 뒤집혔고, 삼사(三司)가 중봉을 벌주어야 한다고 앞장서서 나섰다.

선조 22년 5월 1일 『선조실록』[46]에는 옥당(玉堂, 홍문관)이 조헌의 일을 아뢰자 선조가 이득이 없는 일이라고 답했다고 다음과 같이 기록하고 있다.

> 옥당(玉堂)이 조헌(趙憲)의 일에 차자(箚子)를 올리니, 임금이 답했다.
>
> "전후(前後)의 차자를 보건대 참으로 많은 애를 쓴 것이 가상하다. 그러나 조헌에 대한 의논이 너무 과하지 않은지 모르겠다. 내가 이미 조헌의 말을 채용하지 않고 있는데, 조정의 제공(諸公)은 무엇을 혐의하는가. 다만 제공은 언론을 힘써 그 중도(中道)를 다하고 대체(大體)는 힘써 그 공정함을 다하여 어진 것은 어질다 하고, 그른 것은 그르다 하여주기 바란다. 아침저녁으로 국사에 힘써 인심으로 하여금 스스로 복종하게 한다면, 조헌의 광돌(狂突)한 말 같은 것은 있어도 그만이고 없어도 그만이다. 그렇지 않고 찬출(竄黜, 벼슬을 빼앗고 귀양 보냄)하기만 일삼는다면, 지금 조헌에게 벌을 준다 하더라도 이다음에 조헌과 같은 자가 또다시 나올 것이다. 그러면 무슨 이익이 있겠는가."

그다음 날 다시 양사(兩司)가 조헌의 일에 대한 논계(論啟)하니, 선조는 양사(兩司)에 이렇게 답한다.

> "삼사(三司)에서는 조헌을 이미 귀괴(鬼怪)로 간주하고 있다. 대저 귀괴가 대낮에도 모양을 나타내어 대들보에서 휘파람을 부는 등 거리낌 없이 행동하여 집안사람을 욕하고 꾸짖게까지 한다 하더라도, 어찌 서로 따지며 화를 낼 필요가 있겠는가. 만약 팔을 걷어붙이고 떠들어 여러 날 시끄럽게 군다면 보는 사람들의 비웃음

---

46   김포문화원 『조선왕조실록(중봉 조헌 편)』 p40.

을 받을 것이니, 임금 된 자는 듣고도 못 들은 체하면 그만이다. 대저 조헌은 하나의 필부(匹夫)이다. 즉시 찬출을 명하여 모든 사람의 분개하는 마음을 위로해주는 일은 어렵지 않다. 그러나 소(疏)로 인하여 찬극(竄殛)을 가한다면 사람들의 의심은 물론, 후일의 폐단을 야기 시킬 것이니 이 점을 헤아려야 한다."

즉, 벌을 주면 폐단이 야기될 것이라는 말이다. 노수신(盧守愼, 1515~1590. 선조 때의 영의정)도 다른 사람에게 말하기를

"조헌이 어리석고 망령되기는 하나 이미 헌언(獻言)한 사람이니 유배시킬 수 없다."

고 했으나 조정이 따르지 않았다. 허봉(許篈)이 3사(三司)가 탄핵한 내용을 보고 말하기를

"내가 여식(汝式)과 만 리를 동행했으므로 그의 심사(心事)를 안다. 겸허한 마음에서 남을 믿고 이러한 소장이 있게 되었다고 한다면 오히려 가하거니와, 그가 흉험하고 교사하다고 지목한다면 후세에 공론이 되지 못할 것이다."

라고 중봉을 두둔했다. 허봉은 일찍이 중국에 성절사로 갈 때 서장관으로 중봉과 동행한 사람이었다. 그러나 삼사(三司)에서는 중봉에게 벌주기를 선조에게 계속해서 간했다. 다음날 다시 조헌의 일을 논계하고 유배 보낼 것을 아뢰니 결국 선조가 이를 수락한다. 그다음 날 중봉의 유배 결정에 삼공(三公)이 뜻을 밝히는데, 사인(舍人)을 통해 이렇게 아뢴다.

"언관(言官)들이 조헌을 논계한 것은 필시 조정의 체면을 위한 것이나 신들의 뜻은 그렇지 않습니다. 조헌의 말은 진실로 따질 필요가 없습니다. 온 조정을 모함한 것이 비록 막대한 죄이나 치죄(治罪)

하지 않는 것 또한 성상의 포용하는 도량입니다. 그를 찬출에 처한다면 이는 온당치 못할까 합니다."

그러자 선조는 이렇게 답했다.

"그러나 찬출의 명이 이미 내렸으니 이제는 어찌할 수 없다."

한편, 상소를 올린 중봉은 임금의 비답이 있기를 대궐 문 앞에서 기다렸다. 그때 그가 머무는 곳은 종루(鍾樓) 옆에 있는 초라한 집이었다. 그곳에 유숙하면서 임금의 비답을 기다리고 있는데, 초조와 근심에 싸인 중봉에게 집주인이 그 까닭을 물었다. 그러자 그는 묵묵부답으로 눈물만 흘렸다. 그 집은 지은 지가 오래되어서 자칫하면 기둥이 내려앉을 만큼 낡고 찌그러져 있었다. 마침 주인이 이런 사정을 미리 알고 하루는 큰 나무 기둥을 구해다 지주로 받쳐놓았다.

임금의 비답이 없을까 밖으로 나갔다 돌아온 중봉은 낡은 기둥 옆에 큰 기둥을 받쳐놓은 것을 보고는 새삼 주인의 기지에 놀라며 이렇게 탄식했다.

"아! 슬프도다. 다 쓰러져가는 주인집도 이제 새 기둥으로 바꾸어 앞으로 몇 년간은 무너지지는 않을 텐데, 만약 나라가 기울면 장차 누가 그것을 받쳐줄 것이며, 또 무슨 물건을 가지고 그것을 버티게 할 수 있단 말인가."

단 하루도 나랏일을 걱정해보지 않은 날이 없는 중봉은 불길처럼 타오르는 분함과 울분에 못 이겨 흐르는 눈물을 그칠 줄 몰랐다.

중봉의 상소로 말미암아 그를 시기하고 질투하는 높고 낮은 벼슬아치들이 많았다. 이때 조정에서 조헌을 너무 미워하여 유숙하던 집주인을 잡아다가 치죄하기까지 했다. 그러므로 친구라도 화가 미

지당에 비 뿌리고

칠 것을 염려하여 감히 그에게 연락하지 못했다. 그러나 끝내 우정을 변치 않은 사람은 첨정(僉正)으로 있던 일송(一松) 심희수(沈喜壽, 1545~1622)와 남창(南窓) 김현성(金玄成, 1542~1621) 등 두어 사람뿐이었다. 심희수는 날마다 중봉을 찾아와 술로 위문하고 시를 지어 주었다. 그 가운데 이런 구절이 있었다.

> 미친 말 종이에 가득하나 모두 충분에서 나온 것
> 형벌이 앞에 닥쳐도 임금 사모하는 마음일 뿐

중봉이 봉장(封章)을 올리고 대궐 아래서 밤이 늦도록 임금의 비답을 기다리다가 빈손으로 돌아가는 길에 가을 달은 어찌 그리도 밝은지, 심희수가 준 시(詩)에 차운한다.

> 〈封章後 待罪闕下 夜深歸路 秋月正明(봉장 후 대궐에서 기다리다 돌아가는 길에, 가을 달은 밝았다)〉[47]
>
> 娟娟秋月十分淸 아름다운 가을 달은 밝은데
> 畢照人間品物形 환히 비추네 인간 만물의 모습을
> 若道孤臣有私曲 만약 외로운 신하 사사로운 마음이 있다면
> 餘光應許寸心明 남은 빛 마땅히 촌심(寸心)을 밝혀주리

중봉이 도끼를 놓고 지부상소를 올렸다는 소문은 금방 한양 바닥에 퍼졌다. 중봉의 충절에 감탄하지 않는 이가 없었다. 그러나 관에서는 중봉에게 편의를 베푸는 사람에게 죄를 주려 하니, 한양의 친

---

47   原典『重峯集』. 변형석『重峯詩譯註』p124.

구들까지 행여 피해를 입을까 문을 걸어 닫고 만나주지 않았다. 미친놈 취급하는 한양 바닥에서는 당장 기거할 곳도 없었다. 중봉은 무거운 마음으로 향리 옥천으로 내려온다. 중봉을 함경도 길주(吉州) 영동역(嶺東驛)에 정배(定配)하라는 어명이 도착한 것은 옥천으로 내려온 지 얼마 되지 않아서였다.

1589년(선조 22년) 5월 8일, 밤비가 부슬부슬 내리고 있었다. 중봉은 집에서 십 리가량 떨어진 율봉산장(栗峯山莊)에 있었다. 의금부(義禁府)의 이졸(吏卒)들이 지난 3일에 내린 유배의 명을 전하러 일찍 옥천에 도착했으나, 중봉의 거처에서 오 리(五里)가량 떨어진 곳에서 머물며 시간을 보내고 있었다. 이졸들은 밤이 되자 밤티 산골 거처에 이르렀다. 중봉은 유배의 명을 전해 듣고는 지체함이 없이 즉시 집으로 와서 모친과 사당에 하직을 고하고 유배지로 걸어서 떠났다. 이에 의금부에서 보낸 이졸들은 중봉이 길 떠나는 것을 극구 말렸다.

"오늘 제가 아침에 도착했으면서도 감히 거처한 곳까지 오지 않았던 것은, '제가 이곳으로 출발할 때 저와 같이 있는 사람들이 말하기를, 조 제독(趙提督)은 어진 분이라 명을 받으면 일각을 지체하지 않을 것이다. 그러니 너는 모름지기 저녁에 그 집에 가서 사실을 전할 것이요, 그렇게 함으로써 밤에 길을 떠날 준비를 하게끔 하라.'라고 했습니다. 그래서 제가 밤을 기다려 어명(御命)을 전한 것이니, 원컨대 이 밤은 이대로 머물고 내일 아침에 떠나는 것이 좋겠습니다."

이에 중봉은 이렇게 대답했다.

"임금의 명령을 집에서 묵힐 수는 없다."

　　　　　　　　　　　　　지당에 비 뿌리고

드디어 밤에 집을 떠나 십 리(十里) 밖까지 가서 안읍창(安邑倉)에 도착했다. 소식을 들은 김잠(金箴) 4형제와 금응신(琴應信), 박득중(朴得中) 등이 찾아와 이곳에서 함께 유숙하기로 했다.

중봉 선생이 유배 길에 쓴 『북적일기(北謫日記)』가 남아 있다. 5월 8일 유배의 명을 받고 즉시 옥천을 출발하여 함경도 길주 영동역까지 2천 리 길을 걸어간 38일의 여정이 담긴 기록이다. 『북적일기』에는 여러 사람이 등장한다. 모두가 중봉의 유배를 안타까워하고 격려해 주는 사람들이었다.

중봉은 당시 관직도 없었고 생활은 곤궁했다. 그러나 중봉의 귀양 소식이 알려지자 사람들이 노자를 보태고 필요한 물건을 들고 오는가 하면, 가는 곳마다 음식을 대접하여 위로해 주었다. 지나는 고을의 수령들도 너나없이 중봉을 위로하고 편의를 아끼지 않았다. 문인 민욱(閔昱, 1559~1625)은 길주 영동역까지 먼 유배 길을 함께 따라갔다. 다음은 『북적일기(北謫日記)』[48] 38일 중에서 유배를 떠나는 날의 일기를 여기에 옮긴다.

1589년 (선조 22년) 五月 八日, 갑인(甲寅)

비가 조금 내렸다. 저녁에 금오(金吾, 의금부의 별칭)의 졸(卒) 석응련(石應連)이 율현(栗峴)에 달려와 초삼일(初三日)에 길주(吉州) 영동역(嶺東驛)에 유배령이 내렸다고 전했다. 어머님께 말씀드리고 사당(祠堂)에 고하고 안읍창(安邑倉)에 나와서 잤다. 계숙(戒叔) 김잠(金箴) 사형제(四兄弟)와 금응련(琴應倫), 박득중(朴得中)이 와서 함께 잤다. 김잠(金箴)이 암말을 주어서 행차에 도움이 되었다.

48　　원문 『重峯集』, 『趙憲全書』 日記 p237~240. 김포문화원 『불멸의 重峯 趙憲』 p533.

그래서 길 떠나는 데 힘썼다. 이때 진역(疹疫)을 앓는 아이가 있어 검은 자욱이 장차 위험했다. 석응련 졸이 행장을 꾸려 10일에 떠나자고 권하니, 왕명(王命)이 지엄하니 조금도 체류할 수가 없었다. 이에 병든 말 두 필을 이웃 말과 바꿔서 길을 떠났다. 성주(城主) 사휴(士休) 남응단(南應端)이 소주(燒酒) 이선(二鐥)과 노루고기 말린 포 이속(二束)을 보내 길 떠나는 것을 위로한다고 편지를 보냈다.

五月 九日, 을묘(乙卯)

비가 조금 내렸다. 인가(姻家, 자매의 시부모) 박언장(朴彦章)과 이원영(李元英)이 술을 가지고 와서 전별했다. 박문중(朴文仲), 정회(鄭澮)가 와서 작별했다. 둔령(苞嶺)을 넘어 원암역(元巖驛)에서 잤다. 완도(完堵)를 머물게 하여 집안을 보살피게 했다. 전 제(典 弟, 아우 전)와 완기(完基, 중봉의 아들)가 적소(謫所)에 따랐다.

광문(廣文) 주헌민(周獻民) 현중(賢仲)이 편지를 보내고 하얀 가죽신과 종이를 보냈다. 박경룡(朴景龍) 운길(雲吉), 충룡(沖龍) 운거(雲擧)가 술을 가지고 와서 전별했다. 또 아침과 저녁에 각각 식사를 마련했다. 박천수(朴天授)가 술을 가지고 와서 작별했는데, 김절(金節)의 장인이다. 신철(辛澈) 경함(景涵)이 시종하는 사람들에게 식사를 대접했다. 또 각각 전별금을 가져왔다. 함께 감흥시 일편(感興詩一篇)을 강의했다. 향소(鄕所, 지방 수령을 보좌하는 자문기관) 이응기(李應箕), 김경탁(金景卓) 및 김광보 부자(金光葆父子)가 저녁에 와서 전별했다. 주광문이 추가로 와서 작별했다. 신발(辛潑)이 또한 전별금을 보냈는데 철(澈)의 아우이다. 박효신(朴孝愼)이 또 멀리서 전별금을 보내왔다. 그 아들이 일찍이 서당에 있었던 까닭이다. 김군(金君)이 와서 함께 잤다.

당시 압송해 가는 사람은 으레 죄인에게 뇌물을 징수하고, 조금이

지당에 비 뿌리고

라도 마음에 차지 않으면 온갖 방법으로 곤욕을 주었다. 그래서 죄인의 집에서는 비록 파산하더라도 이졸들의 욕심을 채워줘야 했고, 비록 큰 벼슬이나 이름 있는 현자라도 뇌물을 주지 않을 수 없었다. 그러나 중봉의 집은 몹시 가난했다. 설사 재물이 있다 하여도 중봉의 성품으로 도리에 벗어나는 뇌물을 줄 것도 아니었다. 주위의 지인들이 서로 상의하여 약간의 돈과 물건을 모아서 이졸(吏卒)에게 주었다. 그러자 이졸은

"내가 이곳에 올 때 우리 동료들이 그곳에 가서 나에게 뇌물을 받지 말도록 했고, 더욱이 내가 사명을 마치고 돌아가면 나의 상관이 좋은 자리를 마련해 준다고 했으니, 내가 만약 이것을 받는다면 무슨 면목으로 다른 사람들 앞에 설 수 있겠습니까."

하며 끝내 사양하고 받지 않았다. 그래서 우구(雨具)인 유립모(油笠模)를 주면서

"비록 보잘것없으나 비를 가릴 만하니, 바라건대 사양하지 말라."

고 했으나, 이졸은 내 바랑 속에도 있다며 끝내 받지 않았다. 이졸은 중봉을 모시고 가면서 시중드는 것을 마치 종같이 했으며, 귀양지에 이르러서는 중봉이 거처할 집을 수리하고 지붕을 고치면서 수일을 머물며 돌아가지 않으려 했다. 그래서 중봉이 빨리 돌아가서 복명(復命)할 것을 재촉하자, 그가 눈물을 흘리며 대답했다.

"비록 시간을 지체한 죄를 얻을지라도 차마 떨치고 갈 수가 없습니다."

하고 눈물을 흘리며 작별하였다.

중봉이 귀양 간다는 소식을 들은 금산 군수 김현성(金玄成, 1542~1621)이 부지런히 뒤쫓아갔다. 그러나 이미 떠난 뒤여서 만나

지 못하고 안타까운 마음으로 털옷만 부쳐주고 시(詩)를 지어 보냈다.[49] 김현성은 1564년 문과에 급제하여 성균관 전적, 아산현감, 금산군수를 지냈다. 지금 금산 칠백의총에 있는 순의비문(殉義碑文)은 그의 글씨이다.

> 한 벌의 털옷을 먼 길에 부치자니
> 바람에 나부끼는 갓끈 눈물에 젖는구나
> 굴원(屈原)의 회사부(懷沙賦) 이으려 하지 말고
> 여생을 보중(保重)하여 성명(聖明)을 위로하소서
>
> ― 金玄成

중봉이 도보로 2천 리를 걸어가니 발과 다리가 부르트고 부어서 고통이 말할 수 없었으나 의기(意氣)는 전혀 흔들림 없이 의연했다. 춘천 부사(春川府使) 권덕여(權德輿)가 그의 행색을 엿보고는

"참으로 철한(鐵漢)이다. 진실로 강직하고 굽힐 줄 모르는 사람이구나. 송나라 채원정(蔡元定)이란 사람도 이보다 더하지는 못했을 것이다." 하고 놀라서 말했다. 춘천에서 중봉의 귀양길을 전송하던 안변 부사(安邊府使) 양사기(楊士奇)의 아들 양해성(楊海星)은 다음과 같은 시를 지어 전송했다.[50]

> 선비의 마음씨로 경륜은 직계(稷契)와 같아
> 임금을 요순(堯舜)으로 만들려고 지성껏 노력했네

---

49   原典『重峯集』. 최영희『趙憲全書』 탐구당 詩 p250.
50   原典『重峯集』. 최영희『趙憲全書』 탐구당 詩 p250.

위태로운 직간(直諫)은 어찌 당개(唐玠)에게 부끄러우랴
아름다운 은총(恩寵)은 도리어 굴평(屈平)을 조문(弔問)케 한다

남들이 어리석다 비웃어도 마음을 고치지 않고
몸이 부색(否塞)한 줄 알건마는 도(道)는 형통(亨通)했지
이제 비록 귀양살이 버려진 신명(身命)이지만
먼 뒷날 죽백(竹帛)의 영광을 전할 것이다

일찍이 귀에 거슬리는 충성된 말로
성세(聖世)에 미친 선비 되었구나
나라 걱정 눈물만 갖고
길주성(吉州城)을 향해서 뿌리려나

- 楊海星

　　중봉이 유배 길에 나섰을 무렵은 장마철이었다. 두 달 동안이나 계속된 비로 길이 흙탕으로 변해 사람이 다닐 수가 없었다. 또 기호(畿湖)에서 영동(嶺東)에 걸쳐 전염병이 창궐하여, 이 병에 걸렸다 하면 열 명 중에 칠팔 명은 사망했다. 중봉은 걸어서 18세밖에 안 된 아우 전(典)과 아들 완기(完基)와 더불어 길을 떠났는데, 옥천(沃川)에서 영동(嶺東)에 이르기까지 2천 리의 험한 유배 길의 고초가 말이 아니었다.

　　유배지로 가는 도중에 온 마을이 돌림병으로 죽은 자가 그 수를 헤아릴 수 없었다. 중봉은 의술(醫術)에 정통하여, 병을 앓고 있는 마을을 지날 때마다 침(針)을 놓아주고 약을 써주어 살아난 사람이 매우 많았다고 한다. 그러나 자신은 아무 탈이 없었다. 아우 전(典)과 아들 완기(完基) 그리고 두 몸종도 이 병에 걸렸는데, 아들 완

기는 겨우 살아났으나 아우 전과 두 몸종은 모두 사망했다. 중봉은 동생과 아들이 전염병에 걸려 앓기 시작하자 온갖 간호와 정성을 쏟았다. 하지만 귀양길이라 한시를 지체할 수가 없는 데다가, 약도 제대로 쓸 수가 없어서 결국 동생을 잃게 된 것이다. 동생을 잃은 슬픔이 이만저만이 아니었지만, 장례를 치를 힘이 없어 동생의 시체를 말에 실어 김포(金浦) 선영(先塋)으로 보냈다. 시체를 실은 말이 지나는 길목마다 중봉의 아우라는 말을 듣고는 모든 사람들이 탄식했고, 어떤 사람은 말과 사람을 내어 호송했다.

김포에 이르러 길을 잃고 헤매는데 마을의 착하지 못한 아이들이 몽둥이로 말을 때려 말에서 시체가 떨어졌다. 이에 종놈이 어찌할 바를 모르고 통곡하자 노인이 와서 사연을 물었다. 종이 까닭을 아뢰자 동네 사람들이 모여 탄식했다.

"이는 곧 어진 사람의 아우인데 어찌하다 이 지경이 되었느냐?"

동네 사람들은 안타까워하며 서로 도와 시체를 호송하여 김포 선영에 장사를 지내주었다.

나. 귀양지에서 쓴 상소

어느덧 계절은 바뀌고 함경도 길주(吉州)에는 10월의 찬바람이 조석으로 옷깃을 여미게 했다. 중봉이 옥천을 떠나와 영동역(嶺東驛)에 정배(定配)된 지도 벌써 넉 달이 지났다. 천 리 타관에서 보내는 유배 생활은 어렵고 외롭기 그지없었다. 중봉은 그러한 마음을 담은 시(詩)를 영동역(嶺東驛) 기둥에 남겼다.

지당에 비 뿌리고

〈嶺東驛題柱(영동역 기둥에 씀)〉[51]

沃土移居趙汝式　옥천 땅에서 온 조여식(趙汝式)
今方俟罪嶺東驛　영동역에서 죄를 기다리네
山中有母不能養　산속에 계신 어머니 봉양할 수 없으니
海上新魚難自烹　신선한 바닷물고기 혼자 먹을 수 없네
請見北來南去人　남북을 오가는 사람들아
須陳晝思夜夢頻　낮 생각 밤 꿈이 빈번함을 전해주게나
尺書倘寄雲天鴈　운천의 기러기에 편지를 부칠 수 있다면
自飯靑芻爲君辦　나 그대 위해 이밥과 청주를 마련하리라

　　당시 귀양지에서의 노역은 대부분 역관과 밀통하여 그 노복(奴僕)
으로 하여금 대신하도록 하는 것이 관례였다. 그러나 중봉은 그 노
역을 몸소 감당하면서 "조정에서 노역을 시키는 것은 죄를 지은 사
람을 다스리려고 하는데, 이것을 모면할 것을 구한다면 이것은 임금
의 명을 어기는 것이다."라고 했다.
　　다음은 중봉이 귀양 중에 우인(友人)이 보내온 서한에 답한 내용
이다. 이 편지에서 중봉의 숨은 뜻을 가히 짐작할 수 있다고 유사(遺
事)에 기록하고 있다.[52]

　　　　구구하고도 어리석은 내 계책(計策)은 온 나라 안의 모든 사물
　　이 각각 그가 차지할 바를 갖게 하고저 함이었는데, 도리어 내 집
　　안 노인이나 어린것들이 먼저 그 자리를 잃게 되었으니, 20년간
　　성현(聖賢)의 글을 읽었으되 깊고 얕은 물을 건널 때 적의(適宜)한

51　原典『重峯集』, 변형석『重峯詩譯註』 p148.
52　原典『重峯集』, 최영희『趙憲全書』탐구당 遺事 p75.

조치를 취하지 못하여 스스로 이 화(禍)를 밟았으니 누구를 원망하고 누구를 허물하리오. 김백란(金伯胤)의 『기묘당적(己卯黨籍)』을 이제 초록(抄錄, 베끼다)해서 보내니, 그 안의 사정과 물태(物態)가 소연(昭然)하고 역력하다. 첨현(僉賢)들이 일찍이 이 기록을 보았더라도 일일이 체험(體驗)하지는 못했을 것이다. 어찌 다시 진동(陳東)의 말을 하랴. 송옥(宋玉)이 굴삼려(屈三閭) 원(原)을 초혼(招魂)할 때도 감히 명쾌하게 말을 하지 않았으니, 그 뜻이 초(楚)나라 조정에 있음을 알겠고, 기묘문생(己卯門生)들이 중력(衆力)으로 시애(撕捱)했으나 그 능력이 대란(大亂)에 미치지 못하여 흐르는 화(禍)가 을사사화(乙巳士禍)에 이르고, 계속하여 금일에 이르러 또 다시 우리의 사우(師友)들이 이를 당했으니 어찌 차마 말할 수 있으랴.

이때 조정은 동서붕당(東西朋黨)으로 갈리어 당쟁이 극심한 시기였다. 왜국 사신으로 온 귤강광(橘康廣)은 일본에 통신사를 파견해 줄 것을 요청했으나 조선은 바닷길이 험난하다는 이유로 거절한다. 뜻을 이루지 못한 왜 사신이 떠나며 장차 조선을 침공할 것이란 말을 공공연히 남기고 갔다. 그러나 당쟁으로 혼탁한 조정에서는 왜국의 이러한 무례함에도 전혀 깨달은 바가 없었다.

중봉은 함경도 길주 유배지에서 일본에 통신사를 파견할 것이란 소식을 들었다. 중봉은 한탄하며 급히 상소를 올려 이를 바로잡아야 한다고 생각했다. 왜국의 오만방자함이 도를 넘었고, 그것이 침략의 전조임을 알았다. 이미, 통신사의 파견은 의리를 모르는 야만국 왜국에 머리를 숙이는 굴욕일 뿐만 아니라, 궁극적인 속셈이 따로 있다는 것을 누차 상소로 조정에 알린 바가 있다. 그러나 누구도 중봉의 상소를 눈여겨보는 사람은 없었다.

지당에 비 뿌리고

결국 조정에서는 일본의 통일을 축하한다는 명목으로 사절단을 파견하기로 결정한다. 이 소식을 들은 중봉은 즉시 의관을 정제하고 또다시 사절단을 보내서는 안 된다는 상소를 준비한다.

1589년(선조 22년) 중봉의 나이 46세, 임진왜란이 일어나기 3년 전이었다. 중봉은 귀양지인 함경도 길주에서 '청절왜사 3소(請絶倭使三疏)'를 쓴다. 지금은 비록 선조와 대신들의 비위를 뒤집는 상소로 인하여 멀리 길주까지 유배를 왔으나, 왜국의 사신이 들어와 방약무인(傍若無人)한 횡포를 부리는데도 당쟁에 묻혀 정신을 못 차리는 조정을 바라보며 제대로 잠을 이룰 수가 없었다. 지난번에 왜 사신이 조선에 들어왔을 때 공주 제독으로 있으면서 일본과 통호(通好)를 해서는 절대 안 된다는 상소를 두 번이나 올렸으나, 이로 인하여 선조의 노여움만 샀다. 그러나 중봉의 생각은 확고했다. 작년 12월에 왜국 사신 평의지(平義智)와 중 현소(玄蘇)가 입국했다는 소식을 듣고는 즉시 의관을 바로 하고 붓을 들었다. 유배지에서 '청절왜사 3소'를 쓰기 시작했다. 다음은 '청절왜사 3소'의 중요한 부분만을 제시한 것이다.

〈청절왜사 3소[請絶倭使三疏, 1589년(선조 22년) 12월]〉[53]

신이 엎드려 듣건대 형(荊)나라 사람이 세 차례나 월형(刖刑, 발꿈치를 베는 형벌)을 받고도 후회하지 않은 것은 그 안고 있는 바가

---

53   原典『重峯集』. 최영희『趙憲全書』탐구당 疏 p165~172. 김포문화원『불멸의 重峯 趙憲』
      p420~430.

옥(玉)이기 때문이며, 장준(張俊)이 적소(謫所, 귀양지)에서 열 번이나 상소하고도 그치지 아니함은 그의 품은 바가 충성이기 때문이라고 합니다.

신이 전후의 사정을 진술하여 아뢴 바가 비록 어리석고 망령되오나, 이목(耳目)이 있는 사람이면 누구나 한가지로 통분(痛憤)할 일이온데, 요로(要路)에 있는 사람이 가리어두고 혹시 성상께서 깨달을까 두려워하고 있습니다.

멀리 듣건대 왜국의 사신이 와서 반년 동안이나 관사(館舍)에 유련(留連)하면서 거친 말로 우리에게 통신(通信)을 요구한 바가 군사를 일으켜 가지고서 국경을 침범하겠다는 것이었는데도, 온 조정이 두려워 떨면서 원호(元昊)의 간사함을 꺾는 이가 한 사람도 없으니, 조선의 사기가 이와같이 좌절되었으리라고는 생각지 못했습니다.

신이 오막살이집에 있으면서 먹는 것이 목구멍에 넘어가지 않고, 더욱더 탄식하는 것은 신의 스승인 이이(李珥)가 작고한 뒤로 글 읽는 사람이 우리 임금 좌우에 있지 않아서입니다.

예부터 나라 승패의 형세는 군사의 강하고 약함만으로는 따질 수가 없습니다. 춘추시대에 열후(列侯) 중에서 초(楚)나라가 제일 강했는데, 제(諸)나라 환공(桓公)이 관중(管仲)을 시켜서 의리를 잡아 말하니 소릉(召陵)에서 싸우지 않고 동맹했으며, 항우(項羽)는 싸움을 잘하여 천하의 무적이었음에도 한(漢)나라 고조(高祖)가 동공(童公)의 말을 들어 명분 있는 출병을 하니 해하(垓下)에서 군졸을 잃고서는 비가(悲歌)를 부르고 스스로 목을 찔러 죽었으니, 대개 시역(弑逆)의 죄를 진 자는 하늘과 땅이 이를 용납치 않는 것입니다. 그러므로 비록 바람을 불게 하고 번개를 치게 하는 재능이 있다 하더라도 인도(人道)가 불순한 바이면 하늘도 또한 이를 돕지 않습니다. 따라서 도의(道義)의 기운이 만갑(萬甲)의 군사보다 강함을 알 수 있으며 인자무적(仁者無敵)은 맹자께서 밝게 가르치신 것입니다.

가령 풍신수길(豊臣秀吉)이 진실로 착한 일을 하여서 저희 나라

지당에 비 뿌리고

사람의 추대를 받았다고 하더라도, 구분된 땅이 각각 정한 한계가 있으니 마땅히 제 몸을 닦아서 나라 사람을 안정케 할 것이며, 칼과 창을 녹여 농기구를 만들고, 도적을 변화시켜 양민으로 만들어 밭 갈고 물고기를 잡아서 자력으로 살고, 이경(異境)을 침범치 않음으로써 자손의 무궁한 계책을 세워야 할 것입니다. 만약에 벽지의 고루함이 답답하고 따분하다면 때때로 박(薄)한 물품으로써 사신을 우리나라에 보내서 기자(箕子)의 홍범(洪範)과 공자(孔子)의 가르침을 구해 갈 것뿐입니다. 그러면 오랑캐의 풍속이 고쳐질 것이고, 혹은 깊은 산골에서 나와 교목(喬木)에 올라가는 희망도 있어 나라를 누리는 역년(歷年)이 원 씨(源氏)와 같이 오래 할 수 있을 것입니다.

과연 수길(秀吉)의 병력이 도성을 도륙 낼 수 있다고 하더라도, 그 나라 사람들은 실로 선함에 경사가 있고 악함에 재앙이 있다는 응보를 깨닫지 못하는 것입니다.

제경공(齊景公)이 눈물을 흘리며 오(吳)에 딸을 주었으니, 오가 제보다 강한 것은 확실합니다. 그러나 오가 나라를 잃어버림이 먼저였습니다. 연개소문이 임금을 죽이고 자립하였으니, 신하가 임금보다 강한 것이 분명합니다. 그러나 당병(唐兵)이 그 도읍을 멸망시켰습니다. 세상에 없는 환문(桓文)과 같은 강적이 비록 어쩌다가 천하를 평정했다 하더라도 그 멸망할 것이 환히 보입니다. 이러한 뜻을 모르고 감히 도(道) 있는 나라를 능멸하니, 이것은 부견과 같이 스스로 망함을 자초하는 것이 아니겠습니까?

만약 우리나라가 요사이 가뭄과 도적으로 민력(民力)이 고달프다고 하여 방어의 계책이 없다고 한다면, 모름지기 통신(通信)하는 일을 논의하여 일방적 군병을 그만두어야 할 것인데, 승냥이와 이리와 같은 탐욕은 실로 일개의 사명에 있지 않고, 산천(山川)의 험이(險易)와 도로(道路)의 원근(遠近)을 알아서 우리의 국토를 짓밟으려는 계책에 지나지 않습니다.

우리나라는 아직 조종조(祖宗朝)의 은택(恩澤)이 끊기지 않았으니, 흩어진 병졸을 수습하면 또한 스스로 지킬 수 있을 것입니다.

그런데 어찌 속임수의 술책에 빠져 억지로 동맹을 맺겠습니까? 우리 삼한(三韓) 땅은 작은 것으로서 능히 큰 것을 대적할 수 있다고 가장 이름이 나 있습니다. 을지문덕이 수(隋)의 병사를 살수에서 물리쳤고, 고려 태조가 거란(契丹)의 군사를 압록에서 제압했습니다. 땅에는 고금의 다름이 없으니 의기가 어찌 오늘날만 부족하다고 하겠습니까?

오직 선인(善仁)을 보배로 삼고 즐길 만한 사물을 보배로 삼지 않으며, 군신이 협력하여 백성을 자식과 같이 여긴다면 백성이 또한 힘을 합하여 사수(死守)할 것이며, 자라나 개구리조차도 나라를 보전할 것입니다.

하물며 신기한 계책을 가진 여러 장수(將帥) 가운데서 어찌 하나의 고경(高瓊)과 같은 이가 없겠습니까? 저들은 떠들고 우리는 조용하니 수고롭고 편안함이 서로 다르며, 저들은 도적질하고 우리는 지키니 굽음과 곧음이 서로 현격합니다. 돌을 던지고 노쇠를 날려 목숨을 다하여 싸울 것입니다.

또한, 성을 열흘 정도 지키면 서울의 원군이 어디든 이르고, 바다를 건너온 양식이 하루 이틀을 보존키 어려울 것이니, 속전에 불리하게 되면 그 형세가 저절로 쇠퇴할 것입니다. 그 배고픈 때를 기다려서 기병(奇兵)을 보내어 요격한다면, 한 조각의 전선(戰船)도 돌아가지 못할 것입니다.

그러하오니 하루 속히 어진 사람과 문사를 뽑아서 변방의 방어를 갖추고 직무를 잘 수행할 수 있는 수령을 얻어 보내며, 어진 사람을 높여주고 재능이 있는 사람을 불러오며, 준걸(俊傑)이 직위에 있어서 윤 씨(尹氏) 인아(人我, 외척)의 사사로움으로 공평한 정치를 해(害)하여서는 안 되겠습니다.

여덟 가지 진귀한 외국 물품을 버리시고, 제사(祭祀)의 여수(餘數)를 절약하시고 곧 애통한 교서(敎書)를 내리시어 한결같이 너무 지나치게 하는 치레의 요역(徭役)을 감하거나 면제시켜주시고, 어질고 훌륭한 관리를 가려 민력(民力)을 펴게 하시어주시면, 양민(良民)으로서 도적이 되었던 자가 모두 돌아올 것이니, 임금님의

지당에 비 뿌리고

어금니와 손톱 같은 정병(精兵)이 충분하지 못할 염려는 없을 것입니다.

    이러한 일들을 사전에 예비하옵시면 누가 우리를 업수이 여기겠습니까? 자고로 그런 이치가 없었습니다. 몇천 리 감탕(金湯)의 견고함을 가지고 일역(日域)의 오랑캐를 두려워하니, 신은 그윽이 전하를 위하여 수치스럽게 생각합니다.

  중봉은 이미 두 번에 걸쳐 일본과의 통호를 반대하는 '청절왜사소'를 올린 바가 있었다. 그 상소가 임금에게 제대로 전달되지 않은 까닭을 거론하는 것으로 제3봉서는 시작되었다.

  중봉은 전쟁의 승패가 군사력만으로 결정되는 것이 아니라고 했다. 우리나라는 자고로 도의가 있는 나라(道義之國)로 도의의 힘은 만 갑(萬甲)보다 강하고, 어진 자는 하늘이 돕는 법이며, 우리나라는 천하에 상대가 없는 인의를 근본으로 하는 나라이기 때문에 일본의 군사적 강대함에 위축되지 말아야 한다는 것이다. 중봉의 사상은 인도와 평화 정신이었다. 만약 저들이 예의를 갖춰 사절과 박물(薄物)을 보내온다면, 우리는 공자의 가르침을 전해주고 문명된 도(道)로써 그 야만됨을 변화시켜야만 할 것이라고 했다.

  중봉은 일찍부터 '국가가 흥성하거나 쇠퇴하는 형세는 한갓 병력의 강약에 있는 것이 아님'을 천명했다. 그리고 일시적으로 흥성하더라도 만약 국가의 근본이 서 있지 못할 때는 쉽사리 무너질 수 있는 것임을 역사적 사례를 들어서 논했다. 그러므로 저들이 재삼 통신사를 무리하게 요청해 온다면 그 죄를 들어서 사신의 목을 베어서라도 단호하게 조치해야 한다. 즉, 일본의 강성함은 근본이 확립되지 못한 일시적 강성함이므로, 이에 위축되지 말고 단호하게 대처하자는 것이다.

우리가 가뭄과 도적으로 사정이 어렵다고는 해도 방어 계책이 없다면 저들의 탐욕이 반드시 우리를 짓밟으려 할 것이다. 그러나 우리는 방어에 좋은 지리적 조건을 가지고 있고, 군사력도 약하다고 할 수 없으므로, 모든 국민이 힘을 합하여 싸우면 능히 왜적을 막아낼 수 있다는 자신감이었다. 이러한 중봉의 신념은 단순한 주관적 주장이 아니라, 역사적 사실과 지리적 조건을 고려한 확신이었다.

전란에 미리 대비하는 중봉의 제안은 구체적이고 지극히 현실적이었다. 인재를 골라서 적소에 배치하고, 변방의 방어를 강화하며, 임금부터 물자를 절약하고, 요소에 낭비를 단속하여 지금부터 준비한다면, 능히 적을 물리칠 수 있다는 점을 강조한 것이다.

그리고 임금으로 하여금 왜 사신에게 다음과 같이 이르라고 제시했다.

원컨대 왜사(倭使)에게 이르기를,
"너희가 우리에게 통신사를 요구하는 것은 우리나라를 강하다고 여기어서 우리가 군대를 가만히 이끌고 가서 너희 나라를 습격할까 두려워서이냐? 아니면, 우리가 약하다고 생각하고서 우리나라의 기근을 다행스럽게 여기어서 우리의 경계를 침범하려 하기 때문이냐?

군대를 이끌고 가서 이웃 나라를 침범함은 우리 조상 때부터 하지 않았는데, 지금에 이르러 전철(前轍)을 깨뜨리겠느냐. 너희가 나라를 새로 만들어서 아직 안정하지 못한 때에 또 이 경계를 천하에 범하려 하느냐?

아비도 모르고 임금도 모르는 사람은 공자 맹자께서도 내치신 바이지만, 너희 전왕(前王)이 죽은 것은 무슨 연유인지 나는 상세히 알지 못하므로 나는 너희와 국교를 가지려 하는데, 우리 여러

지당에 비 뿌리고

신하들이 수치로 생각하니 어이할 수가 없구나.

너희가 만일 백 년 동안에 인민을 평안하게 다스리며 도적을 안집(安戢)하고 주공(周公)과 공자(孔子)의 가르침을 크게 펴서 그 여파가 우리나라에 미쳐 오면, 그때 한 번 통신사를 보내도 늦지 않을 것이다. 월상 씨(越裳氏)가 세 차례나 통역(通譯)을 거쳐 주(周)나라를 한 번밖에 찾아보지 않았으나 만세에 모두 가상히 여기니, 이로 미루어보면 교린(交隣)의 의(義)는 어찌 자주 왕래함으로써 귀함을 삼겠느냐?

만약에 우리가 보답하지 않았다고 노하여 용병(用兵)하여 오면, 내가 비록 덕이 적어서 협조함이 적을 줄은 알지만, 우리의 장사들이 자못 임금을 사랑하는 의리를 알고 있으며 변방의 군졸도 또한 부모의 은혜를 알고 있으니, 임금과 부모를 위해서는 마땅히 힘을 다하여 성문을 굳게 지킬 것이다.

싸움에 이기면 그 이(利)가 사졸에게 돌아가고, 화친하면 그 이(利)가 임금에게 돌아가리라는 것은 송(宋)나라와 요(遼)나라가 화친하게 된 까닭으로서 청사(靑史)에 뚜렷하게 나타나 있으니, 너희 신왕(新王) 및 모든 도주(島主)들도 분명하게 보았을 것이다. 예의로서 상자(相資)하는 도리에 가령 이해를 따지지 않는다 치더라도, 장단점에 있어서는 너희 임금이 살펴서 처리해 주기를 바란다.

서려(西旅)의 사척(四尺) 되는 큰 개가 주(周)나라의 풍토에 맞지 않으므로 주나라 무왕(武王)이 이를 받지 않았고, 거란(契丹)이 발해를 멸망시키고 고려에 낙타를 보내니 왕태조(王太祖)가 이를 굶겨 죽게 했다. 그렇다면 염방(炎方) 남쪽 지명의 새가 우리의 풍토에 맞을 리 없고, 원 씨(源氏)의 망함도 발해와 같이 원통한 정도가 아니므로 돌려보내니, 그 뜻을 널리 용서하고 나희 신왕(新王)이 진귀한 노리갯감으로 받들기를 바라노라.

상사(上使, 왜 사신을 일컬음)의 미혹한 죄는 춘추에 나타나 있어 신하와 백성들이 모두 명나라에 알리고 죽이려 하나, 바다를 건너와서 쟁론하는 것이 각 그 임금을 위하는 것이므로 이제 용서

하여 돌려보내니, 이 뜻을 모든 도주(島主)들에게 두루 알게 하
여라."
　　라고 하옵시면, 은혜와 위망(威望)이 아울러 나타나서 결단코
침범하지 못할 것입니다.

'청절왜사 3소(請絕倭使三疏)'는 임금께서 왜사에게 이를 말을 구
체적으로 제시하는 것으로 끝을 맺었다. 상소문을 쓴 중봉은 곱게
접어 봉서했다. 임금에게 한시바삐 올리려는 것이었다. 그러나 유배
중인 죄인의 몸으로 직소를 할 수 없는 상황이었다. 중봉은 이를 관
찰사에게 올리도록 했다. 그것이 정상적인 절차였고 상소를 받은 감
사는 이를 임금에게 올리는 것이 당연했다. 그러나 관찰사 권징은
당로자(當路者, 중요한 지위나 직분에 있는 자)의 마음을 거스를까 두려
워하여 상소를 잘못 썼다는 핑계로 올리지 않는다.

다. 정여립 모반 사건과 중봉의 방면

1589년(선조 22년) 10월 2일, 황해도 관찰사 한준(韓準)은 정여립(鄭
汝立)이 모반을 꾀한다는 장계를 올렸다. 한준의 장계에 조정이 발
칵 뒤집혔다. 정여립이 그해 겨울에 황해도와 전라도에서 일시에 군
사를 일으켜 곧바로 한양으로 쳐들어가 무기고를 불태우고, 신립(申
砬)과 병조판서를 죽인 뒤 왕명을 사칭해 지방관들을 죽이거나 파
면해 역모를 성사시키려 한다는 것이었다.

전주 출신인 정여립은 어릴 때부터 활쏘기와 무예에 뛰어나고 언
변이 능했다. 1570년 과거에 급제한 뒤 성혼(成渾)과 이이(李珥) 등 서
인의 후원으로 예조좌랑, 홍문관 수찬(修撰) 등의 요직을 거치게 된

다. 그러나 1584년 이이가 세상을 떠나자 당시 권력을 장악한 동인으로 옮겨 이발(李潑), 백유양(白惟讓) 등과 가까이 지냈다. 정여립은 이이와 성혼을 '나라를 망치는 소인배'라고 비난했고, 이를 알게 된 선조는 배은망덕하다며 그를 조정에서 내쳤다.

이에 정여립은 전주와 김제, 진안 등지를 전전하다가 황해도 안악에서 무리를 모았다. 당시 군정의 문란과 연이은 흉년으로 도적떼가 횡행할 때였다. 안악 출신의 변숭복(邊崇福), 박연령(朴延齡)과 해주 출신 지함두(池涵斗)를 비롯해서 수백 명을 모았다.

또한, 나라에 변고가 일어날 것이라며 전주를 중심으로 무사와 노비들을 모아 대동계(大同契)를 조직하고, 매월 15일 이들을 모아 활쏘기 연습을 시켰다. 1589년 왜구가 전라도 여수 지역에 쳐들어오자 전주 부윤 남언경(南彦經)의 요청으로 왜구 진압을 도왔다. 정여립은 "훗날 변고가 있으면 모두 모이라." 하고 이들을 해산했다.

"천하의 공물(公物)이니 어찌 일정한 주인이 있겠는가. 충신이 두 임금을 섬기지 않는다고 한 것은 왕촉(王蠋, 중국 제나라 충신)이라는 사람이 죽을 때 일시적으로 한 말이고 성인의 통론은 아니다."

정여립은 늘 이렇게 말하고 다녔다. 이즈음 황해도에서는 "전주 지방에 성인이 나서 백성을 구제할 것이다."라는 말이 자자했다. 전라도 선비들 사이에서도 정여립이 군사를 일으키려 한다는 얘기가 돌았다. 한준의 장계를 받은 선조는 심야에 중신회의를 긴급 소집하여 정여립을 체포할 것을 지시하고, 금부도사를 황해도와 전라도로 급파했다.

한편, 황해도의 변숭복은 역모(逆謀) 사실이 드러난 것을 알고는 안악에서 정여립이 있던 금구(金溝, 김제)까지 나흘 만에 달려가 이 사실을 알렸다. 이에 정여립은 변숭복과 아들 옥남(玉男) 등과 함께 한밤에 진안 죽도로 달아났다. 선조의 명을 받은 금부도사는 허탕을 쳤고, 진안 현감 민인백(閔仁伯)이 그를 찾아내어 포위했다. 그러자 정여립은 함께 있던 변숭복을 죽인 뒤, 칼자루를 땅에 꽂고 스스로 목을 찔러 자살했다. 당시 조정은 정여립의 자살을 사실상 유죄로 받아들였고, 이로 인해 서인의 주도 아래 피바람이 불기 시작했다. 이에 이발(李潑)이 연루되어 고문을 받다가 죽는다.

중봉은 일찍이 정여립이 모반할 것을 예견했다. 정여립을 사귀게 된 것은 이발 형제로 인해서였다. 정여립이 이이(李珥)를 배반하고 전후 반복하여 간궤(姦詭)스런 정상이 다 드러나게 되어서는, 명류(名流)로써 진심을 지키는 사람은 그의 무상(無狀)함을 알았다. 그러나 오직 이발과 백유양(白惟讓)은 그가 성혼과 이이를 배척한 것을 칭찬하면서 추천하여 숭장(崇獎)하기를 전보다 후하게 했다. 중봉은 정여립을 논할 적마다 반드시 역적질할 것이라고 했다. 이 말에 어떤 사람은 너무 심한 말이라고 의심했다. 그러나 중봉은

"나는 유독 그가 사우(師友)를 배반한 것으로 그르게 여기는 것이 아니다. 그가 임금 앞에 있을 적에 기색이 패오(悖傲)하다는 말을 자세히 들었으니, 반드시 역심(逆心)이 있어서 그러한 것이다."

라고 했다. 정해년과 기축년 사이에 그의 향리를 미행하면서 도당을 모은 정상을 살펴보고서 역란(逆亂)의 조짐을 알고, 소장(疏狀) 하나를 별도로 초하여 위에 아뢰려고 문인 송방조(宋邦祚)에게 보였다. 그러자 송방조가 간절히 간했다.

"단서가 드러나지 않았는데 사람을 역적질한다고 고발하면 반드시 도리어 악명(惡名)을 입게 되어 형화(刑禍)가 헤아릴 수 없을 것

지당에 비 뿌리고

입니다."

그러자 중봉은 이렇게 말했다.

"이것은 종묘사직에 박절한 근심이므로 인신으로서는 마땅히 마음을 다해야 할 것이니, 형화를 어찌 근심하겠는가."

그러나 마침내 도움이 없음을 깨달아 그만두고, 그의 죄악을 소장(疏狀)으로 지척(指斥)하되 그를 후예(后羿)의 한착(寒浞)에 견주었다. 이처럼 중봉은 이런 날이 올 것을 염려하여 이발(李潑)에게 정여립과 가까이하지 말 것을 간곡히 만류했다. 그러나 끝끝내 말을 듣지 않자 절교하고 말았던 것이다.

결국 정여립의 역모가 드러나면서 이발은 물론, 그의 작은 아우 현감 이급(李汲)도 형에 연좌되어 죽었다. 이발과 이급이 죽은 뒤에 그의 어머니, 아내, 어린아이들도 추후에 수금 당한다. 이발이 옥에 있을 때 이정란(李廷鸞)에게 말하기를

"내가 눈이 있으면서 사람을 알지 못했다. 그대는 죽음을 면하게 될 것이니 모름지기 칼로 내 눈을 뽑아버려라."

라고 했다. 그는 또 이렇게 말했다.

"내가 조헌의 말을 듣지 아니하여 이 지경에 이르렀음을 후회한다."

1589년(선조 22년) 11월, 중봉이 귀양에서 풀려났다. 1587년 공주 제독 때 간사한 무리들이 나라를 그르침과 정여립의 흉패를 논박하는 만언소를 올렸으나, 선조는 이를 거들떠보지도 않았다. 정여립의 역모 사건이 일어나자 호남 유생 양산숙(梁山璹)이 상소를 올려 중봉의 원통함을 송변하자, 선조는

"당초 찬배(竄配)한 것은 나의 본의가 아니다. 그를 죄 줄 수 없으

니 석방하도록 하라."

하고 명을 내렸다. 중봉이 귀양에서 돌아오는 길에 지난번 관찰사에게 올렸던 소장(請絶倭使三疏)과 또 한 통의 소장을 작성하여 반역이 일어나게 된 까닭을 논하니, 관찰사 권징이 또 물리치며 말했다.

"역옥(逆獄)이 크게 일어나서 인심이 흉흉하고, 사신을 보내어 통호(通好)하는 것은 조정 의논이 이미 정해졌으니, 이 소장이 도움이 없을 뿐만 아니라 반드시 화를 한층 더 유발하게 될 것이다. 우선 입 다물고 시변을 살피라."

이에 중봉이 말했다.

"위망(危亡)의 기틀이 호흡 사이에 결정되는데, 두려워하여 말하지 않는 것이 어찌 신하의 도리이겠는가. 그리고 죽은 정여립(鄭汝立)을 공이 이처럼 두려워하니, 산 풍신수길(豊臣秀吉)이 오면 공은 어떻게 하겠는가?"

그러자 권징은 마지못해 상소를 받아서 조정에 올렸다. 귀양에서 풀려나 돌아오는 중봉의 발걸음이 결코 가볍지 못한 것은 번번이 상소를 묵살하는 조정에 대한 무관심한 태도보다도, 장차 나라의 일이 더 걱정되어서였을 것이다. 중봉은 마천령(磨天嶺)을 되넘어오는 감회를 다음과 같은 시 한 수로 대신했다.

〈還踰 磨天嶺(마천령을 되돌아 넘으며)〉[54]

北闕君恩重 구중궁궐 임금님 은총 중하시고
南州母病深 남쪽 고향에는 어머님 병환 깊으신데

---

54   原典『重峯集』, 최영희『趙憲全書』탐구당 詩 p243.

磨天有歸日 마천령 되넘어오는 날
感淚自盈襟 감격의 눈물 옷깃을 적시누나

한편, 조정에서는 귀양에서 풀려나는 중봉에 대한 논란이 있었다. 임금이 이조판서 홍성민(洪聖民)에게 중봉을 서용(敍用)하도록 명하자 성균관 전적(典籍)에 추천했다. 이에 선조는

"조헌은 경솔히 임명할 수 없다."

고 했다. 이 말에 이조판서 홍성민(洪聖民)은 직급을 높여 예조정랑(禮曹正郎)으로 천거했다. 그러나 귀양에서 돌아오는 길에 올린 중봉의 상소를 본 선조는

"조헌은 하나의 간귀(奸鬼)이다. 아직도 두려워할 줄 모르고 조정을 격멸하며 더욱 거리낌 없이 날뛰니, 그 사람은 다시 마천령을 넘게 될 것이다."

하며 노했다. 그리고 이렇게 전교했다.

"조헌은 간귀(奸鬼)로 그 마음이 몹시 흉악하고 참혹한데도 아직까지 현륙(顯戮, 죄인을 죽여 여러 사람에 보임)을 모면한 것이 다행이다. 언로에 관계되어 바로 사면을 했지만, 이 같은 사람을 물어보지도 않고 급급히 서용하여 인심을 현옥시키려 했으니, 그를 천거한 자를 체차(遞差, 해임)하라."

하여 이조판서 홍성민(洪聖民)이 경상도 관찰사(慶尙道觀察使)로 쫓겨 내려가게 되었다. 내려오는 길에 이 소식을 들은 중봉은 대궐 앞에 나아가 거적을 깔고 3일 동안 죄를 기다리니, 성안 사람들이 그의 충의에 감탄하지 않는 사람이 없었다.

라. 이발(李潑)에 대한 변함없는 우정

1589년(선조 22년) 12월, 함경도 길주 유배에서 돌아왔다. 그동안
도와준 사람들과 문인들을 만나 세상을 논하며 강학(講學)으로 겨
울을 지냈다. 몸은 귀양에서 풀려났으나 중봉의 마음속에는 여전히
나라 걱정으로 가득했다. 한 가지 가슴 아픈 것은 이발(李潑)이 정
여립 모반 사건에 연루되어 세상을 떠난 일이었다. 중봉으로서는 절
친한 벗을 잃은 것이요, 나라로서는 큰 인재를 잃은 것이다. 일찍이
정여립을 멀리하라는 중봉의 충언을 듣지 않아서 비록 절교는 했으
나, 마음속의 우정(情)까지 끊은 것은 아니었다.

1590년(선조 23년) 중봉의 나이 47세, 봄이 되었다. 이발의 어머니
윤 씨(尹氏)가 아들 이발의 역모 사건으로 관가에 잡혀가게 되었다
는 소식을 들었다. 윤 씨도 자식을 잘못 둔 죄로 압송당하게 된 것
이다. 소식을 들은 중봉은 급히 술과 옷가지를 마련하여 옥천(沃川)
으로 나아가 기다려서, 먼 길을 걸어온 윤 씨를 만났다. 서로 얼굴
을 마주했을 때 윤 씨는 중봉을 알아보지 못했다. 이에 중봉이 이
발과 친구인 것을 밝혔다. 그제야 중봉을 알아본 윤 씨는 크게 놀
라며
"공(公)이 어인 일로 이렇게 몸소 나를 만나러 오셨습니까? 내 아들
이 공의 말을 들었던들, 어찌 역적모의에 가담할 수 있었겠습니까."
하고 눈물을 흘렸다. 중봉 역시 백발이 된 윤 씨의 손을 잡고 흘
러내리는 눈물을 억제하지 못했다. 중봉이 준비해 간 술을 윤 씨에
게 권하자

지당에 비 뿌리고

"내가 평소에도 술로 몸을 지탱하여왔음은 공도 잘 아는 바이지만, 아들의 역적모의가 있은 뒤로는 단 한 잔의 술도 입에 대본 일이 없는데, 공의 정성이 이와 같으니 어찌 사양하겠습니까?"

하며 여러 잔을 거듭 받아 마셨다. 중봉은 친히 털옷을 걸쳐주며 날씨의 차가움이 이와 같으니 이 털옷을 행자(行資)에 보태 쓰라고 신신당부했다. 이 말을 들은 윤 씨는 지하에 가서 죽은 자식을 만나면 이 일을 일일이 이야기할 것이라며 또 통곡하니 중봉도 따라 통곡했다. 중봉은 울면서 그를 보냈고, 그의 뒷모습이 보이지 않은 연후에야 울음을 그쳤다.

이어서 이발의 첩(妾)이 잡혀 오니 중봉은 또, 한 벌의 옷을 그에게 주고 서로 울며 작별했다. 그 뒤로 이발에 대한 말이 나오면 목이 메어 말을 잇지 못하니, 옆에 있던 사람들도 모두 감동했다. 다음은 은봉(隱峯) 안방준(安邦俊)이 전하는 중봉의 이발에 대한 변함없는 우정과 본받아야 할 사우(師友)의 도리에 대한 일화(逸話)이다.[55]

> 남창(南窓) 김현성(金玄成)이 일찍이 나(安邦俊)에게 말하기를, 분당(分黨)이 생긴 이후로 사우(師友)의 도리(道理)가 온전하지 못함이 매우 심하였는데, 오직 그 도리를 온전히 한 사람은 홀로 조여식(趙汝式)뿐이라고 했다. 김현성이 말하기를, 전에 내가 금산군수(錦山郡守)로 나가 있을 때 조사(朝士, 조정 신하)가 사명을 띠고 군(郡)에 내려왔다. 마침 중봉도 옥천에서 왔고 우리 세 사람은 모두 옛 친구들로 불을 밝히고 밤새 이야기를 하였다. 얘기가 기축옥사(己丑獄事)에 이르자 여식(汝式)은 이발(李潑)을 생각하며 혀를 차며 애석해하였다. 조사(朝士)가 말하기를 이발이 역모에

---

55   原典『重峯集』. 최영희『趙憲全書』탐구당 遺事 p75.

동참하였으리라는 것은 만 번 이치에 없는 일이나, 원정(原情, 사정을 하소연함)하여 정죄(定罪)했으니 그의 죽음이 이상할 바 없다고 했다. 그 말에 여식(汝式)은 술잔을 던져버리고 돌아앉아서 조사에게

"이발은 공과 평소에 우정이 두터운 사람이 아니었는가. 이발이 죽지 않고 살아 있다면 공의 말도 괜찮겠다마는, 이발이 이미 원통하게 죽었다면 공이 어떻게 그런 말을 할 수 있으며, 사군자(士君子)의 사우(師友)에 도리가 과연 이러한 것인가?"

하며 눈물을 흘려 마지않았다. 이에 조사(朝士)가 크게 부끄럽게 여기고 깊이 사과했다. 그러나 여식(汝式)은 끝내 석연치 않게 여겼으니, 비록 그가 과격한 것 같으나 역시 사우(師友)의 도리는 본받을 만한 것이다. 이발에 대하여 중봉은 이미 절교는 했지만 시종 권연(眷戀)하는 정이 있어 그가 살아서도 그랬고 죽었어도 늘 마음 아프게 생각하는 것이 이와 같았다.

이는 실로 인정(人情)이 미치지 못할 바요, 고금을 통하여 천하에서 일찍이 들어보지 못한 일이다. 그렇다고 하면 지금까지 올린 진소(陳疏)는 사우(師友)들을 구하고자 하는 데 지나지 않을 뿐, 동인(東人)이다 서인(西人)이다 하는 동서 두 자(東西二字)는 끝내 중봉에게 무관한 것이거늘, 이를 알지 못하는 사람이 도리어 편당(偏黨)했다고 생각하였다. 소위 편당이라고 하는 것은 득실과 시세를 쫓아 윗사람과 권력자에게 아첨하며 시부(弑父) 시군(弑君)하는 자들의 짓이니, 어찌 선생 같은 분이 차마 할 수 있는 일이겠는가? 선생이 조금이라도 편당할 마음이 있었다면, 옛 친구들이나 자기를 천거하는 사람을 버리고 그 누구와 더불어 당을 하겠는가.

오늘날 당론(黨論)이 날로 심하여 가는데, 그중에도 반드시 사우(師友)의 도리를 아는 사람이 있을 것이니, 하루아침에 대오각성(大悟覺醒)하여 먼저 국가를 생각하고 사사로운 구수(仇讐 원수)는 뒤로 미루며, 하나같이 선생을 본받는다고 하면, 화목하고 평화스러운 기상이 회복될 것이다. 그러니 어찌 이를 권하여 힘쓰게 하지 않을 것이냐고 했다.

지당에 비 뿌리고

김현성은 중봉이 비록 절교는 했으나 이발을 향한 우정은 조금도 변함이 없었다는 사실과 친구를 잃은 안타까운 중봉의 심정을 대변하고 있다. 또 하나는 중봉을 서인으로 몰아가는 세상 사람들에 대한 일침이었다. 중봉이 곤경에 처하면서도 끊임없이 상소하는 것은 사사로운 이익을 얻고자 함이 조금도 없는 순수한 충정(忠情)과 사우(師友)의 도(道)에 있음이요, 편당을 한다는 평가는 잘못된 것이라고 했다.

7. 영남 지방을
주유하다

　이발의 어머니를 전송한 중봉은 옛 생각에 젖어 한동안 비통한 마음을 금치 못하다가, 논산에 있는 고운사(孤雲寺)를 찾아 노니며 마음을 다스렸다. 그리고는 금천사(琴泉寺)에서 강학으로 여름을 지냈다.

　가을이 지나고 겨울이 다가왔다. 중봉은 한겨울에도 아랑곳하지 않고 영남 지방으로 주유(周遊)를 떠난다. 다음 해 1월까지 한 달 정도의 짧은 기간이었으나 영남 지방의 여러 곳을 돌아보고 많은 사람들을 만난다. 그리고 이 여행 중에 가장 많은 한시를 남겼다. 왜 그는 추운 겨울에 길을 떠났을까? 이미 왜적의 침입이 눈앞에 다가옴을 예측한 중봉이었다. 이러한 시기에 영남 지방을 두루 살펴본 것은 옛 명현(名賢)의 자취를 찾아보고, 아울러 그곳의 지리(地理)를 확인해 보려는 깊은 뜻이 있었을 것이다.

　1590년 12월 14일, 길을 떠난 중봉은 옥천으로부터 상주(尙州)로 가는 길에서 옛 생각에 젖어 시 한 수를 읊는다.

　〈尙州道中有感(상주로 가는 도중에 지음)〉[56]

　經餘偸得昇平暇　농사 끝 태평 시대 한가로운 틈을 타서
　行遍三韓故國墟　삼한 땅 옛터를 두루 돌아본다네

56　原典『重峯集』. 변형석『重峯詩譯註』p212.

周道平平幾人履 큰길이 평탄하니 몇 사람들 밟았을까
最憐金氏向松都 가장 슬픈 것은 김 씨가 송도로 갔다는 것

12월 15일에는 해평현(海平縣, 선산)에 도착해서 동쪽에 우뚝 솟은 금오산(金烏山)을 바라보며 길재(吉再) 선생의 충절을 사모하는 시를 읊었다. 고려 말 우왕(禑王) 때 문하주서(門下注書)를 지낸 치은(治隱) 길재 선생이 바로 해평인(海平人)으로 금오산에 은거했던 것이다.

〈海平縣 東望金烏山柳堪(해평현에서 동쪽으로 금오산을 바라보며)〉[57]

萬代高名吉注書 만대에 이름 높은 이름 길주서(吉注書) 치은(治隱)
金烏當日早幽居 일찍이 금오산에 숨어 살았네
漢山葱鬱新王氣 한양은 은밀하게 새 왕기 얽히었고
松岳悲凉故國墟 송악은 처량케도 옛터가 되었구나
杖策幾人開甲第 찾아오는 손님은 좋은 집 가졌건만
採薇甘自守窮閭 궁한 마을 혼자서 고사리만 달게 여겨
欲尋盥手逍遙處 손을 씻고 소요하던 곳 한 번 가려 하는데
茂樹清泉倘導余 푸른 숲 맑은 샘이 나를 인도하려나

12월 16일에 영천 고을의 속현(屬縣)인 장수(長水)의 우헌(郵軒)에서 잠을 잤다. 마침 율곡 선생의 동생인 계헌(季獻) 이우(李瑀)의 시가 벽 위에 있어, 그에 차운하여 주인인 찰방(察訪) 이태숙(李泰叔)에게 시를 지어주었다.

---

57   原典『重峯集』. 최영희『趙憲全書』탐구당 詩 p244.

〈贈主人察訪李泰叔(주인 되는 찰방 이태숙에게)〉[58]

訪友千竿脩竹林 천 그루 대숲으로 벗을 찾으니
急開樽酒細論心 술통을 열어놓고 깊은 마음 나누네
願取聚星享贊誠 취성정의 찬성(贊誠) 얻기를 바라노니
峨洋終信伯牙琴 끝내 백아금의 아양(峨洋)을 믿을 지라

 영천(永川)에 도착한 중봉은 척금(滌襟)의 잔치에 참석한다. 이 자리에서 군수(郡守) 원언위(元彦偉), 경판(慶判) 이진지(李鎭之) 등 지역 유지들과 시를 주고받으며 마음껏 취했다. 중봉은 주수(主守) 원언위의 시에 차운하여 경판(慶判) 이진지에게 오언시(五言詩)를 지어주었다.

〈贈慶判李鎭之(경판 이진지에게 줌)〉[59]

天寒在歧路 날씨는 찬데 갈림길에서
惟我獨逢君 나는 홀로 그대를 만났네
何日歸蓬邑 어느 날 달읍(蓬邑)으로 돌아가
松陰咏古文 소나무 그늘에서 옛글을 읽을거나

 그리고 원언위의 화운(和韻)을 받아서 답했다.

〈奉酬彦偉見和韻(언위의 화운에 받들어 답함)〉[60]

瘦馬凌兢踏雪氷 야윈 말 두려워 떨며 얼음 눈 밟는데

---

58   原典『重峯集』. 변형석『重峯詩譯註』p213.
59   위의 책 p216.
60   위의 책 p218.

지당에 비 뿌리고

蘇門長嘯感孫登　소문산(蘇門山)에서 긴 휘파람 분 손등(孫登)이 느꺼웁다
川原繞繚橫山麓　냇물은 산자락 가로 비껴 에두르고
樓閣參差枕石稜　높은 누각은 돌 모서리를 베었구나
潤別十年愁道路　십 년 이별 길 시름 가득한데
提攜連日晤賓朋　날마다 손잡고 갈 벗을 만났네
如何值此昇平暇　어떠한가 이런 태평에 만남이
星主鴻恩難具稱　임금님의 은혜에 이르기가 어렵구나

중봉은 영천 임고서원(臨皐書院)을 찾아 포은(圃隱) 정몽주(鄭夢周) 선생의 유상(遺像)에 글을 지어 제사를 지냈다. 중봉의 제문은 이러했다.

〈임고서원제 포은 선생문[臨皐書院祭圃隱先生文, 1590년(선조 23년) 12월 20일]〉[61]

아! 선생은 삼강(三綱)과 오상(五常, 오륜)을 한몸에 맡으셨습니다. 이 백성들 모두가 힘입게 되었으니 우리의 도(道)가 더욱 빛나졌습니다. 공이 계실 때는 나라도 있었고, 공이 돌아가시고는 나라도 망했습니다.

아! 선생은 나라와 더불어 존망(存亡)을 같이하셨습니다. 학문은 주자(朱子)를 천명(天明)하셨으니 우리나라는 이 도(道)로 밝았습니다. 경륜(經綸)이 구비하셨으니 중화(中華)와 조선(朝鮮)이 일체(一體)로 되었으며, 효심(孝心)을 옮겨 충성(忠誠)을 다하셨으니 송도(松都)와 영천(永川)의 두 곳에 충신비(忠臣碑)와 효자비(孝子碑)를 세우게 되었습니다. 아! 선생은 만고에 그 이름이 빛나셨습니다. 생(生)이 술 한 잔 올리오니 뒤에 태어난 옛 도읍의 미친 선비입니다.

61　原典『重峯集』. 최영희『趙憲全書』탐구당 祭文 p202.

포은 정몽주 선생의 사당을 찾은 중봉은 위급한 나라 사정을 먼저 생각했을 것이다. 일본의 침략 의도가 눈에 보이건만 이를 모르는 것은 오로지 조정뿐이었다. "공이 계실 때 나라가 있었고 공이 돌아가시고는 나라도 망했습니다."라는 말에서 고려와 존망을 같이한 포은 선생의 우국충정을 깊이 생각했다. 일본의 속내를 꿰뚫어 보고 있던 중봉은 조선 침략의 위협을 일깨우고자 수차례 상소를 올렸다. 그러나 선조는 오히려 자신을 간귀로 취급했다. 나라 안팎의 정세는 갈수록 어려운데, 이에 대비할 준비는 그만두고 현실 인식조차 제대로 하지 못하는 조정에 대한 안타까운 심정이 제문에 그대로 담겨 있는 듯하다.

포은 선생에 제사를 지낸 중봉은 서원에 이런 글을 남겼다.

⟨拜謁後 題于書院(배알 후 서원에 쓰다)⟩[62]

純忠大節冠當時 순수한 충절과 절의가 당시의 으뜸인데
吏議如何敢置疑 누가 감히 의심의 말을 할 것인가
南服卉裳西感帝 남으로는 왜인을 복종시키고 서로는 황제를 감동시키니
民登壽域土知詩 백성들은 태평한 세상을 살고 선비는 시예(詩禮)를 아네
誠通金石三韓寶 정성은 금석을 뚫어 삼한에 보배가 되고
學究天人百世師 학문은 하늘을 궁구(窮究)하여 백 세의 스승이 되었네
小子摳衣來俯仰 소자가 옷을 걷고 굽어보고 우러르니
宛然親覩虎龍姿 보이는 것이 호룡의 자태가 완연하네

62   原典『重峯集』. 변형석『重峯詩譯註』 p225.

임고서원(臨皐書院)을 나온 중봉은 영천 고을 동쪽 우항리(愚巷里)에 선생의 효자비(孝子碑)를 둘러본다. 우항리는 포은 선생이 사시던 옛 마을이다. 중봉은 시를 지어 선생의 효성을 찬양하면서, 이 비가 유래하는 내역을 자세히 기록했다. 시(詩)에 등장하는 소연(少連)은 춘추시대 사람으로 도리를 잘 지킨 사람이고, 송서(宋瑞)는 남송(南宋)의 충신으로 원나라에 잡혀가 끝내 항복하지 않고 순국한 사람이다. 그리고 안 씨(顔氏)는 공자의 수제자였고, 주공(周公)은 주나라 무왕(武王)의 동생으로 조카 성왕(成王)을 잘 보필한 명상(名相)이었다. 중봉이 포은을 칭송한 대목이다.

〈**愚巷里前歷覩先生孝子碑** (우항리 앞 선생의 효자비를 찾아보고)〉[63]

東國少連今宋瑞 동국(東國)의 소연(小連)이요 오늘날의 송서(宋瑞)이며
孔門顔氏古周公 공문(孔門)의 안 씨(顔氏)이고 옛날의 주공(周公)일세
爲言書院諸君子 서원(書院)의 여러 군자(君子)에게 말씀하노니
學問須思移孝忠 학문은 모름지기 효(孝)를 행하고 충성을 생각하는 것임을

12월 22일에는 하양(河陽)으로 가서 현감 조윤신(曺胤申)을 만나 시를 나눈다.

---

63   原典『重峯集』. 변형석『重峯詩譯註』 p227.

〈次松岡贈金縣監光斗韻(송강이 현감 김응두에게 준 시에 차운함)〉[64]

梅溪(曺偉)先逝寒暄弔 매계가 먼저 가시매 한훤(김굉필)께서 조상하셨으니
野史當年感嘆多 당년의 野史는 감탄함이 많구나
今到河陽聞故事 이제 하양에 이르러 옛일을 들으니
霜天如見一黃花 서리 내린 날 황화 한 송이 보는 듯하네

* 매계(梅溪) 조위(曺偉)는 하양 고을 원님 조윤신(曺胤申)의 할아버님이 되신다.

12월 23일, 경산(慶山)의 객관에 들러서 회재(晦齋) 이언적(李彦迪)의 시에 차운하여 지었다.

〈慶山客官次晦齋先生韻(경산의 객관을 들러서 회재 선생의 시에 차운함)〉[65]

碧澗琮琤下 푸른 시냇물 졸졸졸 흘러내려 가
北流西入江 북에서 서쪽의 강으로 들어가네
歷山凡有幾 경산을 몇 번이나 들렀던가
此縣固無雙 이 고을에는 참으로 짝할 이가 없다네
爽氣通高閣 상쾌한 기운은 누각을 지나고
蒼屛對小窓 푸른 병풍은 작은 창문을 마주했네
沈吟題一絶 절구(絶句) 한 수를 읊조리니
巨筆次如杠 큰 붓에 긴 자루가 없는 것 같구나

〈次省峴壁上韻(성현의 벽상 시에서 차운함)〉[66]

---

64   原典『重峯集』. 변형석『重峯詩譯註』 p227.
65   위의 책 p233.
66   위의 책 p234.

天寒心逐白雲飛　하늘은 차고 마음은 흰 구름 따라 나는데
日暮冷侵遊子衣　날은 저물어 찬 기운 나그네 옷에 스며드네
孤館中聊聊假寐　깊은 밤 외로운 여관에서 잠시 눈을 붙이는데
夢魂猶向故園歸　꿈에서도 혼은 고향을 향해 돌아가네

12월 24일, 중봉은 청도(清道)로 향했다. 청도에는 12세(1955년) 때 시서(詩書)를 가르쳐주신 김황(金黃, 1524~1593) 선생이 고을의 군수로 있었다. 선생은 자(字)를 호연(浩然), 호(號)를 어촌(漁村)이라 불렀다. 1966년(명종 21년)에 별시 문과에 급제하여 청도군수 등 4개 군에서 군수를 지내며 선정을 베풀었다. 임진왜란이 일어나자 경기도 연천에서 계모의 시묘살이를 하던 중에 의병을 일으키기도 했다.

중봉은 청도로 가던 냇길에서 어촌 선생을 만났다. 마침 실가(室家, 아내)를 맞이하러 성현(省峴, 청도에 있는 고개)을 향하고 있었던 것이다. 오랜만에 뵙는 스승은 많이 변하셨다. 그 감회를 즉석에서 시로 남겼다.

〈向清道郡 路拜漁村先生 (청도군을 향해 가다 냇길에서 어촌 선생께 절하다)〉[67]

九載隔顔範　아홉 해를 못 뵌 모습에
天寒拜路頭　차가운 날 길가에서 절을 올린다
故山新總角　고향에서는 총각 같았는데
衰鬢颯成秋　귀밑머리에 어느덧 서리가 내리셨네
嶺海治聲洽　영해에는 치성(治聲)이 가득하고
江湖浪迹浮　강호에서 물결같이 떠도는 발자취

---

67   原典『重峯集』. 변형석『重峯詩譯註』 p235.

清凉如一日　청량하기가 하루 같으시니
逸氣當封侯　빼어난 기개 마땅히 아름답구나

　　오랜만에 뵙는 선생과 옛이야기를 나누며 밤을 지새웠다. 3일을 머물며 동헌(東軒)과 청덕루(淸德樓)를 오가면서 시(詩)를 짓고 묵은 이야기를 나누었다. 어촌 선생은 아들이 없고 무남독녀만을 두었다. 중봉에게 그것이 마음에 걸려서, 선생의 후사를 세우기 바라는 시를 지어주기도 했다. 중봉은 이곳에서 어촌의 사위 이태숙(李泰叔)과 만나 시를 지어 화답했다. 그리고 어촌 선생에게 드리는 시를 남기고 떠났다.

〈次鰲山東軒韻 呈漁村先生(별산 동헌 시에서 차운하여 어촌 선생에게 드림)〉[68]

父生君食不言功　아버지 낳으시고 임금님 먹이셔도 그 공은 말하지 않는데
師敎尤關三事中　스승의 가르침 세 가지는 더욱 관계가 된다네
苦味虞周偸紀叙　애를 써도 우주(虞周)의 윤리와 기강을 펴지 못하니
雖存耳目瞽聾同　비록 눈과 귀가 있어도 장님과 귀머거리 같구나
先生爲惠詩書敎　선생께서 詩書로 가르침을 베푸셔서
小子頗蒙俊傑容　소자는 자못 준걸의 모습이 되어가네
願學欒共無隱路　난공(欒共)의 숨기는 말 없음을 배우기 바라노니
憧憧終夕慰孤蹤　애틋한 마음 밤새 외로운 자취 위로하네

* 우주(虞周): 『서경』에 나타난 요·순과 夏·殷·周 3대의 태평 시대와 이상적인 정치를 말함.

68　　原典『重峯集』. 변형석 『重峯詩譯註』 p237.

중봉을 보내는 어촌 선생도 서운함이 말할 수 없었다. 다시 만날 날을 기약할 수 없는 이별이었다. 어촌 선생은 3일간의 짧은 해후로 제자를 보내는 심정을 이렇게 시로 읊었다.

〈趙重峯에게 韻을 받아서 준다〉[69]

그대는 호서(湖西)에 있고 나는 동쪽에
어찌 알았으랴 그대 또한 반늙은이인 줄
서로 만난 사흘 만에 또다시 이별하니
청덕루(淸德樓) 뜨락 위에 아쉬움만 끝이 없어라

- 金滉

12월 27일에는 청도군 서쪽 십 리 밖에 있는 탁영(濯纓) 김일손(金 馹孫, 1464~1498) 선생의 사원을 찾았다. 이곳이 곧 김일손의 집터였 다. 탁영 선생은 김종직(金宗直) 선생의 문인으로 춘추관 사관(史官) 을 지낸 바 있다. 그 후 조의제문(弔義帝文) 사건에 관련되어 무오사 화(戊午史禍)에 처형되었다. 이태숙(李泰叔)과 더불어 애도하고 벽 위 의 시에 차운하여 한 수를 남겼다.

〈濯纓先生祠院(탁영 김일손(金馹孫) 선생 사원에서)〉[70]

百年遺事問悠悠 백 년 전의 일 묻기가 아득한데
綠竹蒼松繞故丘 푸른 대나무 푸른 솔 언덕을 덮었네

---

69   原典『重峯集』. 변형석『重峯詩譯註』 p250.
70   위의 책 p239.

絶學要須開日月 끊긴 학문 해와 달이 열리기를 기다려야 할지니
微言非是續陽秋 성인의 말씀 옳고 그름이 춘추(春秋)를 이음이라
京生只爲劉哀惜 경생(京生)은 다만 한나라가 쇠함을 애석해하는데
石氏寧思黨禍謀 석 씨(石氏)는 어찌 당화(黨禍)를 꾀할 생각하는가
萬古憸人眞戲劇 만고의 간교한 인간들 참으로 장난이 심한데
誦詩懷古淚先流 시를 읽으며 옛 생각에 눈물이 먼저 흐른다

12월 28일에 합천(陜川)으로 향했다. 합천은 남명(南冥) 조식(曺植) 선생의 생가가 있고, 신라 시대 문장의 대가인 고운(孤雲) 최치원(崔致遠) 선생이 만년에 가족을 데리고 가야산 해인사에 머물며 저술 활동을 한 곳이다. 중봉은 합천으로 가는 길에 자여(自如) 찰방(察訪)으로 있는 계의(季義) 이종호(李從虎)에게 절구(絶句) 다섯 수를 써서 부쳤다. 김종호는 하서(河西) 김인후(金麟厚)의 둘째 아들인데, 중봉과는 어떠한 관계인지 명확히 나온 것이 없다. 시의 내용으로 미루어보면 삼산(三山)은 보은의 별칭이므로 8년 전 보은현감 시절에 그곳에서 만남과 이별이 있었던 것으로 보인다. 그에게 시 5수를 보냈는데 이것은 그중 한 수이다.

〈寄自如察訪金季義從虎五絶 (자여찰방 김계의에게 절구 다섯 수를 부침)〉[71]

一別三山八載餘 삼산에서 이별한 지 8년인데
風霜千里鴈書疎 바람서리 천 리 길 편지마저 드물구나
相應韜却牛刀手 응당 소 잡는 칼 솜씨 감출 것 없는데
脩竹林中坐自如 긴 대나무 숲 가운데 자여(自如)하게 앉아 있네

* 牛刀: 소 잡는 칼. 여기서는 이종호의 재주와 능력이 크다는 뜻으로 쓰인 것으로 보인다.

71   原典『重峯集』. 변형석『重峯詩譯註』p242.

중봉은 그 외에도 창원부사(昌原府使) 장의국(張義國)에게 시(詩)를 부치고자 했으나 이루지 못하고, 진주 목사(晉州牧使) 최입(崔立, 1539~1612)에게 절구 다섯 수를 부쳤다. 최립은 율곡(栗谷)의 문인으로 장원급제하여 재령군수로 선정되었고, 광주목사, 전주부윤, 형조참관 등을 역임했다. 그는 당대 외교문서 작성의 제일인자였다. 절구 다섯 수 중에서 여기에 두 수를 올린다.

〈寄呈崔晋牧立之 令公 五絶 (진주목사 최립 영공에게 절구 5수를 보냄)〉[72]

官罷無歸住管山　벼슬 버리고 관산에 머무르니
鄕關迢遞道途艱　고향 땅 아득히 멀어 가는 길이 험난하네
西亭一過無消息　서정을 한 번 지나고 소식이 없으니
想認吾耕畿縣問　내가 경기 고을에서 농사짓는 줄 아셨으리

* 진주로 부임하며 옥천을 지날 때 참문(參聞)하지 못함을 한하며.

頭流山下雙溪遠　두류산(지리산) 아래 쌍계가 먼데
學士遺蹤在石門　학사(崔致遠)가 남긴 발자취 석문에 있네
太守風流知不俗　태수의 풍류가 속되지 않으니
籃輿時訪載琴樽　때때로 가마 타고 찾아와 가야금과 술통을 찾
는구나

* 옛일을 기록하고 지금을 생각함.

12월 29일, 중봉은 대구로 올라왔다. 대구에는 남파(南坡) 최희(崔禧)가 대구 부사(大丘附使)로 있었고 졸옹(拙翁) 홍성민(洪聖民)이 경상도 관찰사로 있었다. 최희는 1575년 7월 통진 현감(通津縣監)으로

72　위의 책 p246.

부임했다가 12월에 체직하면서 중봉이 그 뒤를 이어 부임했었다. 최
희가 일찍이 한강(漢江) 남쪽에 띠집 몇 칸을 얽어 짓고 음애십경(陰
崖十景)을 찾아 얻고서 헌(憲)으로 하여금 글을 짓게 했다고 기록되
었으나 그 시기는 정확히 알 수가 없다. 이때 지은 '구름가의 삼각
산', '南山의 저녁 烽火', '옛 남한산성' 등 10여 수의 시가 있다. 그중
세 수를 선별하여 올린다.

〈江寺曉鐘(강가 절의 새벽종)〉[73]

滄江百里去如彎　푸른 강물 백 리를 굽이져 흐르고
古寺晨鐘晻靄間　옛 절 새벽 종소리 안개 속에 희미하네
喚起河兒燈未至　불러 깨운 아이놈 등불 미처 이르지 않고
招招舟子巳無閒　손짓해 부른 사공은 이미 바쁘구나

〈淸潭歸帆(청담 돌아가는 배)〉[74]

淸潭斜日晩風吹　청담에 해 비키고 저녁 바람 부는데
多少行舟恐去遲　저기 떠나가는 배들 더딜까 두렵구나
一片雲帆隨處擧　한 조각 구름 돛을 곳곳에 올리나니
渡頭時聽鬧羣兒　나룻가에 아이들 노는 소리 정답다

* 청담(淸潭): 경기도 광주군 언주면 청담리 한강 연안.

73　原典『重峯集』, 변형석『重峯詩譯註』p253.
74　위의 책 p255.

지당에 비 뿌리고

〈炭川秋光(탄천의 가을빛)〉[75]

晴川蕭瑟夜風凉 맑은 시냇물 쓸쓸하고 가을바람 서늘한데
稻熟西疇鴈叫霜 서쪽 논에 벼는 익고 서리 내리는 하늘 기러기
는 우는구나
大野黃雲民樂處 큰 들판 누런 구름 백성들이 즐거워하는 곳
荻花楓葉已秋光 억새꽃 단풍잎 이미 가을빛이로다

1591년(선조 24년) 신묘년(辛卯年) 정월 초하루, 새해 아침을
경상도 관찰사(慶尙道觀察使) 익성군(益城君) 홍성민(洪聖民)과 함께
맞이했다. 홍성민은 중봉이 함경도 길주 유배에서 풀려났을 때 성
균관 전적(典籍)과 예조정랑(禮曹正郞)으로 천거했다가 선조의 노여
움을 사는 바람에 경상도 관찰사로 내려온 사람이다.

홍성민(洪聖民)이 그의 먼 조상 되는 충평공(忠平公) 홍관(洪灌)의
행장을 보여주기에 세 번 감탄했고, 또 그의 선조 광정공(匡定公) 홍
문계(洪文系)의 행장을 보여주었는데 간신(奸臣)을 베어버리고 사직
을 편안케 한 공로가 우뚝하여 따를 자가 없었다. 중봉은 두 분의
행장에 감탄하여 시를 지었고, 아울러 탄식하며 후손들에게 꼭 기
억하라는 교훈을 남겼다. 전조(前朝)에 중봉의 선대가 의(義)를 좇지
않음으로써 멸문지화(滅門之禍)를 당하는 역사적인 사건이 있었기
때문이다. 그것이 익성군(益城君)의 선조가 이룬 업적과 연계가 있
었으니, 홍문계의 행장을 보니 불현듯 그 생각이 떠오른 것이다. 중
봉은 그때를 생각하며 안타까운 마음으로 후손들이 기억할 것을
당부하는 글을 남겼다.

---

75   原典『重峯集』. 변형석『重峯詩譯註』 p256.

〈盆城又示其先祖匡定公文系行狀 誅奸安社之功 屹然無及者 因題其後
[익성군(盆城君)의 선조 홍문계(洪文系)의 행장을 보고 지은 시]〉[76]

三林之亂國瀕危 삼림의 난에 나라가 위급에 다다랐으니
趙孟寃魂絶島悲 조맹의 원통한 영혼 외딴섬에서 슬펐다네
匡定此時安社稷 이때 광정공이 사직을 안정시키니
聞猶百載淚涎洏 오히려 백 년 뒤에 들어도 눈물이 줄줄 흐르는구나

중봉의 선대가 의(義)를 좇지 않아서 집안이 망하게 되었음을 안
타깝게 여기는 것은 고려조에 있었던 사건 때문이다. 중봉의 12대
조 조문주(趙文柱)공은 고려 고종 때 병부상서를 지냈다. 그에게는
아들이 둘 있었는데 오(璈)와 진(珍)이었다. 오가 원종조(元宗朝)에
동지추밀원사로 있을 때 일어난 사건이었다. 중봉은 이 사건을 들어
후손들로 하여금 의를 보고도 행하지 않은 선대의 누를 교훈 삼아
이를 기억할 것을 다음과 당부했다.[77]

임연(林衍)이 원종(元宗)을 폐하고 창(倡)을 세울 때 동지추밀원
사(同知樞密院事) 조오(趙璈)는 병으로 일어나지 못했다. 임연(林
衍)이 권력을 휘두름에 미쳐 조야(朝野)의 인심이 조오(趙璈)에게
로 돌아갔다. 장군 김문비(金文庇)와 윤수(尹秀), 조윤번(趙允璠), 오
의 아들)이 더불어 연(衍)을 베이기를 꾀하고 조오(趙璈)에게 알렸
다. 그러나 오(璈)는 이에 따르지 않았다. 김문비(金文庇) 등은 일
이 이루어지지 못할 줄을 알고 거꾸로 연(衍)에게 알렸으므로, 연
(衍)은 오(璈)를 흑산도로 유배 보내고 그의 장자 조윤번(趙允璠)과
사위 비서랑(秘書郞) 장호(張顥) 및 그 일당 7인을 죽이고 그 집안

---

76   原典『重峯集』. 변형석『重峯詩譯註』 p258.
77   위의 책 p258.

지당에 비 뿌리고

을 적몰(籍沒)했다. 또한 오(璈)의 막내아들 윤온(允溫)도 유배 보냈다.

아! 역사에 이르기를 오(璈)는 거처함에 늘 공손하여 자못 대중의 마음을 얻었다고 했다. 만약 연(衍)이 역모할 즈음에 김문비(金文庇)와 윤수(尹秀)가 이미 아들 조윤번(趙允璠)과 더불어 연(衍)을 베일 것을 협모(協謀)했으니, 오(璈)가 의연히 정의에 의지하고 분개하여 몸을 돌보지 않았으면, 나라 사람들이 누구라도 따르지 않으려고 했겠는가. 취일오연(取日虞淵)의 공을 거둘 수 있었을 것을, 거의(擧義)를 무서워하여 마침내 온 가족이 화를 입었으니 의(義)를 보고도 행하지 않은 책임을 어찌 면할 수 있겠는가.

왕(王) 씨 조정과 몽고가 크게 군대를 내어 동쪽 왜(倭)를 정벌할 때 연(衍)은 근심으로 죽었다. 그의 아들 유무(惟茂)가 어린 나이로 아비의 권세를 이어 잡고 매사를 처(妻)의 아비 이응열(李應烈)과 추부(樞副) 송군비(宋君斐), 누이의 지아비 어사(御使) 중승(中丞) 홍문계(洪文系) 및 직문하(直門下) 송송례(宋松禮)와 더불어 결정했다. 그러나 겉으로는 비록 따르는 듯했으나 늘 분개했다.

유무(惟茂)가 장차 왕명을 거역하려 할 때 안과 밖이 흉흉했다. 왕이 밤에 이분성(李汾成)을 보내 홍문계(洪文系)에게 말하기를

"경은 누대에 걸쳐 벼슬한 집안의 후예인데, 마땅히 의로운 세력을 헤아려 사직을 이롭게 하여 부조(父祖)를 욕되게 하지 마라."

하니 홍문계가 두 번 절하고 분성에게 집 문밖에서 기다리라 이르고 즉시 송례와 도모했다. 송례의 두 아들은 위사장(衛士長) 염(琰) 및 분(玢)이라. 송례와 문계는 삼별초(三別抄)를 모아 사직을 호위하는 대의를 설명하고, 유무(惟茂) 및 그 자부(姊夫) 대장군(大將軍) 최종소(崔宗紹) 잡기를 도모하여 저자에서 모두 참(斬)하니, 조야(朝野)가 모두 크게 기뻐했다.

연(衍)의 처 이 씨(李氏)는 성품이 사납고 질투가 심하여 유무(惟茂)로 하여금 왕명을 거역하여 살육하도록 했으나 실패했다. 이 씨는 옷을 차려입고 진귀한 보물을 가슴에 품고 나가려고 했다.

이때 조오(趙璈)의 자매가 문에 이르러 엿보고 머리채를 휘어잡고 뺨을 때렸다. 동네에 오랜 원한이 있는 사람이 있었는데, 그 옷을 찢어 벗기니 보는 사람이 담장 같이 둘러섰다. 마침내 도망가 숨을 곳이 없자 미나리꽝으로 들어가니 어린아이들이 다투어 기왓조각과 자갈을 던졌다. 아울러 그 아들 유한(惟翰), 유거(惟柜), 유제(惟提) 등도 잡혀 몽고로 보내졌다. 문계(文系) 등은 행재(行在)에 나아가 축하를 드리고, 또한 송례(松禮)와 더불어 세자를 모시고 몽고로 가서 배중손(裵仲孫)이 삼별초(三別抄)로 반란을 일으킨 상황을 아뢰고, 또 최탄(崔坦)의 망령된 호소는 땅을 나누어 스스로 다른 나라를 세우려는 뜻이라는 것을 아뢰었다. 행운과 재앙이 마구 달려 천지가 받아들일 수 없는 죄가 비록 즉각 윤허되지 못했으나, 마침내 소설(昭雪, 사실을 밝힘)됨을 보아 위난이 바뀌어 평안을 이루게 되니 공훈이 삼한에 으뜸이었다.

아아! 조오(趙璈)의 화(禍)는 기사년(己巳年) 동계(冬季)에 일어났고, 홍문계(洪文系)의 사직을 편안케 한 공로는 곧 경오년(庚午年) 중하(仲夏)에 있었으니, 오(璈)가 전해에 만약 의(義)를 보고 용감할 수 있었다면, 洪, 宋의 무리들이 또한 먼저 한편으로 가담하였을 것이고, 간사한 무리들을 베이고 위난을 해결하는 데 힘쓰기가 매우 쉬웠을 것인데, 일을 보고도 더디어 집안에 화(禍)가 이르고 나라를 위급하게 했다. 악을 미워하고 분노를 털어놓음도 끝내 자매에게 부끄러웠다. 선비의 몸가짐은 모름지기 도리를 보는 것이라, 문계(文系)의 위난에 임하여 난리를 평정한 것은 오직 견도(見道)가 분명할 뿐이었다. 그의 시호는 곧 광정(匡定)이다.

오(璈)는 병부상서(兵部尙書) 조문주(趙文胄)의 큰아들이며, 헌(憲)의 선조 보승랑장(保勝郞將) 진(珍)은 곧 오(璈)의 아우이다. 일찍이 은천세보(銀川世譜) 및 고려사를 연구하고 우리 집안의 족조(族祖)가 선(善)을 따름이 부족하여 거의 집안이 망하고 나라가 없어질 뻔한 것을 가만히 탄식했다.

마침내 익성군(益城郡)이 보여주는 가첩(家牒)을 고찰하고 그 일에 임하여 정의에 떨쳐 일어나 군부(君父)를 위난에서 구제함을 깊이 탄식했다.

　　다시 사첩(史牒)을 고찰하고 졸장(拙章)의 아래에 갖추어 기록
하니 우리 가족(家族)이 알아서 기억하면 다행이겠다.

　정월 초2일에는 대구교수(大丘敎授) 송광정(宋光庭)이 그의 내외조
(內外祖)에 행장(行狀)을 보여주었다. 고려 태조 때의 무신으로 개국
공신 대장군을 지낸 장절공(壯節公) 신숭겸(申崇謙)의 행장을 보고
그 행장 뒤에다 이렇게 썼다.

　〈大邱敎授宋贊哉 出示其內外祖行狀 因題申壯節公行狀後(대구교수 송찬재가
그의 외조부 행장을 보여주므로 신장절공 행장 뒤에 씀)〉[78]

　桐藪何年戰楚軍　어느 해에 동수(桐藪)에서 남쪽 군대와 싸웠는가
　同門一死漢王奔　동문에서 한 번 죽으니 한나라 왕이 달아났네
　分明紀信存劉氏　기신(紀信)이 분명하니 유 씨(劉氏)는 살아났는데
　錯比鄂公玄武勳　악공(鄂公)의 현무문(玄武門) 공훈에 잘못 비교하는구나

　1월 초3일에는 취금헌(醉琴軒) 박팽년(朴彭年) 선생의 5대손 박여술
(朴汝述)의 집에 들렀다. 박여술은 무과(武科)에 급제하고 함창 현
감(咸昌縣監)을 지냈다. 중봉은 박팽년(朴彭年) 선생의 신위(神位)에
제사를 올렸다.

78　　原典『重峯集』. 변형석『重峯詩譯註』p262.

제2부•칼로 죽이나 정사(政事)로 죽이나 살인은 마찬가지입니다(1582~1590년)　*241*

〈제평양박선생팽년문(祭平壤朴先生彭年文)〉[79]

만력 19년(萬曆十九年) 정월(正月) 삼 일(三日)에 후생(後生) 은천(銀川) 조헌(趙憲)은 평양(平壤) 박 선생의 신위(神位)에 감히 밝게 고하나이다.

아! 선비가 세상에 태어나서 몸을 바쳐 임금을 섬기는 사람은 억만(億萬)의 수효(數爻)로도 헤아릴 수 없을 것입니다. 그러나 그 진심으로 임금을 위하여 죽음의 뜻을 변치 않는 자는 오직 옛날 상(商)나라의 백이(伯夷) 숙제(叔弟)와 진(晉)나라의 난공자(欒共子)이며, 우리나라에는 전조(前朝)에 홍충평 '관'(洪忠平 灌)과 정문충 '몽주'(鄭文忠 夢周) 등 몇 사람뿐으로, 그 외에는 소문난 자가 없다고 하겠습니다.

이것은 당시의 사람들이 이(利)만 찾고 의리(義理)를 잊었기 때문에 어린 임금은 의탁할 곳이 없게 되었습니다. 이 어찌 임금이 불행하다 하지 않겠습니까? 이때 선생은 성근보 '삼문'(成謹甫 三問) 등 여러 사람과 집현(集賢)의 명을 함께 받았습니다. 인심이 돌아가는 바로 천명(天命)도 또한 고쳐지게 되었으나, 오직 선생은 섬기셨던 임금을 생각하시는 그 마음을 만 번 죽어도 변치 않으셨습니다. 우리 동방의 인사들로 하여금 군신의 의(義)를 가진 사람은 천지간에 도망치지 못할 것을 알게 하셨습니다. 풍성(風聲)을 듣고 흥기(興起)하는 사람이 세대(世代)로 있었습니다. 선생의 절의(節義)는 일월과 같이 광명하고 선생의 이름은 천지에 드리웠으니 영원히 무궁하리다.

아! 선생은 참으로 백 세의 스승이옵니다. 이제 헌(憲)은 노상(路上)에서 우연히 어진 자손을 만났습니다. 끼친 사당에 참배한 다음 경앙(景仰)의 뜻을 이기지 못하옵니다. 이에 벗의 술을 한 잔 부어 공경히 드리오니, 아! 흠향하옵소서.

---

79   原典『重峯集』. 최영희『趙憲全書』탐구당 祭文 p202.

정월 초5일. 성주목사(星州牧使) 양호당(養浩堂) 이덕열(李德悅, 1534~1599)과 성주(星州) 경사당(敬事堂)에서 주연이 있었다. 그 자리에 진사 원광보(元廣甫)가 함께했다. 고향 사람이어서 반가움에 시를 짓고 여관에서 많은 이야기를 나누었다. 술에 취해 은제(恩齋) 선생의 시에 차운하여 양호당(養浩堂)에게 주었다.

〈敬事堂酒席 醉次思齋先生韻 贈主牧李悅之(경사당 술자리에서 취하여 사제 선생 시에 차운하여 목사 이열지에게 줌)〉[80]

新年客到古雄州　새해에 나그네 되어 옛 웅주(雄州)에 이르니
處處民祈大有秋　곳곳마다 백성들은 가을 수확을 기원하네
文烈清風欽宿德　문열공의 맑은 바람 숙덕(宿德)을 흠모하며
恩齋惠政仰前修　은재(恩齋)의 은혜로운 정사 선현을 우러르네
儘憂社稷懷深計　사직을 늘 근심하여 깊은 계책을 품었으니
肯爲江湖忘遠謀　강호(江湖)에서 원대한 생각 잊으려 하겠는가
點綴荒詞記遺跡　거친 글 얽어가며 남기신 자취 적으니
孤蹤知不負南遊　외로운 발길 남쪽 여행이 어긋나지 않았네

정월 초6일 저녁에 금릉(金陵)에 들어갔다. 선산부사(善山府使) 윤면(尹勉)이 고강(考講, 과거의 경학시험 중 책을 보고하는 구술시험)의 일로 먼저 와 있었다. 군백(郡伯) 임예신(任禮臣)이 일찍이 천안에서 재직할 때 삼산(三山 보은)에 군사(軍士)를 점검한 일이 있어 그때의 회포를 서술했다.

〈夕入金陵 郡伯任丈 贈任天安時 憲自三山點軍 故懷 (금릉군수에게 보은현감

시 군사를 점검한 회포를 서술함)〉[81]

宣化樓前對酌時 선화루 앞에서 마주 앉아 술 마실 때
桓桓元帥選熊羆 굳세고 굳센 원수(元帥)같이 용맹한 군사를 뽑았네
太平萬歲君恩重 만년의 태평함이 임금님 은혜 무거운데
覓酒江湖惣舊知 강호에서 술을 찾으니 모두가 옛 벗일세

　　영남 지역 주유는 금릉이 마지막이었다. 추측건대, 중봉이 돌아
올 때는 금릉에서 추풍령을 넘어 영동을 거쳐 옥천 실가에 이르는
길을 이용했을 것이다. 영남 지방을 주유(周遊)한 것은 1590년 12
월 14일에 옥천을 출발하여 1591년 1월 초순까지라면 약 한 달 정도
의 기간이었다. 그동안 옥천-선산-영천-하양-경산-청도-합천-대구-
성주-금릉-(추풍령)-(영동)-옥천으로 이어지는 길을 돌아왔다. 이는
영남 지방을 통과하는 중로(中路)와 서로(西路)의 일부이다. 이 여행
의 의미는 무엇이었을까 유추해보면, 전란에 대비하여 영호남비왜
지책(嶺湖南備倭之策)을 구상하는 데 목적을 둔 중요한 여행이었을 것
이다.

81　　原典『重峯集』. 변형석『重峯詩譯註』 p278.

　　　　　　　　　　　　　　　　지당에 비 뿌리고

제3부

오직 한 번의
죽음이 있을 뿐이다(1591~1592년)

1. 전하, 왜국 사신의
목을 베소서!

1591년(선조 24년) 1월 중봉의 나이 48세, 영남(嶺南) 지방을 주유하고 돌아왔다. 그해 봄, 작년에 일본으로 건너간 통신사가 열 달 만에 귀국했는데, 왜사(倭使) 평조신(平調信) 등과 함께 돌아왔다. 중봉은 이미 일본과의 화의(和議)를 반대하며 통신사를 파견하지 말라는 상소를 세 번이나 올렸다. 그러나 조정에서는 작년 3월에 황윤길(黃允吉)을 정사(正使), 김성일(金誠一)을 부사(副使), 허성(許筬)을 서장관으로 하는 통신사를 보냈다. 그때 조선에 와 있던 왜국 사신 평의지(平義智)도 함께 출발했었다. 일본에 간 통신사가 풍신수길의 국서를 받아서 평조신(平調信) 등과 함께 돌아온 것이다.

그런데 우리 통신사가 일본에 입국해서는 여러 가지로 무례하고 도리에 벗어난 대접을 받았다. 대마도에 도착했을 때 당연히 영접사를 파견해서 사신 일행을 인도해야 함에도 일본은 이러한 조치를 취하지 않았다. 왜인들은 일부러 길을 돌아 몇 달을 지체하고서야 국도(國都)인 대판성(大坂城)에 도착했다. 대판성에 도착해서는 풍신수길이 이런저런 핑계로 국서를 받지 않아 5개월이나 지체한 뒤에야 명을 전할 수 있었다.

사신을 접대하는 연회 중에 풍신수길은 안으로 들어가 평복을 갈아입고 어린아이를 안고 나왔다. 아이가 옷에다 오줌을 누자 시녀에게 아이를 주고 옷을 갈아입는 풍신수길의 태도가 태연자약하고 방약무인했다. 또한 답서를 바로 주지 않고 지체하다가 겨우 나온 것

246

이, 말투가 거칠고 거만해서 차마 받을 수가 없는 것이었다. 이에 수차례 수정을 요구해서 겨우 답서를 받았다. 이러한 답서를 들고 귀국한 정사와 부사의 보고가 각기 달라서 조정에서는 진실성을 놓고 논란이 벌어졌다.

정사 황윤길과 서장관 허성의 견해는 모든 정황으로 보아 일본의 도발 가능성이 농후하다는 것이었다. 그러나 부사 김성일은 풍신수길의 위협적이며 경망스러운 언사에 불과할 뿐, 실제로는 일본의 도발 가능성이 없다는 반대 의견을 아뢰었다. 이에 조선 조정은 갑론을박하다가 사신으로 온 평조신 등으로부터 1년 후에 가도입명(假道入明)할 것을 통고받고서야 풍신수길의 도발 위협에 대한 관심을 기울이기 시작했다.

그러나 오랜 기간 전쟁이 없는 평화를 구가해 온 조선은 의혹을 가지면서도 침공할 명분이 없다고 단정하고 소극적인 대책으로 일관한다.

옥천에서 이 소식을 들은 중봉은 사태가 긴박함을 알았다. 벌써부터 풍신수길의 침공을 예견한 중봉으로서는 사신이 일본을 다녀온 소식을 듣고 더욱 그 사실이 더욱 분명해짐을 깨달은 것이다. 중봉은 평의지(平義智)와 현소(玄蘇)의 목을 베어 명나라와 인접 나라들에 알려서 조선의 단호한 의지를 보여주고, 일본을 경고하여 침략 야욕을 꺾어야 한다고 생각했다. 지금부터라도 서둘러 일본의 침공에 대비한 준비를 철저히 해야 했다. 중봉의 마음은 조급해졌다. 상황이 이러할진대 조정은 안일한 생각과 당쟁에 매몰되어 있었으니 어떻게든지 임금부터 일깨우는 것이 급선무였다. 그러나 초야에 묻힌 중봉에게는 아무런 힘이 없었다. 그가 할 수 있는 일은 오직 상소를 올리는 일이었다.

계절은 어느새 3월이다. 중봉은 지체 없이 붓을 들었다. 왜사의 목을 베어 명나라에 아뢸 것을 촉구하는 상소를 올리려는 것이었다. 중봉은 '황조(皇朝)에 아뢰는 표문(表文)', '유구 국왕에게 보내는 국서', '대마도와 일본국 유민(遺民)을 효유하는 편지', '적사(敵使)를 참하는 데 대한 죄목(罪目)', '영남과 호남의 비왜책(備倭策)'을 작성하여 도끼를 메고 한양으로 떠났다. 죽음을 각오하고 두 번째 지부상소(持斧上疏)를 하려는 것이다.

왜사의 목을 쳐서 명나라에 알리라는 중봉의 주장은 보다 중요한 의미를 가지고 있었다. 당시 중국의 절대적인 영향 속에 놓여 있던 조선은 중국의 심기를 잘못 건드렸다가, 왜적의 침공보다 더 혹독한 대가를 치를 수도 있기 때문이었다. 처음부터 중봉이 두렵고 염려하는 바가 그것이었다.

가. '청참왜사소(請斬倭使疏)'

1591년(선조 24년) 3월에 중봉은 백의(白衣)로 단장하고 도끼를 메고 상경하여 대궐 앞에 나아갔다. 그리고 왜국 사신의 목을 쳐서 명나라 조정에 알릴 것을 청했다. 이번이 두 번째 지부상소(持斧上疏)이다. 중봉은 나라의 위기를 판단하고 죽음으로써 임금과 신하들을 일깨우려고 했다. 절박한 그의 심정이 다시 지부상소를 결심하게 했던 것이다. 중봉은 '청참왜사소(請斬倭使疏)' 1소를 올리고 3일 동안 임금의 비답을 기다렸다. 그러나 임금의 대답은 없었다. 중봉은 즉

지당에 비 뿌리고

석에서 다시 제2소를 썼다. 그리고 또 조정에 제출했다. 중봉이 왜 이렇게 강경한 조치를 요구하게 되었는가를 상소문에서 찾아본다.

〈청참왜사 1소[請斬倭使一疏, 1591년(선조 24년) 3월 15일]〉[82]

　　신이 생각건대, 선비는 자신의 말이 쓰이지 않으면 말하지 않는 것이 당연하지만, 강상(綱常)이 땅에 떨어질 지경이면 혹 분연히 일어설 수도 있다고 생각됩니다.

　　신이 듣건대 일본에 갔던 사신이 돌아오자 적선(賊船)이 해변에 와 있다고 합니다. 이들이 우리나라를 함몰시키고 중국을 침범할 경우에는 중국에 대해 변명할 길이 없고, 이들이 기회를 포착하여 갑자기 쳐들어올 경우에는 해변의 방어가 너무도 허술합니다. 반드시 전쟁이 있을 지역인데도 아직까지 조충국(趙充國)과 같은 경략(經略)이 없었고, 원(元)나라 사신을 영접하지 말라고 항의한 정몽주(鄭夢周) 같은 이도 없었습니다. 진회(秦檜)와 왕륜(王倫)이 나라를 그르치자 변주(汴州)와 항주(恒州)가 함몰되는 지경에 이르렀고, 필부(匹夫)가 군왕을 현혹하자 수욕(羞辱)이 자심하여 강상이 날로 실추되고 군부의 화(禍)가 급박하여졌으므로, 간담이 찢어지는 듯한 분노로 머리털이 곤두서서 눈물을 흘리면서 말하지 않을 수 없습니다.

　　신이 삼가 오늘의 사세를 헤아려보건대, 국가의 안위와 성패가 매우 긴박한 상태에 있으니 참으로 불안한 시기라고 할 수 있습니다. 속히 왜사(倭使)의 목을 베고 중국에 주문(奏聞, 주달)한 다음, 그의 사지를 유구(琉球) 등 제국(諸國)에 나누어 보내어 온 천하로 하여금 다 함께 분노하게 하여, 왜적에 대비하도록 하는 한 가지 일만이 전(前)의 잘못을 보완하고 때늦은 데서 오는 흉함을

82　原典『重峯集』. 최영희『趙憲全書』탐구당 疏 p170. 김포문화원『조선왕조실록(중봉 조헌편)』『선조수정실록』24년 3월 1일, 첩황 ①

면할 수 있습니다. 그리고 만에 하나 나라가 쇠망한 끝에 다시 흥복시킬 수 있게 되기를 기대할 수가 있는 것입니다. 삼가 성주(星主)께서는 속히 잘 생각하시어 사람이 못났더라도 말만은 버리지 말고 종사(宗社)의 대계(大計)를 위하여 지체하지 말았으면 매우 다행이겠습니다.

이만주(李滿住, 여진족 대 추장)에게 자급(資給)을 준 한 장의 종이로 중국에 실수를 저질러 장영(張寧)이 나와서 책할 때, 광묘(光廟, 세조)께서 대답할 말이 없어 무안해했습니다. 그리하여 말(馬)을 공납(貢納)하고 사죄했지만, 이만주를 토벌하는 거사가 있을 적에 무과(武科)에 1천 8백 명을 시험 보여 일국의 병력을 다 보내기에 이르렀는데, 병마의 사상도 대략 그 숫자와 맞먹었습니다. 더구나 수길(秀吉)이 우리에게 길을 빌어 중국을 침범하려는 악랄함은 이만주에게 견줄 정도가 아니고, 글을 보내어 우리를 무함하는 방술이 중추(中樞)의 자급에 그칠 정도가 아닙니다. 만약 중국에서 그들의 간계(姦計)를 깨닫지 못하고 당(唐)나라 때처럼 성대한 노여움을 발하게 될 경우에는 당연히 이적(李勣), 소정방(蘇定方)의 군대가 나와서 고구려, 백제의 죄를 물은 것과 같은 일이 있게 될 것입니다. 그렇게 되면 성주(星主)께서는 어떻게 사과하시겠으며, 신민(臣民)들은 어떻게 죽음을 면할 수가 있겠습니까?

중봉은 왜사(倭使)의 목을 베어 중국은 물론 유구와 남방의 여러 나라에 알려야 한다고 강력히 주장한다. 중봉은 두 가지 문제를 염두에 둔 것으로 보인다. 하나는 역사적으로 중국의 노여움을 샀을 때는 반드시 엄청난 보복이 돌아온다는 것, 또 하나는 남방 여러 나라들과 연합하여 일본의 침략을 방비하자는 것이다. 그럴 수밖에 없는 조선의 안타까운 사정은 이어지는 글에서 확연히 드러난다.

신이 삼가 포로로 잡혀갔던 사람들의 말을 듣건대, 왜적들이

지당에 비 뿌리고

우리나라 사람을 서남만(西南蠻)의 제도(諸島)와 양절(兩浙)에다 팔면 그들이 다시 전매(轉賣)되어 일본으로 되돌아온다고 했습니다. 이것은 객상(客商)들의 왕래가 베를 짜는 북처럼 왕래하고 다닌다는 증험입니다.

오랑캐가 우리에게 답한 편지에 이미 그 성세를 지극히 확장하고 있거늘, 하물며 남양(南洋)의 제국(諸國)에 대하여 무력을 자랑하고 겁을 주지 않았겠습니까? 신의 생각으로는, 황윤길의 배가 처음 대마도에 정박한 날에 저들은 반드시 먼저 남양(南洋)에 말을 전파하여, 조선 통신사의 방문은 제도(諸島)를 복종시키기 위함이라고 말했을 것입니다. 그 말을 절동(浙東)과 절서(浙西)의 장리(將吏)가 홀로 듣지 못할 리가 있겠습니까. 따라서 황제에게 알리지 않았겠습니까? 중국이 의심하는 것은 실로 오래되었습니다.

하물며 이 오랑캐는 항상 불비(不備)를 기습적으로 공격함을 이롭게 여기오니, 만약 우리 변방의 장수가 능히 방비하여 절연히 침범하기 어렵게 되면, 저들은 반드시 중국을 침범하는 것이 이롭다고 여길 것입니다. 따라서 소주(蘇州)·항주(杭州)에 말을 퍼뜨리기를 "우리는 이미 조선을 복속시키고 군대를 이끌고 왔다."라고 할 것입니다. 그러면 이 말이 빠르게 전파되어 반달이면 명경(明京)에 아뢰게 될 것입니다.

"저자에 범이 있다."라고 여러 번 말하자 듣는 사람이 모두 그런가 하고 의심했으며, "사람을 죽였다."라는 말이 세 차례나 들려오자 증자(曾子)의 어머니도 베 짜는 북을 내던졌다는 것입니다. 우리나라가 호랑이와 승냥이 같은 사나운 나라들 사이에 끼어 있고 성상의 학문이 일이관지(一以貫之)의 지경에 이르지 못했으니, 명나라 임금이 증자의 어머니가 되지 않는다고 기약할 수 없을 것입니다.

가령 명나라가 북쪽에 있는 오랑캐와 남쪽에 있는 왜적의 침공을 받아 소정방(蘇定方)과 이적(李勣) 같은 군대를 동쪽으로 파견하지는 못한다고 하더라도, 중국 조정에서 우리나라를 오랑캐로 빠져들어 갔다고 여겨 허겸(許謙)이 후회하듯 하고, 사가(史家)가 이러한 사실을 기록한다면 당당한 예의의 나라로서 또한 너무도 수치스럽고 오욕스러운 일이 아니겠습니까? 조종(祖宗)의 2백년 간 수치스러운 종계(宗系)의 일을 겨우 정성을 다하여 소설(昭雪, 누명을 해명함)했는데, 전하에게 끼쳐질 천만세의 오욕을 제때 씻어버리지 못한다면 삼강오륜이 장차 이로부터 땅에 떨어지고, 하늘에 계신 조종의 영령께서도 반드시 제향(祭享)이 끊기는 슬픔이 있게 될까 봐 염려스러울뿐더러, 배우지 못한 신민들에게 윗사람을 위해서 죽는다는 도리를 책임 지우기가 어렵습니다.

한 번 사신을 늦게 출발시키게 되면 만사가 와해되는 걱정이 있게 되는데도, 잘못을 감추려는 신하들은 손을 잡고 화를 부르고 있으면서도 중국이 격노할 것을 걱정스럽다고 합니다. 그러니 성시(城市)와 촌야(村野)의 백성들은 모두가 입을 모아 왜사(倭使)를 베지 않으면 의리를 진기시킬 수 없다고 하고 있습니다.

풍신수길의 답서는 다름 아닌 명나라를 공격하겠으니 조선은 길을 내고 선구(先驅)가 되라는 것이었다. 이것은 또한 통신사를 보내서 교린한 조선이 일본과 공모한 듯이 조선과 명을 이간시키고 조선을 곤경에 몰아넣자는 심산이었다. 그러므로 중봉은 임금에게 "만약 명나라에서 일본의 이러한 간교를 깨닫지 못하고 당의 이적(李勣)과 소정방(蘇定方)이 군사를 몰고 왔듯이 죄를 물어온다면, 어떻게 사과할 것이며 우리의 백성이 어떻게 죽음을 면할 수 있겠는가?"라고 물었다.

이러한 상황은 조선에 뜻하지 않은 재난이자 위기라고 하겠으나, 어쩔 수 없이 부딪친 현실이었다. 그럼에도 조정에서는 자주적인 대비책을 세우지 못한 채 적세(賊勢)에 위축되어 당혹할 뿐이었다.

중봉은 이러한 긴박한 역사적 변화 속에서 나라의 운명과 호흡을 같이하면서 민족의 활로를 찾기 위해 분투했다.

지당에 비 뿌리고

신은 삼가 생각건대, 전하께서 나라를 다스리는 도리에 있어 스스로를 반성하여 보아도 늘 정직했고, 전하께서 사대(事大)하는 정성은 신명(神明)에 지정할 수 있고, 전하께서 이웃 나라를 돌보는 도리는 먼 데 사람을 회유시켜 돌아오게 한다는 데 부끄러움이 없고, 전하께서 백성을 보호하시는 인자함은 늘 필부(匹夫)라도 손상이 있을까 염려했고, 전하께서 변방을 공고히 하는 모유(謀猷)는 늘 스스로를 잘 지켜 침략받는 일이 없게 했으니, 이것은 바로 증자(曾子)가 이른바 "상대가 부(富)를 들고나오면 나는 인(仁)으로 맞서고, 상대가 벼슬을 들고나오면 나는 의(義)를 가지고 맞선다."라는 것입니다.

이를 확대해 나간다면 진(晉)나라, 초(楚)나라 같은 부강도 두려워할 것이 없는데, 더구나 수길(秀吉) 같은 필부의 용맹이겠습니까. 그가 칼을 품고 임금을 시해할 적에는 사람마다 드러내어 죽일 것을 생각했을 것이고, 그가 사람을 삼대를 베듯이 했을 때는 귀신도 은밀히 벨 것을 모의했을 것입니다. 그가 죄 없는 이들을 해친 것이 삼묘(三苗) 정도뿐이 아니며, 우리 대방(大邦, 큰 나라)을 엿보니 귀방(鬼方, 귀국)이야 말할 것이 없습니다. 온 천하가 다 같이 분노한다면 수고롭게 전쟁할 것도 없이 흉역 완안양(完顔亮)처럼 저절로 죽을 것이니, 간서(簡書)를 빨리 보내지 않는다면 왜적이 뜻밖에 출동하여 중국이 매우 놀랄 것입니다. 자사(子思)가 "모든 일에 있어 미리 준비하면 그 일이 잘되고, 미리 준비하지 않으면 잘못되는 것이므로, 사전에 일에 대한 계획을 확정해야 잘못되지 않는다." 했습니다.

중봉은 수길(秀吉)이 자기 왕을 시해하고 사람 죽이는 일을 삼대 베듯이 할 때는, 그 행실로 보아 천하를 침략할 것이 분명함을 알린 것이다. 따라서 온 천하가 다 같이 한뜻으로 왜적의 침공에 대비하여 미리 준비한다면, 충분히 막아낼 수 있다고 역설했다. 그러나 일본의 위협을 눈앞에 두고도 당리당략에 매몰되어 파당 싸움만 일삼는 조정이었다. 중봉은 사전 준비가 전쟁을 막을 수 있다는 자사(子思)의 말을 인용하며 그 중요성을 일깨우려고 골몰했다.

아! 금나라가 송나라에 대해 날마다 침삭(侵削, 침노하여 먹어들어 감)시킬 계책을 세우고 있는데도, 진회(秦檜)의 무리는 오랑캐들의 실정을 철저히 숨긴 채 당시의 임금과 장수가 혹시라도 깨우칠까 두려워했습니다. 그리하여 회유(回諭)하는 조서(詔書)의 글자가 손바닥만큼 컸습니다. 진회는 이를 급히 열어 보였다가는 거두어버림으로써 사람들로 하여금 보지 못하게 했습니다. 그리고는 오직 땅을 떼어주자는 한 마디 말만을 다행으로 여긴 채 공전(攻戰)에 대한 준비를 게을리하게 만들었습니다.

이제 수길(秀吉)이 우리나라에 대하여 나날이 삼켜버릴 계책을 세우고 있습니다. 대마도주(對馬島主)를 죽이고 은밀히 자신의 복심인 평의지(平義智)를 보내어 대신 수비케 했으니, 우리의 왼손을 빼앗아 첩보(諜報)를 얻을 길이 없게 만들었습니다.

또 사신 신장(信長)을 보내어 드나들며 정탐하게 하면서, 탐문할 곳은 회사(回謝)한다고 하여 갑자기 출병할 계획을 세운 것입니다. 그리하여 이달에 대마도에 군대를 숨기더라도 상하가 말하기를 꺼리고 있습니다. 크게 거병하여 쳐들어올 근심이 있음을 알지 못하고 있으니, 그 감춰진 재앙에 마음이 참혹합니다. 그런데 우리는 여전히 성대하게 갖추어 대접하여 중국 사신을 접대함과 다름이 없습니다.

적사(賊使)가 두 길로 나누어 올라옴에 양쪽으로 갈라서 대기했으며, 영남·호남의 각 고을에서 백성을 동원하여 원역(院驛)에 나가 여러 날을 기다리다 맞이하였습니다. 시일은 자꾸 흘러가건만 하나라도 방비에 대한 일을 돌보지 않고 있으니, 비록 안진경(顏眞卿)과 같은 선견지명이 있다고 하더라도, 참호를 파고 성을 완벽하게 할 계책을 세울 겨를이 없을 것입니다.

저들이 우리 사신을 대우한 것은 매우 박하게 했는데도, 우리는 먼저 기운을 잃은 기색을 보여 왜노(倭奴)로 하여금 우리의 장리(將吏)들에게 교만을 부리기를 천례(賤隸)들에게 하는 것과 같이 해도 감히 한 마디의 예의(禮義)로써 책하지 못하고 있습니다. 이른바 후대하라는 분부는 실로 국명(國命)을 위축시켜 영원히 스스로 진기할 수 없게 하고, 우리의 인력(民力)을 손상시켜 감히 적을 물리칠 수 없게 만드는 것이니, 어찌 통곡할 일이 아니겠습니까.

그 가운데 더욱더 놀라운 것은 선래 역관(先來譯官)이 수길의 패만스러운 내용의 글을 가지고 와서 일도(一道)에 전파했고, 이것이 호서(湖西), 호남(湖南)까지 퍼져나갔으므로 사류들은 말하지 않는 이가 없고 백성들도 듣지 않는 이가 없습니다. 그런데 조정에서는 이 말이 널리 퍼질 것을 두려워하고, 일에 앞서 모의하는 계책에 대해서는 하나도 거론하여 전달하지 않는 것은 물론, 진동(陳東), 구양철(歐陽澈)의 상소가 호시라도 초택(草澤)에서 나올까 두려워하고 있으니, 어찌 성주(聖主)까지도 왕(汪), 황(黃), 회(檜), 윤(倫)의 술책에 빠뜨리려 할 줄이야 생각이나 했겠습니까.

이웃에 대하여 선의(善意)를 베푸는 것은 좋은 일이나 불의를 도울 수는 없으며, 남에게 양보할 수 있으나 모욕을 받을 수는 없다. 그러나 이러한 도리에 확신을 가지지 못하고 능히 떨쳐서 극복하지 못한다면, 한갓 무력과 형세에 의존하게 마련이니 강자와 약자는 자명하게 판명된다.

풍신수길은 무력으로 일본 십도(十島)를 제압했거니와 조선 정복도 가볍게 생각했다. 중봉 자신도 왜적이 강하다는 사실을 시인했다. 이것은 심히 경계할 일이다. 그러나 중봉은 그것만으로 모든 것을 해결할 수 있다고 믿는 것은 매우 어리석은 일이라고 했다. 위험하다고 겁낼 것이 아니요, 오히려 정의를 들어서 저들에게 공세를 취하여 스스로 붕괴하도록 하여야 한다. 중봉은 처음부터 이와 같은 내용을 강력히 주장했다.

그리고 왜사(倭使)에 대한 지나친 접대는 오히려 적을 더욱 교만하게 하고, 우리의 약점을 드러내는 크게 잘못된 일이다. 수길은 한편으로 침략 준비를 착착 진행하면서 이처럼 오만하게 구는데도, 조선에서는 이들을 매우 환대하며 더욱 방자하게 만들고, 스스로 위축되어 떨쳐 일어나지 못하고 있으니 한심한 일이 아닐 수 없었다.

> 해남(海南)의 만 리 길을 가려고 하는 사람이 없다면, 신에게 절월(節鉞)을 빌려주어 사행(使行)의 말단에 충당시켜주소서. 그러면 주야로 서쪽으로 달려가 현소(玄蘇), 평의지(平義智)의 머리를 중국 조정에 바치고서 삼가 신포서(申包胥)의 통곡을 본받아 우리 임금의 심사(心事)를 밝히겠습니다. 다행히 황제에게 불쌍히 여김을 받아 호소가 이루어지면 남쪽 국경으로 말을 달려 적의 사지(四肢)를 남양(南洋)의 제국(諸國)에 나누어 보내고 나서 "군대를 정돈하고 편리한 기회를 기다리고 있다가 수길(秀吉)이 서쪽으로 침구했다는 소식을 들으면 선척을 출동시켜 공격하고 일본에 가격문을 전하라."라고 효유(曉諭)한다면, 훼복(卉服)에서도 무기를 되돌려 수길을 공격할 사람이 나오게 될 것입니다.
>
> 소원(訴冤)한 천신(賤臣)이 감히 분수에 넘친 일을 청했습니다만, 시사(時事)가 매우 급박한데 미리 대비하지 않음으로써 패망당할까 두려웠습니다. 이에 중국 조정에 변란을 주문(奏聞)하는 소장을 초 잡았고, 유구 국왕(琉球國王)과 일본·대마도에 있는 유민(遺民) 중 호걸들에게 적사(賊使)를 체포하게 할 격문(檄文)을 초안(草案)했으며, 영남·호남 비왜책(備倭策)에 대해서도 모두 일에 차기(箚記)하여 삼가 별지 7폭에 갖추어 기록해서 소매 속에 품고 있습니다.

완악한 기운이 풀어지지 않아 천일(天日)이 항상 음산하므로
신은 국가를 위한 걱정으로 피눈물을 흘리는 통분을 견딜 수가
없어 삼가 죽음을 무릅쓰고 상소를 받들어 올립니다.

　중봉은 중국과 남방의 먼 길을 가려는 사람이 없다면 자신이 가
겠노라고 했다. 국내외 정세에 밝았던 중봉은 사태를 올바르게 인
식하고 있었으며, 자칫 나라가 패망할 수도 있다고 판단했던 것이
다. 이러한 중봉의 걱정은 일찍이 '청절왜사소(請絶倭使疏)'를 올릴
때부터 시작되었으며, 점점 급박해지는 위급한 사태에도 불구하고
한없이 안일한 조정을 일깨우려고 노력했다. 그가 판단한 당시의 정
세(情勢)가 얼마나 시급하고 조정의 처신이 오죽 답답했으면, 극단적
인 수단으로 지부상소(持斧上疏)를 선택했는지를 이해할 수 있을 것
이다.

　『선조수정실록』에는 중봉이 일본의 침략에 대비할 것을 아뢴 '청
참왜사소 1소(請斬倭使疏一疏)' 외에도 첩황(貼黃)을 올렸다고 되어
있다. 실록에, 전 교수 조헌이 일본의 침략에 대비할 것을 아뢴 소장
과 첩황이 있었는데 그 대략에

　"기밀(機密)스러운 일은 비밀히 하지 않으면 일을 이룰 수가 없는
것입니다. 이제 말에 능란한 적사(賊使)가 동평관(東平館)으로 들어
오려 하고 있으니, 신의 봉장(封章)이 또한 늦은 것입니다. 바라건대
신의 상소문을 머물러두시고, 기책(機策)을 은밀히 조처하시되, 동
평관에 있는 사람으로 하여금 구득(購得)할 수 없게 할 것은 물론,
신의 이름을 조보(朝報)에 싣지 않게 해주시면 다행이겠습니다."

　라고 했는데, "상소가 들어갔으나 비답(批答)이 내리지 않았다."라
고 기록되어 있다.

중봉이 상소를 올리고 3일을 기다렸으나 결국 선조는 비답을 내리지 않았다. 중봉은 곧바로 그 자리에서 다시 상소를 썼다. '청참왜사소 2소(請斬倭使疏二疏)'였다.

〈청참왜사소 2소[請斬倭使疏二疏, 1591년(선조 24년) 3월 15일]〉[83]

　신은 생각하기를 변방에 급보가 들어오면 지령(指令: 看書)을 빨리 내리지 않을 수 없으며, 필부가 나랏일을 어지럽게 하면 이들을 죽이지 않을 수 없을 것입니다.

　까닭에 왜적이 명나라를 치겠다는 소식을 전해 듣고 분노를 참을 수 없어 심혈을 기울여 성상께 소(疏)를 올립니다. 하루속히 옳지 못한 것을 고쳐서 위로는 명나라에 과오를 범하지 않고, 안으로는 종묘(宗廟)에 수치를 끼치지 않고, 밖으로는 왜놈에게 업신여김을 받지 않고, 아래로는 백성에게 재화(災禍)가 미치지 않게 하시면, 신이 평생 글 읽은 힘으로 삼강(三剛) 오륜(五倫)을 붙들어서 우리 임금께서는 명나라의 문책을 받지 않게 하며, 또 신의 어머니는 포로가 되어 감을 면하게 하자는 것입니다.

　참으로 이와 같이 된다면 기름을 끓이는 가마솥이라도 달갑게 뛰어들 수 있을 것인데, 소(疏)를 올린 지 3일이 지났어도 들리는 바가 없으니, 이는 전하께서 너그러이 용서하시어 신을 죄주려 하지 않음임을 알겠습니다.

　그러나 신이 나라를 구제(救濟)하고 어머니를 살게 하는 계책도 오늘뿐입니다. 왜적의 침입으로 변방의 티끌이 한 번 날리게 되면 탄식한들 무슨 소용이 있겠으며, 명나라의 문책이 한 번 닥쳐오면 근심한들 무슨 보탬이 되겠습니까? 이 어려운 시점을 한 번 고

83　『重峯集』, 『趙憲全書』 疏 p176, 김포문화원 『조선왕조실록(중봉 조헌 편)』 『선조수정실록』 24년 3월 1일 첩황 ②.

　　　　　　　　　　　　　　　　　　　지당에 비 뿌리고

찰하시기 바라옵니다. 신이 헤아려보건대 왜놈의 반복(反復)은 만 가지로 다 측량할 수가 없습니다. 옛날 금(金)나라와 원(元)나라의 사신을 후하게 대접한다고 하여 그 나라가 남침(南侵)을 하지 않 을 것이라고 한다면, 이것은 진회(秦檜)와 가사도(賈似道)의 무리가 송(宋)나라를 어리석게 한 것입니다. 이제 왜놈은 그 임금을 죽이 고도 오히려 애석하게 생각하지 않는데, 그 이웃 나라를 엿보기 만 하고 침공하지 않겠습니까? 고금을 통틀어 본다고 하여도 결 코 이러한 이치가 없사오니 명장을 시켜서 동남쪽의 바닷가를 방 비하여야 하옵니다.

또 듣건대 유구에서는 우리나라에 서신을 보내어 말하기를 왜 적을 섬긴다고 했다 하니, 이런 소리가 오랫동안 나돌게 된다면 어찌 명나라만이 듣지 못한다고 하겠습니까. 소정방(蘇定方)과 이 적(李勣)의 군대가 동으로 쳐들어온 것은 백제와 고구려가 신라의 입공(入貢)하는 길을 끊으려고 했기 때문입니다.

왜놈은 천하에 공포하기를 반드시 우리나라가 저들에게 복종 하여 내조(來朝)한다고 할 것입니다. 우리가 명나라에 대한 은혜 와 의리가 박하지 않았기 때문에, 왜놈이 어긋나는 언사를 한다 면 마땅히 아침에 듣고 저녁에 아뢰어야 합니다. 시일이 지연하여 절사(節使)가 가는 때를 기다려서 아뢰려 한다면, 결코 명년 봄 안 으로는 명경(明京)에 가지 못할 것이고, 왜놈이 강석(江淅)에서 부 친 격문(檄文)은 반달이면 명나라 조정에 도착할 것입니다.

명나라는 은애(恩愛)도 간절하지만 한 번 노하게 되면 죄를 내 리기가 일쑤인데, 만일에 우리의 힘을 양해하지 않고 왜국을 토 멸(討滅)하라고 하면 우리의 약한 군대로는 방위에도 겨를이 없는 데, 어느 남는 힘이 있어서 왜적을 정벌할 수 있겠습니까?

옛날 원(元)나라 홍다구(洪茶丘)의 8만 병사와 우리나라 김방경 (金方慶)의 연합한 군대로서도 오히려 일본 앞바다에서 뜻을 이루 지 못하고 사상자가 반수를 넘었습니다. 하물며 명나라에서는 홍 다구와 같은 장수는 보내지도 않고 우리나라 김방경과 같은 부장 (副將)도 없으므로, 우리의 힘으로는 왜국을 토멸할 수 없는 동시에 명나라의 노여움은 실로 헤아릴 수 없을 것입니다. 사랑하는 자식이 아버지의 뜻을 조금만 거슬러도 그 아버지의 노여움이 반드시 있는 것이온데, 소정방과 이적의 군대처럼 명나라에서 우리를 문책(問責)하여 온다면, 일본의 힘을 빌려 이를 물리칠 수 있겠습니까? 이것이 신이 놀라고 두려워하는 이유입니다.

소정방(蘇定方)과 이적(李勣)의 군사가 와서 백제와 고구려를 멸망시키고는 십여만 호(戶)를 강호(江湖)의 사이로 이주(移住)시키듯 하면, 수륙(水陸)의 머나먼 길에 고달픈 우리 백성이 어찌 다 살 수가 있겠습니까? 신에게는 늙고 병든 계모가 있는데 업고 피난 갈 곳이 없습니다.

신이 더욱 통탄하는 바는 신이 상경(上京)한 길이 바로 왜국 사신이 올라온 길이었습니다. 자세히 듣건대 저 왜국 사신이 우리를 업신여기고 거만 부리기를 명나라 칙사(勅使)와 같이 하였는데도, 우리의 관리들은 한결같이 기가 죽어서 일도(一道)의 힘을 다하여 여러 가지 술과 안주로 대접하고 방비는 전혀 잊어버리고 있었다고 하옵니다.

다만 이 사신들의 왕래함을 보아도 가히 뒷날에 크게 패할 것을 알고 있습니다. 그런데도 우리나라는 조야(朝野)를 막론하고 바른 논의는 볼 수 없고 엉뚱한 소(疏)만 나오니, 앞으로 위급할 때도 이와 같이 앞장서서 구제(救濟)하는 사람이 없다면, 임금께서는 문천상(文天祥)과 육수부(陸秀夫)같이 의지할 사람이 끝내 누구이겠습니까?

정몽주(鄭夢周)는 고려 왕조의 위태한 시기에 벼슬하면서 오히려 그 혐의(嫌疑)를 피하지 않고 널리 국사(國士)를 맞아다가 담론하기를 마지않았습니다. 그 시(詩)에 이르기를 "자리 위에는 늘 손님이 가득하고 술동이에는 술이 떨어지지 않노라."라고 했으니, 일을 맡아 하는 신하가 문을 닫고 혼자 앉아서 중의(衆意)를 모으지 않으면서 능히 그 나라를 구한 사람은 예부터 있지 않았습니다.

전하께서 신들을 세밀히 살피시고 의심이 될 만한 단서는 버리

지당에 비 뿌리고

셔서, 남을 헐뜯어 고하는 자들의 입을 막으시면 사직이 크게 다행할 것이옵니다.

어떤 사람은 중봉을 가리켜 고집이 세고 지나치게 솔직한 말로 직언을 서슴지 않기에 미친놈이라고 말하지만, 그것은 국내외 문제를 꿰뚫어 보는 혜안으로 진정 나라의 앞날을 걱정하는 충심 어린 소신에서 나온 것이었다. 그에게 티끌만큼의 사심도 없다는 것을 중봉을 아는 사람들은 잘 알고 있었다. 중봉이 가장 우려하는 바가 무엇이었을까? 그 걱정하는 바가 상소에 잘 나타나고 있다.

첫째는 명나라의 오해로 야기될 보복성 문책이었다. 역사적인 사실들이 증명하듯이, 그 문책은 일본의 침공보다도 더 혹독하고 무겁다는 것이다. 중봉은 이렇게 말한다.

> "사랑하는 자식이 아버지의 뜻을 조금만 거슬러도 그 아버지의 노여움이 반드시 있는 것이온데, 소정방과 이적의 군대처럼 명나라에서 우리를 문책(問責)하여 온다면 일본의 힘을 빌려 이를 물리칠 수 있겠습니까? 이것이 신이 놀라고 두려워하는 이유입니다."

명나라의 영향에서 벗어날 수 없던 당시, 조선이라는 약소국의 힘만으로는 독자적인 생존이 불가능했다. 북으로는 명나라의 눈치를 보고, 남으로는 점점 조여오는 일본의 틈바구니에서 조선은 생존의 길을 찾아야만 했다. 중봉은 그 길을 명확히 제시하고 있다. 명과의 선린 관계를 손상하지 않도록 우선하여 고려해야 함을 주장한 것이다. 그것은 사대가 아니라, 조선이 처한 불가항력의 상황에서 어쩔 수 없는 생존의 길이었다. 여기서 우리는 중봉의 혜안과 나라를 구하기 위해 몸부림치는 심정을 가슴 저리도록 느끼게 된다.

둘째는 백성을 걱정하는 마음이다. 나라가 곤경에 처하면 그 고초를 힘없는 백성들이 모두 받아야 함을 걱정하며 임금이 그 사정을 깊이 깨닫기 바라는 것이었다. 지금까지의 중봉의 모든 상소에서 나타난 바와 같이, 백성들이 겪는 고초를 상세히 아뢴 바는 무엇이었던가? 중봉의 사상은 곧 민본(民本)에 있었다.

> "소정방(蘇定方)과 이적(李勣)의 군사가 와서 백제와 고구려를
> 멸망시키고는 십여만 호(戶)를 강호(江湖)의 사이로 이주(移住)시
> 키듯 하면, 수륙(水陸)의 머나먼 길에 고달픈 우리 백성이 어찌 다
> 살 수가 있겠습니까?"

이처럼 중봉의 가슴속에는 항상 백성들에 대한 걱정이 앞섰다.

셋째는 일본 사신의 위세에 눌린 조정이 지나치게 위축되어 처신하는 것은, 결국 장수(將帥)와 군사들은 물론 지방 관리와 백성들 모두가 적에 대항할 의지를 잃게 하는 것이다. 더구나 일본 사신은 길을 정탐하는데, 적을 방비할 준비는 하지 않고 조정에서는 이들을 후하게 대접하라 하여 모두가 사신 접대에 매달리니, 이 얼마나 한심한 노릇인가? 중봉은 임금에게 이렇게 묻는다.

> "다만 이 사신들의 왕래함을 보아도 가히 뒷날에 크게 패할 것
> 을 알고 있습니다. 그런데도 우리나라는 조야(朝野)를 막론하고
> 바른 논의는 볼 수 없고 엉뚱한 소(疏)만 나오니, 앞으로 위급할
> 때도 이와 같이 앞장서서 구제(救濟)하는 사람이 없다면 임금께서
> 는 문천상(文天祥)과 육수부(陸秀夫)같이 의지할 사람이 끝내 누
> 구이겠습니까?"

지당에 비 뿌리고

조정은 물론이고 지방의 관리와 백성들까지도 일본의 위세에 한껏 위축되어 있던 당시의 분위기를 여실히 느낄 수가 있다. 중봉은 '청참왜사소 2소'를 올리면서 다음의 문안과 대비책을 함께 올렸다.

1. 변란에 대해 황조(皇朝)에 아뢰는 표문(表文)의 초안
2. 유구 국왕(琉球國王)에게 보내는 국서의 초안
3. 일본국 유민(遺民)의 부로(父老)들에 보내어 효유(曉諭)하는 편지의 초안
4. 대마도의 부로(父老)들에 보내어 효유(曉諭)하는 글의 초안
5. 적사(敵使)를 참(斬)하는 데 대한 죄목(罪目)의 초안
6. 영남, 호남의 비왜책(備倭策)에 대한 초안

나. 영호남 비왜지책(嶺湖南備倭之策)

　중봉이 '청참왜사소(請斬倭使疏)'와 함께 제시한 영호남 비왜지책(嶺湖南備倭之策)은 일본의 조선 침공 야욕이 드러난 현시점에서 이에 대비하여 반드시 채택해야 할 현실적인 책략이었다. 특히 왜적의 공격로가 호남 해안이 아니라 영남의 동부 해안에 맞춰진 비왜지책備倭之策)이기에, 그의 혜안이 더욱 빛날 뿐만 아니라 가장 현실적이고 실효성 있는 방책이라고 평가할 수 있다.

〈비왜지책(備倭之策)〉[84]

　신이 저보(邸報, 京邸에서 本郡에 보고·통보하는 문서)에서 변방의 인사 배치를 보니 조방장(助防將)만을 4도(四道)에 나누어 보내고 행위(行謂) 명장은 요충지에 미리 보내지 않으니, 신은 아무래도 이해할 수가 없습니다.

　예부터 왜적이 침공할 때는 반드시 그 지방의 정예한 병사를 뽑아 선봉으로 삼으므로 우리도 반드시 명장으로 대적하게 했다가 혹 기회를 보아 그 선봉을 꺾음으로써 후군을 무너뜨려 흩어지게 하거나, 혹 싸우기가 어려우면 성벽을 굳게 닫고 들에는 곡식이 없게 깨끗이 치우고 적의 굶주림과 피곤함을 기다려서 버티고 있어야 합니다.

　만일 풍신수길의 선봉 부대를 조방장(助防將)으로 넉넉히 맞아 싸울 수가 있다고 한다면, 큰 오산이라 생각합니다. 혹자는 근본, 즉 서울이 염려되므로 당대의 이름 있는 장수(將帥)는 밖으로 내보낼 수가 없다고 하나, 이미 반역도당을 모조리 무찔러 나라의

84　原典『重峯集』. 최영희『趙憲全書』탐구당 疏 p172.

　　　　　　　　　　　　　　지당에 비 뿌리고

위세를 떨치고 있으니, 변방의 관문이 무너지는 것이 더 큰 근심이 아니겠습니까?

어떤 사람은 왜적의 배가 정박할 곳이 하나둘이 아니니 만약 호해(湖海)와 기성(畿城)의 지역으로 들어온다면 명장은 서울에 있다가 그 지역으로 가는 것이 좋은 계책이라고 하는데, 이것은 깊이 생각하지 않은 것입니다. 왜국 사신이 중원(中原)으로 오는 길은 관문과 요새뿐이라고 했습니다. 그러니 적이 와서 싸울 곳은 이곳이 될 것입니다.

전조(前朝)의 말기에 연안(延安), 배천(白川), 임천(林川), 한산(韓山) 등지를 약탈했다 함은 대개 영남(嶺南)과 호남(湖南)의 동남쪽 모퉁이에 방비가 없었기 때문이므로, 조종조(祖宗朝)께서 중진(重鎭)을 특별히 설치한 뒤로는 비록 적선(賊船)이 간혹 출현하였으나 방자한 행위를 하지 못한 것은 연해(沿海) 여러 진(鎭)의 정박할 곳을 그들이 알 수가 없었기 때문입니다. 따라서 반드시 향도(嚮導)하는 사람을 얻어야만 했으며, 그밖에 널리 정박한 배는 도서(島嶼)와 해변에 많이 걸려서 부서지고 없어진 것이 매우 많으니 왜적의 큰 근심이었습니다.

그러므로 늘 흑산도(黑山島)와 추자도(楸子島) 등의 섬에서 복어잡이 하는 어부를 포로로 얻으면 큰 보배로 여겨서 복어를 많이 주고 향도인(嚮導人)으로 삼았습니다. 그러하오니 전하께서는 이를 징계(懲戒)하여 생복어(生鰒魚)의 진상은 일절 파(罷)하고 시중의 매매도 금하십시오. 그리고 양남(兩南, 영남과 호남)의 관찰사(觀察使)와 도사(都事)에게 엄명을 내리어 이 어물로는 요리하지 못하게 하고, 해채인(海菜人)이 먼 섬으로 나가는 것을 금하지 못한 변방의 장수들은 왕명을 거역한 무거운 죄로 다스리면, 왜적은 결코 향도(嚮導)를 얻지 못할 것입니다.

전에 저들이 포로로 잡아간 사람들은 늙고 쇠약해져서 이제는 배를 조종할 수 없을 것이며, 호남 바다의 수로는 여러 차례 겪어본 곳이 아니므로 이백 년 동안 한 번도 엿보지 못했습니다. 그런데 이제 왜적의 계획은 비록 동쪽에서 충돌하고 서쪽을 공격하고

자 하지만 감히 경솔하게 서해변(西海邊)에는 정박하지 못할 것이고, 반드시 여러 차례 지내본 영남 지방(嶺南地方)을 먼저 쳐서 곧장 올라오는 길을 열어놓고 군사를 나누어 가지고 호남 지방(湖南地方)을 손아귀에 넣을 계책을 쓸 것입니다. 그러니 이곳에 대한 계획을 미리 세워서 수비를 잘하고, 향도(嚮導)만 없으면 이곳을 거쳐서 기해(畿海, 경기 지역 해안)를 엿볼 리는 절대 없습니다. 그리고 우리나라의 조련(操鍊)을 제대로 받지 못한 군졸을 가지고서 평야 지방(平野地方)에서 왜적과 장기(長技)를 겨루는 것은 원래 승산이 없는 것입니다.

신이 듣건대, 조정의 의논은 왜적이 호해(湖海)의 제도(諸島)를 침공하리라 하여 영남 지방(嶺南地方)을 버려두고 거론하지 않는다고 하니, 이것은 크나큰 실책인 줄 압니다. 전조(前朝)에도 왜적은 매번 황산(黃山, 양산 지방에 있었음)의 강을 거슬러 올라와서 성주(星主), 대구(大邱) 등지에 출몰했으니 영남의 방어를 조금이나마 소홀히 할 수가 있겠습니까? 이처럼 영남 지방의 장력(將力)으로는 구하기가 어려운 곳인즉, 명장을 선택하여 그곳의 원수(元帥)로 삼고서 방어하라고 책하심이 옳을 것 같습니다.

대개 듣건대, 왜국 사신 의지(義智)는 조령(鳥嶺)으로, 그리고 조신(調信)은 금산(金山, 김천), 황간(黃澗), 죽령(竹嶺), 이화(伊火)의 고개로 군대를 인도할 길을 찾고 있다고 하니 한심합니다. 왜적이 부대를 나누어 대거 침입한다면 변방 성(城)의 힘으로는 지탱하지 못할 것이니, 낙동강 하류의 요새지를 방어하지 못하면 상안(商顏, 상주) 이남은 다시 험절(險絕)한 곳이 없습니다. 그러므로 마치 촉나라의 강유(姜維)는 검각(劍閣)을 지키니 위(魏)나라의 종회(鍾會)와 등애(鄧艾)는 음평(陰平)으로 넘어 촉나라를 멸망시키는 경우와 같을 것입니다. 이곳의 방어는 반드시 무사할 때 미리 계획을 세워서 각 읍의 유망한 인물을 책임자로 선정해야 합니다. 그리고 장정과 각 사(寺)의 승려를 모아 편의(便宜)한 지형을 골라 흙을 쌓아 보루(堡壘)도 만들고 돌을 모아 목책도 만들며, 좁은 도로에 복병을 매복하고 험난한 보도(步道)에 함정을 설치하고, 만

지당에 비 뿌리고

약에 낭떠러지거나 굽은 돌층계여서 사람이 병행(竝行)할 수 없는 곳이라면 그 위에다가 별도로 돌과 재를 모아서 달아 매두었다가, 그 밑으로 적병이 지나가거든 재를 뿌리고 돌을 굴리면서 크게 고함을 치면, 비록 강력한 적병일지라도 놀라서 도망치기에 정신이 없을 것입니다.

신이 삼가 헤아리건대, 죽령(竹嶺)의 이남(以南)과 황악(黃岳)의 이북(以北)에 대로(大路)가 다섯 곳, 중로(中路)가 다섯 곳 그리고 소로(小路)가 대여섯 곳이 더 되지 않으니, 군대 가운데서 그 지방 출신 무사를 골라 그 지방의 백성을 거느리고 지키게 하는데, 유식한 사람을 나누어 보내어 진수(鎭守)의 규칙을 알게 하고, 경보(警報)가 있는 곳에만 활 잘 쏘는 부대로써 구원하여주며, 군량은 그 이웃 고을에서 보급하게 하면 지탱할 힘이 될 것입니다.

만약 왜적의 선박이 호남 지방에 집결한다면 진산(珍山, 금산군 진산), 고산(高山, 전북 완주와 충남 논산 일부), 금산(錦山), 무풍(茂豐, 전북 무주) 등지는 원래 아주 험한 곳이니 지킬 만할 것이요, 연산(連山) 개태(開泰)는 몇 군의 백성을 합하여야 방어할 수 있을 것이요, 은진(恩津) 채운(彩雲)은 들이 넓어서 끝이 없으니 반드시 신기한 책략을 가진 숙련한 장수가 중병(重兵)으로 주둔하여야 패전의 근심이 없을 것입니다.

청주(淸州) 전 찰방(察訪) 박춘무(朴春茂)는 생각함이 깊으며 슬기롭고 민첩함이 있고 공주(公州) 전 참봉(參奉) 정진생(鄭晋生)은 강개(慷慨)하고 담략(膽略)이 있으니, 백성을 거느리고 한쪽 편을 지키라고 하시면 오직 사졸을 가르쳐서 진수(鎭守)에만 힘을 다할 뿐 아니라, 족히 다른 도적도 잠소(潛消)시켜 생겨나지 못하게 할 것이옵니다.

전조(前朝)에 합단(哈丹, 고려 충렬왕 때 침입한 원나라의 반란군)이 침입할 때 철령(鐵嶺)을 무식한 무사에게 지키라 했으므로 화주(和州, 함경남도 영흥)와 등주(登住, 안변)에 적병이 왔다는 소문만 듣고 도망치고 말았습니다. 그러나 합단은 감히 철령을 엿보지 못하고 세 차례나 주민(住民)을 보내어 방비가 없음을 살핀 뒤에야 제

마음대로 강원(江原) 일도(一道)에 날뛰었으므로 세자를 금나라에 보내어 원병을 청해서 이를 쫓았으니, 신이 식견이 있는 자를 초청하여 무장(武將)과 함께 지키게 하시라는 까닭은 바로 여기에 있습니다.

요즈음에 승정원(承政院)의 공문을 보니, 요새지(要塞地)를 지키는 계책이 신의 의사와 서로 맞으나 그사이 곡절(曲折)이 이와 같이 상세하지 않으면 좌편은 방비되었으나 우편으로 넘는 수가 있을까 염려되므로 성심을 다하여 말씀 올리오니, 원하옵건대 이 뜻을 영남과 호남의 험한 곳에 명포(命布)하시어 그 고을의 문망인(聞望人)을 뽑아 백성과 중을 거느리고 지키게 하십시오,

그리고 물이 깊고 얕음을 측량할 수 없는 곳은 별도로 다리 머리나 건널목에다 사사(射士) 칠팔 명을 매복하면 족히 적의 전구(前驅, 선두)를 쏘아 죽일 수 있으니 빨리 건너오지 못할 것입니다. 을묘년(乙卯年)에 한 무사가 장흥(長興)의 한 고개에서 활을 당기고 있으므로 보성(寶城)과 낙안(樂安)이 병화(兵禍)를 입지 않았습니다. 또 해남(海南)의 윤홍중(尹弘中)은 사도(射徒) 수십 명을 남교(南橋)의 두 곳에 매복함으로써 적이 감히 성에 가까이하지 못했으니, 진실로 진수(鎭守)하는 요결(要訣)만 안다면 적의 수효가 많은 것도 두려울 것이 없습니다.

광주(光州) 이희손(李希孫)은 이러한 이치를 모름으로 그가 중위장(中衛將)으로 수천의 병력을 거느리고 강진(康津)에 주둔했을 때 왜적이 촌락을 약탈하여 쌀을 지고 성을 지나감을 보고도 활을 쏘지 못하고 밤에 몰래 도망쳤습니다. 그 뒤에 왜적이 와서 엿보기만 하다가, 성을 비운 지 사흘 만에 들어왔습니다. 이와 같은데도 이희손을 죽이지 않으니 식자(識者)는 지금껏 한하옵니다. 당시 군정(軍政)의 잘못이 오늘의 명감(明鑑)이 되지 않겠습니까?

그때 한 선비가 산중(山中)으로 적을 피했는데 왜적 네 놈이 뒤쫓아 와서 겁살(劫殺)하려 하므로, 선비는 무기가 없었기 때문에 다만 한 개의 몽둥이로 재빠르게 칼을 가진 적병의 어깨를 내리치니, 칼을 떨어뜨리고 땅바닥에 엎어 쳤습니다. 뒤따르던 세 놈

지당에 비 뿌리고

의 적병은 칼이 없었으므로 그들을 차례로 쳐서 거꾸러뜨리고는 그 칼을 빼앗아서 저들의 목을 찔렀더니 조금도 살가죽이 베어지지 않으므로, 자세히 살펴보니 그것은 목검(木劍)에 도금(鍍金)한 것이었다고 했습니다. 그리하여 선비는 적들을 차례로 발로 차서 죽였다고 했습니다.

그렇다면 약탈하려고 오는 왜적도 날카로운 칼을 가진 것도 아니니, 날쌘 병졸로 유격대(遊擊隊)를 편성해서 저들을 추격한다면 허다한 분탕(焚蕩)의 근심이 없을 것인데, 모두 적병의 검무(劍舞)를 겁내어 제멋대로 약탈하는 것을 그저 보고만 있으니 기가 막히옵니다.

오직 산재하여 있는 왜적이 약탈하는 즈음에 능히 빼앗아갈 수 있는 것을 방지한 사람은 그 반을 상으로 주고, 적의 목 20급(二十級) 이상을 베인 사람은 천인(賤人)은 속하여 양인(良人)이 되게 하고, 서얼(庶孽) 또한 벼슬길에 통하게 하며, 적의 선봉 또는 고하인(鼓下人)을 죽인 사람은 비록 그 수효는 적으나 공을 더 많이 인정하여주시고, 갖추기가 어려운 활과 칼로만 장비하라고 하지 마시고, 집집마다 긴 낫을 만들어 남녀가 다 같이 싸움에 나가 굶주리고 피곤한 적을 죽이라 하오시면, 백성은 자진하여 싸워서 적의 수급(首級)을 바칠 것입니다.

송나라 태조가 조빈(曹彬)에게 이르기를 "성을 공격할 즈음에는 반드시 뜻밖의 재앙을 당하는 수가 있는 것이니 생민(生民)을 난폭하게 약탈하지 말라."라고 했습니다. 이와 같이 다른 나라의 생민에게도 오히려 난폭하게 하지 말라고 경계했는데, 하물며 동료와 동포에 있어서야 말할 나위도 없습니다.

신이 정해년(丁亥年)에 남쪽을 정벌하는 군대를 보니 적선(賊船)이 이미 물러간 뒤에 도착하므로 적의 내습(來襲)을 막는 데는 조금도 도움이 된 바 없었고, 역마(驛馬)가 부족하다고 하여 역관(譯官)만 죽임을 당했으며, 경계가 소홀하다 하여 변방 장사가 박살(撲殺)되었으니, 서너 사람의 장수가 바뀌어 순행(巡行)한 뒤면 소읍(小邑)의 병방(兵房) 가운데서 조금이라도 활을 잡을 줄 아는 사람은 낙심하고 얼굴빛이 변하지 않는 이가 없습니다.

오직 호령(號令)이 엄하기만 힘쓰고 이어 바칠 물건이 없음을 알지 못하므로 한 가지 반찬이라도 풍성하지 않으면 주리(主吏)를 태형(笞刑)으로 다스려서 거의 죽게 만들고, 한 가지 일이라도 잘 못된 것을 알면 읍재(邑宰)를 때려 죽게 하니, 오직 포학(暴虐)한 형벌로 위엄을 할 줄만 알고 인의(仁義)로써 감동시킬 줄은 모르니, 남쪽 백성이 이 같은 무거운 곤경에 처하여 주현(州縣)이 하나도 온전한 곳이 없습니다.

원하옵건대 장수(將帥)를 보낼 즈음에는 송나라 태조의 경계를 비거(備擧, 빠짐없이 갖춤)하여 우리의 관리와 백성을 잔인하게 죽이지 못하도록 하고, 또 오기(吳起, 병법가 吳子)의 자율적 정신으로 삼군(三軍)의 마음을 격동케 하여서 점점 윗사람을 섬기고 어른을 위하여 죽을 줄 아는 의리를 깨닫게 하십시오, 그리고 세 번을 명령하고 다섯 차례를 거듭 말하여도 행오(行伍)를 모르는 사람에 한해서 군율로써 다스린다면, 위엄과 사랑이 겸전(兼全)하게 되어 아무리 어려운 지경이 닥쳐와도 배반하려고 하는 마음이 없을 것입니다.

비왜지책은 오로지 중봉의 해박한 지식과 치밀한 분석력에서 나온 것이다. 대내외 정세를 꿰뚫어 보는 그의 혜안은 대단히 명찰했다. 일찍이 '청절왜사소(請絶倭使疏)'에서 비록 왜군이 강하다고는 하나 우리나라의 지세(地勢)를 이용하고 백성들과 하나가 되어 싸운다면 능히 이를 물리칠 수 있을 것이니, 무례한 왜국의 요구를 단호히 물리치고 우리의 위세를 보일 것을 강력히 주장한 바가 있다. 또한 '청참왜사소(請斬倭使疏)' 1소에서 왜국의 의도를 명나라에 알려서 후환이 없도록 미리 조치해야 함은 물론, 왜국 사신을 목을 베어 만방에 알리고 주변국들로 하여금 공분을 일으키도록 할 것을

지당에 비 뿌리고

주문했었다.

위기에 처한 조선을 보전하고자 하는 중봉의 고민은 곧 영호남 비왜지책(嶺湖南備倭之策)이라는 방어 대책을 내놓게 되었는데, 그 내용을 (1) 왜적의 침공 기도, (2) 조선 방어책의 제시, (3) 방어 성공을 위한 조치 등으로 구분하여 정리해 보고자 한다.

(1) 왜적의 침공 기도

왜적은 이미 수차례에 걸쳐 조선 침공을 공공연하게 언급했다. 다만, 조선 조정이 이를 가볍게 넘겼을 뿐이다. 그러나 중봉만은 이미 3년 전부터 왜적이 침범할 것을 미리 예견하고 조정을 일깨우려고 무던히도 노력했다. 중봉은 '비왜지책(備倭之策)'에서 왜적의 공격 기도를 다음과 같이 제시했다.

첫째, 적의 상륙 지역은 동남 해안이 될 것이다.

대부분의 사람들은 왜적의 상륙 지역으로 호남 해안을 예상했다. 그러나 중봉은 이러한 견해와 달리 호남 해안이 아니라 영남의 동남쪽으로 상륙할 것이라고 주장했는데, 그 판단의 근거는 이러했다.

▷ 남해 연안은 지형이 복잡하여 향도(嚮導) 없이는 상륙하기가 어렵다.

▷ 과거에 왜구가 반도 깊숙이까지 들어와 노략질한 것은 남해 연안에 정박할 곳을 찾지 못한 까닭이다.

▷ 왜적이 남해안으로 상륙하기 위해서는 큰 피해를 감수해야 할 것이며, 서해안 역시 경솔하게 정박할 수 없을 것이다.

▷ 따라서 적들이 호남 해안보다는 길에 익숙한 영남으로 침입하

여 이곳을 발판으로 북상의 길을 트고 군사를 나누어 호남 지방을 육로로 쳐들어가 장악할 계책을 쓸 것이다.

그러므로 적은 반드시 동남 해안으로 상륙할 것이며 이에 주안을 둔 방어 대책을 강구해야 한다.

전에 저들이 포로로 잡아간 사람들은 늙고 쇠약해져서 이제는 배를 조종할 수 없을 것이며, 호남 바다의 수로는 여러 차례 겪어 본 곳이 아니므로 이백 년 동안 한 번도 엿보지 못했습니다. 그런데 이제 왜적의 계획은 비록 동쪽에서 충돌하고 서쪽을 공격하고자 하지만, 감히 경솔하게 서해변(西海邊)에는 정박하지 못할 것이고, 반드시 여러 차례 지내본 영남 지방을 먼저 쳐서 곧장 올라오는 길을 열어놓고 군사를 나누어 가지고 호남 지방을 손아귀에 넣을 계책을 쓸 것입니다.

신이 듣건대, 조정의 의논은 왜적이 호해(湖海)의 제도(諸島)를 침공하리라 하여 영남 지방을 버려두고 거론하지 않는다고 하니, 이것은 크나큰 실책인 줄 압니다. 전조(前朝)에도 왜적은 매번 황산(黃山, 양산 지방에 있었음)의 강을 거슬러 올라와서 성주(星主), 대구(大邱) 등지에 출몰했으니 영남의 방어를 조금이나마 소홀히 할 수가 있겠습니까? 이처럼 영남 지방의 장력(將力)으로는 구하기가 어려운 곳인즉 명장을 선택하여 그곳의 원수(元帥)로 삼고서 방어하라고 책하심이 옳을 것 같습니다.

둘째, 상륙한 적의 다음 단계인 지상 공격로의 판단이다.

중봉은 왜적이 영남 해안으로 들어와서 북상할 공격로를 열어놓은 다음에 군사를 분할하여 호남 지방을 손에 넣으려는 계책을 쓸 것이라고 판단했다.

죽령 이남으로부터 황악(黃岳)의 북에 이르기까지는 대로(大路)와

지당에 비 뿌리고

중로(中路)가 각각 다섯이고 소로(小路)가 대여섯 개다. 적의 북상을 막으려면 이에 주안을 두고 방어해야 한다. 특히 낙동강 하류 요새를 지키지 못하면 상주 이남은 험한 지형이 없어서 적의 공격을 방어하는 데 매우 어렵다고 분석했다. 이미 왜국 사신들이 조선에 들어와서 조령, 추풍령, 이화령을 넘는 길을 찾고 있었다는 사실은 이를 더욱 확신하게 하는 것이다. 중봉은 '비왜지책(備倭之策)'에서 이 부분을 다음과 같이 제시했다.

> 대개 듣건대, 왜국 사신 의지(義智)는 조령(鳥嶺)으로 그리고 조신(調信)은 금산(金山, 김천), 황간(黃澗), 죽령(竹嶺), 이화(伊火)의 고개로 군대를 인도할 길을 찾고 있다고 하니 한심합니다. 왜적이 부대를 나누어 대거 침입한다면 변방 성(城)의 힘으로는 지탱하지 못할 것이니, 낙동강 하류의 요지를 방어하지 못하면 상안(商顏, 상주) 이남은 다시 험절(險絕)한 곳이 없습니다.

이와 같이 중봉은 면밀한 지형 평가와 과거 전례(戰例)의 분석을 근거로 하여 적의 작전 의도를 판단한 것이다. 정보 판단이란 그 정확성이 작전의 실패를 가름하는 필수 요소이다. 지도가 발달되지 못하고 정보의 전달이 제한된 당시에 중봉의 이러한 판단은 어떻게 이루어졌을까? 그 판단이 왜적이 침공했을 때 한 치도 틀리지 않고 그대로 이루어졌다는 사실에 더욱 놀라지 않을 수 없다.

(2) 조선 방어책의 제시

당시 조선 사회는 별다른 외환이 없는 오랜 평화가 200여 년간 지속되는 동안에 사치와 안일한 생활 풍조로 기울어지고, 국방 체제는 점차로 문란해져 갔다. 당시 조선의 국방 체제는 제승방략(制勝方略)의 분군법(分軍法)을 채택하고 있었다. 해당 지역 수령들에게 사전에 담당 지역을 배정해주고, 유사시에 자신의 진관(鎭管) 지역에서 방어 지역으로 병력을 집결시키면, 중앙에서 장수가 내려와 지휘하여 임무를 수행하는 제도이다. 따라서 최전방 지역에 병력의 집중 운용이 용이한 반면, 해당 지역에 집결한 병력은 중앙에서 파견되는 장수가 도착할 때까지 기다려야 하는 시차상의 문제점과 후방 지역의 공백이 우려되는 단점이 있었다.

왜적은 조총과 신무기로 무장한 강한 세력인 데 비해, 조선의 관군은 상대적으로 열세함을 중봉은 잘 알고 있었다. 따라서 왜적이 침공하게 되면 이에 대비할 방책으로 주요 요충지에 중점을 둔 병력의 운용, 복병전과 유격전, 그리고 곡식을 모두 거둬서 빈 들을 만들고, 성을 굳게 지켜 적에게 군량을 얻지 못하게 하는 청야 작전을 시행할 것을 주장했다. 이는 적의 기도와 아군의 약점을 반영한 것임을 충분히 이해할 수 있다.

첫째, 장수의 사전 변방 배치.

중봉은 당시 훌륭한 장수와 중신이 없음을 아쉬워하면서, 변방에 이른바 명장들을 파견하지 않고 조방장(助防將)만을 4도(四道)에 배치하는 정책을 비판했다. 왜적이 침공하면 반드시 정예 병사들을 뽑아 선봉으로 삼을 것이다. 그러므로 이러한 왜적을 조방장만으로는 막기 어렵기 때문에, 전란이 일어나기 전에 명장들을 요충지에

지당에 비 뿌리고

보내서 대적하게 하여 그 선봉을 꺾어야 한다. 이와 같이 변방 방어를 중시하고 사전에 명장을 파견할 것을 조정에 제시한 것이다.

또한, 낙동강 하류를 지키지 못하면 상주(尙州) 이남에는 험준한 지형이 없으므로 대거 북상할 가능성이 높다고 판단하고 이 지역의 방어를 중요시했다. 만약에 왜적이 호남 지방에 집결한다면 진산(珍山), 고산(高山), 금산(錦山), 무풍(茂豊) 등의 지역은 본래 험한 곳이라 지킬 만한 곳이요, 연산(連山), 개태(開泰)는 지키기 힘들며, 은진(恩津), 채운(彩雲)도 들이 넓어 매우 지키기가 어려운 곳이라고 하여, 방어 작전에 필요한 세밀한 지리적 분석을 내놓았다.

죽령 이남으로부터 황악(黃岳)의 북에 이르기까지는 대로(大路)와 중로(中路)가 각각 다섯이고 소로(小路)는 대여섯 개가 된다. 주요 길목에는 그쪽 지리에 밝고 고향이 가까운 무사를 선발 배치하여 지리적 이점을 최대한 이용하도록 적의 예상 통로에 적합한 책임자를 다음과 같이 추천했다.[85]

▷ 조령(鳥嶺): 원신(元愼, 原州人), 조웅(趙熊, 忠州人), 우탁(禹鐸, 靑州人), 이봉(李逢, 忠義衛)

▷ 풍령(豊嶺): 박몽열(朴夢悅, 永同人), 박정길(朴廷吉, 永同人), 박정량(朴廷亮, 幼學)

▷ 우명치(牛鳴峙), 적암(赤巖): 김충경(金忠慶, 報恩人), 이명백(李命百, 報恩人), 유섭(柳涉, 靑州人), 김시민(金時敏, 木川人)

▷ 용화일로(龍和一路): 김경백(金慶伯, 靑州人), 김가권(金可權, 報恩人)

85   이동준 『중봉 조헌의 민족사적 위상』 한국철학연구소 p21.

▷ 상주·하락(尙州·河洛): 경사(經史)를 널리 알고 관후하여 백성들에게 신망이 있는 자가 의병(義兵)을 이끌도록 한다.

그 외에도 청주의 전 찰방(察訪) 박춘무(朴春茂)는 침착하고 지려(智慮)가 있으며, 공주의 전 참봉(參奉) 정진생(鄭晉生)은 강개가 있고 담략이 있는 인물로서, 중요한 지방을 지킬 적합한 인물로 추천했다.

둘째, 적극적인 복병전(伏兵戰)과 유격전(遊擊戰)의 전개.

적은 무기가 우수하고 군사들이 잘 조련되어 그들과 정면으로 싸우는 것은 매우 불리하므로, 가급적 복병을 두고 유격전을 펴는 것이 좋다는 것이다. 이는 열세한 전투력으로 강한 적을 대적하는 가장 효과적인 전투 방법이다. 특히 지형에 익숙한 아군으로서는 절대적으로 유리한 방법이라고 할 수 있다.

중봉은 이를 위하여 미리 유망한 인물을 각 읍에 책임자로 선정하여 보루(堡壘)와 목책(木柵) 등의 장애물을 만들고, 좁은 도로에 복병을 매복시켰다가 활을 쏘고 돌을 굴려서 적을 제압하고, 지형에 유리한 지방민들을 이용해서 날쌘 병사들로 편성된 유격대가 추격하면 적들의 분탕질을 최소화할 수 있다.

셋째, 청야 작전(淸野作戰).

만약에 왜적의 선봉을 꺾지 못하면 성을 굳게 닫고 들판에 곡식을 비워 적들에게 식량이 모자라게 함과 동시에, 속전을 피하고 장기전을 취하는 청야 작전(淸野作戰)을 펼치는 것이 우리에게 유리하다.

지당에 비 뿌리고

(3) 방어 성공을 위한 조치

첫째, 적의 길잡이가 생기지 않도록 단속할 것.

왜적의 길잡이 노릇을 하는 향도자(向導者)가 생기지 않도록 해야 한다고 강조했다. 적은 해안의 정박할 곳을 알지 못하므로 향도자가 없으면 절대 호남으로 들어오지 못할 것이다. 따라서 적에게 향도로 이용될 만한 섬 주민이 잡히지 않도록 복어잡이를 엄금하고, 해산물을 채취하는 어민들도 멀리 나가지 못하게 통제할 것을 주문했다. 그 통제 방법으로

▷ 흑산도와 추자도 등 어부들의 복어잡이를 금하고 먼 곳의 어로 작업도 금해야 한다.

▷ 양남(兩南, 영남과 호남)의 관찰사는 생복어의 매매와 요리를 금지하고, 임금부터 생복어의 진상을 금하고 명을 어긴 자는 엄히 다스려야 한다.

둘째, 문관들의 참전이다.

이전에 북방 오랑캐의 침략 사실을 예로 봐서, 국방을 장수에게만 맡기지 말고 식견 있는 선비들과 협력하게 하자는 것이다. 군사의 배치는 무장뿐만 아니라 학식 있는 문관을 무장과 함께 배치해야 효과적이다.

셋째, 장수들의 대민(對民) 자세이다.

무장(武將)들이 지방에서 호령만 엄하게 하고 따뜻하게 관리와 백성을 보살필 줄 모르므로, 이를 시정하여 중앙에서 장수를 파견할 때는 백성들을 잔인하게 죽이지 못하게 할 것이며, 여러 번 명령해도 듣지 않는 자들만 군기로 다스려서, 민심이 이완되지 않도록 해야 한다.

넷째, 전공을 세운 사람들에 대한 보상(補償) 문제이다.

백성들이 적을 섬멸하는 데 적극적으로 참여하도록 하여, 공이 있는 사람에게는 적절한 보상을 약속할 필요가 있었다. 적에게 빼앗길 것을 막은 자는 그 반을 상으로 주고, 적의 목을 20급 이상 벤 자는 천민이면 양민으로 환속해주고, 서얼이면 관직에 나갈 수 있게 하며, 적의 선봉 등을 죽인 자는 그 수가 적더라도 공을 더 많이 인정해주어야 한다. 이와 같은 적절한 보상책을 강구함으로써 모든 백성으로 하여금 국가의 위기에 적극적으로 참여하게 해야 한다.

중봉의 영호남 비왜지책은 당시에 왜적의 침입에 대비한 대단히 구체적이고 이상적인 조선방어대책(朝鮮防禦對策)이었다. 충청 이남의 지리를 세밀히 분석하고 왜군의 공격기도(攻擊企圖)를 분석하여 적을 어떻게 방어할 것인가를 구체적으로 제시했을 뿐만 아니라, 이를 수행하는 데 있어서 적합한 인물(人物)까지도 함께 추천했다. 또한 전투에 임하는 현지 군(軍)과 백성들의 전투 의지를 고양할 방도까지를 총망라했다. 그러나 조정의 견해는 중봉이 내놓은 주장과 전혀 달랐다. 왜군의 상륙을 호남 해안으로 예상했고 침공 규모 등 모든 면에서 왜적을 가볍게 생각했다. 이러한 판단의 차이는 실제 왜란이 일어나서 입증되었고, 그 결과는 씻을 수 없는 역사적인 비극으로 진행되었다. 그때 중봉의 상소가 채택되었더라면 왜란을 예방할 수도 있었을 것이며, 침공한 왜군은 속전속결의 이점을 잃어버려 결코 전란이 그같이 오래가지 않았을 것이다.

중봉의 '청참왜사 2소(請斬倭使二疏)'와 '비왜지책(備倭之策)' 등을 접수한 승정원(承政院)에서는 말이 상서롭지 않다고 하여 이를 받지

지당에 비 뿌리고

않는다. 이에 이튿날 대사간(大司諫) 홍여순(洪汝諄)이 계(啓)를 올려 말하기를

"조헌이 올린 소(疏)를 승정원(承政院)에서 받지 아니하니, 비록 소(疏)의 내용은 알지 못하나 어쨌든 언로(言路)를 막는 폐단이 있을 듯하니 담당 승지(承旨)를 파직시키소서."

하고 청했다. 그러나 임금은 그 승지를 추고(推考, 잘못을 고찰함)하라는 가벼운 명만 내렸다. 이로써 중봉의 '비왜지책(備倭之策)'은 빛을 보지 못하고 무용지물이 되고 말았다. 참으로 안타까운 일이 아닐 수 없다. 중봉의 상소에도 조정은 묵묵부답이었고, 백성들만이 그의 충의에 감복하며 안타깝게 주시하고 있었다.

중봉이 상소를 올리고 선조의 비답을 기다릴 때 항상 그를 찾는 이가 있었다. 첨정(僉正)으로 있는 심희수(沈喜壽, 1548~1622)였다. 그는 왜사의 목을 베라는 소(疏를) 올려 선조의 노여움을 사고 있는 중봉의 충정을 잘 알고 있었다. 심희수는 선위사(宣慰使)가 되어 부산 동래에 나가 일본 사신을 맞이하기도 했으며, 간관(諫官)으로 여러 차례 직언하다가 선조의 미움을 사기도 했다. 중봉을 걱정하던 심희수는 매일 중봉을 찾아 위로하며, 이 일이 장차 측량할 수 없으므로 시로써 슬퍼했다.[86]

가을 달 가을 물은 곱고 맑은데
죽든 살든 따르는 것 그림자뿐이로다
지면(紙面) 가득 담은 말이 모두 충담(忠膽)이오니
형벌 앞서 어진 님이 밝혀주리라

- 沈喜壽

---

86 原典『重峯集』, 최영희『趙憲全書』 탐구당 詩 p251.

2. 왜란이 임박했다

　　1591년(선조 24년) 3월 15일, 중봉은 왜사(倭使)를 참(斬)하라는 '청참왜사소(請斬倭使疏)'와 '영호남비왜지책(嶺湖南備倭之策)' 등을 지부상소(持斧上疏)하고 승정원(承政院) 문밖에서 수일을 기다렸으나 임금의 비답(批答)은 없었다. 비답을 기다리던 중봉은 답답한 심정을 금치 못하여 대궐 주춧돌에 이마를 들이받아 얼굴에 피가 낭자하게 흘러내렸다. 이에 사람들이 모여들어 담을 치며 각각의 의논들이 엇갈렸는데, 어떤 이는 고초를 자초하는 모습을 비웃었다. 그러자 중봉은

　　"명년(明年)에 산곡(山谷)으로 피난 갈 때 반드시 내 말을 생각하리라."

　　하고는 어찌할 수 없는 안타까움에 통곡하며 도성을 나왔다. 내년에 왜적이 침공할 것이란 중봉의 판단은 확고했다. 그럼에도 안일한 생각에 빠져 있는 조정을 깨우칠 방도가 없었던 것이다. 도성을 나온 중봉은 김포 선영으로 향했다. 그 답답한 심정을 부모님 묘소를 찾아서 달래려는 것이었다. 부모님 묘소에 엎드려 한없이 눈물 흘리며 탄식했다. 그 후 중봉이 옥천으로 내려온 것은 윤3월 중순이 다 되어서였다.

　　일부 기록에는 상소 후에 곧바로 옥천으로 내려갔다고 되어 있으나 1591년 윤3월 19일 중봉이 문인 전승업(全承業)에게 보낸 편지의 내용을 보면, 김포에 들러 옥천으로 내려와서 편지를 쓴 것으로 되어 있다. 1597년 정유재란 때 호우(湖右) 지방에서 김포로 이주한 이

덕동(李德洞)이란 사람이 진술한 바에 의하면, 1591년 가을에 김포에 간 것으로 유사(遺事)에 나온다. 이덕동의 진술에는 가을로 되어 있으나, 여러 정황으로 보아서 기억의 착오가 아닐까 싶다. 중봉이 전승업에게 보낸 서신에는 분명히 상소를 올리고 난 후에 한양에서 김포 선영을 다녀서 옥천으로 내려온 것으로 되어 있다. 그 마을에 살던 이덕동(李德洞)이란 사람이 중봉이 김포 선영을 찾은 일에 관해서 자기가 들은 얘기를 다음과 같이 진술했다고 유사(遺事)에 기록하고 있다.

정유재란(丁酉再亂, 선조 30년, 1597년)에 이덕동은 호우 지방(湖右地方)에서 김포로 옮겨 살고 있었다. 그곳에서 약 오 리(五里)가량 떨어진 곳에 조헌(趙憲)의 선대 묘가 있었다. 고로(故老)들의 말을 들으면 신유년(辛酉年 1591년)에 조헌(趙憲)이 성묘 차 와서 매일같이 통곡을 했다. 이웃 마을의 친구들이 찾아오면 조헌은 길게 탄식하면서 영결(永訣)하는 뜻으로 말을 했다. 모든 사람들이 괴이하게 여기고 그 까닭을 물으니 그가 말하기를

"명년에 반드시 병란(兵亂)이 있을 것인데 남과 북을 막론하고 많은 사람들이 죽을 것이니 후일에 다시 상면하기가 어렵기 때문이다."

라고 말했다. 이때는 평화를 누린 지 200여 년으로 사람들은 전쟁(戰爭)이란 것을 알지도 못하고 있는 터에, 그 말을 듣고는 모두 놀라고 두려워하면서도 그를 가리켜 괴망(怪妄)하다고 했다. 그러나 개중에는 피난을 가는 사람도 있었다. 그는 또 읍재(邑宰)를 찾아가서 앞으로 국가가 병화(兵禍)를 입을 것을 극진(極陳)하니 당시의 현령(縣令) 이조(李調)는 중봉을 낙막(落漠)하게 대하였으나 그는 자못 쾌쾌(快快)하게 여겼다.

조공(趙公)의 족숙(族叔)인 조안현(趙安賢)이란 사람은 나이도 많고 덕행도 있어 조공(趙公)은 늘 그분을 공경스럽게 섬겼었다. 하루는 조안현(趙安賢)이란 분이 조용히 조공(趙公)에게 이르기를

"자네가 도기를 메고 대궐에 들어가 궐하(闕下)에 자리를 깔고 임금님께 상소하여 많은 사람들에게 조롱(嘲弄)을 받는다는 말을 들었는데, 오늘날 또다시 망언(妄言)을 발하여 향리의 사람들을 놀라게 하는가! 모름지기 다시 한번 잘 생각해보게."

라고 했다. 이 말을 들은 조공(趙公)은 분연(奮然)한 태도로 말했다.

"내가 천문(天文)을 보니 명년에 병화(兵禍)가 있을 것이고, 그것은 이 나라의 개벽 이후(開闢以後)로 일찍이 없었던 큰 변란일 것입니다. 바라건대 아저씨는 다시는 내 말을 망언이라 하지 말고 미리 피난할 계책이나 마련하십시오."

그러자 다시는 아무 말도 하지 않았다. 이듬해 여름 과연 왜적(倭賊)이 대거 침범하여 팔로(八路)가 물 끓듯 하며 백성들이 도탄(塗炭)에서 헤매고 종묘(宗廟)와 사직(社稷)이 폐허화 되었다. "임금은 멀리 의주로 파월(播越)하는 비운이 하나같이 조공(趙公)의 말과 같았으니 이상한 일이라 하지 않으리오."라고 이덕동은 자기가 들은 얘기를 진술했다고 한다.

중봉은 청참왜사소와 영호남 비왜지책 등을 들고 대궐에 나아가 지부상소를 한 후 돌아오는 길에 김포 선영에 들러 성묘하고, 옥천에 내려와서는 한동안 하늘을 쳐다보며 탄식만 했다.

1591년(선조 24년) 윤3월 19일, 탄식으로 몇 날을 보내던 중봉은 아들 완도(完堵)를 평안도로 보내기로 했다. 아들 완도는 사계(沙溪)

지당에 비 뿌리고

김장생(金長生)에게서 공부했는데, 어느새 22세가 되어 아버지의 일을 도와주는 든든한 자식으로 성장했다. 평안도 관찰사(平安道觀察使) 권징(權徵)과 연산부사(延安府使) 신각(申恪)에게 서찰을 보내려는 것이었다. 중봉은 아들 완도를 불러 두 분에게 보내는 서찰을 주면서 먼 길로 다녀오도록 했다.

중봉이 완도를 평안도를 보낼 시기에 전승업(全承業)에게 보낸 한 통의 편지가 『인봉유고(仁峰遺稿)』에 남아 있다.

〈중봉(重峯) 선생이 전승업에게 보낸 회신[辛卯年(1591년, 선조 24년) 윤3월 19일]〉[87]

요즈음 김포(金浦)에서 돌아와서 보낸 혜문(惠問)을 받고 세 차례나 반복하여 읽고 감탄했으며, 오늘도 더욱 마음이 편안하지 않은데 우중(雨中)에 어떤 사람이 절 밖에서 기척이 있었으니, 이는 바로 우리 효선(孝先, 전승업의 字)의 노복이구려. 소매 속의 서찰을 내어주기에 살펴보니 권권(眷眷, 사모하는 모양)히 초청하는 뜻이 있기에 시름없는 모습으로 감개했음을 어찌 다 말하리오. 바로 오늘의 기거(起居)가 모두 편안함을 알게 되니 기쁨과 위로가 지극합니다.

지난날 낮에 그대의 이웃 사람에게 전유(傳諭, 임금의 유지를 전함)하지 못함이 한이 되나, 인하여 봉의(奉疑)를 천석(泉石)의 가운데에서 얻었고 잠만 깨면 탄식이니 어쩌리오. 어쩌리오.

헌(憲)은 어른을 모시고 아직은 보존하고 있으나 다만 세상이 부질없이 근심하는 까닭에 시대와 세상이 꺼려하는 것을 접촉하니, 남은 환란이 언제 박두할지 모르겠구려. 더구나 자식을 평안도로 가게 했으니 이처럼 어려운 때 부자가 이별하려 하니 그 민

87   옥천전씨송정공파종회 『仁峰全承業先生遺稿』 p20.

망함을 어찌 다 말하겠소. 여기 절에서 친구와 같이 정회(情懷)를 펴고 돌아가는 길에 김도사(金都事)를 찾아보고 저물녘에나 군(郡)으로 돌아가니, 내일, 모레 사이에 혹 여가가 있으면 여헌(汝獻)의 병문안을 하고 고병(高屛)에 나가 정회(情懷)를 펼까 하오. 만일 그렇지 않으면 자식과 작별한 뒤에 한 번 인봉(仁峰)을 방문하리다.

하늘을 우러르니 형혹성(熒惑星, 화성, 전란을 경영한다고 함)이 겨우 미기(尾箕, 미성)의 자리를 떠나 방금 남두(南斗, 남쪽 하늘에 있는 말 모양의 여섯 개 별로) 들어갔으니 이와 같은 중벌(重罰)은 운수(運數)인지 모르겠으나 끝내 1년을 보존토록 환난이 없으리오. 억조창생이 장차 어육(魚肉)을 면할 수 없음이 두려우니 괴롭고 괴로운 일이오.

집을 건축하는 일은 아마도 시급한 계획이 아닌가 하오.

편지에 중봉(重峯)과 인봉(仁峯)의 관계가 잘 나타나 있다. 그리고 어려운 시기에 아들 완도를 멀리 평안도까지 보내는 아비가 자식을 걱정하는 애틋한 마음이 들어 있다. 또한, 일 년 안에 나라에 환난이 있을 것을 예측하고, 백성들이 겪을 고초를 생각하며 괴로워하는 중봉의 심정도 들어 있다.

중봉이 아들을 보내 평안도 관찰사와 연안부사에게 전하려는 서찰의 내용은, 곧 왜적의 침입이 있을 것이니 이에 미리 대비하라는 것으로, 호(濠, 성곽 바깥 둘레에 도랑을 파서 물이 괴게 한 것)를 깊이 파고 성(城)을 수축하여 수전(守戰)의 방비를 철저히 하라는 내용이었다.

아버지의 명을 받은 완도(完堵)는 부지런히 평안도로 향했다. 중봉의 서신을 받은 평안도 관찰사 권징(權徵)은 웃으면서

"설사 왜적이 쳐들어온다고 하여도 양서(兩西, 황해도와 평안도)까지 미칠 수가 있겠는가? 돌아가서 자네 어른에게 다시는 이런 말을 하

지당에 비 뿌리고

지 말라고 이르게."

하고 중봉의 뜻을 가당치도 않게 여기고 비웃었다.

그러나 연안부사 신각(申恪)은 중봉의 말을 그대로 믿었다. 즉시 병기를 수리하고 연못을 만들어 방어 대책을 세워 준비를 철저히 했다. 그러므로 뒷날 왜적이 침입하여 온 국토를 유린당할 때 연안에서는 성을 보존하고 능히 왜적을 물리칠 수 있었다. 이에 대해서 『선조수정실록』에 이렇게 기록하고 있다.

"조헌이 옥천(沃川)으로 돌아가 아들 조완도(趙完堵)를 시켜 평안 감사 권징(權徵)과 연안부사(延安府使) 신각(申恪)에게 글을 보내어 참호를 깊이 파고 성을 완전히 수리하여 전수(戰守)에 대한 준비를 미리 수거(修擧)하도록 권했는데, 권징은 그 글을 보고 크게 웃으며 말하기를 '황해도, 평안도에 어찌 왜적이 올 리가 있겠는가. 돌아가 자네 부친에게 다시는 이런 말을 하지 말라고 하라.' 했다.

그러나 신각은 그 말을 옳게 여겨 기계(器械)를 대대적으로 수리하고, 성내(城內)에 봇물을 끌어들여 큰 못을 만들었다. 뒤에 왜란이 일어났을 때 후임으로 온 부사 이정암(李廷馣)은 성을 지켜 온전할 수가 있었다. 고을 사람들은 이는 신각이 사전에 준비한 공로로 그를 추모하여 비석을 세워 그 공을 기렸다."

아들 완도(完堵)를 평안도에 보낸 중봉은 속리산(俗離山)을 찾아 작은 절에 머물고 있었다. 그 절에는 지현(智玄)이란 중이 있었는데, 중봉이 잠을 자지 않고 아침을 기다리기를 십여 일 계속하는 것이었다. 하루 저녁에는 홀연히 엎드려 슬피 울면서, 조반(朝飯)을 드려도 먹지 않았다. 지현이 이상히 여겨 까닭을 물었으나 대답을 하시

지 않았다. 그 뒤 며칠이 지나 중 지현(智玄)에게 이르기를

"지난밤에 성진(星辰)의 변괴가 몹시도 심했으니 시사(時事)를 가
히 알 만하다. 내 어찌 슬프지 않으랴."

하고 소리 높여 통곡하니 중들은 모두 미친 사람으로 생각하고
아무도 왜변(倭變)이 일어날 것을 알지 못했다.

그 후에 안방준(安邦俊)이 자부(姉夫)인 박종정(朴宗挺)과 월출산
도갑사(道岬寺)에 갔을 때 70이 넘은 지현(智玄)이란 중을 만났는데,
그가 이 같은 말을 하며 탄식했다.

"조제독(趙提督)은 성인(聖人)이다. 당시의 사대부들의 애군우국(愛
君憂國)이 모두 조제독만 같았던들 국사가 어찌 이 지경까지 이르렀
겠는가."

이를 안방준이 그대로 기록한 것이다.

윤3월 그믐께 중봉은 박로(朴𥣬), 전승업(全承業) 등 문인(門人)과
함께 옥천의 서정하류(西亭下流)에서 노닐고 있었다. 이 자리에서 중
봉은

"내가 왜국 사신을 목 베어 명나라에 아룀으로써 뒷날의 책망을
면하고자 했으나 조정(朝廷) 신하들이 내 말을 듣지 아니했다. 늦여
름이나 초가을에 반드시 유구(琉球)의 고변(告變)이 있을 것이고, 우
리나라에 화(禍)가 언제 닥쳐올지 모르니 제군(諸君)은 이런 때 어찌
피를 찍어 상소(上疏)함으로써 임금을 깨닫게 하지 못하는가?"

하며 눈물을 흘리는 것이었다. 언제 닥쳐올지 모를 나라의 불행
을 앞에 두고 문인(門人)들을 탓하는 것은, 그 대상이 바로 현실을
인식하지 못하는 임금과 조정 대신들이었을 것이다. 그가 목숨을

지당에 비 뿌리고

걸고 지부상소로 진언했으나 오히려 미친놈으로 몰아갔다. 목전으로 다가오는 위기를 전혀 느끼지 못하는 절벽 같은 현실에 대해 답답함을 풀 길이 없었다. 그가 남긴 시조 한 수가 그런 자신의 심정을 읊은 것은 아니었을까. 이 시조는 이 무렵에 쓰였을 것으로 추정된다.[88]

중봉 조헌 시비(詩碑)

지당(池塘)에 비 뿌리고 양류(楊柳)에 내 끼인 제
사공(沙工)은 어디 가고 빈 배만 매였는고
석양(夕陽)에 짝 잃은 갈매기는 오락가락하더라

비 오는 날의 한가한 풍경이 한 폭의 그림 같은 서정시다. 비 내리는 연못가에 매인 사공 없는 배, 안개 속에 숨을 듯 희미하게 비치는 버드나무, 한가로이 나는 갈매기가 마냥 평화스럽다. 여유가 넘

88   송인기 『조선문학전집』 1941년. 유창준 『靑丘永言』 1976년. 황순구 『歌曲源流』 1987년.

치는 이 정경을 통해서 중봉은 무엇을 말하고 싶었을까?

안개 속에 가려진 듯 내일을 예측할 수 없는 희미한 나라의 운명, 비에 젖은 버드나무에서 느껴지는 백성들의 피눈물, 그의 혜안으로 훤히 보이는 국난의 위기에 대한 절박감, 그 모두가 육중한 무게로 그의 가슴을 짓눌렀을 것이다. 이 중요한 시기에 부지런히 노 저어 가야 할 배는 어찌하여 한가로이 매여만 있는 것인가. 나라의 운명을 손에 쥔 위정자들이 마치 갈 길을 잃고 무심히 나는 저 갈매기와 같다고 생각했던 것은 아니었을까. 중봉의 깊은 고뇌가 이 한 편의 시에 고스란히 담겨 있는 듯하다.

중봉이 대둔산(大屯山)에 들어가 월여(月餘)를 지냈다. 그것은 아름다운 경치에 유람하고자 한 것이 아니었다. 그는 글은 읽지 않고 날마다 산속이나 높은 봉에 올라 먼 곳을 바라보기도 하고, 풀잎을 뜯어 흐르는 물에 흩어 보냈다. 그것은 근심을 달래고 슬픔을 덜려는 것이었다.

신발이 해지면 스스로 얽어서 신고 중의 손을 빌리지 않았다. 늘 말을 할 때는 혀 차는 소리가 입가에서 떠나지 않았다. 밥을 먹다가도 때로는 수저를 놓고 탄식하는 소리를 하니 중들이 그 뜻을 헤아리지 못했다. 하루는 네 사람의 중들과 같이 밥을 먹는데 중봉이 먼저 두어 술을 뜨고 그 나머지는 중들에게 밀어주면서

"내년에 반드시 왜란이 있을 것이고 나는 응당 의병(義兵)을 일으켜 근왕(勤王)할 것인즉, 오늘 이 밥을 같이 먹는 자는 내가 의병을 일으켰다는 말을 들으면 곧 나에게로 와서 일을 같이 도모하자."

고 했다. 이에 중들은 그 말을 괴이하게 여기면서도 그렇게 할 것을 건성으로 대답했다. 이듬해 임진년(壬辰年)에 중봉의 예언대로 과

지당에 비 뿌리고

연 변란의 소식이 들리니 중들은 탄복하지 않을 수 없었다. 또한, 중봉이 의병을 일으켰다는 소식을 들었다. 그러나 한 명은 이미 죽었고, 한 명은 발에 병이 나서 참전할 수가 없었다. 다만 두 중이 중봉과의 약속대로 의(義)를 좇아 의병에 가담하여 중봉 선생과 더불어 왜적과 싸우다 죽었다. 그 후 발이 아파서 의병에 참전하지 못한 중은 중봉 선생과 함께 죽지 못한 것을 한스럽게 여기며 오래도록 눈물을 흘렸다.

중봉은 위로는 천문(天文)을 보았고, 아래로는 인사(人事)를 살펴서 일찍이 왜란이 있을 것을 알았다. 어느 날 주위 사람들이 살펴보니 중봉이 부인들을 시켜 광주리에 돌을 담아서 이고 산을 오르내리게 하는 것이었다. 그래서 그 까닭을 물었다. 중봉은

"나는 수고를 미리 익히게 하여 장차 난리를 피하려고 한다."

라고 했다. 그러나 사람들은 이 말을 듣고 그 행동을 가볍게 웃어 넘겨 버렸다.

7월 초2일, 중봉은 금산군수(錦山郡守) 김현성(金玄成)을 만났다. 이때 문인 박정로(朴廷老)와 함께 영벽루(映碧樓)에 올라 경치를 구경하고 있었다. 그때는 한낮이 기울어 3~4시가량이 되었을 것이다. 별안간 붉은 요기(妖氣)가 동쪽에서 일어나더니 세 갈래로 나뉘어, 한 줄기는 북쪽을 향하여 길게 하늘로 뻗었고, 또 한 줄기는 서쪽으로 향했으며, 또 다른 한 줄기는 서남간으로 길게 뻗었는데, 그 빛이 매우 밝았다. 이것을 살펴본 중봉이 박정로(朴廷老)에게 이렇게 일렀다.

"수길(秀吉)의 군대(軍隊)가 이미 행동을 개시했으니 명년(明年) 봄

에는 이 적기(赤氣)와 같이 대거로 우리 땅에 침입할 것이다. 나는 장차 모친을 모시고 공주로 피난할 것이니 자네도 나를 따르는 것이 좋겠다."

이튿날 중봉은 금산군수 김현성(金玄成)에게 어제의 천문(天文)과 자기의 의견을 말했다. 그리고 이것을 감사(監司)에게 보고하고 그로 하여금 조정(朝廷)에 전문(轉聞, 간접으로 전함)하여 급히 방어 대책을 강구할 것을 청했다. 김현성은 중봉의 말과 같이 상세한 도형(圖形)을 그려서 전라 감사(全羅監司) 이광(李洸)에게 보고했다. 그러나 이광은 이를 묵살하고 조정에 보고하지 않았다.

11월에 공주 공암에 있는 고청 서기(徐起)가 세상을 떴다. 서기는 이지함(李之菡) 선생의 주선으로 알게 되었고, 나이 차이는 많으나 가까운 벗으로 지내왔다. 중봉은 서기를 조상하고 돌아왔다.

작년 가을에 인봉(仁峰) 전승업(全承業)이 입탄(笠灘, 삿갓 여울) 건너 인봉산(仁峰山) 아래에 정자를 지어 당호(堂號)를 인봉정사(仁峰精舍)라고 했다. 중봉의 후율정사(後栗精舍)와 가까운 거리에 그의 정사를 지은 것이다. 전승업은 중봉이 옥천 율티에 머물게 되면서부터 항상 곁에 있었다. 그는 중봉과 학문을 논하는 제자이면서 가까운 벗이었다.

전승업(全承業 1547~1596)의 자(字)는 효선(孝先)이고 호를 우재(愚齋) 또는 인봉(仁峰)이라 불렀다. 옥천(沃川) 사람으로 현감 엽(燁)의 아들이며 송정(松亭) 전팽령(全彭齡)의 손자이다. 어려서부터 독서하기를 좋아했고 성격이 엄정하고 공명했다. 중봉을 스승으로 여기며 여러 가지 어려운 일에 도움은 물론 의병 활동에도 많은 역할을 한 사람이다.

중봉이 보은현감에서 파직되어 옥천 산골로 들어가자 전승업은 자주 후율정사를 찾았다. 그는 중봉과 더불어 학문을 수습(修習)할 곳으로 회인현(懷仁縣)의 동쪽 인봉(仁峰) 아래 아주 가까운 곳을 선택했다. 그가 만년의 호를 인봉(仁峰)이라고 한 것도 이에 연유한 것이다. 전승업의 유고집에 있는 유사(遺事)에 두 분의 행적을 이렇게 기록하고 있다.

> 후율정사 가까운 곳에 책상 같은 기이한 바위가 있으니, 그 위가 평탄하여 능히 4~5인은 앉을 만했다. 전승업은 날마다 중봉과 더불어 왕래하며 술을 가지고 와서 한 잔씩 마시면서 풍월을 읊었다. 밤이 되면 천문(天文)을 보고 왜구의 군사가 움직이는 징후를 살폈으며, 자주 동지들과 같이 중봉을 따라 서정천(西亭川) 위에서 유람하고, 그곳의 절경에 취하여 배회하고 소요하면서 매양 술잔을 들이마시다가, 술잔이 끝나기 전에 국사(國事)를 근심하고 분하게 여기시어 서로 권면해서 정성을 다하여 상소를 올려서 주상이 들으시도록 했고 눈물을 흘리며 헤어졌다.

중봉이 옥천에 유거하는 동안 전승업은 가장 가까이서 힘껏 조력했고, 의병 활동에도 큰일을 함께 도모했다. 그는 중봉의 활동에 있어서 빼놓을 수 없는 인물이다. 『중봉집』과 『인봉유고』에는 중봉이 전승업에게 준 시(詩)가 전해온다.

〈和全孝先(전효선에게 화답함)〉[89]

聞有全孝先 전효선이라는 이름을 들었더니
來自耆士村 기사촌으로부터 왔다네
農談雜儒雅 농사 이야기에 선비의 아려함이 섞였는데
亡却醉昏昏 취하게 마셔 정신만 혼혼하네

* 기사촌(耆士村): 옥천군 동이면 적하리.

〈그 두 번째〉

狂士何須問 미친 선비에게 무엇을 묻는가
荒山寂寞濱 황량한 산 적막한 물가라네
莫訝愛芳草 방초 좋아함을 의심하지 마시오
不忍去蘭紉 차마 난초의 향기를 버리지 못하리

〈그 세 번째〉

一往遙難致下誠 지극한 정성 멀리하기 어려워 한 번 가보니
深慙珍重故人情 진중한 벗의 정성에 심히 부끄럽네
耕耘自懼時將暮 때는 어두워 밭 갈고 김매기 스스로 두렵고
跋涉良勤路不平 길 평평치 않아 발섭함 진실로 부지런히 했네
鬱悒休論浮世隘 침울한 세상 애로는 말하지 마라
棲遲幸賴碧溪清 은퇴하여 푸른 시내의 청아함 의지했네
荒詞不足當貂尾 황량한 글이 초미를 감당하지 못하니
恐負山禽求友聲 산새가 벗 부르는 소리를 저버릴까 두렵네

89   原典『重峯集』. 변형석『重峯詩譯註』p203.

3. 왜적의 조선 침공

가. 임진년이 밝았다

1592년(선조 25) 중봉의 나이 49세, 임진년(壬辰年) 새해가 밝았다. 중봉에게는 그 누구보다도 두려운 새해였을 것이다. 왜적은 이미 조선 침공을 위해 군사를 움직였다는 사실을 예언한 터였다. 새해와 더불어 평안을 비는 마음은 더욱 간절했다. 중봉은 안과 밖으로 안녕과 경사를 기원하는 신년 시(詩)를 지었는데 남쪽의 왜구와 북쪽의 오랑캐가 넘보지 못하도록 간절히 기원하는 내용이 들어있다.

〈壬辰春祝(임진년 새봄을 축복하며)〉[90]

新年至樂在吾廬　새해에는 즐거움이 우리 집에 가득하여서
母疾康寧妻病除　어머니 강녕하시고 처(妻)의 병도 낫기를
弟妹有田多菽粟　아우와 누이들도 논밭에 식량이 많이 나고
兒孫無事誦詩書　어린 손자들도 무사하게 공부하기를
山蔬野菜登盤富　산과 들에 풍성한 채소가 상에 오르고
邊患民虞入耳疎　변방의 우환과 백성들의 근심은 성글게 들리기를
四十九年非漸覺　사십구 년의 잘못을 점점 깨달으니
不妨閒臥伴樵漁　한가로이 나무꾼과 어부들과 벗함도 괜찮으리

오른쪽은 **內慶**

90　原典『重峯集』. 변형석『重峯詩譯註』 p291.

皇明萬世一車書　명나라는 만세에 문물과 제도 한결같고
箕國千年聖主居　천년 기자의 나라 우리 임금 계신 곳
相得良平侍帷幄　良·平 같은 재상 얻어 장막 안에 모시고
將多頗牧倚邊廬　頗·牧 같은 장수 많아 변경을 의지하길
東倭永折西魚楫　길이 꺾으리라 동쪽 왜국 서쪽으로 고깃배 옴을
北虜常摧南寇車　늘 꺾으리라 북쪽 오랑캐 남쪽으로 도적질하는 수레
俗美歲豊民樂處　풍속 아름답고 풍년 들어 백성들 즐거워하고
狂夫保族老耕鉏　미친 사나이 가족 보호하며 늙어 농사짓기를

오른쪽은 **外慶**

2월에 부인 영월 신 씨(寧越辛氏)가 오랜 병고 끝에 작고했다. 영월 신 씨의 소생은 완기(完基) 하나였다. 아들 완기가 장지를 김포 선영이 있는 곳으로 정하려 하자, 중봉이 말했다.

"변란이 곧 일어날 것이니, 시신을 길가에 버리게 되느니보다 차라리 여기서 장사를 지내는 것이 좋겠다."

중봉은 우선 신 씨의 장례를 임시로 지냈다.

여기서 『인봉 전승업 선생유고(仁峯全承業先生遺稿)』를 살펴볼 필요가 있다. 영월 신 씨가 작고했을 때 중봉이 전승업에게 보낸 편지이다.

> 임진년(1592년, 선조 25년) 2월 30일[91]
>
> 헌(憲)이 전합니다. 내 집의 화고(禍故, 喪故)로 형부(荊婦, 자기 아내)가 마침내 병고에서 일어나지 못하고 32년간 같이 고생하다가 객우(客寓, 타향의 머물던 집)에서 잃으니 형영(形影)이 외로워서 아

91　　옥천전씨송정공파종회 『仁峰全承業先生遺稿』 p22.

프고 슬픔을 견디지 못하겠으나, 유명(幽明)의 길이 다르며 시국의 돌아가는 형편이 근심스러워서 개회(開晦)하여 길이 안장(安葬)하고자 하되, 모든 일을 조처할 수가 없어서 어제는 군수를 찾아가 인사했고, 또한 면사(面謝)할 일이 있어서 잠깐 관부(官府)에 들렀는데, 문득 들으니 멀리서 내임(來臨)하여 위문했다 하니, 곡하고 하소연하는 슬픈 정을 말하지 못함이 한이 됩니다.

오늘은 향교에서 자고 아침에 읍내에 들어가 노복(奴僕) 한 사람을 얻고, 김포 고향에 가서 전장(田庄, 개인이 소유한 논과 밭)을 환매할까 하며, 낮에는 부현(婦峴)을 넘으려 하는데, 그대가 만일 일이 없으면 잠시 강가에 나오든지 또는 부현(婦峴)의 고개 위에서 기다리는 것이 어떠하겠소.

정사(靖師)가 가르쳐준 곳은 응당 가보려 하오. 간절히 바라노니 먼저 가서 정하고, 나로 하여금 추후에 따라가도록 하길 바라오. 만나서 하소연을 못 하니 더욱 목이 멜 뿐이오. 삼가 글을 올리오.

이 편지의 내용을 살펴보면 2월 말에 부인께서 오랜 병환 끝에 작고하자, 장례 치를 경비가 근심되었던 것으로 보인다. 그래서 김포에 있는 논밭도 정리하고 선영도 찾아뵙고자 김포로 간다는 뜻을 전했다. 길을 떠나기 전에 전승업에게 당부할 말이 있었던 것 같다. 그래서 강가로 나오도록 청한 것이다. 김포에 가서 선친의 묘소에 성묘한 중봉이

"아버님! 어머님! 불초 소생이 옥천에서 먼 길을 걸어 여기에 왔습니다. 이제 곧 왜적의 무리들이 이 강토를 침범하게 되옵니다. 소생은 그때를 당하여 이 한 몸을 나라에 바치려 하옵니다. 제 생애 마지막으로 드리는 인사이오니, 기쁜 마음으로 받아주시옵고 편안히 잠드시옵소서. 또한 저의 부인(辛氏)도 지난 2월 18일에 세상을 떠

났습니다. 부모님 곁에 장례를 치러야 마땅하옵니다만, 시세가 여의치 못해서 옥천에서 임시로 장사를 치렀습니다. 너그러이 용서하시옵소서!"

라고 말하니, 성묘에 같이 참석한 친구들은 그의 태도가 너무 엄숙하고 심각해서 반신반의하는 마음으로 이렇게 물었다.

"그대는 곧 난리가 일어날 것처럼 말하는데, 만약 왜적이 쳐들어오면 어디로 피난해야 살 수 있겠는가?"

그러자 중봉은 강화도 마니산으로 들어간다면 난을 면할 수 있다고 대답했다. 과연 중봉의 이 예언은 그대로 들어맞아서, 임진왜란이 일어나자 이곳으로 피난했던 고향 사람들은 전란의 피해가 없었다.

중봉이 김포를 다녀온 것은 3월 21일경이다. 고향에서 돌아와 전승업에게 회신을 보낸다.

임진년(1592년, 선조 25년) 3월 23일[92]

헌(憲)이 전합니다. 그저께 고향에서 돌아와서 그대가 서신으로 많은 부의(賻儀)를 했다는 말을 들었다오. 지극히 궁핍한 때 인하여 역사하는 공인(工人)에게 주식(酒食)을 먹여 모든 장례(葬禮)를 계획했다 하니, 만일 그대의 지극한 애호(愛護)가 아니었다면 어찌 환란이 많은 때 구원하여 줌이 이와 같겠소. 감탄함이 진실로 깊소이다.

임군(任君)이 조문 와서 다 들었거니와 조용히 정사(精舍)에 기거하면서 날마다 요순(堯舜)의 정치를 강의한다고 하니 요순을 추모함이 더욱 깊겠소이다. 헌(憲)은 공교롭게도 일마다 어그러져서

---

92   옥천전씨송정공파종회 『仁峰全承業先生遺稿』 p24.

전장(田庄)을 교환하는 한 가지 일마저도 능히 이루지 못했으며, 사변이 일어나 세상이 혼란해지면 뇌양(耒陽)의 기근이 있을 것을 두려워합니다.

선유주인(仙遊主人) 김군일(金君一)이 정사(靖師)와 제휴하여 은거하기로 약속했다는데, 그가 아무 말 없이 홀로 유벽(幽僻)한 곳에 은둔했으니, 우리들의 은거함은 어찌할 수가 없게 되었소. 섶을 쌓아 불을 지르고도 걱정이 없다는 것과 같으니, 그대는 먼저 가서 계책을 헤아림이 어떻겠소. 나에게 집을 매매한 돈이 있으니 다행히 정사(靖師)와 같이 상의하여 산간(山間)의 토지를 매입한 뒤에 계량(繼糧, 1년간 추수한 것으로 1년 양식을 이어감)함은 되겠는가? 혹은 곡식을 팔아 황무지를 개간하는 것이 오히려 생활을 이어나갈 계책이 되겠소? 아니면 선유동에 방천을 막아 논을 만들까 했지만, 시절이 늦어져서 가을에 수확을 보지 못하겠으니 탄식하고 탄식하오이다.

좌우에서 다들 말하기를 "이는 이미 나의 물건이 되었고 그것을 잘 경영하면 식량난의 걱정은 없을 것이다."라고 하니 깊이 바라고 깊이 바라는 바입니다.

병든 말을 겨우 끌고 왔는데 뼈대만 앙상하게 서 있는 지가 이미 오래되었으니 어떻게 원행(遠行)을 하겠소. 며칠 사육하라 명했으니 아마 걸어가는 것은 대신할 것이외다. 이때까지 묘지를 택정하지 못하고 매장(埋葬)함을 사면팔방으로 논의했으나 이루지 못할까 두렵소이다. 근심하고 민망함을 이기지 못합니다. 삼가 임군(任君)이 가는 편에 회신을 보냅니다.

3월 21일, 김포에서 돌아왔다. 그동안 부인 신 씨의 장례에 필요한 물자를 조달하는 데 전승업의 경제적 지원이 많았던 것 같다. 편지의 내용은 고향 김포에 가서 논밭은 매매하지 못하고, 대신 집을 팔아온 것으로 보인다. 중봉은 난리가 나자 먼저 계모 김 씨를 괴산 선유동으로 피난시켰는데, 이는 미리 계획된 것이었다.

나. 풍신수길의 조선 침공 계획[93]

일본의 풍신수길(豊臣秀吉)은 조선의 통신사(通信使) 파견이 일본의 위력에 대하여 굴복하는 항복의 뜻으로 받아들였다. 그래서 조선에 국서를 보내어 일본의 명나라 침공에 그 향도가 되라고 강요했다. 그러나 조선의 입장은 냉담했고 이에 풍신수길은 먼저 조선을 무력으로 제압하기로 했다.

풍신수길은 1591년 8월에 전국의 대명(大名)들을 교토(京都)에 소집하여 조선 출병 결의를 선포하고, 나고야성(名護屋城)을 구축하여 대륙 침공의 전략지휘본부인 대본영(大本營)을 설치했다. 1592년 1월 6일에 동원령을 하달하여 30만여 명의 병력을 동원하여 다음과 같이 편성했다.

▷ 제1선 병단(조선 출정 부대): 9개 군(158,700명)
▷ 제2선 병단(대본영 대기 부대): 8개 군(102,960명)
▷ 수군(해상 작전 및 엄호 부대): 4개 대(9,200명)
▷ 대본영 직속 부대: 5개 부대(29,000명)

풍신수길은 모든 부대로 하여금 1592년 2월 21일 각 영지를 출발하여 2월 말까지 나고야에 집결하도록 했다. 병력이 나고야에 집결

---

93   국방부전사편찬위원회『壬辰倭亂史』p29~32.

할 무렵 풍신수길은 각 대명(大名)들에게 조선 출병의 작전 계획을
하달했다.

〈작전 방침〉

조선 출정 부대인 제1선 병단(158,700명)은 조선에 상륙하는 즉
시 가능한 빠른 속도로 한양을 향해 진격하여, 한강 이남 지역에
서 조선군의 주력을 섬멸하고 조선 전국을 점령 확보한다.

〈작전 부서〉

▷ 총대장: 우키다(宇喜多秀家)
▷ 참모: 마스다(增田長城), 이시다(石田三成)
▷ 선봉: 고니시(小西行長), 가토오(加籐淸正)
▷ 수군장: 구키(九鬼嘉隆), 토도(藤堂高虎)

〈공격 경로〉

▷ 中路: 부산 - 대구 - 조령 - 충주 - 용인 - 한양
▷ 東路: 울산 - 경주 - 죽령 - 원주 - 여주 - 한양
▷ 西路: 김해 - 성주 - 김천 - 추풍령 - 청주 - 한양

〈부대 편성〉

제1군(小西行長) - 규수(九州) 지방(18,700명)
제2군(加籐淸正) - 규수(九州) 지방(22,800명)
제3군(黑田長政) - 규수(九州) 지방(11,700명)
제4군(毛利吉成) - 규수(九州) 지방(14,700명)
제5군(福島正則) - 시코쿠(四國) 지방(25,000명)
제6군(小早川隆景) - 규수(九州) 지방(15,700명)

제7군(毛利輝元) - 주코쿠(中國) 지방(30,000명)

제8군(宇喜多秀家) - 주코쿠(中國) 지방(10,000명)

제9군(宇喜多秀家) - 긴키(近畿) 지방(11,500명)

수군(藤堂高虎) - 고노예(近江) 지방(9,200명)

 왜군 9개 군과 수군 17만여 명이 1592년 3월부터 나고야에서 중간 기지인 대마도로 출발했다. 그러나 선두 부대의 일부 병력은 도중에 풍랑을 만나 이키(壹岐)섬에서 10여 일을 보내고 3월 중순에 대마도에 도착했다. 부대들은 여기서 1개월간 전열을 정비했다.

다. 왜적의 침공과 북진[94]

 1592년(선조 25년) 4월 13일 오전 8시경, 대마도(對馬島)의 이즈하라(嚴原)항을 출항한 왜선 7백여 척의 대선단이 고니시 유키나카(小西行長)가 이끄는 제1군(선봉군) 18,700명을 싣고 부산으로 항진하여 오후 5시경 부산 앞바다에 모습을 나타냈다. 임진왜란(壬辰倭亂)이 시작된 것이다.

 왜군은 아무런 저항을 받지 않고 해안으로 접근하여 절영도(絕影島) 앞바다에 닻을 내렸다. 다음 날 아침 해안으로 상륙하여 부산진성(釜山鎭城)을 공격할 준비를 하면서 "길을 빌려달라(假道)."라는 편지를 성(城)안으로 보냈다. 부산진 방어를 담당한 수군첨절제사(水軍僉節制使) 정발(鄭撥) 장군이 이를 묵살하자, 왜군은 전 병력을 투입

---

94   국방부전사편찬위원회 『壬辰倭亂史』 p33~47.

지당에 비 뿌리고

하여 성을 포위 공격했다. 이렇게 하여 왜군과 전투가 벌어졌다. 그러나 부산진의 군사는 1천 명 남짓했으니 병력의 열세와 왜군의 신무기에 오래 버틸 수가 없었다. 정발 장군이 전사하자 성은 허무하게 함락되고 말았다.

부산진이 왜군에 함락된 다음 날에는 동래성도 함락되었다. 당시 부산 해안 방어를 책임지고 있던 경상 좌수사(慶尙左水使) 박홍(朴泓)은 부산 앞바다에 왜적이 나타난 줄도 모르고 있었고, 경상 감사(慶尙監司) 김수(金睟)가 진주에 있다가 밀양에 군사를 집결하도록 명했으나 제대로 전달도 되지 않았다. 그뿐만 아니라 군현마다 상비 병력이 부족하여 군사가 집결되지도 않았다. 조선군이 제대로 대항하지 못하고 우왕좌왕할 때, 18일에는 가토오 기요마사(加籐淸正)가 지휘하는 제2군 22,800명이 부산에 상륙했고, 19일에는 구로다 나가마사(黑田長政)가 지휘하는 제3군 11,000명이 낙동강 하구 죽도(竹島, 김해 남쪽 10리)에 상륙했다.

왜군은 제1군은 중로로 북상하고, 제2군은 동로, 제3군은 서로로 북상하여 한양을 점령하는 계획에 따라 3개 군이 북상을 시작했다. 그러나 각 진을 방어할 수령들은 왜군을 보기만 해도 전의를 잃고 백성들과 성을 버려둔 채 도망가기에 바빴으니, 왜군들은 별다른 저항을 받지 않고 북상할 수 있었다.

이때 조선 조정은 17일에 왜적의 침입 사실을 접수했으나, 1선에서 충분히 격퇴할 것으로 믿고 대수롭지 않게 여겼다. 그러나 급보가 계속 들어오자 비로소 사태의 심각성을 인식하고 중로, 서로, 동로와 조령(鳥嶺), 죽령(竹嶺), 추풍령(秋風嶺) 3개 요충지에 대한 방어 책임을 부여했다.

▷ 중로(조령 방면): 순변사 이일(李鎰)

▷ 동로(죽령 방면): 좌방어사 성응길(成應吉)

▷ 서로(추풍령 방면): 방어사 조경(趙儆)

▷ 조령: 조방장 변기(邊璣)

▷ 죽령: 조방장 유극량(劉克良)

　　그러나 순변사 이일(李鎰)이 도성에서 출전하려 했으나, 모병이 이루어지지 않아 겨우 3일 뒤에야 군관 60명만 이끌고 출발할 수 있었다. 이처럼 허술한 조선군의 방어 태세에 왜군은 파죽지세로 북상하여, 고니시의 제1군은 26일에 중로의 관문인 조령에 진출했고, 서로를 담당한 구로다의 제3군은 28일에 추풍령까지 진출했다.

　　한편 조정에서는 순변사 이일(李鎰)이 상주에서 패했다는 소식을 듣고, 서둘러 도성 수비를 위한 대책을 강구한다. 중신들 사이에서는 왕의 피난에 대한 논의가 시작되었다. 4월 29일에 신립(申砬)이 충주에서 패했다는 보고를 듣고는, 이튿날 30일 새벽 선조는 세자 광해군과 1백여 명의 수행원을 데리고 황급히 북행길에 오른다.

　　선조가 개성에 이르렀을 무렵인 5월 2일 정오경, 카토오가 이끄는 제2군은 한강 남쪽까지 진출했다. 선조가 빠져나간 도성은 백성의 일부가 관청을 약탈하고 방화를 하는 등 아수라장이 되었다. 도성을 수비하는 도원수 김명원은 한강 남안(南岸)에 전개한 왜군의 위세에 눌려 병기를 강물에 던져버리고는, 왕이 북상한 임진강 쪽으로 달아나고 말았다. 이렇게 조선군은 전투도 해보지 않은 채 무너지고, 왜군은 이튿날 3일에 남대문에 이르렀다. 그리고 제1군 역시 충주-여주-양평을 거쳐 3일에 동대문에 도달했다. 4월 14일 부산진

　　　　　　　　　　　　　　　　　지당에 비 뿌리고

에 상륙하여 20일 만에 한양에 도달한 것이다. 조선군은 허무하게 왜적에게 국토를 내주고 말았다.

왜군의 침공상황도

중봉은 왜적의 침입이 눈앞에 다가와 있음을 이미 여러 차례 상소했다. 명나라까지 침공하려는 일본의 의도를 간파하고 이를 조정에 인식시키려고 무던히도 애를 썼다. 하지만 불행하게도 그의 말을 믿는 사람은 없었다. 결국 왜적은 대병력과 신무기로 조선을 침공했다. 적의 상륙 지역과 진출로 등이 일찍이 중봉이 상소했던 '비왜지책'과 똑같이 전개되어 영남 동부 지역인 부산진으로 상륙했다. 영남 지역으로 상륙한 적이 육로를 이용해 호남 지역으로 쳐들어가려는 계책 역시 중봉이 예측한 대로였다.

중봉은 적이 북상할 주요 요충지와 변방에 장수를 사전 배치하는 문제를 제기했었다. 장수가 서울에 있다가 적의 침입지로 달려가는 방법으로는 시간상 적절히 대응하기 어렵기 때문에 영남 해안에 명장을 미리 파견하고 요충지에도 사전 배치할 것을 주장했다. 그러나 이를 무시하고 왜적이 침입한 후에 장수들이 전지(戰地)로 내려가려니 병력은 제대로 소집되지도 않았고, 간신히 도성을 출발하여 전지(戰地)로 나아갔을 때는 이미 적은 주요 요충지에 다다르고 있었다. 결국, 방어에 유리한 지형을 모두 잃고 상주, 충주, 추풍령 등지에서 패하여 아군은 전의를 상실하고 도망하기에 급급했다.

만약에 중봉의 상소를 받아들였다면 임진왜란이란 비극이 일어나지 않았을지도 모르며, 설사 왜적이 침범했다 해도 조기에 승전으로 끝났을지도 모른다. 참으로 안타까운 일이 아닐 수 없다.

라. 부인 신 씨의 장례

중봉은 전승업이 보낸 4월 13일과 4월 18일 두 차례의 서신을 받고 이에 회신했다. 이것은 4월 18일에 보낸 회신으로, 부인 신 씨의 장례를 치르기 직전으로 생각된다.

지당에 비 뿌리고

임진년(1592년, 선조 25년) 4월 18일[95]

요사이 방문하여 주셔서 구구하게 깊이 감탄함을 견디지 못하
겠소이다. 서군(徐君)이 와서 편지를 받게 되었고 읽어보았소이다.
또한 지극히 슬픈 참상을 당했으니 어찌 그 슬픔을 견디겠소. 더
구나 간악한 왜적(倭賊)이 갑자기 나와서 침략(侵掠, 침노해서 약탈
함)의 화가 현자(賢者)에 미쳤으니, 이 어찌 하늘이 내린 화란(禍亂)
이 이렇게 크고 혹독합니까! 백방으로 생각해봐도 보전할 계책이
없으니 어찌합니까.

자식이 어제 돌아왔으니 널을 사이에 두고 묻으면 20일이면 영
폄(永窆, 완전하게 장사를 지냄)이 거의 될 것이니, 죽은 자는 돌아가
려니와 나는 어른을 모시고 어린 자식을 이끌고 어느 곳에서 화
를 피하리오. 사방을 둘러보아도 움츠린 몸 맞을 곳이 없고, 살아
있다 해도 온갖 재앙을 만나리니 어디로 돌아가겠는가. 죽음을
기다릴 뿐이외다. 삼가 회신을 드리오.

4월 20일, 부인 신 씨를 집 뒤에 장사지냈다. 장례를 치를 때 많
은 친지(親知)들이 회장(會葬)했다. 그는 문인(門人)들에게 이렇게 말
했다.

"옛사람의 시(詩)에 말하기를, 남들은 모두 와서 울지만 나는 와서
노래 부르노라. '그대와 같이 땅에 묻히는 이는 적고 묻히지 못하는
이는 많도다.'라고 한 것은 바로 이것을 두고 말함이로다."

신 씨의 시신을 막 묻으려는 순간, 별안간 하늘에서 큰 소리가 들
려와 사람들이 깜짝 놀랐다. 중봉은 사람들에게 이렇게 일렀다.

"이 소리는 천고(天鼓)라는 것으로, 왜적이 바다를 건너 우리를 침

---

95   옥천전씨송정공파종회 『仁峰全承業先生遺稿』 p27.

제3부•오직 한 번의 죽음이 있을 뿐이다(1591~1592년)   *305*

범하는 것이다."

그는 비통해하며 눈물을 흘리면서 호상하던 친구들에게 재촉했다.

"빨리 돌아가 피난할 준비를 하는 것이 좋을 것이다."

그러나 주위 사람들은 무슨 영문인지 몰라 이해하지 못했다. 중봉은 왜적이 침입했다는 비보를 듣고

"이제는 올 것이 기어이 오고 말았다. 내 일찍이 여러 차례에 걸쳐 상소를 올려 대비책을 구했건만, 그 누가 귀를 기울였단 말인가! 이제 와서 통탄한들 무슨 소용이 있단 말인가. 오직 의로운 마음으로 임금과 백성을 구하는 일만 남았도다."

하고는 비장한 각오와 결심을 했다. 어머니를 청주면 선유동으로 곧바로 피난시키고 즉시 행동에 옮기기로 작정했다.

선유동 지인의 집에 노모를 피신시키고 장남인 아들 완기(完基)로 하여금 보살피도록 했다. 중봉에게는 아들이 넷이 있었다. 완기와 둘째 완도(完堵)는 이미 스물이 넘은 청년이었으나 아래로 둘은 아직 갓난아기였다. 중봉은 선유동에 있는 노모와 가족들을 완기로 하여금 돌보도록 하고, 완도를 데리고 나섰다.

지당에 비 뿌리고

4. 오직 한 번의 죽음이
있을 뿐이다

가. 1차 기병 실패와 보은 차령전투

임진년(1592, 선조 25년) 5월 3일, 청주에서 이우(李瑀), 이봉(李逢), 김경백(金敬伯) 등이 중봉 선생을 기다리고 있었다. 선유동으로 어머니를 급히 피난시킨 중봉은 청주에서 그들과 자리를 함께했다. 왜적에 짓밟히고 있는 강토와 백성들이 겪고 있는 수난을 안타까운 마음으로 함께 분개했다. 적의 기세는 등등한데, 이를 막아야 할 관군은 겁을 먹고 도주하기에 급급했고, 임금까지 도성을 버리고 북으로 몽진했다. 나라의 운명이 풍전등화의 위기에 놓인 것이다.

이 난국에 한탄만 하고 있을 겨를이 없었다. 의병을 일으켜 근왕(勤王)을 도모하기로 의견을 모았다. 중봉과 그의 문인들은 즉석에서 의병을 모집하는 격문(檄文)을 작성하여 요로에 보냈다. 그러나 오랫동안 태평세대(太平世代)를 살아온 백성들이 전란을 알지 못하여, 어찌할 바를 모르고 허둥대며 도저히 수습할 수가 없게 되어 있었다. 그러니 의병이 쉽게 모집되지 않았다. 결국, 청주에서의 1차 기병은 별다른 호응을 받지 못하고 실패로 돌아가고 말았다.

『항의신편』

5월 중순, 청주에서의 1차 기병에 실패한 중봉은 급히 옥천으로
내려온다. 향토에서 의병을 모으려는 것이다. 충청도는 왜군의 주력
부대인 제3군이 영동, 옥천, 청주를 거쳐 한양으로 북상한 후였고,
지난 3일에 이미 한양이 함락되었다. 한양을 점령한 왜군은 장수들
에게 점령 지역을 분지(分地)하여 각도(各道)를 분담시키고, 일본 국
내와 같이 점령지에 군정(軍政)을 실시하여 현물 납세(現物納稅)를 받
게 했다. 충청도는 후쿠시마(福島正則)가 지휘하는 왜군이 청주성을
중심으로 각 고을에서 약탈과 살상을 자행하고 있었다.

중봉은 급히 가까운 문인과 제자를 불렀다. 후율정사에 전승업(全
承業), 김절(金節), 김약(金籥), 이우(李瑀), 전충남(全忠男) 등 중봉의
문인과 제자들이 모였다. 중봉은 전황을 설명하고 임금이 몽진한
지금 우리가 나라를 구하는 데 앞장설 것을 역설한다. 모두가 분개

지당에 비 뿌리고

하며 이에 동의하고, 의병 모집과 식량을 준비하고 무기를 갈아 군세(軍勢)를 일으킬 것을 한마음으로 다짐했다. 다행히 전승업이 노비와 군량을 내서 미리 준비해둔 것이 약간 있었다. 그러나 그것으로는 왜적을 대적하기에 턱없이 부족해서, 의병을 더 모으고 군량을 준비하기로 했다.

다음은 전승업의 제자인 진사 남익명(南益明)이 쓴 전승업 행장(行狀)에 기병에 관한 내용이 일부 들어 있다.[96]

> 임진년(壬辰年, 1592년) 4월, 왜병이 갑자기 우리 국경을 침범했다. 당시에 국가는 태평해서 백성들은 오랫동안 병란(兵亂)을 몰랐고, 각 병영(兵營)의 병사(兵使)와 각 읍의 수령들은 왜적이 침입했다는 소문을 듣고 모두 달아났으며, 상감께서는 서울을 떠나시니 선생(전승업)이 홀로 인봉정사(仁峰精舍)에 있으면서 분연히 통곡하여 이르기를 "군부(君父)께서 피난을 가셨는데 신자(臣子)가 되어 감히 집에 있으면서 좌시하고만 있겠는가?" 하고, 드디어 서찰을 써서 장자(長子)인 급(汲)을 보내어 중봉(重峯) 선생을 모셔오게 하고, 의병을 일으킬 것을 약속했다.
>
> 선생(仁峯)은 미리 군복 100여 벌을 만들어두었고, 이때를 당하여 노비 100여 명을 내었으며, 또 어려운 중에도 집 안에 있는 벼와 잡곡을 합하여 100여 섬을 수습하여 먼저 군량미로 쓰게 했다. 또 식량을 모은다는 격문(檄文)을 청산과 영동 지방에 전하고, 중봉을 의병장으로 추대하였으며, 선생(전승업)은 막중(幕中)의 소임을 맡아 일에 따라 주선하였으며 충성과 정성을 다하기로 했다.
>
> 5월 초4일에 의병(義兵)을 모집하니 시골의 장정 230인이 모집되었다. 이에 보은의 경계 차유치(車踰峙)에 있는 적군의 예봉을

---

96 옥천전씨송정공파종회 『仁峰全承業先生遺稿』 p114.

차단하였고, 또한 막하의 임원인 김경백(金敬白), 이우(李瑀), 김절(金節), 전충남(全忠男)과 더불어 격문(檄文)을 팔도에 보냈고, 이미 창의(倡義)의 호령을 세우니 의병이 날로 모여들었다.

중봉이 옥천 안읍에 은거하면서부터 가장 가까이서 정성으로 도운 사람이 바로 전승업(全承業)이었다. 이 기록에 의하면 그가 기병(起兵)에 가장 적극적으로 참여했음을 짐작할 수 있다. 전승업의 행장에서 100명분의 군복(軍服)과 군량과 병력을 준비했다는 내용이 눈에 띈다. 이로 미루어보아 중봉을 중심으로 옥천 일대에서 소규모 향병 모집이 이루어진 것이다. 이 향병들로 하여금 차령전투를 감행한다. 『중봉집』에 수록된 선생의 행장(行狀) 중 보은 차령전투에 대한 부분이다.[97]

> 선생은 할 수 없이(청주에서) 옥천으로 돌아와서 문인(門人) 김절(金節), 김약(金籥), 박충검(朴忠儉) 등과 더불어 향병 몇백 명을 모집하여 보은(報恩)의 차령(車嶺)을 막았다. 이곳에서 왜적과 맞닥뜨려 거의 죽게 되었는데, 문인들이 힘써 싸운 끝에 적병(賊兵)을 물리치니, 이로부터 왜병(倭兵)은 감히 이 길을 통하여 서쪽으로 가지 못했다.

전승업에 대하여 자세히 언급되지는 않았으나 평소 중봉과의 관계를 미루어볼 때, 기병에 적극적으로 준비하고 활동한 것은 분명한 것 같다.

임진왜란 초기에 있었던 보은의 차령전투가 갖는 의미는 적지 않

---

97   原典『重峯集』. 최영희『趙憲全書』탐구당 行狀 p23.

다. 충청 지역에서 의병에 의해 치러진 첫 전투였을 뿐만 아니라, 관군이 계속 패전하는 상황에서 왜적과의 전투를 승리로 이끌었다는 것은 그 의미가 매우 크다. 그러나 차령전투에 관한 상세한 자료가 남아 있지 않아서 당시의 상황을 추정할 수밖에 없다. 『중봉집(重峰集)』과 『인봉유고(仁峰遺稿)』를 바탕으로 이를 추정해본다.

　왜적과 전투가 이루어진 보은현(報恩縣)의 차령(車嶺 또는 수리치)은 보은과 회인현(懷仁縣)을 잇는 해발 300m의 험준한 고개로, 청주로 가는 국도상에 있었다. 이 길은 왜군의 주력인 제3군이 북상한 공격로상에 있는 험로로서 군사적으로 중요한 곳이었다.

　차령전투에 투입된 향병의 규모가 수백 명(300~400명)이란 사실은 『중봉집』과 『인봉유고』에서 거의 일치한다. 그러나 그 시기에 대해서는 좀 더 세밀한 추정이 필요한 것 같다. 차령전투 전후 중봉의 활동을 살펴보면, 중봉은 5월 3일에 청주에서 격문을 띄우고 첫 의병을 모병했다가 실패했다. 그리고 6월 12일에 다시 공주에서 격문을 띄우고 의병 일천 명을 모았다. 이 두 사건의 중간에 보은의 차령전투가 이루어진 것이다. 전승업 행장에는 5월 4일부터 옥천을 중심으로 의병 모집에 착수한 것으로 나와 있다. 아마 수백 명의 향병을 모으고 부대 편성과 훈련 기간을 고려한다면 며칠은 필요하지 않았을까 싶다. 그렇다면 차령전투는 5월 중순 어간에 치러졌을 것으로 보인다.

후율사(後栗祠, 보은)

　당시 향병들의 무기가 변변치 못했다는 것은 쉽게 짐작할 수 있다. 더구나 짧은 기간에 무기를 준비한다는 것은 더욱 어려웠을 것이다. 일부는 창과 칼, 활 등으로 무장했다고 해도, 대부분은 농기구나 생활에 쓰는 물자를 개조한 빈약한 무기로 전투에 임했을 것이다. 그럼에도 불구하고 전투를 승리로 이끌 수 있었던 요인은 무엇이었을까. 그것은 향병들의 강렬한 전투 의지와 주장인 중봉의 탁월한 군사적 식견에서 나온 결과라고 추정된다.

　중봉은 보은현감을 지냈으니 이 지역 지형에 익숙했을 것이고, 전략과 전술적 식견 또한 깊었다. 그리고 향리의 왜적을 무찌르고자 자진하여 응모한 향병들의 전투 의지 또한 높았을 것이다. 이러한 점을 고려할 때 적개심에 불타는 강한 의지로, 험한 차령의 지형적 이점을 최대한 이용하여 왜적과 치열한 전투를 전개했을 것이다. 기록에 매복과 투석 등으로 전투를 했다는 것은, 변변치 않은 무기지만 익숙한 지형을 효과적으로 이용하면서 절대적으로 우세한 적을 제압하고 승리를 거둔 것으로 보인다. 그러므로 차령전투는 의미 있

　　　　　　　　　　　지당에 비 뿌리고

는 전투로 역사적인 평가가 새롭게 이루어져야 할 것이다.

중봉이 차령전투를 승리로 이끌고, 공주에서 재차 의병을 모집할 때까지 20여 일간 향병들은 어떤 활동을 했을까? 이후 중봉은 새로운 의병의 모병과 군량을 확보하기 위해 옥천, 영동, 보은 등 지역에서 잠시 활동했다. 이러한 점으로 미루어볼 때, 애초부터 한 번의 전투로 활동을 끝낼 계획은 아니었을 것이다. 차령전투 후에 '왜적들이 다시는 이 길로 통과하지 못했다'라는 것은, 일정 기간 향병들의 활동이 계속되었을 것이란 추정을 가능하게 한다. 그러나 무기, 급식 등의 제한 사항을 고려할 때 주변 지역에서의 소극적인 활동에 그쳤을 것으로 보인다.

중봉은 애초부터 이러한 소규모의 향토 의병을 생각한 것은 아니었다. 보다 규모가 크고 강한 의병 부대를 구성하여 근왕(勤王)하는 것이 목적이었다. 그러므로 중봉은 보은 차령전투를 치른 후에 다시 공주(公州)로 간다.

나. 공주에서 다시 격문을 띄우다

6월 상순(上旬), 보은 차령전투에서 승리를 거둔 중봉은 문하생 전승업(全承業,) 서화가 이우(李瑀), 문하생 김경백(金敬伯) 등과 공주로 올라온다. 중봉은 6월 12일에 호서(湖西)와 호남(湖南), 영남(嶺南) 지방 등지에 의병을 모집하는 격문을 보냈다. 이것이 3차 기병이다. 다음은 삼도(三道)에 보낸 격문의 중요 부분만 발췌한 것이다.

〈기의토왜적격(起義討倭賊檄)〉[98]

만력 20년 6월 12일(萬曆二十年六月十二日)에 전 제독관(前提督官) 은천(銀川) 조헌(趙憲)은 팔도의 문무동료(文武同僚) 임학동지(林壑同志) 승민부노(僧民父老) 호걸(豪傑) 등에게 공경히 고한다.

하늘과 땅의 큰 덕은 바로 낳는 것이다. 그러므로 만물들이 각각 그 처소(處所) 얻기를 생각하며 귀신과 사람들이 다 같이 원망을 품은 것은 바로 이 왜적인 것이다. 그 때문에 저 원수(怨讐)를 저의 나라에 돌아가지 못하도록 모두가 맹세한다. 이목을 가진 사람이라면 누구인들 분노하지 않겠는가.

우리나라는 태평한 세월이 오래였던 까닭으로 방어에 너무나 소홀했으나, 저들이 미친개처럼 이렇게도 우리나라를 짓밟을 줄은 미처 몰랐다. 불행하게도 조령의 수비에 실패하였음이 슬프고, 임금이 의주로 파천(播遷)하게 되었음이 민망스럽다. 한중(漢中)이 병화(兵火)로 빛나게 되었음은 마음 아픈 일이고, 북진(北辰, 임금을 지칭)하여 변방을 바라보게 됨이 한없이 슬픈 일이다.

우리의 수십 주현(州縣)에 용감한 한 사람의 남아(南兒)도 없을 줄을 꿈엔들 생각을 했겠는가? 총칼로 춤을 추면서 침입하는 것은 예로부터 드문 일이다.

백성들의 원한은 날로 쌓이고, 의사들의 울분은 날로 더해 간다. 하물며 신첩(臣妾)들이 도망하여 숨음이 금수들의 음람(淫婪)보다도 더 심하랴. 사람의 모양을 가진 자라면 사람의 마음이 있으련만, 저들은 딱하고 가여움과 부끄러움은 도무지 생각하지 않는다. 우리는 천명을 받들어 천토(天討)를 행한다면, 어찌 강량(强梁)을 두려워하겠는가?

요즈음 우리의 군사(軍士)를 지휘하는 사람은 그 대부분이 대

---

98   原典『重峯集』. 최영희『趙憲全書』탐구당 檄文 p207.

지당에 비 뿌리고

인의 원길(元吉, 『周易』의 말)이 아니다. 황금대(黃金帶)만 띠고 있을 뿐이며 포장(褒奬)한 교지(敎旨)만 중하게 여길 뿐이라, 영호(嶺湖) 사이를 돌아다니면서 군부의 걱정은 알지 못하고, 기전(畿甸)을 머뭇거리면서 원수들의 병력만 굳게 만든다. 3도의 임무를 가지고도 먼저 싸움에 나간 자를 구원하지 않고, 한 차례 싸움에 패전한 뒤로는 다시 일어날 기세마저 잃었다.

그 왜구를 기른 자를 논하면 어찌 병사(兵使)와 수사(水使)의 대권(大權)이 합당하겠는가? 묘당(廟堂)이 멀리 떨어져 있는 땅에는 군성(軍聲)이 여러 차례 좌절하였음이 한탄스럽고, 왜적이 첩첩으로 쌓인 곳에는 민생이 소생할 길이 끊어졌다. 만일 이와 같은 난리가 그치지 않는다면 반드시 백성들은 모두가 죽임을 당하고야 말 것이다. 기자(箕子)의 교화를 받은 예의의 나라로서 영원히 저 섬 오랑캐의 구역이 될 것인가.

그러나 하늘이 우리 조선을 도우사 오히려 호해(湖海)의 한 지역이 온전한데 백성들이 모두 나라를 생각하고 있으니, 반드시 섬 오랑캐를 섬멸할 인물이 있을 것이다.

그대들은 모두가 일로(一勞)의 격전(激戰)에 조금도 꺼리지 말고 대첩(大捷)의 성공을 기하라. 마땅히 동성(同聲)에 상응(相應)함이 있을 것이다. 그뿐만 아니라 온 천하가 멀리서 믿을 줄 알고 있다. 해이하지 않은 곳에 신과 사람이 모두 감동하여 따르는 것이며, 일을 성공시키려 하면 천지신명이 도와주는 법이다.

우리는 옛일을 거울삼고 전철을 징계하여야 마땅할 것이다. 진실로 천지를 회전(回轉)시키려는 사람은 나라 또는 산하(山河)와 수명(壽命)을 같이할 책동을 아끼지 않을 것이다. 삼도(三道)의 힘을 합하여 이 나라의 위급을 해방케 하는 것은 오직 이때가 적당한 시기라 하겠다. 일생 동안 기른 재주를 다하여 이 고난을 널리 구제하는 것도 바로 오늘이라 하겠다.

나는 원하노니 우리 동지의 의사들은 이 얻기 어려운 기회를 아끼어라. 우리들은 활시위에 화살을 당기어 옛날 발도(拔都)의 목구멍을 쏘듯이 한다면, 저들은 스스로 놀래어 흩어질 것이다.

그러면 백성들은 다시 고향으로 돌아가 밭을 갈고 집을 수리하게 될 것이다.

우리는 호령(湖嶺)의 도로를 하루빨리 열어 상객(商客)들이 통행할 수 있게 하고, 임금을 삼파(三巴, 의주)에서 모셔 와서 애통한 교서를 내리시게 하고 사방의 이목(耳目)을 밝히시게 하는 한편, 신하들은 계속해서 약석(藥石, 훈계)의 말을 아뢴다면, 옛날의 폐단(弊端)은 스스로 제거될 것이며 태평세대의 은혜로운 덕택(德澤)이 퍼질 것이다. 이것은 우리가 일전(一戰)에 힘을 다하는 것이 후손에게 편안하게 남겨주는 것임을 알아야 한다.

이 격문이 가거든 마땅히 충분히 상의하여 오직 나라를 위하여 왜적의 토벌에 함께 마음과 힘을 다하라. 식견(識見)과 사려(思慮)가 있는 사람은 원대한 꾀를 다하고, 대담하고 용맹스러운 사람은 완력을 다할 것이며, 축적된 재산이 있는 사람은 군량(軍糧)을 보조하고, 체격이 좋은 노비를 가진 사람은 군병(軍兵)을 보조하라. 그렇게 하면 곧 담당관에게 보고하여 공문(公文)에 등재(謄載)할 것이니, 그대들은 서슴지 말고 이 보내는 격서(檄書)에 유의하라.

남방(南方)의 군병(軍兵)이 도착하는 것을 기다려 크게 협공할 책략(策略)을 꾀하려고 한다. 왜적의 공격에 합력(合力)하지 않기를, 만일 선산(善山)과 김해(金海)같이 하는 자가 있다면 도적들을 도와서 내통한다고 지목할 것이니, 나랏일이 평정되는 날에는 마땅히 그 죄를 논할 것이다.

왜적들이 소수일 때는 굳세고 날랜 병사를 매복(埋伏)시켰다가 저들을 사로잡고, 만일 다수일 때에는 몇 군이 합세하여서 저들을 공격하라. 조그만 이익을 탐하여 우리의 정예한 병졸이 좌절되는 일이 없게 하며, 유언부설(流言浮說)에 현혹하여 군기를 저해하는 일도 없게 하라. 나라 안에 난동하는 섬 오랑캐의 격멸(擊滅)에 맹세하여 이 씨(李氏) 종사(宗社)를 부지하도록 하는 것이 심히 다행한 일이라 하겠다. 만일 시일이 흐르기만 하고 하늘의 구원이 있기만을 기다려서 저 왜적들이 경계를 벗어나게 놓아둔다면, 왜

지당에 비 뿌리고

적들로 하여금 제멋대로 불태우고 약탈(掠奪)하도록 만들어서 한결같이 청주(淸州)의 호걸(豪傑)들이 모조리 화변(禍變)을 입었던 것과 마찬가지로 되지 않겠는가.

　이것이 헌(憲)의 혈성(血誠)을 다하여 고하는 것이니, 이 기회를 잃지 말고 반드시 저 왜적을 토벌하기 바란다. 말이 너무도 부질없이 길게 된 것을 여러분은 가상히 여겨 동정(同情)하기 바라며 삼가 고함.

　전국에 격문을 띄우고 대대적인 의병 모집에 나섰다. 그러나 어려움이 한두 가지가 아니었다. 그중에서도 관군과의 관계였다. 충청도 순찰사(忠淸道巡察使) 윤선각(尹先覺)은 지방 수령들과 논의하여 병정으로 나갈 만한 장정들이 의병으로 나가게 되면 관군에게 불리하다는 이유로 의병 모집을 방해했다.

　중봉은 공주(公州)로 순찰사 윤선각을 찾아갔다. 의병을 일으키는 대의(大義)를 역설하며 순찰사의 협조를 설득했다. 결국 윤선각은 중봉이 내세우는 대의명분(大義名分)에 동조하고 오히려 함께 일하기를 청하면서 의병 모집을 서두르기로 했다. 이러한 결과로 며칠 사이에 의병에 지원한 사람이 무려 1,000여 명이나 되었다.

　이처럼 일이 순조롭게 되어갈 때, 뜻밖에도 음흉한 인물의 간계에 의해 모든 일이 수포로 돌아가게 된다. 순찰사 윤선각 밑에는 안세헌(安世獻)이란 음흉한 인물이 있었다. 본래 포악하고 행실이 좋지 못하여, 임진란 초에 우리나라 사람을 많이 죽여 그 머리를 베어서 왜적의 수급(首級)이라고 속이고 공훈을 요구했다. 중봉이 그 죄를 창언(倡言, 사리에 맞는 말)한 적이 있었는데, 안세헌은 그 일로 중봉을 원망하고 있었다. 그리하여 안세헌이 순찰사에게

"공(尹先覺)은 한 도(道)의 병사(兵士)와 말(馬)을 가지고도 일찍이 조그만 공로도 세우지 못했습니다. 그러나 조헌이란 사람은 가진 것이라고는 하나도 없는데 공보다 먼저 채찍을 잡지 않았습니까. 그가 만약 의병을 얻게 된다면 싸움터에 나서기를 꺼려하는 공(公)의 죄를 반드시 다스리게 될 것입니다."

라고 말하며 중봉에게 협조할 경우 앞으로 큰 화가 미칠 것이라고 아뢰었다. 윤선각은 안세헌의 말을 옳다고 여기고, 관할 수령들에게 공문을 보내 의병에 나선 자들의 부모나 처자식을 모조리 잡아 가두게 했다. 더구나 중봉에게 의병 100여 명의 사졸(士卒)을 보냈다는 명목으로 청양현감(靑陽縣監) 임순(任純)을 잡아다 공주 감옥에 가두니, 그동안 모였던 의병들도 뿔뿔이 흩어지고 말았다.

중봉은 순찰사 윤선각이 안세헌이란 자의 농간에 넘어가 의병에 나섰던 장정들의 부모와 처자를 감옥에 가두었다는 소식을 듣고 크게 분개하여 순찰사에게 서신을 보내 꾸짖었다.

〈여호서순찰사 윤선각(與湖西巡察使 尹先覺)〉[99]

헌(憲)은 아뢰옵니다. 여러 날을 이곳에 머물렀으나 일대(一隊)의 군사도 응모해오지 않으니, 소우(疎迂)한 서생(書生)들은 진실로 저 왜적(倭賊)을 가히 죽이지 못할 것을 스스로 알고 있는가 봅니다. 저의 분만(憤懣)한 뜻으로는 저 백성들의 분발(奮發)하는 힘을 합하여 싸운다면 곧 산천의 귀신들도 하늘의 노하심을 마땅히 도우리라고 생각합니다. 임금님의 애통한 교서(敎書)가 내려서도 그 명령을 받들지 않은 것은 무엇 때문입니까?

---

99   原典『重峯集』. 최영희『趙憲全書』탐구당 書 p194.

지당에 비 뿌리고

앞서 왜적의 방어에 대하여 회인(懷仁)과 옥천(沃川)에 나아가 둔병(屯兵)을 하자고 청한 것은 저 한 사람의 사사로운 계책이 아니라, 호서 지방(湖西地方) 백성들의 동일한 소원(所願)이었습니다. 그뿐만 아니라 부사(府使), 목사(牧使), 참좌(參佐)들도 또한 그곳으로 진군하여 수비하는 것이 지당하다고 했습니다. 그러나 합하(閤下, 정일품 벼슬아치의 높임말)만은 혼자서 무슨 마음으로 시시한 서생들의 고자질하는 말만 믿고, 적병의 칼날이 회인과 옥천을 두루 엿보게 하여 장차 온 호서 지방으로 하여금 모두 왜적의 점거지(占居地)가 되게 했습니다. 합하는 왜 지모(智謀)를 이렇게 아름답지 못하게 하여 적들을 양성(養成)해주고 국가에 대한 염려는 소략(疏略, 꼼꼼하지 못하고 엉성함)합니까?

합하의 생각으로는 부장(副將)만으로 군병을 영솔(領率)하게 하여도 능히 이 왜적을 대적할 수 있을 것이라고 했을 것입니다. 그러나 부장들은 명령을 받고도 오래 있다가 이제야 길을 떠났습니다. 그러므로 험애(險隘)한 산천은 이미 저 왜적들로 하여금 먼저 점거하게 했으니, 이것이 과연 도주(道主, 순찰사)의 영(令)을 쓴 것이라고 하겠습니까? 탄식할 일입니다.

조정의 명령은 한 도(道)에서 행하지 못하고 도주(道主)의 명령은 부장에게 행하지 못하여 나라가 위급하게 망하는데도 까마득히 생각을 아니 합니다. 만일 이 왜적이 평탄한 길로 몰아닥친다고 하면, 무슨 계책으로 방어하시겠습니까? 도무지 알 수 없는 일입니다.

헌(憲)은 군중(軍中)에 떠도는 말을 두루 들으니 만인(萬人)의 입에서는 한결같이 왜적을 죽이고자 합니다. 그러나 징병(徵兵)을 시작한 지 이미 여러 달이 되었어도 관속(官粟)을 소비해가면서 양성해온 수천 명의 사졸들은 강(江)을 경계로 하여 자위(自衛)만 하고, 비장(裨將)한 사람을 보내서 왜적 하나 참살(斬殺)했다는 말은 들어보지 못했습니다. 합하는 그저 이러고 있기만 하니, 민생이 모두 어육(魚肉)이 된 다음에야 한 번 싸워볼 작정입니까? 이미 토적(討賊)도 미처 못 하고 또 근왕에도 뜻이 없어 다만 한낱 서생의 의논만을 믿고서 충신과 의사들의 기세(氣勢)를 억제하고 있으니, 합하의 뜻 두시는 바를 알 수가 없습니다.

　제가 약관(弱冠)에 합하를 받들고 놀았습니다. 이제는 다 같이 백발이 되었습니다. 당시의 친분을 어찌 쉽게 잊을 수가 있겠습니까? 그러므로 이 환난(患難)에 임하여 말씀을 다 하지 않을 수가 없습니다. 그러나 비루(鄙陋)한 말씀이 너무나 직언이었으므로 합하의 노여움을 범할까 두렵습니다. 하지만 천 사람의 옳다는 말이 결국에는 한 선비의 곧은 말씀만 같지 못할 것입니다. 넓으신 아량으로 너그럽게 받아들여 주시옵기를 엎드려 바라옵니다.

　중봉은 순찰사를 신랄하게 비판했다. 지금 임금의 애통한 교서(教書)가 가까이 이르렀는데도 이를 받들지 않음은 무슨 까닭인가? 군중(軍中)에서 하는 말을 들으니 만 사람이 모두 한결같이 적을 쳐부수고자 하는데, 공(公)은 군사를 징집한 지 몇 달 동안에 군량을 다 소비했으며, 또 몇천 명의 사졸(士卒)을 가지고도 강을 경계로 하여 스스로 방위(防衛)만 하고 있을 뿐이 아닌가. 이미 적을 토벌하기를 서두르지도 않고, 또한 근왕(勤王)할 뜻도 없으면서 성질이 완고하고 모질며 협잡하는 놈의 말을 믿고서 충신(忠臣)과 의사(義士)의 용기를 억누르니, 그 뜻이 과연 어디에 있는 것인지 알 수가 없다고 했다. 이 글을 받아본 순찰사는 매우 못마땅했다. 그러나 모두가 사실이고 옳은 말이니 그도 어찌할 수도 없었다.

　이렇게 세 번째 기병(起兵)은 관군의 방해로 성사 직전에 허사가 되고 말았다. 순찰사와 더 이상 맞선다고 한들 당시의 형편으로는 불리하기만 하다고 판단한 중봉은 이곳에서의 의병 모집을 포기하고 회덕현(懷德縣)으로 내려온다. 중봉이 온다는 전갈을 받고 전승업(全承業), 박운(朴芸), 박정량(朴廷亮), 김절(金節) 등이 기다리고 있

지당에 비 뿌리고

었다. 중봉은 의병의 모집이 실패한 원인을 설명하고 차후 대책을 논의한다. 이때 군자감정(軍資監正)을 지낸 정립(鄭霱)에게도 통지했는데, 그는 병으로 회덕까지 오지 못하고 쌍봉(雙峯, 옥천 동이)에서 기다리고 있었다. 이때의 사정을 고암(顧菴) 정립(鄭霱)의 일기에 이렇게 기록하고 있다.[100]

> 만력 임진(1592년, 선조 25년) 6월 18일, 조중봉(趙重峯)이 내포(內浦)에서 회덕현(懷德縣)으로 오겠다고 공문으로 먼저 통지했다. 나도 군사(郡舍)에 모이려고 했으나 병이 있기 때문에 편안함을 쫓아 쌍봉(雙峯)에 나가 기다리고 있었더니, 9일(19일로 추정)에 중봉이 이르렀고 바로 전승업, 박운, 박정량, 김절 등과 숙박했다.
> 중봉이 나에게 이르기를
> "내가 충청도에서 의병을 모집해서 이미 군대의 위용을 갖추었으나 순찰사 윤선각(巡察使尹先覺)이 사감을 품고 일을 저해하여 군병이 이미 흩어졌다. 그래서 생각하길 차라리 동지들과 더불어 사병(私兵)을 모집하여 처음에 계획했던 일을 연속하고자 하나, 지금 그대가 병중에 있으므로 원읍(遠邑)을 다닐 수가 없으니, 그대는 즐거운 마음으로 군량(軍糧)의 총책이 되어 동남 5읍의 식량을 모을 수 있겠는가."
> 고 하기에 나는 처음에는 이렇게 병중에 있는 뜻을 말한 것이나, 서증(暑症, 더위 먹은 증세)은 오래가지 않아 반드시 차도가 있을 것이고, 그리고 이 일은 본래 스스로 담당하기로 기약한 것이기 때문에 그렇게 하겠다고 승낙하고, 드디어 식량을 나르는 것과 활과 창을 김절(金節)에게 부탁하고, 이튿날 중봉과 4인이 더불어 영동으로 향했다.

100   옥천문화원 『고암선생유고』 p360.

중봉은 회덕에서 만난 일행을 이끌고 영동으로 향한다. 의병의 모집과 식량과 물자 등을 확보하려는 것이었다. 여기에는 정립도 동행했다. 일기에 나타난 바와 같이 공주에서 윤선각의 방해로 기병에 실패한 중봉은 곧 회덕과 옥천, 영동 등을 돌며 다시 의병 모집과 이에 따르는 식량과 무기 등을 확보하는 일을 계속했던 것이다. 그러나 그곳은 이미 왜적의 수중에 들어가 있었다. 22일에 영동에서 옥천에 이르는 적등진(赤登津, 지금의 이원면 원동리)에 도착했을 때 금강을 두고 왜군과 관군이 접전하고 있었다. 이제 옥천도 왜적이 곧 점령할 것이므로 이 지역에서의 의병 모집이 어렵게 된 것이다. 중봉은 정립에게 군량과 무기를 수집하는 임무를 맡기고 곧바로 충청우도에 있는 아산으로 향했다.

다. 충청우도에서 올린 충의(忠義)의 깃발

근왕창의도

지당에 비 뿌리고

6월 하순(下旬), 중봉이 충청우도(忠淸右道)로 가는 길에는 완기(完基)와 완도(完堵) 두 아들이 그림자같이 따랐다. 중봉은 노모를 청주 선유동에 피난시키며 장자인 완기에게 일렀다.

"너는 집에 머물러 있으면서 할머니를 잘 봉양하라."

그러자 완기는

"아버지는 사지(死地)로 가시는데, 자식이 어찌 차마 따르지 않겠습니까."

하고 끝내 아버지 곁을 떠나지 않았다. 완기와 완도 두 아들은 그동안 격문을 전하는 등 중요한 일이 있을 때마다 아버지 곁을 지키며 지성으로 도왔다. 중봉에게 큰 힘이 되어준 두 아들이었다.

중봉은 충청우도에서 새로운 계획으로 의병 모집에 들어갔다. 중봉이 의병을 모집한다는 소식을 듣고 각지에서 그의 충의를 흠모하는 많은 선비들이 순식간에 모여들었다. 이때 중봉을 적극적으로 도운 인물이 이광륜(李光輪), 장덕개(張德盖), 신난수(申蘭秀), 고경우(高擎宇), 노응탁(盧應晫) 등이었다. 중봉을 따르는 이러한 의사들은 즉시 의병 모집에 나섰다. 순식간에 멀고 가까운 곳에서 모여든 사람들 중에서 관군에 속하지 않는 사람만 뽑으니 1,600명이 넘었다. 그들은 마치 중봉이 의병을 일으킬 것을 기다렸다는 듯이 실로 며칠 만에 구름같이 모여들었다. 비록 전날 순찰사와 크게 마음 상한 일이 있었으나, 중봉에게 다시금 힘과 용기가 솟아났다.

홍주에 사는 전 참봉(參奉) 이광륜(李光輪)이 중봉이 의병을 일으킨다는 소식을 듣고 아버지에게 재배(再拜) 결별하고 부인으로 하여금 내복에 문(文) 자를 신표로 새겨넣고 향병 수백 인을 모아 참여했다. 공주의 노응탁(盧應晫)은 응환(應晥), 응호(應晧) 3형제가 함께 의병에 참여했다. 옥천의 선비 김절(金節)이 동생과 사촌 등 사형제와 문인, 향병 등을 모병하여 참여했고, 무과에 급제하여 부사과(副司果)를 지낸 양철(梁鐵)은 향병 수십 명을, 참봉 김형진(金亨進)은 백여 명을 거느리고 투합했다. 이허(李許)도 향병 수십 명을 모병했고, 김결(金潔)은 가정(家丁) 70명과 병기와 군량을, 한응성(韓應聖)은 가동 수십 명을, 강위구(姜渭龜)는 장사를 모집하여 투합했다. 또 참지(參知) 이윤(李潤)은 남원에서 가동과 함께 투합하여 중봉을 따랐다. 남원의 정민수(鄭民秀)는 중봉이 의병을 일으켰다는 소식을 듣고 500여 명의 장정을 모아 투합했다. 중봉 의병은 이처럼 군소 집단들이 모여서 1,600여 명의 큰 의병군을 이룬 것이다.

이러한 중봉 의병의 핵심 인물들은 대부분 중봉과 학문적인 관계에 바탕을 둔 문인들로서, 이들이 주축이 되어서 이루어진 것이다. 중봉이 정주, 홍주, 공주 등지에서 교수(教授)와 제독(提督)을 지냈는데, 그때 인연의 문하생들이 중봉을 적극적으로 도왔다. 그 외에도 문무관으로 관직에 나갔던 사람, 중봉이 관직에 있을 때 인연을 맺은 문하생, 옥천 동향의 문인 등이 다수 참여했다. 이로써 당시 중봉의 학문적 위치와 사림(士林)에서의 명망을 짐작할 수가 있다.

의병의 핵심 인물들은 대부분 선비였지만, 그 외 향병(鄉兵, 그 지방 사람으로 참군한 사람), 가동(家童, 집에서 심부름하는 아이), 가정(家丁, 집에서 부리는 일꾼) 등 양반과 천민을 막론하고 다양한 신분이 참여함으로써 전란에 임하여 국가 위기를 극복하려는 충의로 가득했다.

드디어 중봉은 병영을 갖추고 군대로서의 조직과 편성을 실시하여 의병들을 각 부서로 배치하고 임무를 부여함으로써 마침내 충의(忠義)의 깃발을 올릴 수가 있었다. 중봉은 의병 부대 조직과 인물의

배치를 다음과 같이 편성했다.[101]

〈의병 부대 조직 및 인물 배치〉

▷ 의병장(義兵將) 조헌(趙憲)

▷ 참모(參謀)

- 이광륜(李光輪): 전 참봉(參奉)

- 구항(具恒)

- 정민수(鄭民秀): 전 참봉(參奉)

▷ 참장(參將): 이천준(李天駿)

▷ 선전관(宣傳官): 김응수(金應壽, 무과급제)

▷ 종사관(從事官): 곽현(郭賢), 송제민(宋濟民)

▷ 척후장(斥候將): 임정식(任廷式, 전 奉事)

▷ 편장(偏將)

- 김헌(金獻): 진사(進士)

- 변계온(邊繼溫): 전 만호(萬戶)

- 양응춘(楊應春): 전 현감(縣監)

- 이양립(李養立): 선비

- 곽자방(郭自防): 전 봉사(奉事)

- 강인서(姜仁恕): 전 부사과(副司果)

- 정원복(정원복): 충순위(忠順衛)

- 이인현(李仁賢): 전 사과(司果)

- 김인남(金仁南): 선교랑(宣敎郞)

- 황삼양(黃三讓): 충무위(忠武衛)

- 한기(韓琦): 전 사맹(司猛)

- 박찬(朴贊): 무재가 특출

- 김희철(金希哲): 무인

---

101   原典 『重峰集』. 최영희 『趙憲全書』遺事 p67. 『壬亂義兵將 趙憲』李錫麟, 沃川郡 p176.

조직과 편성을 완료하여 군대로서의 위용을 갖춘 의병 부대가 먼저 한 일은 지역 일대를 위력 시위하는 것이었다. 이는 적에게는 위풍과 기세를 보여 함부로 날뛰지 못하게 함이요, 한편으로는 민심을 안정시키고 의병들에게는 사기(士氣)을 진작시키는 중요한 일이었다. 중봉은 의병 부대를 나누어서 정산(定山), 온양(溫陽) 등지를 돌며 의병의 당당한 위풍과 기세를 보여주어 민심을 진작시켰다.

7월 4일, 중봉은 의병 부대를 이끌고 공주로 이동하여 웅진(熊津) 용당(龍堂)에서 기의시제(起義時祭)를 지낸다. 비록 군복도 없고 무기도 제대로 갖추지 못했으나 왜적을 섬멸하겠다는 전투 의지만큼은 어느 군대보다도 높았다. 결연한 의지로 제사를 지내는 분위기는 엄숙하고 경건했다. 다음은 임진(壬辰) 7월 4일 웅진 용당에서 지낸 제사의 기의제문(起義祭文)이다.

〈기의시제웅진용당문(起義時祭熊津龍堂文, 임진 7월 초4일)〉[102]

꿈틀거리는 왜적은 우리나라의 원수다. 몰래 군대를 이끌고 바다를 건너와 삼강(三江)에 돌입했다. 이미 중관(重關)의 요험(要險)을 잃었으니 이를 막을 사람이 없도다. 여러 백성들은 어육(魚肉)으로 칠묘(七廟)는 잿더미가 되었도다. 전쟁이 일어난 지 석 달 만에 대가(大駕, 임금의 가마)는 파천(播遷)을 하시고, 한 나라의 윤리와 기강은 흩어지고 어지러워 구제할 수 없게 되었다. 아! 우리의 삼한(三韓) 땅은 예의가 본래 밝았고 기자(箕子)의 규범이 전한 바로 강산마저 편안하였다. 그러나 이제는 이 왜적으로 하여금 제

---

102   原典 『重峰集』. 최영희 『趙憲全書』 탐구당 祭文 p203.

지당에 비 뿌리고

마음대로 사람을 마구 죽이게 하였으니, 백성들이 무슨 죄가 있기에 이 같은 쓰라린 고통을 겪게 되었는가? 이에 모든 의사(義士)들은 왜적을 토멸(討滅)하기를 원하고 있다. 미천한 헌(憲)으로 의병장(義兵將)을 삼으니, 나 자신은 대적하기가 어려운 줄 아오나 임금께서 피신하고 계시니 신하로서 걱정이며 생민(生民)이 모두 죽게 되니 산하(山河)도 수치스럽게 여긴다. 의병(義兵)을 규합하는 이 자리에 감히 뜻을 모아서 맹세하노라.

맹단(盟壇)에 올라 실천할 것은 오직 나라를 위할 뿐입니다. 이 용강(龍江)을 보살피는 신령(神靈)은 우리나라를 도와주시어 저 무도한 왜적들을 당장에 무찌르게 해야 할 것입니다. 금수(禽獸)의 발자취로 하여금 우리의 강호를 더럽히게 하지 말 것이며, 흉악한 칼날로 하여금 우리의 죄 없는 백성들을 죽이지 말도록 할 것이니, 상제(上帝)께 밝게 고하시어 천둥과 번개를 일으키어 백성을 위하여 복수(復讐)시켜 주시옵소서. 그리하여 왜적의 조각배도 살아 돌아가지 못하게 하시면, 우리 임금은 신명(神明)에 공경하여 반드시 끝과 처음이 있을 것이옵니다. 신명께서는 이 고하는 말씀을 들으시고 나의 떨어뜨리는 눈물을 보살펴 주시옵소서!

삼가 돼지와 단술과 쌀밥 등 온갖 것으로 깨끗이 올리오니 흠향(歆饗)하시옵소서!

일천육백여 명의 의병 부대를 거느리고 용당에서 비장하고 엄숙하게 거행된 기의제사는 대장인 중봉 선생과 참모, 편장들이 휘하 부대를 정돈하여 대오를 갖추고 천지신명께 빌었다. 이 강토를 짓밟고 백성들을 살육하는 무도한 원수 왜적을 복수하게 해달라고 한마음으로 맹세하는 의병들의 사기는 하늘을 찔렀다. 그 다음 날(7월 5일) 먼동이 트자 중봉은 아침 일찍 군사들과 음식을 함께 나누며 위로하고, 오직 국난과 진격만을 생각하라는 맹세를 한다. 그리고 의병이 반드시 명심하고 지켜야 할 사항으로 다음과 같은 군령을 하달한다.

<호군서사(犒軍誓辭)>[103]

(1) 시끄럽게 떠들지 말고, 게으름을 부리지 말고, 대오를 잃지 말고, 자리를 떠나지 말라.

(2) 남을 해치지 말고, 적병을 두려워하지 말며, 오직 군령만을 생각하고, 국난만을 생각하며, 진격만을 생각하라.

(3) 감히 물러나지 말고, 오직 큰 적을 죽이며 작은 이익을 탐내지 말라.

(4) 마음과 힘을 하나로 하면 마침내는 공훈이 있을 것이나, 마음과 힘을 하나로 하지 않으면 벌이 있고 후회가 있으리라.

(5) 오직 의로움만을 처음부터 끝까지 생각하라.

이러한 대장의 명령에 의병들은 스스로 복종함으로써 엄정한 군기를 유지하고, 적진에 임하는 정신자세를 확고히 했으며, 마지막 순간까지 이를 잘 지켰다. 어렵사리 의병 부대가 구성은 되었으나 물자와 무기가 부족했다. 중봉은 본래 가난하여 군량과 병기를 스스로 충당할 능력이 되지 못했다. 우선 군수 조달이 되지 않으면 제 역할을 할 수가 없었다. 중봉은 당시의 사정을 이렇게 말했다.

"이제 의병을 모집해서 몇백 명을 얻었으니 이들의 여력은 적을 죽일 수 있을 것입니다. 그러나 이들은 모두가 손에 도막 칼 한 개도 가지지 못했으니, 맨손으로 사나운 범을 치기는 매우 어려운 일입니다. 장정들은 배부르게 먹여야만 기력을 발휘할 수 있는 것입니

---

103   原典『重峰集』. 최영희 『趙憲全書』 탐구당 檄文 p210.

지당에 비 뿌리고

다. 그러나 병란(兵亂)을 겪는 지방에서는 군량 한 되를 얻기가 어렵게 되었으니 모든 일을 이루기가 힘들 뿐만 아니라, 나라를 위하여 왜적을 토벌하고자 하는 소원을 이루지 못하게 될까 두렵습니다."

하고 크게 걱정을 했다. 군자(軍資)의 확보는 자체적으로 해결하기가 극히 어려운 일이었다. 중봉은 관군(官軍)에게 한 달분의 군량을 요청했다. 순찰사가 6백 석의 군량미를 허락했으나, 현품이 없어서 이를 확보하기가 어려웠다. 중봉은 충청도수군절도사(忠淸水軍節度使) 변양걸(邊良傑)에게도 서신을 보내 지원을 요청했다. 중봉은 변양걸에게 보내는 서신에서 이렇게 말했다.

"호남의 의병들은 각 고을마다 군수품이 완비되어 있으므로 일년은 지탱할 수 있을 것입니다. 그러나 이곳의 의로운 백성들은 충의(忠義)의 마음만 있을 뿐 적은 물품의 도움마저 없으니, 근왕(勤王)의 일이 급박하지만 도무지 계책이 없습니다. 어찌하면 좋겠습니까? 할 수 없이 장군께 죄를 무릅쓰고 이 글월을 올리니 용서하고 살펴주시기를 엎드려 바라옵니다."

그러나 당시 관군도 어려운 사정이었고, 의병과의 관계도 원만치 못했기 때문에 요청한 지원이 성사되지는 못했다. 중봉 의병이 7월 4일 공주 용당에서 하늘에 출정을 고하는 제사를 지내고 10여 일이 지나서야 기동할 수 있었던 것은 무기와 물자 확보에 필요한 기간을 소요했기 때문이다.

의병 부대가 공주에 머무르는 동안 중봉은 군수물자 조달에 주력함과 동시에 왜적의 동향을 파악하고, 관군과의 관계 회복도 나름대로 노력했다. 그리고 다른 지역의 의병장과 긴밀한 연락을 유지하면서 왜적을 토벌할 계책을 구상하는 데 골몰했다. 이때 공주목사

(公州牧使) 허욱(許頊)은 갑사(甲寺) 청련암(靑蓮庵)에 있던 영규(靈圭)
를 불러서 의승병을 모을 것을 지시한다. 『선조실록』에 의하면 조정
에서 영규를 지중추부사(知中樞府事)에 추중하자는 논의에서[104]

> 승려 영규(靈圭)는 당초 공주 산사(山寺)에 있었는데, 목사 허욱
> (許頊)이 불러 승장(僧將)을 삼았으나 하려 하지 않다가 강권한 뒤
> 에야 응했다. 일단 무리를 모아 군대를 만들고 나서는 오직 조헌
> (趙憲)만을 따랐다.

고 기록하고 있어 이를 뒷받침하고 있다. 허욱은 영규에게 중봉
을 도울 것을 당부했다.

라. 청주성을 탈환하라

4월 중순에 상륙한 왜군은 서로(西路)인 김해-성주-김천-추풍령-
황간-보은-청주-한양에 이르는 공격로를 이용해서 구로다 나가사마
(黑田長政)가 이끄는 제3군이 북상했다. 청주목(淸州牧)은 서로(西路)
에 위치한 요충지였다. 왜군은 청주를 점령하고 진천-죽산을 거쳐
한양으로 진격하면서 병력의 일부를 청주에 주둔시켜 거점을 확보
하도록 했다. 청주는 남쪽에서 한양에 이르는 가장 빠른 경로상에
위치해 있고, 충청우도와 전라도로 진출할 수 있는 교두보로 활용
할 중요한 요충지였던 것이다.

---

104   김포문화원 『조선왕조실록(중봉 조헌 편)』, 『선조수정실록』 25년 8월 1일 기사.

5월 중순 왜군 총대장 우끼다(宇喜多秀家)가 한양에 도착하자, 제1군은 평안도 쪽으로, 제2군은 함경도 쪽으로 북진을 계속하고, 제3군은 제1군을, 제4군은 제2군을 지원하도록 임무를 부여했다. 그리고 6월 3일에 전반적인 부대 지휘 체제를 개편했다. 즉 제1, 2, 8군을 제외하고는 각 도별로 분지(分地)하여 경상도에 모리(毛利輝元), 전라도에 고바야가와(小早川隆景), 충청도에 후쿠시마(福島正則), 경기도에 우다(宇喜多秀家), 강원도에 모리(毛利吉成), 황해도에 구로다(黑田長政), 평안도에 고니시(小西行長), 함경도에 가토오(加藤淸正)를 배치하여 각각 해당 지역을 담당하게 했다. 그리고 일본 국내와 같이 점령지의 군정을 실시하여 현물 납세를 받게 했다.

공주에서 당장 필요한 물자와 무기를 확보한 중봉 의병이 기동을 시작한 것은 7월 중순이었다. 다행히 충청우도는 적의 수중에 들어가지 않았다. 중봉은 부대를 이끌고 홍주(洪州, 홍성)로 이동한다. 중봉이 홍성으로 이동하는 것은 두 가지 목적이 있었다. 물자 확보가 시급한 의병 부대는 이 지역에서의 활동이 중요했다. 아울러 점점 흉흉해져 가는 민심을 안정시킬 필요도 있었다. 중봉 의병은 홍성, 공주, 등지의 선비들과 이 지역 백성들의 지원을 받아서 군량과 활과 화살, 장검 등의 무기를 확보할 수가 있었다.

여기에서 청주성이 왜적의 수중에 들어갔다는 소식을 듣게 된다. 중봉은 충청도의 요지인 청주성을 회복하는 것이 시급하다고 생각했다. 적은 이곳을 거점으로 충청우도와 전라도로 진출할 계획이었다. 급히 홍성에서 출발한 중봉 의병은 29일에 형강 부근의 회덕에 도착한다. 중봉은 일찍이 고경명과 형강을 건너 함께 왜적을 토벌하기로 한 약속을 떠올리며 슬퍼한다. 고경명은 지난 7월 10일에 있었던 금산전투에 패하여 이미 순절하고 말았던 것이다. 중봉은 형강을 건너며 고경명의 순절을 안타까워하는 추모시를 짓는다.

〈師渡荊江 有懷高而順(군대가 형강을 건널 때 고이순을 그리워하며)〉[105]

東土貔貅百萬師　동녘 땅 용맹스런 백만 정병이
如何無術濟艱危　어찌하여 위난을 구제할 수 없단 말인가
荊江有約人河去　형강에서 기약한 사람은 어디로 갔는지
不耐秋風獨渡時　가을바람 노를 치며 혼자 건너가누나

7월 27일. 의주 행궁에서는 의병장 김천일(金千鎰)이 보낸 전라도 유생 양산숙(梁山璹)과 곽현(郭賢)이 선조를 알현하고 있었다. 양산숙과 곽현은 김천일 의병장의 참모이다. 수원부사를 지낸 김천일(金千鎰, 1537~1593)은 5월에 나주에서 기병하여 경기도 지역으로 이동했다. 양산숙은 우계 성혼(成渾)에게서 공부했으며 나주에 살았다. 김천일은 물론, 곽현과 양산숙 등 모두가 중봉과 교분이 있는 사이였다. 중봉이 함경도 길주 귀양에서 풀려나도록 상소를 올린 사람도 바로 양산숙이었다. 양산숙과 곽현 두 사람은 적진을 통과며 낮에는 숨고 밤에는 길을 달려 의주까지 왔다. 두 사람이 황해(黃海)와 평안도(平安道) 지방을 지날 때 겪은 이야기이다.[106]

가는 곳마다 비록 촌부(村夫), 촌로(村老)라도 반드시 중봉 조헌의 소식을 묻는 것이었다. 중봉이 의병을 일으켰다는 말을 들은 원근(遠近)의 모든 사람들이 "조헌이 기병했으니 어찌 난을 평정하지 못

105　원문 『重峰集』, 『趙憲全書』 詩 p217.
106　原典 『重峰集』, 최영희 『趙憲全書』 탐구당 遺事 p76.

한다고 걱정하랴." 하고 굳게 믿고 있었다. 모두들 조헌(趙憲)은 응당 의병을 일으켜서 왜적을 토벌하리라고 생각했다고 한다. 등에 도끼를 메고 대궐에 들어가 상소한 충신인 중봉이 의병을 일으켰다는 말을 듣고는, 서로 탄복하기를 우리들은 이제 살았다고 했다. 이는 양산숙과 곽현이 몸소 들은 바였다. 중봉이 일세(一世)에 용납되지 못했는데도, 도리어 무식한 천예(賤隸)들까지도 그를 잘 알고 있음은 무슨 일인가? 기이하고도 기이하다고 했다.

양산숙과 곽현이 선조에게

"김천일(金千鎰)이 의병을 일으켜 전라병사(全羅兵使) 최원(崔原)으로 군대를 모아서 수원에 당도했고, 조헌(趙憲), 고경명(高敬命)도 또 의병을 일으켜 적을 토멸하고 있다."

고 아뢰었다. 이에 선조는

"내 부덕(不德)한 죄로 너희들이 산을 넘고 물을 건너 천리 길을 적중(敵中)을 뚫고 찾아왔으니 부끄러워 무슨 말을 하랴."

고 위로했다. 때 양산숙은

"김천일이 거느린 군병 중에 정용(精勇)된 자가 많기는 하나 반 이상이 유생들로, 오로지 충성과 의분으로 일어섰을 뿐 성패는 천운(天運)에 맡기고 있습니다."

하고 아뢰니 왕은 눈물을 흘리면서 이렇게 말했다.

"충의가 물결치는 곳에 무슨 일인들 성공치 못하겠는가."

또 곽현이 아뢰었다.

"신은 본래 조헌과 우의가 돈독했습니다. 거사한 뒤에 헌(憲)이 말하기를, 근자에 천문(天文)을 보니 우리나라는 멸망의 비운이 없으니 필경에는 왜적이 뜻을 이루지 못하고 물러가리라고 합니다."

그러자 왕이 기쁜 얼굴로 반문했다.

"그것이 조헌의 말이냐?"

곽현이 또 아뢰기를

"기축년(己丑年 선조 22년)에 조헌이 북도(北道)에 귀양을 가 있으면서 역변(逆變, 정여립 사건)이 일어날 것을 미리 알았고, 또 신미년(辛未年, 왜란 전년)에 나라가 큰 변란이 있을 것이라고 분명히 말한 바가 있으니, 천문(天文)을 관찰한 것이 들어맞을 것입니다."

라고 아뢰었다. 그러자 왕은

"그의 말이 이렇듯 사실에 부합되느냐?"

하며 기뻐했다.

왕은 양산숙에게는 공조좌랑(工曹佐郞), 곽현에게는 사축서 사축(司畜署司畜)의 벼슬을 내렸다. 그리고 김천일을 판결사(判決事)로 삼아 창의사(倡義使)라 부르게 하고, 고경명도 초토사(招討使)라 칭하게 하고, 영호남의 의병장들에게 보내는 교서(敎書)를 내렸다. 그러나 이 교서는 중봉에게까지 전달되진 않았다. 8월 15일 중봉에게 봉상시첨정(奉常寺僉正)에 제수한다는 교서를 내리는데, 이때 선조가 "전에 내린 교서를 받아보았느냐?"라고 묻는 말이 있다. 이러한 사실로 미루어 보아 선조는 중봉이 기병한 상황을 양산숙 일행에게서 자세히 알게 된 것으로 추정된다.

8월 1일. 중봉이 청주성을 공격할 즈음에는 왜군 제5군의 주장(主將)인 하치스카(蜂須賀家政)가 지휘하는 부대가 이곳을 점령하여 충청우도와 호남으로의 진출을 기도하고 있었다.

지당에 비 뿌리고

청주 지도

　청주방어사(淸州防禦使) 이옥(李沃)과 조방장(助防將) 윤경기(尹慶祺)가 지휘하는 부대는 왜군과 제대로 싸워보지도 못하고 잇달아 무너져 달아나고, 청주는 이미 오래전에 왜적의 수중에 들어갔다. 공주에서 기병한 승장(僧將) 영규(靈圭)의 승군만이 왜적과 여러 날 동안 대치하고 있었다.

　청주의 상황을 파악한 중봉은 급히 회덕을 떠나 문의를 거쳐서 청주로 향했다. 중봉이 기병할 때의 목적은 근왕(勤王)을 하려는 것이었다. 그러나 왜적들이 날뛰는 주변 상황이 더 급박하다고 판단한 중봉은 청주의 적을 먼저 치기로 결심했다. 문의에서 청주로 가는 도중에서 패퇴한 방어사 이옥(李沃)을 만났다. 이옥은 상황이 불리해지자 500여 명의 군사를 이끌고 청주에서 도망쳐 나온 것이다. 중봉은 이옥을 나무라며 다시 청주로 진군할 것을 촉구했다.

　청주성은 석축으로 쌓여 있고, 성루에 오르면 사방이 한눈에 들어왔다. 성은 동서남북으로 4개의 문이 있었다. 서, 남, 북의 3문은 홍예문(虹霓門)과 문루(門樓)가 갖추어져 있으나, 동문은 문루가 없었다. 서문 밖에는 성벽을 따라 석교천(石橋川, 지금의 무심천)이 흐르고 있어서 공자(功者)에게는 불리한 점이 있었다. 그러나 하천을 중심으로 우거진 숲이 군사들의 은밀한 행동을 가능하게 해주었다.

당시의 기록들을 바탕으로 하여 다음과 같이 그때의 상황을 상정(想定)해 본다.

전략회의도

청주성 서문(西門) 밖에 도착한 중봉은 즉시 작전 회의를 소집했다. 의병장 중봉을 중심으로 의승장 영규, 방어사 이옥과 중봉의 주요 참모들이 한자리에 모였다. 청주성 전투에 참여한 병력은 중봉의병이 약 1,600여 명, 영규의 승병이 800명, 관군이 500여 명으로, 총 병력은 약 3,000명 정도였다. 그러나 적을 무찌르려는 적개심과 사기는 어느 군대보다도 높았다.

청주성 전투는 왜적이 침입한 이후 최초로 의병과 관군의 합동작전으로 실시된 역사적인 전투였다. 중봉이 총사령관으로 작전을

지당에 비 뿌리고

지휘하기로 했다. 영규는 그동안 탐지한 적정을 소상하게 설명했다. 적의 주력이 서문을 중심으로 배치되고, 남문에도 가볍게 볼 수 없는 규모의 병력이 배치되어 아군의 접근을 탐지하고 있었다. 외부와의 통로는 주로 북문을 이용하고 있었다. 아군이 공격을 감행하면 적의 온전한 퇴로는 반드시 북문이 될 것이다. 현재 왜군의 주변 배치로 봐서 중원군이 도착하기까지에는 많은 시간이 소요될 것으로 판단했다.

중봉을 중심으로 작전 회의가 시작되었다. 정예의 왜군이 점령하고 있는 성을 공격하는 것에 대한 우려가 없지는 않았으나, 모두가 하나같이 청주성 공격을 흔쾌히 받아들였다. 그리고 임무를 기준으로 전투 지휘관을 편성하고 지휘 체제를 명확히 했다. 당시의 상황을 고려해 볼 때 다음과 같은 지휘 편성과 전투의 전개가 가능했을 것이다.

〈전투 지휘관〉

▷ 작전지휘: 의병장 조헌(趙憲)
▷ 참모: 전 참봉(參奉) 이광륜
▷ 의승장: 영규(靈圭)
▷ 남문 공격부대: 전 만호(萬戶) 변계온(邊繼溫)
▷ 관군: 청주 방어사(淸州防禦使) 이옥(李沃)
▷ 척후장: 임정식

지휘 체계를 세운 의병과 관군 합동 부대는 청주성을 공격하기 위한 역사적인 공격 계획을 세웠다. 모두가 한결같은 마음으로 원수의 왜적을 한 놈도 살려 보내지 않을 것을 다짐하고, 석교천변의 무성한 숲을 은폐물로 이용하여 접근이 용이한 서문을 주공격 지점으로 설정했다. 중봉은 다음과 같은 작전 명령을 하달했다.

〈전투 명령〉

1. 우리 의병과 관군은 청주성을 포위 공격하여, 원수의 왜적을 성안에서 모두 격멸시켜 한 놈도 살려 보내지 않을 것이다.
2. 의병과 관군은 3개 제대로 편성하여 각자 부여된 임무를 수행한다.
3. 중봉과 이광륜이 지휘하는 의병과 영규의 승병 부대는 주력으로써 서문을 집중 돌파하고, 성내에 진입한 뒤에는 북문 방향을 진격하면서 적을 섬멸한다.
4. 전 만호 변계온은 2개 편대 300명의 병력으로 남문을 공격하되, 적병이 서문을 지원하지 못하도록 고착시킨다.
5. 관군은 북문과 동문을 담당하여 적의 도주로를 차단하고, 외부로부터의 증원 부대를 격멸한다.
6. 척후장 임정식(任廷式)은 척후대를 지휘하여 적의 동태를 지속적으로 파악하여 보고하라.

〈강조 사항〉

1. 적병을 두려워하지 말며, 오직 군령만을 생각하고, 국난만을 생각하며, 진격만을 생각하라.
2. 각자는 약정된 신호를 숙지하고 개인행동을 하지 마라.
3. 대장은 서문루(西門樓)에 위치하여 북채를 잡고 전투를 지휘한다.

중봉의 작전 의도는 적을 포위하여 동시에 압박함으로써 방어력을 분산시키고, 공포감을 조성하여 혼란시킬 목적이었다. 여기에는

지당에 비 뿌리고

청주성을 완전 포위 공격하여 왜적을 한 놈도 살려 보내지 않겠다는 중봉의 강력한 의지가 담겨 있었다. 만약에 4대문 중 하나의 문이라도 방비가 소홀해서 왜적이 뛰쳐나와 아군의 측·후방을 공격한다면, 작전은 어렵게 될 것을 명심해야 한다. 이러한 공격 계획에 의해 각 진영 간에 필요한 세부적인 협조까지 이루어졌다. 공격 개시는 8월 1일 아침으로 정했다.

마침내 원수의 왜적을 섬멸할 공격 작전이 개시되었다. 가장 용맹하고 날쌘 척후대장인 봉사(奉事) 임정식(任廷式)이 30명의 군사를 데리고 적진 가까이 가서, 은밀히 적의 동태와 방어 배치 등을 탐지하는 척후의 임무를 수행하고 있었다. 공격에 앞서 100명의 돌격대를 편성하여 성문을 돌파할 준비를 갖추고, 무성한 풀숲을 이용하여 은밀히 전진시켰다. 돌격대가 성문 가까이 진격하자 이를 발견한 적은 일제히 조총과 활을 쏘며 대응했다. 이미 의병들은 석교천(石橋川, 무심천)을 건너와 몸을 숨기고 공격 명령만을 기다리고 있었다. 적은 기다렸다는 듯이 성문을 열고 수백 명의 병력이 칼을 휘두르며 쏟아져 나왔다. 왜적은 의병을 가볍게 보는 것 같았다. 드디어 중봉은 공격 개시를 알리는 북을 힘차게 울렸다. 숲속에 숨어 있던 의병들이 일제히 함성과 함께 뛰쳐나가 적과 맞붙었다. 북을 치며 외치는 "원수의 왜놈들을 한 놈도 살려두지 말라!"는 중봉의 고함이 천지를 진동했다. 이에 화답하여 의병들은 함성과 함께 적을 무찔렀다.

서문에서의 전투가 치열해지면서 남문에서도 동시에 공격이 이루어졌다. 그러나 남문에서는 병력이 소규모인 점을 고려해서 적극적인 공격을 회피하고, 성곽까지 근접하고 다시 후퇴하기를 거듭하며 적이 긴장감을 놓지 못하게 붙잡고 늘어졌다. 칼과 창이 부러지고 피가 튀는 생사의 전투가 계속되기를 얼마나 되었을까. 적은 죽기 살기로 공격하는 의병의 기세를 당하지 못하고 수많은 사상자가 생겨나자, 시체를 거두어 성안으로 도망쳐 들어가 문을 닫아걸었다. 한차례 폭풍 같은 전투가 휩쓸고 지나갔다. 중봉은 의병들을 일단 석교천(石橋川) 건너로 모두 철수시켰다. 군사들이 큰 피해를 입지 않아서 큰 다행이었다. 1차 공격은 성공적이었다. 부상자를 치료하고 대오를 정비하여 재차 공격을 시도할 계획이었다. 왜놈과 맞붙어 싸워보니 이길 수 있다는 자신감을 갖게 되었고, 의병들의 사기는 드높았다.

오후가 되자 중봉은 2차 공격을 재개하도록 명령했다. 군사들을 은밀히 석교천 건너로 다시 전진시켰다. 이제 성벽을 넘어서 안으로 진입할 계획이었다. 미리 성벽의 상태를 살펴서 공격에 용이한 곳을 점찍어두었고, 통로별로 병력을 나누어 배치했다. 의병들이 가까이 접근하자 성벽에서 적이 공격해 왔다. 즉시 활을 쏘아 대응하며 공격을 개시했다. 공격은 서문과 남문에서 동시에 시작되었다.

의병들이 낮은 담을 이용해 성곽으로 오르기 시작했다. 독전하는 중봉의 북소리에는 더욱 힘이 들어갔다. 남문에서도 변계온 부대가 공격을 멈추지 않았고, 모두가 용감하게 싸웠다. 중봉은 방어사 이옥에게 전령을 보내 북문에 매복을 철저히 해서, 적이 도주하지 못하도록 다시 한번 당부를 했다. 왜적의 저항도 날카로웠다. 그러나 의병의 기세는 조금도 꺾이지 않고 노도처럼 거셌다. 이제 조금만 더 나아가면 주력이 성안으로 진입하여 조직적인 진격이 가능할 때쯤이었다.

지당에 비 뿌리고

갑자기 서북쪽에서 거센 바람이 불기 시작하더니 비가 내리기 시작했다. 의병들의 옷은 흠뻑 젖었고, 8월인데도 한기가 느껴졌다. 갑자기 몰려든 먹구름은 순식간에 하늘을 덮었다. 세찬 빗줄기가 억수같이 퍼붓기 시작하더니, 낮이 마치 밤처럼 캄캄해져서 앞을 분간할 수가 없었다. 성곽을 타고 오르던 선봉대의 공격은 더 이상 전진이 불가능한 상황이 되었다. 이를 본 중봉이 탄식하기를

"옛사람의 말에 성공과 실패는 하늘에 달렸다고 하더니, 과연 그러하구나."

하고는 징을 쳐서 군사들을 후퇴시켰다. 절호의 기회에 원수를 갚지 못하고 물러서는 것이 너무 안타까워 땅을 쳤다. 그러나 하늘이 돕지 않으니 어찌할 수 없었다.

비는 저녁 무렵이 되어서야 그쳤다. 적은 성문을 굳게 닫고 꼼짝도 하지 않았다. 중봉은 빈약한 무기와 장비에다 비에 흠뻑 젖은 군사로는 공격을 계속하는 것이 무리라고 판단했다.

이광륜과 영규 등 제 장군과 참모들이 모여 장차 시행할 작전 회의를 진행했다. 모두의 의견이 다시 전열을 가다듬어 다음 날 새벽에 공격을 재개하기로 했다.

척후의 보고에 의하면, 의병들이 죽기 살기로 달려들자 왜군들은 겁을 잔뜩 집어먹고 있다고 했다. 중봉은 척후로 하여금 적의 동태를 면밀히 살피도록 하는 한편, 영규 승장과 방어사 이옥에게도 상황을 알리고, 북문에 매복을 철저히 세워서 어둠을 틈타 적이 도주하지 못하도록 할 것을 당부했다. 성안에는 밤새도록 불빛이 요란하고 깃발들이 무수히 나부꼈다.

다음날 새벽이 되자 어둠이 걷히기도 전에 의병들의 공격이 재개

되었다. 그런데 어찌 된 일인지 성안에서는 적의 반응이 없고 쥐 죽은 듯이 조용했다. 의병들이 성문을 열고 들어서자 적은 보이지 않고 텅 빈 성만 남아 있었다. 그때 백성들이 이렇게 알려주었다.

"왜적의 무리들이 이쪽 군대의 상태를 바라보고 크게 놀라 얼굴빛이 변하면서 '이 의병들은 죽기 직전에도 조금도 꺾이는 기세가 없으니 더불어 싸워서는 안 되겠다.' 하고는 밤새 화톳불을 피우고 깃발을 세워 병졸들이 있는 것처럼 가장하고, 시체를 모두 태워버린 뒤 이미 진영을 버리고 도망갔습니다."

밤새 적의 도주를 몰랐다는 것은 문제가 있었다. 관군으로 하여금 북문에 매복하여 적이 도망하는 것을 방해하려는 계획이었다. 그런데 방어사 이옥(李沃)이 이를 두려워하여 시행하지 않음으로써 적이 모두 도망가게 허락한 것이었다. 이를 알게 된 사람들은 이옥을 원망하지 않는 이가 없었다.

이로써 의병과 관군이 합동으로 이뤄낸 청주성 전투는 역사적인 승리로 끝이 났다. 이 전투가 주는 의미는 매우 컸다.

첫째, 청주성 전투는 왜적이 침범하고 최초로 이루어진 조직적인 공성 작전(攻城作戰)이었다. 지금까지 관군이 전투다운 전투를 해보지 못한 상황에서 의병의 주도하에 이룬 의미 있는 승전이었다.

둘째, 충청도 지역을 통제하는 왜적의 거점을 빼앗음으로써 적은 호남과 충청우도로 진출할 교두보를 잃게 되었다.

셋째, 의병과 의승병 그리고 관군의 합동 작전으로 이룩된 승리는 전국 각지에서 싸우는 의병과 관군들로 하여금 전투 의지를 고양하고, 백성들에게도 안도와 희망을 갖게 해주었다. 이후로 왜적들은 의병을 두려워하기 시작했고, 백성들은 전승의 희망을 품게 되었다.

지당에 비 뿌리고

중봉조선생청주전장기적비(重峯趙先生淸州戰場紀蹟碑)

　이때 청주 성안에는 수만 석의 곡식이 비축되어 있었다. 왜적들은 도망하는 데 급급하여 손도 대지 못하고 그대로 두고 떠났다. 의병은 물론 굶주리는 백성들에게 생명과 같은 요긴한 식량이었다. 중봉이 방어사 이옥에게 말했다.

　"이 곡식을 나누어 어려운 백성들을 구원하고, 소와 말 수백 마리는 각 마을에 나누어 주어서 농사짓는 데 대비하도록 하라."

　그러자 이옥은 자기가 전공(戰功)이 없는 것을 부끄러워한 나머지

　"이미 순찰사와 의논했는데 여기에 머무를 수 없다고 결정이 났다. 따라서 그 곡식을 그대로 두었다가 왜적이 다시 점거했을 때 밑천으로 삼도록 할 수는 없다."

　하고는 그 곡식을 모두 불사르고 가버렸다. 중봉이 돌아와 보니

군중(軍中)에는 거친 쌀 몇 가마니만 남아 있을 뿐이었다. 나라를 지켜야 할 막중한 책무를 가진 방어사의 생각하는 바가 이 모양이란 말인가. 불타버린 곡식을 바라보는 중봉의 가슴은 찢어지고, 의병들의 분노는 하늘을 찔렀다.

마. 근왕(勤王)을 위한 북진

청주성을 회복한 중봉의 의병 부대는 여전히 물자 부족으로 어려움을 겪고 있었다. 사실 전투 중에도 근왕을 염두에 두고 화살도 최대한 아껴 왔다. 방어사 이옥이 청주성에 있던 곡식을 모조리 불태워버렸으니, 군량도 부족하고 눈앞에 다가올 가을과 겨울옷도 문제였다. 중봉은 마침내 군사의 일부를 각자 집으로 돌아가도록 허락하고, 겨울옷을 준비해서 다시 모여 임금께 충성을 다하자고 결의했다. 이때 의병 중에 독자가 있거나 부모를 봉양하지 않으면 안 될 처지에 있는 의병들은 집으로 돌아가도록 조치를 취했다.

지당에 비 뿌리고

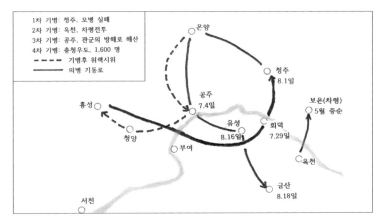

1차 기병: 청주, 모병 실패
2차 기병: 옥천, 차령전투
3차 기병: 공주, 관군의 방해로 해산
4차 기병: 충청우도, 1,600 명
- - - 기병후 위력시위
━━━ 의병 기동로

온양
청주
8.1일
공주
7.4일
보온(차령)
5월 중순
홍성
유성
8.16일
회덕
7.29일
청양
부여
옥천
서천
금산
8.18일

중봉 의병 기동상황도

이렇게 해서 다시 모인 의병은 1천 명을 넘었을 것으로 추정된다. 중봉은 이 병력을 이끌고 최초의 계획대로 근왕 계획을 실천에 옮기려고 했다. 당시 선조는 의주에 피난하고 있었다. 근왕에 앞서 두 가지 일을 먼저 해야 했다. 근왕 가는 이동로상의 고을에 이를 미리 알리는 일과 청주전투의 전공을 임금께 주달(奏達)하는 것이었다. 중봉은 '근왕 시 지로문(勤王時指路文)'을 작성하여 30개 고을에 보내기로 했다. 당시 중봉의 북상 계획은 '근왕 시 지로문'에 잘 나타나 있다. 다음은 청주에서 의주 행재소에 이르는 북상하는 길목의 각 고을에 보내는 '근왕 시 지로문'의 주문이다.

〈근왕 시 지로문(勤王時指路文)〉[107]

충청도(忠淸道) 의병장(義兵將) 전 제독관(提督官) 조헌(趙憲)은 결사대(決死隊) 삼천 명을 소집하여 팔월 초 일일 사시(巳時)에 승장(僧將) 영규(靈圭)가 인솔하는 승군과 더불어 합세하여 청주에 주둔하고 있는 왜적을 포위했다. 한편 방어사 이옥(李沃) 등이 인솔하는 연기(燕岐), 문의(文義), 청주(淸州) 등의 곳에서 군병의 지원을 재촉하면서 온종일 힘껏 싸웠다. 왜적의 살상자는 심히 많았다. 적의 세력은 궁(窮)하고 어려워 죽치고 들어 있었다. 적병은 시체를 쌓아 불태워버리고 어두운 밤을 이용해서 도망쳤다.

나는 군사를 이끌고 연기(燕岐)로 향했다.

바야흐로 아산(牙山)과 직산(稷山) 사이로부터 날짜를 정하여 북쪽으로 정벌함으로써, 왜적을 모조리 섬멸하여 단 한 놈도 제 나라에 돌려보내지 않으려고 한다. 경기와 황해도의 여러 읍(邑)의 관리와 백성들은 적의 세력을 세밀하게 살피고, 향병(鄕兵)을 많이 모집해서 공격할 만한 것은 이를 공격하여 도로(道路)를 통하고, 공격할 수 없는 것은 모든 전략(戰略)을 세웠다가 우리의 군대가 오는 것을 기다려서 힘을 합하여 공격하려고 한다.

그리하여 나는 이달 안으로 임금께서 옛 서울로 환궁(還宮)하시게 하려는 의도를 기약하며 별도로 이웃 군에 알아듣도록 타일렀다. 그리고 각 군(各郡)은 군량(軍糧)을 서로 도와서 추위가 오기 전에 일을 잃고 사방으로 도망가, 흩어진 우리의 백성을 다시 안집 안전하게 모이게 할 일도 또한 마땅히 알아야 한다.

* 위의 주문에 붙여 이동로 상의 30개 고을이 할 일을 각각 기술했으나 여기서는 생략한다.

---

107   原典『重峰集』. 최영희『趙憲全書』탐구당 檄文 p210.

지당에 비 뿌리고

이 주문 외에 이동로 상에 위치한 각 고을이 할 일을 일일이 적어 보냈는데, 여건에 따라 각각 준비하고 협력할 사항이었다. 여기에 그 하나를 제시한다.

〈수원〉

> "김옹진(金瓮津), 김천남(金天男) 부자와 최승조(崔承組) 등은 향병을 소집하여 용인에 있는 적의 형세를 살피고서 공격할 것인가의 여부는 따로 무사(武士) 한 사람을 몰래 보내서 아산(牙山)으로 알려라. 최계조(崔繼祖), 배흥중(裵弘重)은 곧 군막에서 일어나는 모든 일을 얼굴을 맞대고 의논하려고 하니 안상사(安上舍) 등 여러 사람과 더불어 왜적의 동정을 은밀히 정탐하여 가지고 아산(牙山)과 직산(稷山)의 중간으로 오라. 그리고 쓸 만한 재주가 있는 사람은 데리고 오도록 하라."

자신을 그토록 미워하던 임금을 향한 중봉의 충성이 이와 같았다. 중봉은 선조를 환궁시키기 위해서 북상할 것을 천명하고, 경기도와 황해도 등에 의병이 봉기할 것을 촉구했다. 이 지로문은 수원, 남양, 안산, 인천, 부평, 김포, 통진, 강화 교동, 연안, 배천, 평산, 해주, 신천, 안악, 은율과 장연, 삼화와 강서, 함종, 영유, 숙천, 안주, 박천과 가산, 정주, 관산과 선천, 철산, 의주에 이르는 30개 고을에 보내졌다.

또 하나는 청주성 전투의 승리를 임금께 주달(奏達)하는 것이었다.

청주전투가 끝난 후에 올린 '청주파적후장계별지(淸州破敵後狀啓別紙)'와 '기병후소(起兵後疏)'가 있다. 그런데 이 두 기록에는 8월 1일과 8월 11일로 적혀 있어서 날짜에 간격이 있다. 그러나 그 내용으로 보면 기병후소(起兵後疏)는 청주전투가 끝나고 근왕을 나서기 직전에 썼다는 것을 알 수 있다.

'기병후소'와 '청주파적후장계별지'는 작성된 날짜가 다르지만, 선조에게 보내진 것은 함께였다. 하나는 8월 2일 청주성을 탈환하고 작성하고, 또 하나는 청주에서 근왕을 떠나면서 작성한 것으로 보인다. 결국 이 두 첩서를 지닌 일행도 중봉 의병이 근왕을 떠날 때, 의주로 동시에 출발했을 것으로 추정된다.

8월 11일. 그동안 청주성 전투 소식을 임금에게 보고하려 했으나, 행궁의 이동이 빈번하고 적이 점령한 지역을 거쳐서 가야 하는 등 여러 사정으로 잠시 지체되고 있었다.

이 무렵 선조는 개성에 머물다가 5월 3일에 다시 평양으로 떠났다. 임진강전투의 패보(敗報)가 전해지고 왜적이 개성까지 진입하자, 다시 영변으로 피난하기로 결정한다. 6월 15일에 평양이 실함되자, 선조는 6월 22일에 이미 의주(義州)로 파천(播遷)했다.

중봉이 전승업을 불렀다. '기병후소(起兵後疏)'와 '청주성파적후장계(清州城破敵後狀啟)'를 가지고 의주 행궁으로 보내려는 것이다. 전승업에게 행궁을 다녀오는 임무를 맡기면서 종사관 곽현(郭賢)과 작은아들 완도(完堵)를 동행하도록 했다. 행궁이 있는 의주까지는 적지(賊地)를 지나가야 하는 험난한 길이었다. 그리하여 보다 안전하고 빠른 바닷길을 선택하고 당진에서 배를 이용하도록 했다.

여기서 곽현(郭賢)이란 인물에 대한 혼동이 빚어진다. 김천일(金千鎰) 의병장 막하에 있는 곽현이 지난달에 양산숙과 의주행궁으로 가서 선조를 알현했다. 그리고 중봉의 막하에서 청주전투의 첩서를 가지고 의주 행궁으로 떠난 사람도 곽현이다. 이를 구분할 명확한 기록을 찾을 수 없으나 전후의 여러 사정을 고려해보면, 이는 동명이인으로 생각된다.

중봉은 곧 의병을 이끌고 근왕 길에 오른다. 이때 행군한 군사가 얼마였을까? 아마 청주전투에 참여한 1,600여 명에서 소수의 희생자와 겨울 준비를 위해 집으로 돌아간 군사를 제하고 나면 의병의 숫자는 많이 줄어들었다. 중봉은 온양에 도착해서 식량과 물자가 준비되는 대로 북으로 행진하여 지로문(指路文)을 보낸 고을의 왜적을 토벌하며, 의주에 계신 임금을 한양으로 환궁시킬 계획이었다.

중봉이 의병을 이끌고 근왕을 출발할 때, 의주 행궁으로 가는 중봉의 아들 완도(完堵)와 전승업(全承業), 곽현(郭賢) 일행도 청주성 전투상황을 알리는 첩서와 상소를 가지고 뱃길이 닿는 당진을 향해 떠났다. 다음은 첩서와 상소문의 전문이다.

〈청주파적후상계별지[淸州破敵後狀啟別紙, 선조 25년(1592년) 임진(壬辰) 8월 1일]〉[108]

신이 듣건대 천하의 형세는 합하면 강하고 흩어지면 약하므로, 전쟁을 잘하는 장수는 적은 수의 적을 공격할 때는 일부의 군대로써 하지만, 많은 수의 적을 공격할 때는 반드시 합공(合攻)함으로써 승리를 가져옵니다. 이것이 필연의 이치인가 합니다.

전라 의병장(全羅義兵將) 고경명(高敬命)은 순찰사(巡察使) 이광(李洸)이 왜적을 몹시 두려워하여 머뭇거리고 싸우지 않는 것을 보고 크게 노해서 격문(檄文) 가운데에 그 죄상을 모조리 들어서

---

108   原典『重峰集』. 최영희『趙憲全書』탐구당 啓 p185.

말했고, 또 의병을 모집함에 있어서도 관군(官軍)을 많이 모았다 했으므로 이광(李洸)이 이것으로 원한을 품고 있었습니다.

그리하여 고경명이 금산(錦山)의 왜적과 싸울 때도 (이광은) 도와주지 아니하였으며, 방어사(防禦使) 곽영(郭嶸)도 고경명이 이틀 동안 힘을 다하여 싸울 때도 앉아서 보고만 있고 구원하지 아니함으로써 패하여 죽게 되었습니다. 이는 결국 군사(軍師)의 일을 맡은 관헌이 죽인 셈이오니, 나라에 군율(軍律)이 있을진대 이광(李洸)과 곽영(郭嶸)의 죄는 모두 목을 베어 죽여야 마땅합니다.

신은 충청도 순찰사 윤선각(尹先覺)과 방어사 이옥(李沃)과는 일찍부터 교분이 있었으므로 청주의 왜적을 쳐부수러 가던 날에 글로써 서로 경계함이 한두 번이 아니었습니다. 운선각과 이옥에 대해서는 그리 크게 노하지는 않사오나, 그 막하(幕下)에 있는 비장(裨將)들이 꾀어서 권하는 말이 심지어는 "의병장이 관찰사와 방어사를 절제(節制)한다."라고 했습니다.

그리고 진군(進軍)할 즈음에는 몇 차례나 같이 진군하기를 독촉하였으나, 방어사 이옥(李沃)의 비장들은 서로 바라만 보면서 진격하지 않았습니다. 그러므로 신이 북을 치고 진(陣)에 나아가서 몸소 군사들을 독려하지 아니하였더라면, 고경명(高敬命)과 같은 죽음을 면할 수가 없었을 것입니다.

신은 호서(湖西)에서 장수(將帥)는 교만(驕慢)하고 또 군졸은 몹시 게으른 풍습(風習)을 자주 봅니다. 이를 내버려 두고 바로잡지 아니하면, 비록 천년 동안 군사를 모집하여도 결단코 회복할 수는 없을 것입니다.

전하께서 만약 호서와 호남 지방을 보전하여 왕가의 곳간으로 만들려고 하신다면, 방어사의 비장 가운데에서 몹시 게으른 자를 뽑아 목 베이시고, 또 관찰사로 하여금 일도(一道)의 힘을 합하여 궁한 경지에 빠진 왜적의 기세를 꺾고 시일을 지연시켜서, 군사기밀이 새어나가지 않도록 하여주시면 신은 스스로 행진에 힘을 쓰겠습니다.

지당에 비 뿌리고

북으로 관하(關河)를 바라보며 피눈물로 사배(四拜)하옵고 주상 전하께 삼가 말씀 올리나이다.

국운이 불행하여 왜적이 우리나라를 얕보고 침공하여 옴으로써 종묘와 사직은 잿더미가 되었고 성궐(城闕)은 빈터가 되었으며, 전하께서 난여(鑾輿)를 타시고 압록강 변까지 파천(播遷)하시니 혈기 있는 사람은 애통해하지 않는 이가 없습니다.

신이 우광(愚狂)하여 일찍이 낭관(郎官)을 지냈을 뿐이온데, 낮은 직위로써 말을 높이 하여 무거운 죄를 범했으므로 기축년(己丑年) 이후로는 죽는 줄로 알고 있었습니다. 다행스럽게 초택(初擇) 속으로 내쫓으시는 성상의 자애를 입어서 신이 몸소 농사지어 어머니를 봉양하게 하여주시어 천지와 부모의 은혜가 이에서 더할 수가 없습니다. 신의 도리로는 마땅히 목숨을 버리고 있는 힘을 다하여 성조(聖朝)에 보답하여야 한다고 생각하옵니다.

지난 2월 18일에 신의 처상(妻喪)을 당하고 4월 20일에야 겨우 장사를 지내려고 할 즈음에, 왜적의 선봉이 인동(仁同, 구미)과 선산(善山) 사이에 침입하여오니, 신의 주거와는 이틀 거리밖에 되지 않습니다. 그러므로 신이 청주(淸州) 동면(東面)에 들어가 노모의 피난처를 구하던 중 뜻밖에 적병이 또 보은(報恩)에 침입하고서 청주를 함락했기 때문에 길이 막혀 한 달이 넘어서야 옥천(沃川)으로 돌아왔습니다.

의리상 향병(鄕兵)을 규합하여 힘을 다해 싸워야만 전하의 행차가 환도(還都)하게 될 것입니다. 그런데 신이 외롭고 천하기 때문에 사람들이 일찍 따르지 않으므로 재차 격서(檄書)를 띄우게 되자, 응모하는 사람이 자못 많았습니다. 동시에 왜적이 옥천 지방을 넘봄으로 이곳의 방어가 급하여 병정을 모으지 못할 뿐만 아

---

109   原典『重峰集』. 최영희『趙憲全書』탐구당 疏 p178.

니라, 또 순찰사(巡察使)가 관군(官軍)의 응모를 허락지 않으므로 이미 모집한 군사도 도로 해산하고 말았습니다.

신이 북쪽으로 바라보고 통곡한들 어찌할 수가 없어서 몇 사람의 동지와 더불어 역군(役軍) 수백 명을 모집하여 칠월 4일에 기(旗)를 세우고 두루 해군(海郡)을 돌아다니면서 병정 천 명을 모집하여 북으로 행진하려 했으나, 맨주먹으로 일어났기 때문에 한 치도 안 되는 병기도 가진 사람이 없었습니다. 다행히 의기(義氣) 있는 백성들이 힘을 모아 협조해 주었으므로 간신히 계획을 세워서 활 수십 장(數十張)과 편전(片箭) 수십 부(數十部)를 마련하였으나, 이것을 가지고 강한 적병을 방어함은 제 스스로도 역시 불가능한 일임을 알고 있습니다.

그러나 한 달분의 군량만 얻으면 진군하려고 했습니다. 주현(州縣)은 이미 양곡이 떨어졌기 때문에 순찰사(巡察使)가 군량 6백 석을 제급(題給)했으나, 현품이 쌓여 있지 않으므로 판출(辦出)하기가 용이하지 않았습니다. 그리하여 열읍(列邑) 유생들의 도움으로 촌려(村閭)에서 약간의 양곡을 얻게 되자 진군했습니다.

이달 8월 1일에 청주(淸州)의 서남쪽에 진군해서 승군(僧軍, 영규의 군대)과 합세하여 성 밖에서 종일토록 역전(力戰)하고, 한편으로는 방어사(防禦使)의 제군(諸軍)을 독촉하면서 서문 밖까지 바짝 쳐들어가자 탄환이 비 오듯 하여 우리의 의병이 많이 상하고, 반면에 왜적도 또한 편전(片箭)에 많이 상했습니다. 적병은 화살을 맞으면 곧 옮겨 가므로 그 죽은 숫자는 자세히 알 수가 없으나, 짐작건대 적의 정예병은 이 싸움에서 다 없어졌으므로 밤에 그 시체를 불태우고 나서 남은 무리를 이끌고 도망쳤습니다. 적을 쫓아가면 힘들이지 않고 이를 잡을 수 있을 줄 믿으나, 화살을 너무 많이 써버린다면 근왕(勤王)의 행진에 참된 성실을 다하지 못할 염려가 있으므로 그만두었습니다.

행군이 온양(溫陽)과 아산(牙山)에 당도하여 각 읍의 군량이 다 모이는 것을 기다려서 회전(回傳)할 수 있는 힘이 생긴 뒤에 군사를 인솔하고 전진한다면 명나라의 군대를 만날 것 같습니다. 그러면 명군과 힘을 합해서 양경(兩京)을 회복하고자 하오나, 군졸이 고단하고 힘이 미약하여 왜적의 횡절(橫截)을 입을까 두려우니 신의 고충은 이루 말할 수 없습니다. 그러나 하늘이 조선을 도우신다면 거의 신의 뜻대로 이루어질 것으로 믿습니다.

신이 그윽이 나라의 재화(災禍)로 인한 실패의 까닭을 생각하여보니, 모두 계미년(癸未年) 이후로 신용을 잃음이 많으므로, 민심은 믿지를 않고 군사는 투지가 없어 종횡함을 보고서도 한 사람도 나와서 대적하는 자가 없었습니다. 그러므로 중요한 관문(關門)이 함락되고 온 나라가 썩어서 문드러지기에 이르렀습니다. 이제 구업(舊業)을 회복하려 하오면 먼젓번의 잘못을 거울삼아 뒷날의 걱정과 근심을 방비해야 하지 않겠습니까?

대개 북쪽 오랑캐의 변란이 있었을 때, 오랑캐의 머리 베는 것만을 중하게 여겼으므로 그 머리만 바치면 천한 사람도 양인(良人)과 같이 벼슬길에 나아가게 되었습니다. 양곡을 바치는 자는 서얼(庶孼)을 면하고 또 관직을 줌으로써 이때를 당하여 힘이 있는 자는 그 용맹을 다했으며, 양곡이 있는 자는 그 재산을 쏟아놓으니, 삼천 리에 변방을 지키러 가야 하고 곡식을 운반하는 수고란 이루 말할 수 없었습니다.

그러던 변란이 평정된 뒤에는 권력 있는 신하가 먼 계획을 못하여 먼젓번의 약속을 위반하고 말았습니다. 그리하여 힘껏 싸운 공로가 모두 그 장수에게만 돌아가므로 북도(北道)의 용사들은 많은 원한을 품고, 생업을 잃으면서까지 양곡을 운반한 남쪽의 부인(富人)들도 나라의 은혜는 조금도 입지 못했습니다. 그 은혜를 입은 사람은 오직 정언신(鄭彦信)에게 아부한 문인(文人)과 무리(武吏)뿐입니다.

아! 나라의 인심을 뭉치어 굳어지게 하는 것은 오직 인의와 충신이옵니다. 정언신이 사사로이 내수사(內需司)의 물건을 소비하여 간민(姦民)에게 은혜를 베푸는 척 임금의 이목이 되는 문인을 두루 막아버림으로써 김수(金晬)와 이광(李洸)이 높은 자리에 올랐고, 정언신이 힘써 권당(勸黨)의 족속을 비호하여 정권을 잡은 사람의 칭찬을 구하므로 무리(武吏)의 일을 만들어 공을 요구하는 자들이 재물을 흩어가면서 오랑캐의 머리를 사게 되자, 서예원(徐禮元)의 무리가 중죄에서 면하게 되었습니다. 이와 같이 몇몇 간사한 자들은 모두 당시의 어진 바가 되어 혹은 관찰사(觀察使)가 되었고, 목사(牧使)나 부사(府史)의 직에 올랐습니다.

김수(金睟)는 영남에서 잔인하고 포악하여 일도(一道)의 원망을 쌓았을 뿐만 아니라 적병이 이르니 먼저 도망했기 때문에, 백성이 나와서 대적하지 않았으므로 온 나라가 화를 입게 되었습니다. 서예원(徐禮元)은 이름은 용장(勇將)인데 왜적이 김해로 향하니 먼저 놀라서 달아나고, 적에게 화살 하나 쏘아보지 않음으로써 일도(一道)가 무너졌습니다. 그리고 이광(李洸)은 군부(君父)의 근심을 급히 여기지 않아서 처음에 호남의 군중(群衆)을 영솔(領率)하고 공주(公州)에 이르러서는 앞으로 갈까 말까 주저하다가, 계속 근왕(勤王)의 행진을 하게 되자 진위(振威)에 도착해서 일부러 지체하면서 삼도(三道)의 군사가 흩어지고 영구히 수습하기 어렵도록 했으니, 이 삼인(三人)은 정언신(鄭彦信)이 어질게 여기고 간당(姦黨)의 보배로 삼은 바입니다.

그러나 이들은 전자(前者)의 한 행위를 보면 간사한 자를 돕고 임금을 속였으며, 조정을 갈팡질팡하게 했고 나라를 그르쳤습니다. 또 후자(後者)의 한 행위를 보면 국난을 돌보지 않고 몸만 보전하며 군사를 패하게 했습니다. 그런데 이와 같은 큰 죄는 지금껏 수령을 보존하고 근왕하던 신각(申恪)만이 홀로 죽임을 당했습니다.

나라가 이백 년 동안 혁혁한 업적을 보전하는 것은 신상필벌(信賞必罰)이 있기 때문입니다. 상벌이 이같이 어긋나서 나라가 장차 위태한데도 달려가서 구원하는 사람이 없으니, 이들 소인들의 화가 한결같이 이러한 극도에 이르게 한 것입니다. 이제 구업을 회복하고자 한다면 이러한 소인배(小人輩)를 그대로 두고서 어찌할 수 있겠습니까?

전자(前者)에 서예원이 재물을 흩어서 적의 머리를 사서 세상을 속이고 임금의 은총을 받음으로, 금일에도 혹은 우리나라 사람을 죽여 머리를 깎고 여종을 시켜서 왜복을 지어 입히고 관찰사를 속이는 자도 있습니다. 혹은 다른 사람의 베인 머리를 빼앗아 가서 자기의 공로로 기록하면서, 그 사람을 전장 터에 몰아내어 죽게 하는 자도 있습니다. 이렇게 간사한 것을 실공(實功)으로 기록하면서 억울하게 죽은 사람의 원통함은 조금도 들어주지 않으면, 장래에는 형상(刑賞)이 어긋나서 나라를 세우기가 어려울 것입니다.

신이 본래 가난하여 문천상(文天祥)과 같이 가재(家財)를 팔아서 병기를 갖추지 못하고, 겨우 공주(公州), 홍성(洪城) 등 제읍(諸邑)의 유식한 선비들에게 미속(米粟)과 소와 철(鐵)을 바치도록 권유하였습니다. 그리하여 일천 명의 양식과 반찬을 갖추었고, 분국(分局)에서 활을 만들어 거사(擧事)하게 되었습니다. 도리를 아는 준수한 백성이야 어찌 감히 그 보답을 바라겠습니까? 그렇지만 준수한 자가 아닌 혹 천인의 신분으로 양인이 되고자 하는 자도 있고, 혹은 고통스러운 역(役)을 면하고자 하는 자도 있으며, 혹은 한낱 자급(資級, 벼슬아치의 위계)이나마 구하여 묘갈(墓碣)에 쓰고자 하는 자도 있습니다.

거사할 처음에 서로 격려가 필요하므로 다소를 불구하고 모두 써서 품계(稟啓)하옵니다. 보잘것없는 수고와 작은 공이라도 모두 보답하여 은혜를 아끼지 마시고 인민에게 신용을 잃는 일이 없게 하여주시면, 신이 다시 이 도(道)에서 병정과 양곡을 모집하여 기필코 일로(一路)를 깨끗하게 하겠습니다.

신이 또 엎드려 생각하니, 당나라 현종(玄宗)이 천하를 거의 잃었는데 진현예(陳玄禮)의 간(諫)함을 듣고 별안간 양국충(楊國忠)의 머리를 베어 창끝에 꿰고 이임보(李林甫)의 관(棺)을 쪼개어서 그 시체를 태(笞)질했습니다. 까닭에 민심이 아주 흡족해져서 당나라를 생각하여 이광필(李光弼), 곽자의(郭子儀) 같은 의사(義士)가 공을 이루었습니다. 송나라의 고종(高宗)도 비록 강좌(江左)에 있었으나 이강(李綱)과 장준(張俊)의 말을 듣지 아니하고 항상(恒

常) 왕항(汪黃), 진회(秦檜) 등을 그 좌우에서 떠나보내지 않았기 때문에, 종택(宗澤)과 악비(岳飛) 같은 충신으로도 하북 지방(河北地方)을 평정하지 못하고 끝내 죽음을 당하고 말았으니, 효종(孝宗)의 어짊으로도 통일의 공을 이루지 못했습니다.

유성룡(柳成龍)이 화의(和議)를 주창하여 왜적을 초래함은 진회(秦檜)보다 심하며, 이산해(李山海)의 어진 사람을 해치고 나라를 그르침은 이임보(李林甫)보다 심하며, 김공량(金公諒)의 시민에 원한을 쌓음은 양국충(楊國忠)보다 심하옵니다. 그러면서도 지금껏 수령(首領)을 보존하고 있으며, 혹은 그 일당으로 중요한 직위에 있게 함으로써 어진 사람의 진로를 막고 있으니, 어찌 민심을 위로하고 사기를 진작하겠습니까?

아! 이 큰 간신들이 만민에게 재앙을 전가시켜 나라를 뒤집어 엎어서 망하게 하려 하니, 전하의 사총(私寵)은 비록 깊지만, 종묘와 사직의 수욕(羞辱)은 적지 아니합니다.

신은 청하건대 이 삼인(三人)의 머리를 베어 의순문(義順門) 밖에 매어달고, 이어서 김수(金睟) 이광(李洸) 서예원(徐禮元)의 머리를 끊어 한강의 남변(南邊)에 달아놓으면, 화이(華夷)를 막론하고 듣는 이마다 쾌(快)하게 여길 것입니다. 그리고 조선에 명주(明主)가 나셨다 하여 지사(志士)와 유인(幽人, 세상을 피해 그윽한 곳에 사는 선비)이 분연히 일어나 기력을 내지 않을 사람이 없을 것이니 왜적을 몰아내기는 어렵지 아니할 것이옵니다.

상소문은 의병의 기병 과정, 청주성 전투의 진행과 승전, 근왕에 나설 준비, 불공정한 상벌로 인한 폐해, 조정 신료들의 비행과 전투 지휘관의 안일하고 소극적인 대응 등 전투 현장에서 일어나고 있는 실상을 아뢰는 것이었다. 이러한 폐단을 일벌백계하여 민심을 얻지 못한다면, 이 난국을 헤쳐나갈 수 없다는 것을 간곡히 말했다. 그리고 곧 근왕(勤王)을 나서겠다는 뜻도 알렸다. 이것이 임금에게 올릴 수 있는 마지막 충언이 될 줄을 중봉은 짐작이나 했을까.

바. 최후의 금산전투

중봉은 의병을 이끌고 근왕 길에 올라 온양까지 이동했다. 중봉이 북상하자 충청도 순찰사 윤선각(尹先覺)은 불안해지기 시작했다. 중봉이 행재소에 가게 되면 자신의 전공은 없는 데다가 의병을 방해했던 과오(過誤)와 비행(非行)을 폭로할까 봐 두려웠던 것이다. 이런 윤선각에게 간교한 안세헌(安世獻)이란 자가 이렇게 이간했다.

"전모(全某)가 가져가는 조헌의 상소에 영공(令公, 윤선각)을 비방한 글이 많다고 들리니, 이 상소가 만약 행재소에 도달하게 되면 공은 반드시 무거운 견책을 받게 될 것입니다."

이에 순찰사는 심복 부하를 시켜, 수군을 단속한다는 핑계로 소(疏)를 가져가는 사람을 막아 강을 건너지 못하게 했다. 전승업이 그 까닭을 짐작하고 소를 보여서 헐뜯은 사실이 없음을 확인한 후에야 배 타는 것을 허락했다. 결국 기일이 지체되어 당진에 도달한 데다가, 일행은 의주로 갈 배를 수소문하는 데 시일이 걸렸다. 여기서 중봉 선생과 칠백 의사가 모두 전멸했다는 비보를 듣게 된다. 놀란 일행은 곽현으로 하여금 혼자 행재소로 가도록 조치하고, 전승업과 아들 완도는 황급히 금산으로 돌아오게 된다.

청주에서 군사를 이끌고 온양에 도착한 중봉 의병은 최소한 한 달 정도는 먹을 수 있는 군량을 모으기 위해 분주히 활동하고 있었다. 다행히 이 지역은 왜적의 수중에 들어가지 않은 곳이었다. 근왕

길에 놓인 여러 고을에 통지를 보내기는 했으나, 적지(賊地)의 고을들이 온전할 리가 없을 것이니, 미리 식량을 준비하지 않으면 근왕 계획이 실패할 우려가 있었다.

한편, 중봉의 근왕에 불안해하던 순찰사 윤선각은 온양으로 급히 사람을 보내서 중봉을 설득하여 근왕을 중지시키려고 했다. 그러나 근왕을 막을 만한 마땅한 구실이 없었다. 윤선각은 막하(幕下)에 있는 장덕익(張德益)을 시켜 중봉에게 자신의 뜻을 이렇게 전했다.

"나는 처음에는 공(公)과 사이가 좋았었다. 그러나 지금은 소인들이 나와 공(公) 사이에 틈이 벌어졌다. 그리하여 나도 역시 깨닫고 이제는 뉘우치고 있다. 또한 서원(西原, 청주)전투에서 이미 공의 충용함을 알았으니 이제 공과 더불어 생사를 함께할 것을 맹세하노니, 원컨대 고인(故人, 옛 친구, 중봉을 말함)은 이 조그만 혐의를 풀고 큰 공을 이룰 것을 기약하자. 이제 듣자 하니 금산(錦山)의 왜적이 스스로 뽐내어 전투에서 패한 자들을 불러다 죄를 들추어 꾸짖은 뒤에 다시 더욱 창궐(猖獗)하여 장차 침략이 있을 것이라 한다.

충청·전라도의 형세가 이러하면 국가는 다시 중흥할 수 있는 희망이 없을 것이며, 공을 따르는 사졸들도 반드시 속으로 살펴보고 흔들릴 것이니, 어찌 안심하고 북쪽으로 올라갈 수 있겠는가? 함께 금산의 왜적을 치는 것만 못할 것이니, 뒤에 힘을 합쳐 상감의 환난을 구하는 것이 늦지 않을 것이다."

중봉은 순찰사의 말에 일리가 있다고 생각되었다. 그러나 기병(起兵)한 목적이 근왕(勤王)에 있었고, 온양까지 올라온 지금 다시 군사를 되돌린다는 것은 쉽지 않았다. 중봉은 휘하 부장(副將)들과 이 문제를 심사숙고하여 논의했다. 모두가 의병장 중봉에게 간(諫)하기를

지당에 비 뿌리고

"두 분 장군께서 서로 화합하여야 능히 일을 해낼 수 있는 것입니다. 지금 순찰사와 틈이 벌어져 있으면 일이 장차 불리하게 될 것입니다. 또한 국가의 구역이 모두 적에게 점거되고 단지 충청·전라도만 그래도 온전하니, 이것마저 잃게 되면 나라가 없는 것입니다. 먼저 금산과 무주 등지의 왜적을 섬멸한 뒤에 병사를 이끌고 서쪽으로 올라가는 것이 올바른 계책일 것입니다."

라고 순찰사의 요청대로 금산의 왜적을 먼저 섬멸할 것을 간했다. 중봉이 쉽게 결심하지 못하자, 병졸들까지 나서서 번갈아 간(諫)하니, 중봉은 순찰사의 말대로 금산의 왜적을 먼저 섬멸한 후에 근왕을 가기로 결심했다.

중봉은 근왕을 가던 군사를 되돌려 다시 공주로 내려왔다. 공주에 도착한 중봉은 순찰사 윤선각과 금산의 왜적 토벌 계획을 논의했다. 중봉이 순찰사에게 말했다.

"공(윤선각)이 사람을 보내어 함께 힘을 합쳐 금산의 적을 토벌하고자 했으니, 우선 관군은 관군대로 진군할 준비를 하고, 의병은 현재 그 수가 적으니 의병을 더 모집하고 군량과 병기 등을 확보할 수 있도록 협조해주시기 바랍니다."

이렇게 금산의 왜적을 토벌할 계획을 상의했으나, 순찰사 윤선각은 관군이 불리하다는 핑계로 약속을 깨고 말았다. 애초부터 순찰사는 중봉의 근왕을 저지할 목적이었을 뿐, 금산의 왜적을 공격할 생각은 조금도 없었던 것이다. 이에 더하여 의병에 나간 가족들을 핍박하고 겨울 준비를 위해 귀가시킨 의병들까지 잡아 가두었다.

순찰사의 훼방에 중봉 휘하의 의병들은 하나둘 흩어지고 겨우 700명의 의사만 남았다. 참으로 한심한 노릇이었다. 『선조수정실록』

에서는 당시 의병의 상황을 이렇게 적고 있다.[110]

> 조헌이 군사를 일으킨 지 몇 개월 동안 군사들에게 벌을 가하
> 지 않았지만, 군사들은 모두 명령을 받들어 각자가 힘써 전투하였
> 으며, 이르는 곳마다 엄숙하고 정돈이 되어 문란하지 않았다. 당
> 초에 그가 의병을 일으켰다는 소식을 듣고 원근에서 따르고 모였
> 는데, 관가에 의해 가족이 구금되어도 오히려 조헌을 사모하여 차
> 마 떠나지 못했다.

죽음을 무릅쓰고 중봉 선생의 대의에 따르겠다는 의병들의 충성
심은 감동적이었다. 중봉은 탄식하며 기필코 금산의 왜적을 섬멸할
것을 다짐했다. 비록 순찰사 윤선각이 약속을 지키지는 않았으나
그가 내세운 명분인 호서와 호남 지방을 공략하려는 금산의 왜적을
토벌하는 것이 근왕을 위해 북진하는 것보다는 우선이라고 판단했
다. 다만, 중봉의 군사만으로는 금산의 왜적을 공격하기에는 상대적
으로 너무 열세였다.

중봉은 서둘러 전라도 순찰사 권율(權慄)에게 급사(急使)를 보내서
금산의 왜적을 섬멸하는 데 순찰사의 관군과 협공할 것을 요청한
다. 당시 금산(錦山)은 전라도에 속해 있었다. 권율은 중봉의 제안을
흔쾌히 받아들였다. 이로써 금산의 왜군을 공격할 큰 힘을 얻게 되
었고, 공격 날짜는 8월 18일로 결정되었다.

중봉은 영규 의승장에게도 사람을 보내서 금산성 공격 계획을 알
렸다. 청주전투가 끝난 후에 영규 승병에 관한 행적은 알려진 것이

---

110   김포문화원 『조선왕조실록(중봉 조헌 편)』, 『선조수정실록』, 선조 25년 8월 1일 기사.

지당에 비 뿌리고

없다.

왜군은 지난 6월에 군량 조달을 위해서 곡창 지대인 호남 지방으로 진출하기 위한 교두보로 금산을 공략했다. 당시 왜적은 무주와 금산을 중심으로 포진하여 호남 지역을 점령하기 위한 준비를 하고 있었다. 전라도에 침입한 왜적은 고바야가와(小早川隆景)가 지휘하는 제7군 15,700명이었다.

이 병력은 전란 초인 4월에는 제6군으로 경상도에 상륙하여 일부는 김천(金泉)과 선산(善山) 지역에, 일부는 창원(昌原)에 배치되어 모리(毛利輝元)의 제7군과 함께 부산에서 한양에 이르는 서로(西路) 확보에 일익을 담당했었다. 주장인 고바야가와는 한양까지 진군했다가, 5월 중순 분지(分地)계획에 따라 부대 서열이 제6군에서 제7군으로 변경되면서 전라도를 담당하게 된 것이다.

고바야가와는 창원에 있던 승장(僧將) 안코쿠치(安國寺惠瓊)에게 전라도로 진격할 것을 명령했다. 안코쿠치는 5월 23일 함안-의령-함양을 거쳐 남원-전주로 들어가려고 했다. 그러나 의령에서 곽재우 의병에 저지되자, 6월 초순에 성주(星州)로 북상하여 김천에서 지례를 거쳐, 부항령(釜項嶺)을 넘어 무주(茂朱)로 침입했다.

이와 때를 같이하여 고바야가와는 한양에서 충주로 남하하여 조령(鳥嶺)을 넘어 금산으로 침입했다. 7월 초에 왜군이 진안(鎭安)으로 진출하여 전주(全州)로 침입하려고 하자 김제군수 정담(鄭湛)과 나주 판관 이복남(李福男)이 웅치(熊峙)에 진지를 구축하고, 전 만호(萬戶) 황박(黃璞)의 증원을 받아 치열한 전투를 벌였으나. 정담이 전사하고 왜적은 전주성(全州城) 밖까지 진출했다. 그러나 왜군은 더 이상은 전주성을 공격하지 못하고 무주로 철수했다.

한편, 웅치전투가 한창일 때 금산에서 전주에 이르는 길목에 있는 이치(梨峙)에서 남원 수성장 권율(權慄)과 동복현감 황진(黃進)이 전주로 진출하려는 왜군과 치열한 접전을 벌이고 있었다. 이 전투에서 피해를 입은 왜적은 진산으로 일단 철수했다가 연산에 조선군 대부대가 공격을 준비 중이라는 소식을 듣고서 금산성으로 철수하여 방어 태세로 전환했다.

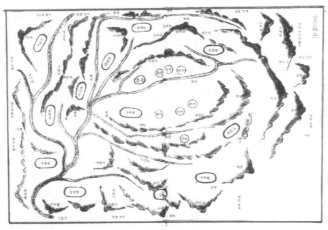

금산 지도

이때 연산(連山)에서 진산(珍山)으로 이동하던 부대는 전라 방어사 곽영(郭嶸)의 관군과 고경명의 의병 부대였다. 고경명은 선조의 파천(播遷) 소식을 듣고 6월 27일에 북상 길에 올랐는데, 왜적이 금산, 무주 지역에 침범하자 방어사 곽영의 제의를 받아 7월 9일에 금산성을 공격했다.

적은 전날에 이치에서 권율의 관군에게 입은 피해로 성에서 조총만 쏘고 공격을 저지하는 데만 힘쓸 뿐, 적극적인 전투를 하지 않으

지당에 비 뿌리고

려 했다. 공세를 가하던 고경명과 의병은 날이 저물어 다음날 공격하기로 하고 성 밖에 머물고 있었다. 그러자 다음 날 아침 갑자기 왜군의 기습을 받아 의병 부대가 분산되었다. 방어사 곽영의 관군마저 전투를 포기하고 후퇴하자 의병들이 동요하여 급속히 와해되고, 고경명은 전사하고 말았다. 곽영과 고경명 부대의 공격을 저지한 고바야가와는 이제 전주를 공격하여 호남 지방을 점령할 기회를 엿보고 있었다.

중봉은 금산을 공격하는 이번 싸움이 어렵다는 것을 익히 알고 있었다. 그러나 임금은 의주로 파천했고 나라의 운명이 백척간두(百尺竿頭)의 위기에 처해 있는데 안위만을 따질 때가 아니었다. 금산의 왜적이 곡창 지대인 전라도를 점령한다면, 애써 수확한 곡식은 모두 왜놈들의 군량미가 되고, 우리 백성들은 굶주려야 할 것이다. 그러면 전쟁은 길어지고, 백성들이 당할 고초는 더욱 심해지고, 장차 나라의 운명은 어찌 될 것인지 알 수 없는 일이었다. 이처럼 급박한 위기 상황에서 한시도 머뭇거릴 수 없었다. 다행히 전라도 순찰사 권율과의 협공이 약속되었으니, 비록 적은 군사이지만 일전(一戰)을 회피할 중봉이 아니었다. 영규 의승장도 군사를 거느리고 참전할 뜻을 알려왔으니, 약속된 날짜에 금산으로 진격하는 일에만 매진할 수 있었다.

금산의 왜적은 정예군으로 대병력이 진을 치고 있었다. 더구나 지난번 청주 싸움에서 중봉의 군사에 패한 원한을 갚기 위해 이를 갈며 때를 기다리고 있다는 소문이 들렸다. 중봉은 이 전투에서 목숨을 걸어야 한다고 생각했다. 죽음을 두려워할 중봉이 아니었다. 다만 홀로 남겨질 계모가 걱정이었다. 출정에 앞서 조용히 아들 완기

(完基)를 불렀다.

"네 형제들 가운데 큰일을 담당할 만한 놈은 오직 완도(完堵)뿐인데, 그 애는 전날에 청주 싸움의 첩서(捷書)를 가지고 용만 행재소(龍灣行在所, 의주 행궁)로 가서 돌아올 기약이 묘연(杳然)하고, 또 부자가 함께 죽으면 네 할머니는 누구를 의지하겠느냐. 그러니 너는 집으로 돌아가서 할머니를 봉양하거라."

하고 참전을 만류했다. 이에 완기는 울며 절하고 이렇게 대답했다.

"아버지는 충신이 되는데, 아들은 충신의 아들 노릇도 못 하라는 말씀이십니까."

아들은 아버지의 분부를 따를 수 없다고 했다. 그리고는 끝내 아버지를 따라 출정했다.

8월 15일. 『선조실록』에 의하면, 이날 선조는 조헌(趙憲)에게 봉상시첨정(奉常寺僉正)에 제수한다는 교서를 내린다. 이때는 중봉이 보낸 청주전투의 첩서와 상소문이 행궁에 도착하기 전이었다. 교서의 내용을 보면, 중봉 의병의 청주성 전투에서 승전했다는 소식을 까마득히 모르고 작성되었다는 것을 알 수 있다. 그러므로 이 전에 중봉에게 봉상시첨정을 내리는 교서가 나온 것이다. 만약에 중봉이 보낸 상소가 일찍 도착해서 선조가 '청주파적후장계별지(淸州破敵後狀啓別紙)'와 '기병후소(起兵後疏)'를 받았다면 어떠했을까?

중봉이 보낸 상소를 받기 전에 나온 봉상시첨정에 제수하는 교서에는 선조의 통절한 반성과 더불어 의병에 기대하는 절실한 마음으로 가득하다. 선조가 중봉에게 당부하는 말에는 그의 애타는 심정이 절절히 들어 있다. 선조는 교서에서 그동안 중봉이 상소한 사실

지당에 비 뿌리고

들을 뒤돌아보면서, 충신(忠臣)의 충신(忠信)을 받아들이지 않아 오늘에 이르렀다고 후회를 거듭한다. 그러나 안타깝게도 중봉은 이 교서를 받기 전에 금산전투에서 순절하고 만다.

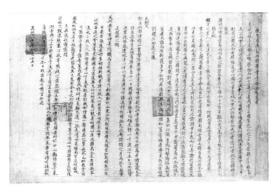

봉상시첨정 제수 교서

〈배봉상시첨정교서[拜奉常寺僉正敎書, 이호민 제진(李好閔 製進)]〉[111]

왕이 이렇듯 말씀하기를, 오직 내가 명석(明晳)하지 못하여 사물을 통찰하고 말을 알아듣지를 능하게 하지 못하여 진언(進言)하는 사람이 혹 말하기를 국가의 위태로움이 아침저녁으로 박두(迫頭)했다고 했으나, 내 비록 그 말을 옳게 여기기는 했으나 진실되게 깨닫지 못했다. 크게 근심하기는 백성들의 마음이 흩어져 도적들에 의한 외모(外侮, 외부로부터 받는 모멸)가 있을 것만을 걱정하고, 성(城)의 축대(築臺)를 높이 수축(修築)하고 호(濠)를 깊이 파며 병기를 예리하게 정비하면 넉넉히 백성을 보위하고 국가를 편안

---

111   原典『重峰集』. 최영희『趙憲全書』탐구당 敎書 p265.

하게 하리라 이르고 백성의 힘을 다하여 이를 도모했더니, 어찌 부지런히 성지(城池)를 수축(修築)하고 군기(軍器)를 마련한 것이 모두 왜적들에게 자(資)함이 되어 원망이 유독 나에게로 돌아올 것을 의식했으랴! 그리하여 종묘와 사직이 폐허가 되고 백성들이 왜적에게 짓밟히고 으깨어짐에 이르게 했으되 그것을 능히 방어하지 못했으니, 모든 잘못은 오로지 내게 있는지라.

비록 오늘날 천백 가지 신맛을 맛보되 내 죄업으로 받아들이고 감히 고생스러움을 말하지 못하니, 내 정회(情懷)가 비감(悲感)하구나! 그러나 천지 조종(祖宗)의 신령(神靈)이 음우(陰佑, 뒤에서 도움)하심을 힘입어, 인심이 옛날의 수도를 생각하여 백성들이 나를 버리지 않았다. 여러 곳에서 충성(忠誠)과 의(義)로 많은 무리를 규합하여 곳곳에서 왜적을 토멸(討滅)하는 데 네 이름도 또한 그 가운데 있었으니, 비록 포로를 잡고 전공을 알리는 글을 받아보지는 못했으나 내가 심히 너의 충의를 아름답게 여겼노라. 벌써 너를 봉상시첨정(奉常寺僉正) 벼슬에 제수했는데, 너는 그것을 아느냐?

지난번 호남(湖南) 유사(儒士) 양산숙(梁山璹)이 의병장(義兵將) 김천일(金千鎰)에게서 왔다가 돌아가는 길에 한 서간(書簡)을 붙여 보냈는데, 그것이 도착했는지? 이것은 호남의 선비와 백성들을 널리 타이르는 것이요, 오로지 네게만 깨우쳐 보여주는 바는 아니다. 그러나 이 글에 이른 바를 너는 여러 부로(父老)들과 더불어 돌려보아라. 나의 괴로운 뜻을 대략 다 기록했으니, 너는 아마도 나의 개과(改過)하려는 뜻을 용납하고 충분심(忠憤心, 충의로 생기는 분한 마음)을 더욱 면려(勉勵, 스스로 애써 노력하고 힘씀)하며, 오직 예대로 회복하는 데 힘쓸지어다.

근래에 호중(湖中) 소식을 듣지 못한지가 오래되어 내 마음이 답답하여, 이에 최원(崔遠) 군중(軍中)에 너 헌(憲)에게 신유(申諭)하노니, 본도(本道)의 적세(賊勢)와 본도(本道)에 왜적이 몇 군데 둔취(屯聚, 여러 사람이 한 곳에 모여 있음)했으며, 그들의 수효는 얼마나 되고, 그들의 사기는 전일에 비하여 어떠하며, 너 헌(憲)과 같이

지당에 비 뿌리고

창의독포(倡義督捕)하는 자가 또 누구이고, 왜적을 참획(斬獲)함이 얼마나 되며, 우도(右道)의 군현(郡縣)들은 예와 같이 안도(安堵)하고 있는지의 여부를 아울러 탐문하라.

지난번에 요동총병관(遼東摠兵官) 조승훈(祖承訓)이 군세(軍勢)를 빛내고 돌아온 뒤로 명나라에서는 병부시랑(兵部侍郞) 한 사람을 차출 파견하여 광녕(廣寧), 요동 지방의 도부총병(都副摠兵) 등을 독솔(督率)하고, 병마(兵馬) 칠십여 만과 양곡을 조운(漕運)하여 수륙으로 병진하여 왕에 유택(留宅)한 왜적을 소탕케 했으며, 이 달 십일일에는 유격장군(遊擊將軍) 장기공(張奇功)으로 선봉 일천 명을 거느리고 강을 건넜으며, 십오일에는 강석(江淅) 유격장군(遊擊將軍) 심유경(沈惟敬)으로 포수(砲手) 일천육백 명을 거느리고 도강하여, 바야흐로 진격하여 토적(討賊)할 것을 도모하고 있으니, 계절은 가을이라, 하늘은 맑고 길은 건조하니 정녕 적을 움켜잡을 달이요, 말은 살찌고 활은 억세니 실로 왜적을 도륙할 기회라.

명나라 원군이 계속 답지(遝至)하고 백신(百神)이 크게 쫓으며 음우(陰佑)하고 철마(鐵馬)가 대정(大定)·청천(淸川)에 뻗어 있고, 가함(舸艦)이 산동(山東)과 강절(江淅)에 연이어 있으며, 미처 날뛰던 도적놈들의 쌓인 악독(惡毒)에 하늘도 놈들의 목을 베는 데 가담했고, 우리나라의 의병들이 경기(京畿), 황해(黃海) 지방에 많이 있으면서 서로가 계속하여 왜적의 목을 베어 승리를 알리는 소식이 끊이지 않으며, 사람마다 대의를 발분(發憤)하여 적개(賊愾)의 살기가 등등하니, 이것은 실로 국가 중흥의 기회라. 너 헌(憲)은 정성과 충의에 더욱 힘써 게으름이 없게 하라. 인(仁)으로 외로운 무리들을 규합하고, 의(義)로 군사들의 용맹을 고무하며, 기회를 살펴 진격하여 만전의 승리를 획득한다면 그 위대하지 않겠는가?

본도(本道)의 크고 작은 전투에서 사망한 장지현(張智賢) 등 이하, 몸을 던져 왜적을 토멸하던 승(僧) 처일(處一)과 정억만(鄭億萬) 같은 무리는 모두 은상(恩賞)을 가했으니, 너는 내 뜻을 돈독하게 일깨워 기묘한 계책을 많이 써서, 혹은 후미 공격하며 밤에 기습을 하여 한 척의 수레도 되돌아가지 못하게 하여 일로(一路)를 깨꿋하게 소탕하고, 남(南)으로 오는 군대와 협조하여 도성에 진격하여 조종조(祖宗朝) 능침(陵寢)의 송백(松柏)이 뿌리가 뽑히지 않고, 난리에 흩어져 숨은 노인이나 어린 것이 미처 죽음에 이르지 않게 한다면, 오늘의 으뜸가는 공이 네가 아니고 그 누구이겠는가?

작록(爵祿)과 상훈(賞勳)은 내 손에 있으니 산하(山河)를 가리키며 맹세하노라. 도성을 버리고 파월(播越)한 지 이미 오래되었으며, 왜적을 무찌르고 회복하는 데 이르지 못했으니, 드높은 가을 하늘 찬 이슬 찬 서리에 종묘와 사직이 표령(飄零, 신세가 딱하게 되어 떠돌아다님)한 것이 민망스럽고, 멀리 떨어진 국경 지방 강기슭에 의지한 장전(帳殿, 임금이 앉도록 임시로 꾸민 자리)이 으스스한 가을바람에 을씨년스럽다. 고향을 그리워함은 귀천이 다를 바 없어 돌아가고 싶은 생각은 날로 마음속에 간절하여, 너희들이 달려와서 내가 탄 수레를 맞아줄 것을 고개 들고 기다린다. 내 말은 궁진(窮盡, 다하여 없어짐)하여 눈물이 먼저 떨어지니 너는 자량(自量, 스스로 헤아림)하여 일하라.

참으로 슬픈 일이다. 아! 조정에는 부끄럽게도 묘책이 없어서 사태의 해결책을 초야에 묻힌 신하들에게 기대하고, 나라가 어지러워 흔들릴 때 충성된 신하를 알아볼 수 있다 했으니, 공은 오늘날과 같은 시기에 드러낼 수 있겠다. 그런고로 이에 교시(敎示)하노니 마땅히 알지어다.

- 만력(萬曆) 20년 팔월 십오일

8월 16일, 선조의 교서를 받기 전에 중봉은 700명의 의병을 이끌고 공주에서 출발하여 금산(錦山)으로 향하고 있었다. 출병에 앞서 칠백 의병들과 더불어 지금의 어려운 국난을 헤쳐나가는 데 목숨을 걸고 충성을 다할 것을 맹세했다. 중봉이 의병을 일으킨 후 의병들

지당에 비 뿌리고

을 가족과 자식같이 아끼며 보살폈다. 이런 중봉을 의병들은 부모같이 받들며 따랐다. 의병들은 순찰사의 방해에도 불구하고, 목숨을 내놓을 비장한 각오로 중봉을 따라나선 것이다. 중봉의 군사는 '義' 자가 펄럭이는 깃발을 앞세우고 금산의 왜적을 무찌르기 위해 당당하게 출발했다.

중봉이 군사를 거느리고 유성에 도착했을 때, 영규가 수백 명의 승병을 이끌고 먼저 와서 기다리고 있었다. 승장 영규는 중봉에게 금산으로 진군하는 것을 간곡하게 만류했다.

"모름지기 관군이 우리 뒤에서 원조(援助)할 수 있는 기틀을 마련한 연후에야 적진에 들어갈 수 있다."

고 하자, 중봉이 애통한 눈물을 흘리며

"지금 임금이 어디에 계시는가. 임금이 욕(辱)을 당하면 신하는 마땅히 죽는 것이니, 한 번의 죽음이 있음을 알 뿐이다."

하고 진군의 의지를 꺾지 않았다. 영규도

"조공(趙公)을 홀로 죽게 할 수는 없다."

하고는 거느린 승려 수백 명과 진(陣)을 합하고 중봉과 함께하기로 한다. 그리고 영규는 금산으로 진군하는 동안 계속 문첩(文牒)을 보내 관군의 지원을 요청한다. 그러나 충청도 관찰사는 그럴 의사가 전혀 없었다. 관군의 지원을 받지 못한다면 중봉 의병과 영규의 승병을 모두 합하여도 군사는 약 천여 명에 불과했으니, 무리한 공격이라는 사실을 중봉이나 의병 모두 모를 리가 없었다. 그럼에도 의병들의 사기는 어느 때보다도 높았다.

여기서부터 금산성은 그리 멀지 않았다. 적의 매복과 기습에 대비하지 않으면 안 되었다. 중봉은 30명으로 편성된 척후대를 내보내서 행군로(行軍路)상에 적의 동태를 계속 살피도록 했다. 척후대장 임정식(任廷式)은 용맹하고 무예가 뛰어나서 항상 앞장서서 어려운 일을 훌륭히 감당해주었으며, 청주성 전투에서도 척후대를 이끌고 맨 앞에서 길을 개척하며 많은 공을 세웠다.

중봉의 군사는 유성에서 갑천을 따라가다가, 흑석리를 지나 지량리로 넘어가서 유등천을 따라 행군하기로 했다. 본대가 흑석리 가까이 도착했을 때였다. 척후대의 안내를 받아 토정(土亭) 이지함(李之菡)의 아들 별장(別將) 이산겸(李山謙)이 수백 명의 군사를 거느리고 지나가다가 중봉을 찾아왔다. 이산겸은 금산에서 왜적에게 패퇴하여 철수하는 중이라고 했다. 중봉이 의병을 이끌고 금산으로 향한다는 말을 듣고 찾아온 것이다. 이산겸이 중봉에게 말했다.

"왜적이 을묘년(乙卯年) 호남 지방(湖南地方)에서의 패전(敗戰)과 청주전투의 패전을 복수하겠다고 벼르고 있으며, 지금 금산에 둔거(屯據)하고 있는 왜적은 모두가 정예(精銳)일 뿐만 아니라 그 수효 또한 수만(數萬)이나 됩니다. 어찌 정규 군대도 아닌 오합지중(烏合之衆)으로 이를 맞아 싸우려고 합니까. 마땅히 군세(軍勢)를 살펴서 적을 가벼이 상대하지 마십시오."

라고 진군을 말렸다. 그러나 이미 전라도 순찰사와의 약속이 있었고, 중봉의 결심 또한 흔들림이 없었다. 중봉의 의병과 영규의 의승병이 금산으로 가기 위해서는 지금의 흑석리를 지나 산적리 고개를 넘어 금산군 복수면 지량리로 넘어가야 한다. 중봉은 일단 고개 정상에서 밤을 지내기로 했다. 이 산의 정상이 331고지인데, 지금도 '조중봉'이라고 불린다. 그때 중봉 선생이 의병을 이끌고 여기서 머물렀다 하여 붙여진 이름이라고 한다.

척후장의 보고에 의하면, 아직 금산의 적들은 성을 굳건히 지키고 있을 뿐 밖으로의 활동은 보이지 않는다고 했다. 중봉은 이틀 후로 약속된 금산 공격 계획을 논의하기 위해 휘하 장수 및 영규 승장을 불렀다. 내일 다시 행군을 계속하여 금산 가까이까지 진출한 다음, 적정을 탐지하고 전투 준비를 갖추기로 했다. 유등천을 따라 함께 행군하다가, 곡남리 인근을 지나 금성산을 넘어 성(城) 가까이에서는 중봉의 군사와 영규의 승군이 각각 분산하여 집결지를 점령하기로 내일의 행동 계획을 하달했다. 이는 적에게 탐지되는 것을 최대한 방지하고 군사가 많게 보이도록 하면서 적의 주의를 분산시킬 수 있을 뿐만 아니라, 병력 규모를 대부대로 위장하고, 위급 시에는 상호지원이 가능하도록 하려는 것이다. 이에 따라서 중봉의 군사는 연곤평(延昆坪)을 눈앞에 둔 지금의 의총리에 진을 치고, 영규의 승병은 연곤평에서 10리 정도 떨어진 와여평(瓦余坪 왜뿔)에 진을 치기로 했다.

8월 17일. 중봉은 전라도 순찰사 권율(權慄)의 소식을 애타게 기다리고 있었다. 이미 금산의 왜적을 공격하는 날짜를 8월 18일로 약속했다. 그런데 권율이 이끄는 전라도 관군의 진군 상황(進軍狀況)을 전혀 알 수가 없었다. 관군의 상황을 알아야만 언제 금산성 가까이에 접근할 것인가를 결정할 수가 있었다. 중봉은 숙영지에서 군사들로 하여금 휴식하면서 전투 준비를 하도록 했다.

아직 전라도 순찰사의 전갈은 오지 않았으나, 이미 약정한 공격일자에 맞춰서 군사를 전개해야만 했다. 오후 늦게 지량리에서 출발한 중봉의 군사는 해가 지고 어둠이 내려앉은 밤을 이용해서 금산

성 밖 10리쯤 떨어진 연곤평을 점령하고, 영규의 승병은 와여평(왜
뿔)에 들어왔다. 엊그제가 8월 보름이었으나, 흐린 날씨에 달빛은 구
름에 가려서 시계는 그리 좋지 않았다.

중봉은 금성산에서 연곤평으로 뻗어 내린 능선 아래에 적의 기
습에 대비하도록 병력을 여러 제대로 나누어 배치했다. 군사는 100
명을 기본 단위로 총 7개의 제대로 편성되어 있었다. 이는 병법대로
하나의 제대에는 5인을 오(伍), 2오를 십(什)으로 편성하고, 10십(什)
을 한 제대(梯隊)에 100명의 군사를 편성한 것이다. 중앙 지점에 본
진을 두고, 그 앞으로 하여 좌우로 3대씩을 배치하여 적을 감시하
고 전투 준비를 하게 했다. 그러나 십 리 밖에 적을 두고 어두운 밤
에 지형에 익숙하지 못한 의병들이 쉽게 제 위치를 점령하는 데는
어려움이 있었다. 영규 역시 금산성이 바라보이는 와여평(왜뿔)에 진
을 편성하고 있었다.

이때도 권율의 전갈은 오지 않았다. 충청도 관찰사 윤선각은 애초
부터 이 전투에 지원할 의사가 없었고, 약속된 전라도 관군마저 지
원되지 않는다면 상대가 되지 않는 엄청난 전투력의 차이가 났다.
대부분의 사람들은 15,000명의 왜군을 1,000명의 의병으로 상대한
다면 당연히 무모한 짓이라고 할 것이다. 그러나 전라도 순찰사와
약속된 협공이 의병의 전진을 가능하게 했다. 그때 권율의 전라도
관군은 이미 지난 7월 10일에 고경명 의병과 함께 전투를 한 번 치
렀고, 여러 곳에 흩어져 있어서 공격 여건이 준비되지 않은 상태였
다. 권율은 중봉에게 공격 기일을 연기하자는 전갈을 보냈다. 순찰
사 권율이 보낸 급사는 적진을 피해 금산 중봉 의병의 진영으로 달
려오고 있었다. 그러나 중봉이 이 전갈을 받기 전에 이미 왜적의 기

지당에 비 뿌리고

습으로 전투는 시작된다.

적들은 어둠을 이용해 정탐병을 보내서 은밀하게 의병들의 군세를 탐지하기 시작했다. 정규군도 아니고 무기도 보잘것없을뿐더러 병력도 얼마 되지 않는 의병의 임전 상태를 탐지했다. 그리고 후속 부대가 없다는 것도 확인했다. 왜적들은 조총으로 무장한 정규군이었다. 어둠을 이용해 은밀히 중봉 의병을 포위하기 시작했다.

당시 왜군의 기본 전법은 전투 부대를 3진 내지 4진으로 구분하여 공격해서 압박을 가하는 것이었다. 제1진은 기병(騎兵)으로 기치(旗幟)를 가지고 적진에서 2개 대로 분열하여 적을 포위할 태세를 갖추면, 총병(銃兵)인 제2진이 적의 정면으로 진출하여 조총을 쏘면서 돌격을 감행하고, 그 뒤를 이어 궁병(弓兵)이 진격하고, 최후로 창검을 가진 제4진이 백병전(白兵戰)을 벌이는 것이 기본적인 전법이었다.

8월 18일, 날이 밝기 전에 드디어 적의 선제공격이 시작되었다. 중봉 의병의 진영과 거리를 두고 있는 영규의승군 진영에도 동시에 적의 공격이 가해졌다. 예기치 못한 적의 공격에 놀랐으나 중봉은 침착했다. 그리고 싸움에 앞서 의병들에게 훈시했다.

"오늘은 오직 단 한 번의 죽음이 있을 뿐이다. 죽고 살고 앞으로 진격하고 물러남에 있어서 '의(義)' 자에 부끄러움이 없도록 하라(今日只有一死死生進退毋愧義字)."

금산혈전순절도

중봉은 엄히 군령을 내렸다. 군사들은 오직 군령에 따라 움직이고 조금도 어기지 않았다. 적은 3대(三隊)로 나누어 교대로 공격하기 시작했다. 첫 번째 공격은 아직 전투 준비가 완전히 갖추어지지 않은 상황에서 기습을 받게 되어 의병들이 잠시 당황했다. 그러나 각 장수들의 침착한 대응으로 곧 적과 치열한 전투가 벌어졌다. 의병들은 조금도 두려워하지 않았다. 그 용감한 기세에 놀란 왜적들은 오래 견디지 못하고 물러갔다.

첫 전투가 끝나자 이어서 적의 2대(二隊)가 숨 돌릴 틈도 없이 들이닥쳤다. 이번에는 조총으로 무장한 왜적들과 함께 공격해 왔다. 그러나 재빠른 우리 궁수들의 응수에 쉽게 접근하지는 못했다. 중봉은 북을 치며 독전을 계속했다. 그러나 아무리 죽기를 각오하고 싸워도 전투력의 차이를 극복할 수는 없었다. 군사들의 피해는 점점 늘어나고, 상황은 어려운 지경으로 전개되어 갔다.

형세가 위급함을 본 척후장 임정식(任廷式)이 말을 몰아 돌진했다. 놀란 왜적들이 주춤하는 사이 의병들이 일제히 함성을 지르며 적을 공격했다. 혼자서 여러 명의 왜적들을 격파한 임정식은 적의 칼날에 무참하게 전사하고 말았다.

오후 늦게 적의 세 번째 공격이 시작되었을 때이다. 중봉의 아들

지당에 비 뿌리고

완기(完基)가 대장처럼 의관(衣冠)을 화려하게 차려입고 말을 몰아 선두에 나섰다. 자신이 의병대장인 것처럼 꾸며 아버지를 보호하고 적을 유인해서 격파하려는 계책이었던 것이다. 완기가 앞장서서 공격해오는 적을 대적하자, 적들은 그를 의병대장으로 오인하고 일제히 집중 공격을 감행해왔다. 이 기회를 이용해서 의병들은 적의 배후를 공격하기 시작했다. 치열한 싸움이 계속되었으나 중과부적(衆寡不敵)이었다. 적들도 엄청난 피해를 입었으나 완기는 결국 적의 칼날에 쓰러지고 말았다. 완기를 의병대장으로 오인한 적들은 벌떼같이 달려들어, 이를 갈며 시신을 갈기갈기 찢고 짓이기기 시작했다. 순식간에 그의 시신은 사방에 흩어져, 흔적도 없이 사라지고 말았다.

완기(完基)는 용모(容貌)가 잘생기고 성품(性品)과 도량(度量)이 남보다 뛰어났다. 집에 있을 때도 본디 행검(行檢, 점잖고 바른 품행)이 지극했다. 아버지를 따라 전장에 나간 그는 패전이 가깝게 느껴지자, 일부러 의관을 화려하게 차려입고 아버지를 대신하여 죽기를 두려워하지 않았다. 이 때문에 왜병들은 그를 주장으로 오인하고 시체를 마구 찍고 갈기갈기 찢었던 것이다.

완기의 처참한 죽음을 본 의병들은 더욱 분기하여 들고 일어나 용전분투했다. 온종일 적과 혈투를 벌이고 적을 물리치기를 세 번이었다. 연곤평 뜰에는 피아의 시체들이 즐비했다. 이제 의병들은 절반밖에 남지 않았다. 해가 저물어가고, 군사들은 화살이 다하여 더 싸울 수 없게 되었다. 그러나 의병장 중봉의 의기는 한결같아서 독전(督戰)을 더했다. 중봉은 북을 치며 의병들을 독려했다

"인명은 하늘에 달려 있는 것이다. 용기를 잃지 말고 목숨을 다하여 원수의 왜적들을 한 놈도 살려두지 마라."

그러나 전세는 패색이 짙어졌다. 이를 간파한 왜적들은 일제히 공격을 감행해 왔다. 이제는 장막 안까지 적이 돌입할 상황이 되었다. 막하의 부장(副將)들이 다급히 중봉에게 피할 것을 간청하기에 이르렀다.

"선생님, 어서 이 자리를 피해 목숨을 보전하시어 후일을 도모하시옵소서!"

부장들의 간청에도 중봉은 미소를 띠며 말안장을 풀고 말했다.

"여기가 내가 순절(殉節)할 땅이다. 장부(丈夫)는 죽음이 있을 뿐, 전쟁에 임하여 구차하게 이를 모면하려 해서는 안 된다."

그리고는 또 말을 이었다.

"너희들이 나를 후퇴하도록 하려 하나, 나는 여기서 죽을 것이니 너희들의 진퇴(進退)는 각자 임의대로 하라."

이에 휘하의 부하들이 모두 선생의 뜻에 감동하여 죽기를 맹세하고 진격하니, 맨주먹으로 싸우면서도 누구 하나 대열(隊列)을 이탈하지 않았다. 이제 왜놈의 칼날이 의병대장인 중봉을 겨누는 상황이 되었다. 중봉 곁에는 만호(萬戶) 변계온(邊繼溫)이 그림자처럼 따라다녔다. 중봉이 좌우 군사들에게 강위구(姜渭龜)가 어디 있느냐고 물었다. 강위구는 23살 된 아들 봉령(鳳翎)과 가산을 정리하여 중봉을 따라서 의병에 참여했다. 위구가 자기를 부르는 말을 듣고

"위구 부자(父子)가 선생을 따라 죽을 것이로되, 죽더라도 의(義)에 부끄러움이 없게 하겠습니다."

하고 큰소리로 대답했다. 중봉에게 위험이 닥쳐오자 부장(副將)들과 남은 의병들이 그를 빙 둘러쳐 보호하면서 울부짖었다. 그리고 퇴각하기를 간곡히 아뢰었다. 이제 최후의 순간이 눈앞에 다가온

것 같았다. 아군은 화살이 떨어졌고, 왜적은 사면에서 개미 떼같이 몰려들었다. 군사들을 정돈하여 싸우던 김성진(金聲振), 김성원(金聲遠), 김형진(金亨鎭), 김절(金節), 권격(權格) 등의 5~6인과 의병들이 중봉 선생 가까이로 모여들었다. 중봉은 의관을 정제하고 아무렇지도 않은 듯 단정히 앉아 말했다.

"사나이가 한 번 죽는 것은 당연한데, 죽으려면 그 죽을 시기와 장소를 얻어야 한다."

이에 김성진(金聲振)이 울면서 대답했다.

"사나이가 그 임금이 몽진(蒙塵)하는데, 이때를 당하여 저 더러운 성진(腥塵, 비리고 먼지 같은)을 일소하여 대연(大駕, 임금의 수레)을 보호하지 못하고 이 몸이 먼저 죽음에 이르렀으니, 죽는 것은 두려운 바가 없으나 할 일을 다하지 못함이 한스럽습니다."

이에 선생이 말했다.

"나는 의병을 일으킬 때부터 오늘이 있을 것을 알았다. 담담하게 의(義)에 나아가 죽자."

그렇게 말할 때 왜적의 무리가 달려들었다. 그러자 한 놈의 적이라도 더 죽이려고 북채를 놓고 맞서 싸웠다. 의병들이 중봉을 가운데 두고 둥그렇게 벽을 치며 적의 공격을 간신히 물리치고 버텼다. 적과 어우러져 혈투를 벌이는 의병들은 피가 튀고 팔이 잘려도 다른 한쪽 팔로 싸웠다. 화살이 떨어지면 맨몸으로 싸웠다. 그러나 안타깝게도 의병들은 적의 위세 앞에 하나둘 쓰러져갔다. 거센 왜적을 물리치면, 또 다른 왜적이 공격해온다. 중봉 선생도 칼을 들고 호령하며 적과 맞붙었다. 얼마가 지났을까, 중봉 선생은 결국 무리를 지어 공격하는 적과 일전을 벌이다 원수의 칼에 맞아 쓰러지고 만다. 아! 일세의 경세제민(經世濟民)을 꿈꾸던 위인이 한낱 왜놈의 칼날에 희생되다니, 이 얼마나 원통한 일인가.

이를 본 무인(武人) 박봉서(朴鳳瑞)가 중봉의 시체를 끌어안고 어찌할 줄 모르고 통곡했다. 통곡하던 봉서에게도 왜적의 칼날이 번뜩였다. 중봉의 죽음을 본 조여관(趙汝寬)이 칼을 높이 들고 의병들에게 호령했다.

"주장은 이미 순절했다. 감히 흩어져 도망가는 자는 내가 참수하리라."

고함과 함께 독전하던 그도 적탄에 무참히 쓰려졌다. 새벽부터 시작된 생사를 건 치열한 전투는 밤이 되어서야 끝났다. 일만 명이 넘는 정예의 왜군과 일천 명에 불과한 의병과 의승군으로는 시작부터 상대가 아니었다. 그러나 아무리 강한 왜적도 목숨을 내놓고 싸우는 의병 앞에서는 엄청난 희생을 치르지 않으면 안 되었다. 이 전투에서 의병들은 단 한 사람도 전장을 이탈하지 않았고, 주장인 중봉을 따라 끝까지 싸우다 죽었다. 그렇게 중봉(重峯) 조헌(趙憲) 선생과 칠백 명의 의로운 넋은 나라를 구하기 위해서 한마음 한뜻으로 금산 연곤평에서 연기처럼 사라져갔다. 이때 중봉의 나이 49세였다.

세상에 어느 하나 귀하지 않은 목숨이 있던가. 나라를 위해 장렬하고도 아름답게 숨져간 의로운 넋 앞에 말을 잃고 숙연할 따름이다. 연곤평 너른 뜰에는 땅을 치며 흐느끼는 사람들의 통곡만이 하늘과 땅을 울리고 있었다.

중봉 선생과 그의 의병들은 충의(忠義)를 위해 기꺼이 죽음을 선택했고, 중봉의 아들 완기는 효(孝)를 위해 아버지에 앞서 죽음을 택했다. 동서고금(東西古今)의 전사(戰史)에 7백 명의 군사가 한 사람도

지당에 비 뿌리고

전장을 이탈하지 않고 지휘관과 함께 전사한 전례는 없었다. 정규군도 아닌 의병이 주장(主將)을 따라 고귀한 생명을 바쳐 죽음을 선택한 그 숭고한 정신은 과연 어디서 나왔을까?

노응환(盧應晥) 3형제는 함께 출전하여 응탁(應晫)과 형은 순절했고, 응호(應皓)는 격서를 전하러 갔다가 죽음을 모면했다. 유결(庾傑)은 아들 명지(明智), 명리(明里)와 참전했다가 3부자가 함께 순절했다. 한응성(韓應聖)은 가동 수십 명을 거느리고 중봉에게로 달려와서 적과 싸우다가 순절했다. 정민수(鄭民秀)는 의병 105명을 모집하여 중봉에게로 달려와 적과 싸우다가 순절했다. 강위구(姜渭龜)는 중봉이 창의(倡義)하는 격문을 보고 가산을 기울여서 장사들을 모집하여 아들 봉령과 참전했다가 부자가 함께 순절했다. 그 뒤 부인 김 씨와 자부(子婦) 문 씨가 초혼(招魂)하여 장사하고, 문 씨는 공의 부자 무덤 앞에서 죽었다. 때마침 무지개가 3일간이나 하늘에 걸쳐 있었다.

이환(李丸)은 의병 100여 명을 이끌고 금산으로 달려오다가, 사현(沙峴)에서 왜적을 만나 분투 끝에 순절했다. 공기우(孔奇禹)는 가동과 촌정을 영솔하고 중봉에게로 오다가, 금산에 못 미쳐 왜적과 조우하여 분전하다가 순절했다. 손승경(孫承憬)은 의병과 가동 수십 명을 거느리고 중봉에게로 달려오다가, 양성현(陽城縣)에서 왜적에 포위되어 역전하던 중 순절했다. 이외에도 형제와 가족들이 함께 참전한 700명의 의병들은 중봉 선생을 따라 한 사람도 전장을 떠나지 않고 전멸했다.

그러나 왜적의 피해는 더욱 커서, 3일 동안 산더미 같은 시체를 운반했으나 다 거두지 못하고, 거둔 시체만 쌓아서 불태우고 도망쳤다. 결국 고바야가와는 전라도 점령 계획을 포기하고 북상하여 개성으로 이동했다. 선조 25년 8월 1일 자 『선조수정실록』에는 '금산에 주둔하던 적이 도망가다'[112]라는 기사에 이렇게 기록되어 있다.

> 금산(錦山)에 주둔했던 적이 밤에 도망했다. 적이 비록 조헌 등의 군사를 패배시키기는 했지만 다친 군사가 매우 많았고, 관군이 잇따라 이르러 피폐한 때를 이용하여 공격할까 의심하고서, 무주(茂朱)와 옥천(沃川)에 주둔했던 군사들을 거두어 군영을 태워버리고 밤에 도망했다. 그리하여 호남이 완전하게 되었는데, 사람들은 조헌 등의 공이 장수양(張睢陽)에 비교할 만하다고 했다.

전투가 끝난 다음 날 아우 범(範)이 싸움터에 들어가 중봉의 시신을 찾으니, '의(義)자' 깃발 아래에 부장과 병사들이 선생을 가운데 두고 둥글게 모여 서로 겹쳐 죽어 있었다. 선생은 두 눈을 부릅뜨고 수염은 헝클어져 성낸 기운이 꼭 산 사람 같았다. 연곤평 뜰에서 전사한 의로운 시신을 모아 여기에 무덤을 만드니 민족의 성역인 칠백의총(七百義塚)이다.

중봉 선생이 패했다는 소식이 알려지자 그를 따라 전사한 집에서는 아무도 사사로운 원한을 갖지 않았고, 오직 조헌 선생의 죽음만을 슬퍼했다. 다행히 전열(戰列)에 끼이지 못해 죽음을 면한 사람들도 함께 죽지 못함을 한스럽게 생각했다. 호남의 여러 고을 백성들은 조헌을 애도하여 소찬(素餐) 들기를 수개월 동안 했다고 한다.

아, 아! 슬프고 원통하다. 세상에 이같이 용감하고 의로운 사람들

---

112   김포문화원 『조선왕조실록(중봉 조헌 편)』, 『선조수정실록』 선조 25년 8월 1일 기사.

지당에 비 뿌리고

이 또 있었던가. 금산성 연곤평에서 왜적과 싸우다 숨져간 중봉 조헌 선생과 그의 의병들이여! 그 위대하고 빛나는 얼은 영원무궁 후손들의 가슴과 가슴으로 영원히 이어지리라.

칠백의총(七百義塚, 금산)

중봉조선생일군순의비(重峯趙先生一軍殉義碑, 금산 칠백의총)

인조(仁祖) 때 청운(靑雲) 김상헌(金尙憲)은 중봉 선생의 신도비문(

神道碑文)에서 선생과 칠백 의사의 순절을 이렇게 애도했다.

하나님이 사람에게 착한 마음을 점지하실 적에
中華라 하여 풍성하게 주지 않고
오랑캐라 하여 인색하게 주지 않았도다
선생이 이를 받으사
효도로써 아들의 法을 삼으시고
충성으로써 신하의 法을 삼으셨다
이 마음을 다 같이 가진 자가
누구인들 감복하지 않으리오
일이 萬 가지로 다르고
理致가 한 가지가 아니어서
산머리의 구름은 쉽게 걷히건만
임금의 총명은 오히려 흐려졌고
사나운 고기도 길들일 수 있건만
간사한 마음들은 고쳐지기 어려웠네
壬辰 癸巳 그 무렵에 천지가 번복되자
선생의 한 몸으로 지극한 人間像을 혼자서 도맡았다
倭使의 목을 베라고 위태로운 말을 하니
위아래 모두가 얼굴빛을 잃었었고
피나는 울음으로 군중에게 맹세하니
의리 있는 군사가 구름처럼 모여 섰다
上堂에서 전투할 때 왜놈들 넋 잃었네
승리한 보고 듣자 온 조정이 기뻐했고
두 번째로 錦山싸움 화살처럼 다가갔다
군사는 용감해서 적을 많이 죽였는데
하늘은 어찌하여 악한 자를 두둔하나
구름은 해를 가리고
군사는 화살이 떨어졌네

지당에 비 뿌리고

父子가 크게 고함치니
하늘도 따라 울고
山岳도 쪼개진 것 같았도다
선생의 돌아가심을
남들은 그 몸이 애석타 하지만
선생의 돌아가심을
나는 나라를 위해 애석타 하리오
옛날의 田橫은
함께 죽은 이가 五百人이었는데
이제 순절한 의사는
七百人이시니
아름답도다, 선생이시여
만고에 길이 빛나리로다
다만 비석에 쓴 글이
巨筆이 아니어서 부끄럽구료

제4부

의(義)를 좇아 목숨을 바친

의사(義士)들

1. 중봉 의병을 찾아서

임진 의병의 대부분은 자신의 이름조차 남기지 못했다. 중봉 의병 역시 다를 바가 없다. 1,600여 명의 의병과 보은 차령전투에 참여한 수백 명의 향병 중에서 이름을 찾을 수 있는 분은 극히 일부에 불과하다. 가장 힘없고 순박한 백성들이 나라가 위급할 때 자발적으로 일어나서 목숨 바쳐 싸웠다. 그러나 그 이름조차도 남기지 못한 것이다. 참으로 안타까운 일이 아닐 수 없다.

중봉 선생을 따라 마지막 금산전투에 참가한 의병은 7백 명이었다. 의병들은 선생과 함께 연곤평에서 모조리 순절했다. 전투가 끝나고 시신을 한자리에 모아 무덤을 만들었으니, 이를 칠백의총(七百義塚)이라고 한다. 의로운 넋이 잠든 이곳이야말로 이 땅에서 가장 성스러운 민족의 성역(聖域)이라 할 것이다.

중봉 의병에 관한 대부분의 기록은 선생의 문집인 『중봉집(重峰集)』에 들어 있다. 그러나 기록에 남은 의사는 전체의 극히 일부에 불과하다.

중봉(重峯) 선생에 관한 사료는, 1613년(광해군 5년) 안방준(安邦俊)이 '청절왜사소(請絶倭使疏)'와 '청참왜사소(請斬倭使疏)', 의거할 때의 봉서(封事) 몇 편과 언행록(言行錄)을 모아 『항의신편(抗義新編)』을 편찬하였고, 1622년에 질정관회환 후 '선상8조소(質正官回還後先上八條疏)'와 '의상16조소(擬上十六條疏)'를 모아 『동환봉사(東還封事)』를 편찬했다. 최초의 『중봉집(重峯集)』은 4권으로 간행되었고, 『동환봉사

지당에 비 뿌리고

(東還封事) 1권』,『항의신편(抗義新編) 2권』이 전하고 있었다. 1740년
(영조 16년) 영조의 명으로 선생의 5세손 혁(爀)이 유고(遺稿)와 『선
우록(先憂錄)』,『조천일기(朝天日記)』 등을 덧붙여 본집 13권, 부록 7
권, 총 20권 10책으로 이를 보완하여 간행했다. 이것이 경신본(庚申
本)이다. 영조가 이 경신본을 서원, 자손, 예관(芸館=校書館) 등에 내
리라고 명함으로써, 국가적인 차원의 간행이 이 때에 이루어진 것이
다. 그 후 1934년 봉양사(鳳陽祠) 사림(士林)들의 도움으로 전주에서
간행된 것이 갑술본(甲戌本)이다.

　현재 밝혀진 의사들의 명단은 『중봉집(重峰集)』에 근거한 것이다.
그리고 이 책 『지당에 비 뿌리고』에는 도지(道誌)와 시·군지(市郡誌)
등을 추가로 확인하여, 일부 내용을 보완함과 동시에 새로 발견된
몇 분의 의사들을 추가했다. 그러나 자료가 부족하여 의사들의 숭
고한 행적을 제대로 기술하지 못함을 송구하고 가슴 아프게 생각한
다. 앞으로 각 지역의 향지와 족보 등을 확인하여 기록에 누락된 의
사들을 새로 발굴하고, 이미 알고 있는 의사들의 의로운 활동을 좀
더 상세히 파악하여 후손들에게 알리는 것이 과제라 할 것이다. 이
를 계속 보완해 나갈 수 있도록 여러분들의 적극적인 참여와 협조
를 기대한다.

2. 의를 좇아
목숨을 바친 의사들

[1] 이광륜(李光輪, 1546~1592)

이광륜 의사 묘소

이광륜(李光輪)은 여주인(驪州人)으로 자(字)는 중임(仲任)이요, 청양군 비봉면(飛鳳面) 방한리(方閑里) 신기동(新基洞)에서 명종 2년 (1546) 12월 7일에 출생했다. 고려조의 문절공(文節公) 이행(李行)의 6세손으로 김추(金樞) 우(遇)의 아들이다. 천성이 인자하고 의를 존중하며 효로써 부모를 봉양하더니, 33세가 되던 해에 효행으로 추천을 받아 생원시에 응시하여 문소전(文昭殿) 참봉(參奉)이 되었으나 사양했다.

한양에서 홍주(洪州)로 피난하고 있던 이광륜은 중봉 선생이 창의(倡義)했다는 말을 듣고 의병에 종사했다. 의병에 나아갈 때 이광륜

지당에 비 뿌리고

은 아버지 앞에 무릎을 꿇고 창의하기를 간청했다. 부모의 승낙을 받고 뜻을 같이할 수 있는 친우와 친척, 그리고 향리의 장정들을 모으는 한편, 가산을 털어 출전을 서둘렀다. 삼백 명의 창의군을 이끌고 출발에 앞서 부모에게 하직을 고하고, 큰아들 대준(大濬)을 불러

"내가 이번에 나가면 살아 돌아오기 어려울 것 같아 의복에 실로 문(文) 자를 새겨 신표(信標)를 삼으니 그리 알라."

고 했다. 아들도 따라가기를 원했으나

"너는 아버지를 대신하여 조부모를 지성껏 받들라."

하고 중봉의 창의에 참가했다. 중봉의 의병진에서 중요한 임무를 수행한 이광륜은 금산전투에서 중봉 선생과 함께 순절했다. 그 후 조정에서는 사헌부 집의(司憲府執義)로 증직하고 정려를 표했으며, 금산 종용사(從容祠)에 배향하고 그 자손들을 녹용(錄用)했다.

헌종 6년에 자헌대부 이조판서 겸 의금부사 오위도총부도총관(資憲大夫吏曹判書兼知義禁府事五衛都摠府都摠管)에 추증되고 옥계리(玉溪里)에 정려가 세워졌다. 현재 충청남도 홍성군 장곡면 옥계리에 묘소가 있으며, 충청남도 기념물 17호로 지정되었다.

- 『重峰集』. 洪城郡誌

[2] 조완기(趙完基, 1570~1592)

조완기 의사 단(壇)

　조완기의 자는 덕공(德恭), 호는 도곡(道谷), 본관은 배천(白川)이다. 배천 조씨(白川趙氏) 시조인 고려 목종 때 좌복야(左僕射)를 지낸 공화공(恭和公) 지린(之遴)의 후손이며 중봉 선생의 맏아들이다. 선조 3년(1750) 6월에 김포현(金浦縣) 서감정리(西坎井里)에서 태어났다. 상모(狀貌)가 대단히 훌륭했으며 성품이 범상치가 않았다. 어려서부터 아이들과 어울리거나 장난감을 손에 가까이하지 않았다. 그래서 주위 사람들이 대기로 촉망했다. 임진왜란에 아버지 중봉 선생이 창의하여 토적(討賊)할 격문을 띄우니, 공은 발을 싸매고 쫓아다녔다. 이에 중봉 선생이

　"너는 집에 머물러 있으면서 할머니를 잘 봉양하라."라고 했으나 공은

　"아버지는 사지로 가시는데 자식이 어찌 차마 따르지 않겠습니까?"

　하고 끝내 아버지 곁을 떠나지 않고 청주싸움에 참전했다. 그리

　　　　　　　　　　　　　　지당에 비 뿌리고

고 다시 금산으로 왜적을 치러 갈 때, 중봉 선생이 오지 말라고 했으나 공은 듣지 않았다. 금산싸움이 불리하여 패할 것을 알아차린 중봉 선생은

"네 형제들 가운데 큰일을 담당할 만한 놈은 완도(完堵)뿐인데, 그 애는 전날에 청주싸움의 첩서를 가지고 용만(龍灣)으로 갔는데 돌아올 기약이 묘연하고, 부자가 함께 죽으면 네 할머니는 누구를 의지하겠느냐, 그러니 너는 집으로 돌아가서 할머니를 봉양(保養)하라."

고 했다. 이에 공은 울며 절하고 대답하기를

"아버지는 충신이 되는데, 아들은 홀로 충신의 아들 노릇도 못 하라는 말씀입니까?"

라고 했다. 그리고는 끝내 아군이 패하게 되자, 일부러 화려한 의관으로 갈아입고 왜적으로 하여금 주장으로 오인하게 하여 아버지의 죽음을 대신하려 했다. 과연 왜적은 공을 주장으로 오인하고 그 시체를 돌로 으깨어 시체마저 수습하지 못했으니, 공의 나이 23세였다. 공은 밀양 박씨 찬성사 충간공시용(贊成事忠簡公時庸)의 후손이요, 대호군 표(大護軍彪)의 따님과 혼인했으나 후사가 없다.

선조 37년(1604)에 조역(租役)을 감하도록 명했고, 광해군 7년에 정려(旌閭)를 표했으며, 안내면 후율당(後栗堂) 효자문 편액에는 '효자 증통선랑사헌부지평조완기지려(孝子贈通善郎司憲府持平趙完基之閭)'라고 되어 있다.

현종 4년(1663)에 금산 종용사에 배향되었고, 동왕 14년(1673)에 특별히 사헌부지평(司憲府持平)을 추증했으며, 영조 10년(1734) 11월에 옥천 표충사에 종향(從享)되고, 보은 후율사(後栗祠)에도 배향되었다. 현재 묘소는 충청북도 옥천군 안내면 도이리에 있는데, 금산전

투 시 왜놈들이 시신을 찾을 수 없도록 찢어버려 단(壇)을 설치했다.

- 『重峰集』, 沃川郡誌

[3] 임정식(任廷式, ?~1592)

봉사(奉事)인 임정식(任廷式)은 호가 두촌이며, 풍천인(豊川人)으로 정산(定山) 출신이다. 조헌 선생의 문인으로 성품이 질박하고, 궁마(弓馬)의 재주가 있었으며, 대대로 정산(定山)에 살았다. 무과에 급제하고 훈련원봉사(訓鍊院奉事)가 되었다. 임진왜란이 일어나자 사당에 들어가 "왜적을 멸하지 못하면 죽기로 돌아오지 않겠다."라며 조상께 고하고 중봉 의진에 참여하여, 보은 차령에서 백여 명의 왜적을 섬멸하고 청주와 금산싸움에 참가했다. 그가 금산싸움에서 척후장으로 진 밖에 나가 망을 보다가, 사세가 급박함을 보고 고삐를 당기며 탄식하기를 "임금은 서쪽으로 피난하였고 선생은 해를 당하는데 나 혼자 살 수 없다."라면서 왜적을 격살하다 전사했다. 1668년(숙종 14)에 고향에 정문(旌門)을 세웠다. 보은 후율사(後栗祠)에 배향되었다.

- 『重峰集』, 後栗祠記

[4] 김절(金節, ?~1592)과 동생 김약(金籥), 김로(金䕲), 4촌 김전(金篆) 등 4형제

김절(金節)의 자(字)는 정숙(正叔)이고 호(號)는 월곡(月谷)이며 본관은 개성(開城)이다. 고려 판도판서 김남보(金南寶)의 후손으로, 할아버지는 참봉을 지낸 김려(金廬)이고 아버지는 공조정랑을 지낸 김대

일(金大鎰)이다.

대대로 옥천(沃川)에 살았고, 일찍이 중봉의 문하에서 수학했다. 그는 재능과 도량이 있고 식견이 있었으며 부모를 섬기는 데 예법에 어긋남이 없었다. 1592년(선조 25년) 임진왜란 때 동생 김약(金籥), 김로(金簬), 4촌 김전(金篆)과 함께 중봉 의병에 참여했다. 향군(鄕軍)을 모집하여 의군에 종사하며 많은 전공을 세웠다.

동생 김약과 박충검, 전승업 등과 함께 조헌을 도와 보은 차령을 방어했고, 중봉을 따라 금산전투에서 용감히 싸우다가 순국했다. 충장(忠壯)이란 시호가 내리고 충신으로 정려되었다. 숙종 41년(1715)에 정문(旌門)을 세웠다.

- 『重峰集』, 沃川郡誌

[5] 김약(金籥, 1568~1643)

김약은 호가 오자옹(五者翁)이고 김절(金節)의 동생이다. 안읍에 우거하고 있던 조헌 선생으로부터 학문을 배우며 지성으로 모셨다. 선생이 옥천에서 향병 수백 명을 모아 보은 차령에서 전투할 때, 형 김절(金節), 박충검(朴忠儉) 등과 더불어 기병했다. 금산전투에서는 선생의 명으로 외지를 다녀오느라 죽음을 면했고, 이후 조헌 선생을 종신토록 애모(愛慕)했다. 선조 28년(1595)에 금산싸움터에 비(碑)를 세웠으며, 동왕 38년(1605)에 선무원종공신(宣武原從功臣)에 녹훈(錄勳)되었다. 순조 원년(1801)에 사정(司正)을 추증하고 오산사(鰲山祠)와 보은 후율사(後栗祠)에 배향되었다.

- 『重峰集』, 後栗祠記

[6] 김로(金輅, ?~1592)

김로의 자는 청숙(清叔), 호는 삼송당(三松堂), 개성인(開城人)이며 중봉 선생의 사위이다. 김절(金節)의 동생으로 두 형과 함께 종군했다. 금산싸움에서 화살이 귀를 관통했으나 시종 용감히 싸우다 순절했다. 좌찬성(左贊成)에 증직되었다. 보은 후율사(後栗祠)에 배향되었다.

-『重峰集』, 後栗祠記

[7] 김전(金篆, 생몰연대 미상)

김전의 자는 문숙(文叔)이요, 호는 취원정(聚遠亭), 개성인(開城人)으로 증 영의정(贈領議政) 남보(南寶)의 후손이다. 김절, 김약, 김로와는 4촌 간이다. 선생에게서 수업했고, 격서(檄書)를 지참하고 전주에 갔다가 금산싸움에는 참전치 못했다. 선생 순절 후에 유체(遺體)를 봉장(奉葬)했다. 뒤에 보은 후율사(後栗祠)에 종향(從享)되었다.

-『重峰集』, 沃川郡誌

[8] 이려(李勵, 1567~1592)

이려의 자(字)는 득지(得之), 호는 필촌(筆村), 전의인(全義人)으로, 전 수사(前水使) 희수(准壽)의 아들이며 고 영의정(領議政) 탁(鐸)의 손자이다. 1589년 정여립 옥사(鄭汝立獄事)에 연루되었다가 풀려났다. 중봉 선생에게 사사했으며, 강개한 성품으로 학문을 좋아하고 행실이 돈독했다. 대대로 남들이 칭송하는 가풍이 있었으며 영동에 살았다. 중봉 선생의 창의(倡義)에 쫓았고, 금산전투에서 선생과 함께 순절했다. 5품인 사헌부지평(司憲府持平)에 증직되고 정문(旌門)을 세웠다. 우암(尤庵) 송시열(宋時烈)이 묘표(墓表)를 지었다. 보은 후율사(後栗祠)에 배향되었다.

-『重峰集』, 永同郡誌-, 後栗祠記

[9] 곽자방(郭自防, ?~1592)

곽자방 의사 충신문(우), 외손 송시열 유허비(좌)

봉사(奉事) 곽자방(郭自防)은 선산인(善山人)으로 대대로 옥천(沃川)에 살았다. 할아버지는 생원 곽지정(郭之楨)이고, 아버지는 통정대부 곽언(郭諺)이며, 어머니는 박 씨(朴氏)이다. 효행(孝行)과 무재(武才)가 있었다. 곽자방은 송시열의 아버지 송갑조(宋甲祚)를 사위로 맞이하여, 후에 선산 곽 씨의 각종 문헌을 송시열이 짓게 되는 계기가 되었다. 무과에 급제하여 훈련원 봉사(訓鍊院奉事)로 있다가, 옥천에 잠시 머무는 동안 임진란이 일어나자 중봉 선생의 기의에 달려갔다. 그러자 조헌이 손을 잡고 "우리 일이 잘되겠다."라며 기뻐했다고 한다.

그러나 순찰사 윤선각이 의병의 부모를 가두었으므로 곽자방이 망설이자, 아버지가 "나는 괘념치 말라."라고 하여 조헌을 따라갔다. 그러나 이미 청주성 전투가 끝난 후였고, 금산성 전투에서 조헌과 함께 전사했다. 정문(旌閭)를 표하고 외손 송시열(宋時烈)이 묘표(墓表)를 지었다. 보은 후율사(後栗祠)에 배향되었다. 충신비는 충북 옥천군 이원면 구룡리에 외손인 송시열(宋時烈) 유허비와 나란히 서 있다.

-『重峰集』, 沃川郡誌

[10] 변계온(邊繼溫, ?~1592)

만호(萬戶) 변계온은 원주인(原州人)이다. 대지(大志)와 절개(節槩)가 있는 사람으로, 중봉 선생의 문하에서 공부했다. 전투에서 패했으되 한 걸음도 떠나지 않고 선생의 곁에서 전사했다. 병조정랑(兵曹正郎) 벼슬을 증직하고 정문(旌門)을 세웠다.

-『重峰集』

[11] 양응춘(楊應春, ?~1592)

현감(縣監)인 양응춘은 자(字)를 인향(仁鄕), 호를 도동(道洞)이라 했으며, 석성(石城)인으로 주부 충백(忠伯)의 아들이며 고려조의 명신 천수(天壽)의 후손이다. 청렴하고 강직하며 강개(慷慨)한 성품의 소유자로, 임진년에 회덕현감(懷德縣監)으로 있으면서 부친상을 당했다. 이때 선생의 의(義)를 부르짖는 격서(檄書)를 보고 검은 상복을 입고

지당에 비 뿌리고

종군했다. 뒤에 이조참의(吏曹參議) 벼슬에 증직되고 정문(旌門)을 세웠다. 은진(恩津) 사람들이 사당(祠堂)을 세워 제사했다.

[12] 이항(李肛, ?~1592)

이항의 자(字)는 강지(絳之)요, 호(號)는 마산(馬山)이라 했다. 함안인(咸安人)으로 대사간(大司諫) 림(霖)의 손자이며, 양간공(襄簡公) 세응(世應)의 증손이다. 그는 문장과 행의(行誼)가 있으며, 호상(豪爽, 성격이나 행동이 시원시원함)하고 강개(慷慨)한 사람이다.

임천(林川)에 살면서 선생의 '창의격서(倡義檄書)'를 보고 옷소매를 떨치고 일어나 청주의 왜적을 치는데, 그의 용기는 일군의 으뜸으로 향하는 곳마다 적수가 없었다. 선생이 그의 등을 두드리며 말하기를 "네 집의 홍건적을 토벌한 용기가 너에게 전승되었다."라고 했다. 이것은 그의 윗대조인 방실(芳實)이 공양왕 때 선생의 8대조인 충현공(忠顯公) 천주(天柱)와 더불어 홍건적을 토벌한 일이 있었기 때문이다.

이날의 청주 싸움은 크게 이겼으나 금산싸움에서 선생을 베고 전사했다. 이때 나이는 겨우 30을 넘었다. 철종 7년(1858)에 정5품 지평(持平) 벼슬을 증직하고 정문(旌門)을 세웠다.

- 『重峰集』

[13] 박사진(朴士振, ?~1592)

박사진 의사 묘소

박사진의 자는 진숙(辰叔), 호는 가곡(佳谷), 충주인(忠州人)으로 사암(思庵) 순(淳)의 족질이다. 독실한 지조와 옛 도(道)를 좋아하고, 구차한 삶을 위한 경영이 없었다. 대대로 공주에 살았다. 선생이 공주 제독으로 있을 때 공부했다. 뒤에 찰방(察訪) 벼슬에 증직되었고, 정문을 세웠다. 현재 묘소는 대전광역시 중구 사정동 오월드 안에 있다.

- 『重峰集』

[14] 김성원(金聲遠, 1565~1592)

김성원 의사 정려각

　김성원의 자는 경구(景久), 호는 송촌(松村)이며 경주인(慶州人)이다. 충암(冲庵) 쟁(爭)의 후손으로 증조부는 장암(壯菴) 김광(金光)이고, 할아버지는 김숙보(金肅葆), 아버지는 공조참의에 증직된 김희련(金熙鍊)이다. 대대로 보은에 살았고 보은읍 성족리에서 출생했다. 선생이 보은현감 때 글을 배웠는데, 행실이 돈독하여 스승인 중봉이 아끼어 타이르기를 "너는 다만 지성만 있어도 안 된다. 너는 대현(大賢)의 후예이니 더욱 힘쓰라."라고 했다.

　1592년 임진왜란이 일어나자 스승 조헌이 의병을 모집할 때 참여하여 청주전투에서 승리하고, 금산전투에 참가하여 선생과 함께 장렬하게 순절했다. 이때 그의 나이 28세였다. 시체를 찾지 못했다.

　현종 때 의금부도사(義禁府都事)에 증직되고, 1717년(숙종 43년)에 충절을 기리는 정문을 세우도록 명하여 보은읍 누청리에 정문이 세워졌으며, 수한면 차정리 후율사(後栗祠)에 배향되었다. 그의 묘소가 보은읍 성족리에 있는데, 부인 청도 박 씨 무덤에 옷과 관을 묻어놓은 것이다. 뒤에 이조참판 월성군(月城君)에 봉작되고 정문(旌門)을 세웠다. 우암(尤庵) 송시열(宋時烈)이 전기(傳記)를 지었다.

-『重峰集』, 報恩郡誌

[15] 권각(權恪, ?~1592)

선비 권각은 자(字)를 정경(正卿)이라 했다. 안동인(安東人)으로 영의정(領議政) 중화(仲和)의 후손이다. 어려서부터 선생의 문하에 출입했으며, 집에서는 지극한 효행이 있었다.

선생이 창의했을 때는 임천 촌사(林川村舍)에 있다가 몸을 빼어 의군에 종사하고, 금산전투에서는 한 발자국도 선생의 곁을 떠나지 않았다. 이때 선생이 각을 불러 이르기를 "네 집 이름 높은 조상의 충의가 네게 전해졌구나."라고 했다. 이것은 각의 시조인 고려조 개국의 원훈(元勳) 권행(權幸)의 충적(忠蹟)을 두고 한 말이다. 또 불러 이르기를 "오늘은 오직 하나의 죽음이 있을 뿐이니, 죽거나 살거나 진퇴하는 데 있어서 의(義) 자에 부끄럼이 없도록 할 뿐이라."라고 했다. 과연 각은 한 번도 뒤돌아서지 않고 전사했다.

-『重峰集』

[16] 김선복(金善復, 1571~1592)

김선복 의사 충신각

　김선복은 본관이 의성(義城)으로 증조할아버지 김보추(金報秋)는 사마(司馬)라고만 기술하고 있어 분명하지 않으며, 할아버지 김계숙(金季淑)과 아버지 김귀서(金龜瑞)는 모두 동지중추부사(同知中樞府事)를 지냈다. 임진왜란 때 중봉 조헌 선생과 더불어 창의하여 1592년 8월 17일 금산싸움에서 칠백의사와 함께 장렬하게 순절했다.

　1957년에 후손들이 문의면 등동리 마을 앞에 충신각(忠臣閣)을 세우고, 1997년 문의문화재단지 내로 옮겨 보존되고 있다. 2004년 5월에 충신각 옆에 '忠臣義城金公殉義碑'가 건립되었다.

- 『重峰集』, 淸州市誌

[17] 복응길(卜應吉, ?~1592)

복응길은 청양인으로 고려조 개국 원훈(開國元勳) 복지겸(卜智謙)의 후손이다. 그의 강개한 기개와 절조는 대대로 내려오는 가풍으로, 뒤에 참봉(參奉)을 증관(贈官)하고 정문(旌門)을 세웠다.

-『重峰集』

[18] 신경일(申慶一, ?~1592)

신경일은 평산인(平山人)으로 고려조 개국 원훈 신숭겸(申崇謙)의 후손이다. 지조와 절조가 있었다.

-『重峰集』

[19] 조경남(趙敬男, ?~1592)

통선랑(通善郞) 조경남은 배천인(白川人)으로 부사 조완벽(趙完璧)의 아들이며 고려조 충무공(忠武公) 문주(文冑)의 후손이다. 대대로 홍주(洪州)에 살았다. 그의 기국(器局)과 식견은 남보다 뛰어났다. 선생이 공주 제독으로 있을 때 종친의 아들로 와서 공부했다. 선생과 함께 금산전투에서 순절했다.

-『重峰集』

[20] 고명원(高明遠, ?~1592)

선비 고명원은 장흥인(長興人)으로 근실한 성품과 조행(操行)이 있

지당에 비 뿌리고

었다. 선생이 전라도사(全羅都事)로 있을 때 글을 배웠다.

- 『重峰集』

[21] 전충남(全忠男, ?~1592)

충의위(忠義衛) 전충남은 관성인(沃川)으로 전희철(全希哲)의 5세손이다. 대대로 옥천에 살았다. 그는 글 쓰는 것이 구차하지 않고 지절(志節)이 있었다. 선조 17년(1584)에 선생에게서 글을 배웠으며, 의병진에서 활동했고, 금산전투에서 순절했다.

- 『重峰集』, 沃川郡誌

[22] 강몽조(姜夢祖, ?~1592)

사용(司勇) 강몽조는 시흥인(始興人)으로 고려조의 명신 강감찬(姜邯贊)의 후손이다. 재조가 뛰어났고, 선생이 춘추(春秋)를 강론할 때 공부했다.

- 『重峰集』

[23] 서응시(徐應時, ?~1592)

선비 서응시(徐應時)는 자가 군망(君望)이요, 호는 창계(昌溪)로 달성인(達城人)이다. 선생의 문인으로 선생의 적소(謫所)에 따라가서 조석으로 모시기를 부모와 같이 했고, 임진년에 선생을 따라 청주의 왜적을 격파하고, 금산싸움에서 선생과 함께 순절했다.

- 『重峰集』

[24] 윤여익(尹汝翼, ?~1592)

윤여익 의사 충신각

　장사랑 윤여익의 처음 이름은 사온(思溫)이요, 자는 원경(元卿), 호
는 금좌(錦左)라 했다. 파평인(坡平人)으로 파평 부원군 형(炯)의 증손
이다. 할아버지는 파성군 윤찬(尹瓚), 아버지는 참봉 윤질(尹垤)이며,
어머니는 진주 류씨(晉州柳氏)이다.

　선생이 공주 제독으로 자제들을 가르칠 때, 선생을 섬기는 데 옛
사제의 풍도(風道)가 있었다. 이때 선생이 이르기를 세운(世運)이 비
색하니 너는 나를 도와달라는 뜻으로 이름을 여익(汝翼)으로 바꿨
다. 스승 중봉을 따라 의병에 참가하여 청주성 탈환에 공을 세웠다.
금산싸움에서 스승과 더불어 장렬히 전사했다. 시신을 찾을 수 없
어 평소 입던 옷에 초혼하여 청안면에 장사 지냈다. 1883년(고종 20)
에 충신정문(忠臣旌門)이 마로면 한중리에 세워졌으며, 후율사(後栗
祠)에 배향되었다.

-『重峰集』, 報恩郡誌

[25] 김헌(金獻, ?~1592)

무인 김헌은 삼산인(三山人)으로 궁마(弓馬)의 재주가 있었다.

-『重峰集』

[26] 강인서(姜仁恕, ?~1592)

부사직(副司直) 강인서는 진산(晉山)인으로 무재(武才)가 있다고 향
리에 소문이 났다. 앞장서서 적진에 뛰어들어 많은 적을 무찌르고
전사했다.

-『重峰集』

[27] 김희철(金希哲, ?~1592)

무인(武人) 김희철은 자는 명보(明甫), 호는 검덕정(儉德亭)으로 경
주인(慶州人)이다. 할아버지는 김제 군수를 지낸 김천부(金天富), 아
버지는 장사랑 김가회(金可晦)이다. 군자감정(軍資監正)에 증직된 김
봉수(金峰壽)의 아우이다. 무과에 급제한 뒤 사포서별제(司圃署別提)
에 올랐다. 딸이 선조의 후궁으로(恭嬪)으로 들어가 임해군과 광해
군 두 왕자를 낳아 총애를 받았다. 1583년(선조 16년)에 사도시첨정(司
䆃寺僉正)이 되었다.

무예가 뛰어났으며, 선생이 의병을 모집한다는 격문을 보고 발분
하여 의병에 나아가 비장으로 출전하여 크게 공을 세웠다. 금산전
투에서 육박전이 벌어졌을 때 김절, 변계온, 양응춘, 곽자방, 김헌,
김인남 등 16인의 비장과 혈전을 벌이다가 순절했다. 보은 후율사(後

栗祠)에 배향되었다.

- 『重峰集』, 報恩郡誌, 後栗祠記

[28] 정원복(鄭元福, ?~1592)

충순위(忠順衛) 정원복은 하동인(河東人)으로 용맹스러움이 남보
다 뛰어났다.

- 『重峰集』

[29] 이인현(李仁賢, ?~1592)

사과(司果) 이인현은 인천인(仁川人)으로 재예(才藝)가 있었다. 호우
(湖右) 내포(內浦)에 살았고, 선생의 충의를 흠모하여 청주싸움에서
큰 공을 세웠다.

- 『重峰集』

[30] 김인남(金仁男, ?~1592)

선교랑(宣敎郎) 김인남은 자를 사원(士元), 청주인(淸州人)으로 풍채
가 좋고 당당했으며 독실한 지조가 있었다. 금산싸움에서 맨주먹으
로 왜적과 죽기를 다툰 충의가 걸출한 사람이다.

- 『重峰集』

[31] 황삼양(黃三陽, ?~1592)

충익위(忠翊衛) 황삼양은 장수인(長水人)으로 익성공(翼成公) 희(喜)의 후손이다. 날쌔고 용력이 있는 사람으로, 청주싸움에서 왜적의 기세를 꺾고 크게 무찌르고 금산싸움에서 전사했다.

-『重峰集』

[32] 이양립(李養立, ?~1592)

선비 이양립은 자를 입지(立之)라 했다. 고향 사람들이 그를 칭찬하기를, 입지(立之)의 기개와 도량이 우뚝하여 남들이 따르지 못한다고 했다. 선생의 문생(門生)으로 순절했다.

-『重峰集』

[33] 박춘두(朴春逗, ?~1592)

무인 박춘두의 자는 인숙(仁叔)이요, 충주인(忠州人)이다. 재조(才操)와 궁마(弓馬)를 겸비했다. 편비중(偏裨中)에서 기신(起身)하여 삼산(三山, 보은) 서상(西上)의 적(賊)을 끊었고, 재차 청주의 왜적을 무찔렀으며, 금산싸움에서 육전하다가 전사했다.

-『重峰集』

[34] 한기(韓琦, ?~1592)

사맹(司猛) 한기의 자는 치규(稚圭)요, 청주인(淸州人)이다. 뜻과 기개가 남에게 지지 않는 사람으로, 금산싸움에서 선생의 유체(遺體)를 비고 죽었다.

-『重峰集』

[35] 박찬(朴贊, ?~1592)

선무랑(宣務郞) 박찬은 호서에 살았다. 무재(武才)가 특출하여 왜적을 크게 무찌름이 용렬(勇烈)했다.

-『重峰集』

[36] 정린(丁麟, ?~1592)

장사(壯士) 정린은 압해인(押解人)이다. 선생의 문도(門徒)로서 의병에 종군했다.

-『重峰集』

[37] 양응장(揚應章, ?~1592)

장사(壯士) 양응장은 석성인(石城人)으로, 평소 고결한 행실이 있었고, 선생이 공주 제독으로 있을 때 복사(服事)했다.

-『重峰集』

[38] 육정화(陸廷華, ?~1592)

장사(壯士) 육정화는 청산(靑山)에 살았고, 선생의 문하에서 공부했다.

- 『重峰集』

[39] 박흥도(朴興道, ?~1592)

장사(壯士) 박흥도는 행실이 검박(儉朴)했다.

- 『重峰集』

[40] 박천붕(朴天鵬, ?~1592)

박천붕은 밀양인(密陽人)으로, 박영(朴榮)의 아들이며 고려조 찬성사(贊成事) 박강생(朴剛生)의 후손이다. 충효와 문무를 겸비했고 선생을 사사했다. 행의(行誼)가 탁이(卓異)하여 한성참군(漢城參軍)으로 발탁되었으나, 벼슬을 버리고 연기촌사(燕岐村舍)로 돌아왔다. 임진란을 맞아 선생의 모병하는 격문(檄文)을 보고 종군하여 청주대첩에서 왜적을 크게 무찌르니 왜적이 감히 그를 범접하지 못했다. 그러나 유시(流矢)에 맞아 진중에서 사망했다.

- 『重峰集』

[41] 노응환(盧應晥, 1555~1592)과 응탁, 응호 삼 형제

삼의사

　노응환의 자는 명원(明遠)이라 했고 호는 수암(守庵), 만경인(萬頃人)이다. 증 참판(贈參判) 세득(世得)의 아들이며, 고려조 상서(尙書) 극청(克淸)의 후손이다.

　대대로 공주에 살았는데 효성과 우애와 문장과 행실이 좋았다. 선생이 공주 제독 시에 아우 응탁 등과 함께 글을 배웠고 임진년, 6월에 형제가 선생의 기의(起義)하는 격문을 보고 의병에 종군하여 왜적을 무찌르고 금산싸움에서 순절했다. 뒤에 지중추부사(知中樞府事)로 증직(贈職)했다. 보은의 후율사에 제향되었으며 공주시 우성면 귀산리에 삼의사(三義祠)가 건립되었다. 보은 후율사(後栗祠)에 배향되었다.

- 『重峰集』, 公州市誌

[42] 노응탁(盧應晫, 1560~1592)

　노응환의 동생으로 자는 계회(季晦), 호는 국재(菊齋)이며 형과 함께 선생의 문하에서 수학했다. 사마시에 합격하여 진사가 되었으며 문장과 학술로 이름이 높았다. 임진왜란이 일어나자 형 응환, 동생 응호와 의(義)를 부르짖고 스승인 조헌을 따랐다. 이어 금산전투에 선봉에 서서 분전하다가 칠백 의사와 함께 33세의 나이로 순절했다. 보은 후율사(後栗祠)에 배향되었다. 순조 31년(1831)에 정려(旌閭)를 세웠다.

-『重峰集』, 公州市誌

[43] 노응호(盧應皓, 1574~1592)

　노응환의 동생으로 자는 시회(時晦), 호는 체헌(棣軒)이며 중봉 조헌의 문하에서 수학했다. 임진왜란이 일어나자 응환, 응탁 두 형과 함께 창의하여 청주전투에 참여했다. 청주성 탈환 후 군량도감(軍糧都監)으로 조헌의 명을 받고 호서 지역의 군량을 모아 금산으로 갔으나, 이미 두 형과 칠백 의사가 모두 장렬하게 순절한 뒤였다. 그는 두 형의 시신을 안치한 뒤 고향에 돌아와 죽었다.

　조정에서 직장(直長) 벼슬을 제수했으나 나가지 않고 죽기로써 토적(討賊)을 맹서하고 진중에서 전몰하니 나이 19세였다. 순조 32년(1832)에 후율사(後栗祠)에 종향(宗享)했으며, 고종 29년(1892)에 증직(贈職)하고 정려(旌閭)했다.

-『重峰集』, 公州市誌, 後栗祠記

[44] 임대성(林大盛, ?~1592)

임대성(林大盛)은 부안인(扶安人)으로 참봉(參奉) 언충(彦忠)의 아들이며, 고려조 정당문학(政堂文學) 임춘(林春)의 7세손이다. 지조가 강개(抗慨)한 성품으로 선생이 후율(後栗)에 있을 때 수학했다. 막중(幕中)의 군사(軍士)로 제 몸을 돌보지 않고 김절(金節) 등과 더불어 왜적을 격살(擊殺)하고 전사했다. 뒤에 지평(持平) 벼슬을 증직했다.

-『重峰集』

[45] 박봉서(朴鳳瑞, ?~1592)

무인(武人) 박봉서는 날래고 용감하기가 초륜(超倫)했다. 선생의 수하 군사로 한 번도 뒤돌아서는 일이 없이 잘 싸웠고, 선생의 시체를 끌어안고 통곡하다가 곁에서 전사했다.

-『重峰集』

[46] 박혼(朴渾, ?~1592)

선비 박혼은 대대로 유업(儒業)을 숭상하여 글 배우기를 게을리하지 않았다. 패전에 적의 화살을 맞고도 왜적을 매도(罵倒, 심하게 욕하거나 꾸짖음)하다가 죽었다.

-『重峰集』

지당에 비 뿌리고

[47] 양철(梁鐵, ?~1592)

양철의 자는 명순(明順), 호는 절제(節齊)로 청주이다. 금성군(錦城君) 동재(棟哉)의 6세손이며 직장(直長) 응신(應愼)의 아들이다. 태어나면서부터 영특하고 준수했으며, 궁마에 능하여 무과에 급제하고 용양위부사과(龍驤衛副司果)가 되었다.

임진왜란에 향병 수십 명을 모집하여 선생의 막하에 들어갔다. 황간(黃澗) 지방에서 호남으로 들어갔고, 그곳에서 오대걸(吳大傑), 한응성(韓應聖) 등과 금산싸움에 참전하고 선생과 한날에 순절했다.

-『重峰集』

[48] 김형진(金亨進, 1556~1592)

김형진은 자를 점숙(漸叔), 호를 석천(石川)이라 했다. 상산인(商山人)으로 개국 공신 영중추부사(領中樞府事) 운보(云寶)의 6세손이며 직장(直長) 대유(大鐐)의 아들이다. 명종 11년(1556)에 태어났다. 타고난 맵시가 뛰어나게 훌륭했고, 독실한 행의(行誼)로 참봉(參奉)을 제수했다.

일찍이 선생을 섬겼고, 임진왜란에 의병 100여 인을 거느리고 선생과 같이 금산싸움에서 순절했다. 정조 22년(1798)에 사헌부지평(司憲府持平)을 증직했다.

-『重峰集』

[49] 전설(全渫, 1563~?)

전설의 자는 시헌(時憲), 고호(號)는 고산(孤山), 관성인(管城人, 沃川)이다. 고려조 태사(太師)인 충렬공(忠烈公) 이갑(以甲)의 후손이다. 명종 18년(1563)에 태어났다. 천성이 질박하고 강의(剛毅, 강하고 굳센)했다. 일찍이 중봉 선생의 문하에서 공부했다. 임진년에 중봉 선생이 창의하니 관찰사 윤선각(尹先覺)이 이를 방해했다. 이에 전설(全渫)은 통분함을 참지 못하여 윤선각(尹先覺)을 참수할 것을 상소하려고 행재소로 가려 했으나, 길이 막혀 뜻을 이루지 못했다.

처음에는 공이 선생의 의군을 따를 때 삼종제(三從弟) 충남(忠男)과 족인(族人) 승업(承業)과 행동을 같이했는데, 선생이 순절할 때는 공은 서경에서 구거(舊居)에 와서 있을 때였다. 공은 선생과 함께 순절하지 못했음을 죽을 때까지 유한(遺恨)으로 여기고, 상주(尙州)로 이거하여 스스로 고산(孤山)이라 호(號)하여 여러 사람들과 떨어져 있을 뜻을 보였다.

향인들의 천거로 제용감참봉(濟用監參奉)을 제수했다. 장수(長水) 압계사(鴨溪祠)에 향사되었다. 묘소는 양산면 봉곡리(鳳谷里) 삼정산(三政山)에 있고, 성담(性潭) 송환기가 묘비명을 지었다.

- 『重峰集』, 永同郡誌

[50] 모정(牟禎, ?~1592)

모정의 자는 국보(國甫)요, 호는 덕암(德巖)이다. 함평인(咸平人)으로 사간(司諫) 모순(牟恂)의 6세손이요, 정헌(正憲) 학영(鶴泳)의 아들이다. 송강 정철(鄭澈)의 문인으로 임진왜란에 향병을 모집하여 소의장군(昭儀將軍)이라 불렀으며, 선생을 좇아 금산싸움에서 순절했다. 뒤에 병조참의(兵曹參議)를 증직했다.

- 『重峰集』

[51] 김여온(金汝溫, 1551~1592)

김여온의 자는 경보(敬甫), 호는 석은(石隱)이다. 김해(金海)인으로 김유신의 후손이다. 명종 6년(1551)에 태어났다. 8세에 입학했는데, 하나를 들으면 열을 아는 총명으로 15세에 양응춘(楊應春) 문하에서 수업했고, 공주에 살며 선생의 도(道)와 덕망을 듣고는 선생에게서 글을 배웠다.

31세에 초사(初仕)하여 선무랑(宣務郎)으로 의영고 주부(義盈庫主簿)가 되었다. 신유년(1591)에 사직하고 귀가했다. 이듬해 임진왜란이 일어나자 선생을 좇아 금산싸움에 참전하고 700의사와 함께 순국했다. 고종 29년(1892)에 경연청(經筵廳) 신하들의 건의로 호조참의(戶曹參議)를 추증했다.

- 『重峰集』

[52] 김몽길(金夢吉, ?~1592)

김몽길의 자는 중권(重權)이며 경주(慶州)인으로 김자수(金自粹)의 7세손이다. 임진년에 선생이 영·호남 지방에 창의하는 격문을 띄우니, 공은 선생에게로 달려가 참모로 활약했다. 처음에 선생이 보은(報恩)에서 왜적과 싸울 때, 상잔(傷殘)한 군사 수십 명에 불과했지만 충의로 선생을 도왔다. 이광륜(李光輪), 장덕개(張德盖), 신난수(申蘭

秀), 고경우(高擎宇), 노응탁(盧應卓) 등이 선생의 막하로 모여들 때는
의병이 1,600여 명이나 되었다. 이때 청주에 있던 관군이 궤산(潰散)
하니 공은 선생을 따라 회덕에서 청주로 왔고, 8월 1일에 왜적을 무
찌르다가 마침내 이날 전사했다.

숙종 41년(1715)에 병조참의(兵曹參議)에 특증(特贈)되었다. 또 공의
아들 여정(汝挺)도 고경명의 막하로 순절하니 좌승지(左承旨)를 증직
했다.

-『重峰集』, 永同郡誌

[53] 정억강(程億綱, ?~1592)

정억강의 자는 중화(仲和)로 하남(河南)인이다. 일찍이 선생을 사
사했고, 임진왜란에 의병에 종군 금산싸움에서 선생과 같이 순국
했다.

-『重峰集』

[54] 이허(李許)

이허의 자는 정덕(正德), 호는 송암(松庵)이다. 전주인(全州人)으로
익안대군(益安大君) 방의(芳毅)의 후손이다. 임진년에 선생이 거의(擧
義)했다는 말을 듣고 향병(鄕兵) 수십 명을 모집하여 선생의 막하에
종군했다. 청주싸움에 승첩하니 조정에서 군자감주부(軍資監主簿)
를 제수했다.

-『重峰集』

지당에 비 뿌리고

[55] 강몽벽(姜夢壁)

강몽벽은 우빙(遇聘)의 아들이고 선생의 문하에서 공부했다.

-『重峰集』

[56] 이윤(李潤, ?~1592)

이윤은 경주인(慶州人)으로 자는 재중(在中), 호는 퇴사암(退思菴)
이다. 국당 문효공(菊堂 文孝公) 이청(李菁)의 후손이다. 중종 29년
(1534)에 태어났다.

율곡에게서 공부했고 선생과 후율당(後栗堂)에서 춘추대의(春秋大
義)를 강마(講磨, 학문이나 기술을 강구하고 연마함)하기도 했다. 음사로
헌릉참봉(獻陵參奉)이 되어 벼슬길에 나와 병조참지(兵曹參知)에 이르
렀다. 동서 분당을 보고 벼슬을 버리고 남원에 돈거(遯居)했다. 임진
년에 가동(家童)을 거느리고 선생의 막하로 들어가 금산싸움에서 함
께 순절했다.

고종 29년(1892)에 도내의 유생들이 계청하여 특별히 이조참의(吏
曹參議)를 증직했다.

-『重峰集』

[57] 서희서(徐希恕, 1555~?)

서희서의 자는 경추(景推), 호를 소호(蘇湖)라 했다. 이천인(利川人)
으로 이조판서 공도공(恭度公) 선(選)의 후손이다. 명종 14년(1555)에
태어났고, 선조 18년(1585)에 사마시에 합격했다. 임진년에 변도탄(邊

桃灘) 막하에서 호영간(湖嶺間)을 수비(守備)했고, 동향의사 김몽성(金夢星), 류장춘(柳長春), 김덕치(金德治) 등과 창의했다. 아들 건(鍵)을 선생의 막하로 종군케 했으며 순절했다.

-『重峰集』

[58] 서건(徐鍵, ?~1592)

서건의 자는 선계(善啓) 호는 죽재(竹齋)로 서희서(徐希恕)의 아들이다. 선조 9년(1575)에 건원능 참봉(建元陵 參奉)을 제수했다. 임진년에 위원군수(渭原郡守)를 제수하고 곧 전라병사(全羅兵使)를 제수했다. 부친의 명으로 선생을 따라 금산싸움에 종군하여 순절했다. 선무훈(宣武勳)을 내렸다.

-『重峰集』

[59] 노덕원(魯德元)

노덕원은 호를 무민당(無悶堂), 함평인(咸平人)으로 한림(翰林) 노유안(魯有顔)의 후손이다. 문학으로 이름이 세상에 알려졌으며, 임진년에 선생의 의병에 종군했고, 금산에서 선생이 패하자 곧 이순신의 군중으로 가서 한산대첩에 참전했다.

인조 때 청군이 침범함에 사계(沙溪) 김장생(金長生)은 호소사(號召使), 공은 군사(軍士)를 모집하고 군량을 모집하고 군수를 운수했다. 이조좌랑(吏曹佐郎)에 천거되어 제수되었다.

-『重峰集』

지당에 비 뿌리고

[60] 정홍적(鄭弘績)

정홍적의 자는 희지(熙之)요, 호는 충효당(忠孝堂)으로 하동(河東)인이다. 교리 정수(鄭需)의 아들로 나이 겨우 8, 9세에 글을 읽다가, 충신(忠臣) 효자(孝子)란 말이 나오면 곧 그것을 써서 벽에 걸었다. 그래서 향리의 사람들이 그 당(堂)을 가리켜 충효당이라 했다. 성장함에 선생을 따라 공부했고, 임진 6월에 선생이 호령(湖嶺) 지방에 창의하는 격문을 띄우고 8월에 금산으로 달려가니, 공은 즉시 금산으로 선생을 좇아갔다. 선생의 순절을 보고 적중에 뛰어들어 칼을 휘둘러 많은 왜적을 참살했다.

가족들은 그가 죽은 줄 알고 전장터에 달려가 시체를 수급할 때 한 장사가 어깨에 칼을 맞고 목에는 총상을 입었는데, 살펴보니 이틀이 지났으나 아직도 기식(氣息)이 있었다. 홀연히 백발이 성성한 노인이 나타나서 손으로 공을 어루만지며 하는 말이, "충의와 효성이 하늘에 통했는데 하늘이 어찌 공을 죽이리오." 하고 약물로 창상을 씻어주니, 얼마 후에 소생(甦生)하여 93세를 살았다.

- 『重峰集』

[61] 구항(具恒, 1543~1592)

구항의 자는 상중(常仲)이요, 호는 모정(茅亭)이다. 능성인(綾城人)으로 문정공(文貞公) 구위(具禕)의 6세손이며 신암(新菴) 수팽(壽彭)의 아들이다. 임진년에 임금이 서쪽으로 몽진했다는 말을 듣고 하늘을 우러러 통곡하며 재배했다. 선생이 일찍이 공과 더불어 속리산에 간 일이 있었다. 선생이 차령(車嶺)에서 거의하니 공이 막하에서 참모로 군수 조달에 유공했고, 청주싸움에서는 선생과 더불어 시석(矢石)을 무릅쓰고 분전하여 승리를 거두니, 조정에서 특별히 근위장군(近衛將軍)을 제수했다. 금산싸움에서 선생과 함께 순절했다.

원근의 유생들이 제성상언(啼聲上言)하여 이조참의(吏曹參議)를 추증하고, 충장(忠壯)이란 시호가 내려졌고 후율사에 배향되었다.

-『重峰集』, 報恩郡誌, 後栗祠記

[62] 유걸(庾傑, ?~1592)과 아들 명지(明智), 명리(明理) 삼부자

유걸의 자는 보원(保元)이요, 무송(茂松)인이다. 아들 명선(明善)이 선생의 문하에서 수업했다. 금산싸움에서 아들 명지(明智), 명리(明理)와 함께 삼부자가 순절했다.

-『重峰集』

[63] 유명지(庾明智, ?~1592)

유명지는 유걸(庾傑)의 아들이다. 아버지를 따라 금산전투에서 함께 순절했다.

-『重峰集』

[64] 유명리(庾明理, ?~1592)

유명리는 유걸(庾傑)의 아들이다. 아버지를 따라 금산전투에서 함께 순절했다.

-『重峰集』

지당에 비 뿌리고

[65] 정주(鄭霆)

정주의 본관은 하동으로 증조는 정양승(鄭梁繩), 조부는 사헌부 감찰 정연(鄭淵)이다. 부친은 생원에 오른 뒤 찰방(察訪)을 지낸 정유 건(鄭惟騫)이다. 임진년에 아우 정립(鄭霊), 이충범(李忠範)과 더불어 선생을 따라 창의했다. 황간현감(黃澗縣監)을 제수하고 2등훈(二等 勳)에 녹(錄)했다.

-『重峰集』, 沃川郡誌

[66] 정립(鄭霊, 1544~1640)

정립은 자는 군흡(君洽), 호를 고암(顧庵)이라 했다. 하동인(河東人) 으로 등제(登第)하여 군자감정(軍資監正)을 지냈고, 임진년에 형 정 주(鄭霆)와 더불어 선생을 따라 창의했고, 군량미 보급을 담당했다.

-『重峰集』, 沃川郡誌, 顧庵日記

[67] 육승복(陸承福, ?~1592)

육승복은 선조조(宣祖朝) 선무공신 근위장군용양위부호군(宣武功 臣近衛將軍龍驤衛副護軍)으로, 선생을 따라 기의(起義)하고 금산싸움 에서 순절했다.

-『重峰集』

[68] 곽현(郭鉉, 1575~1661)

곽현의 자는 공거(公擧)요, 호는 삼안당(三安堂)으로 선산인(善山人)이며 벼슬은 참봉(參奉)이다. 첨정(僉正) 자견(自堅)의 아들이며 곽자방(郭自防)의 6촌이다. 선생을 복사(服事)하여 따라 창의했다.

- 『重峰集』

[69] 김결(金潔, 1558~?)

김결은 자를 성흥(聖興), 호를 임한당(任閒堂)이라 했다. 광산인(光山人)으로 광산부원군(光山府院君) 국광(國光)의 후손이다. 선생의 문하에서 수업했다. 34세이던 임진년에 가정(家丁) 70인과 죽기를 각오하고 나선 10여 인을 거느리고 병기를 모집하여, 밤낮을 가리지 않고 병량(兵糧) 8백 석을 수송했다. 청주싸움에서는 계략을 써서 크게 이겼다.

금산싸움에서는 친병(親病)으로 귀가했다가 선생의 순절 소식을 듣고 통곡하다 지쳐 졸도했고, 3일간이나 절식(絶食)했다. 충효와 학행으로 태능참봉(泰陵參奉)에 천배(薦拜)되었다. 뒤에 호조참의(戶曹參議)를 증직했다.

- 『重峰集』

[70] 한호(韓護, ?~1592)

한호의 자는 국한(國翰) 호는 방정재(方正齋), 청주(淸州)인으로 영상 한상경의 후손이며 부정(副正) 여림(汝霖)의 아들이다. 선조 24년에 사마시(司馬試)에 급제, 벼슬이 제천현감(堤川縣監)에 이르렀다. 임진년에 선생을 따라 금산싸움에 참전하니, 선생께서 퇴거하기를 권했으나 불응하고 선생과 같은 날 순절했다. 뒤에 선무훈(宣武勳)을 녹했다.

-『重峰集』

[71] 정기룡(鄭奇龍, 1576~1592)

정기룡은 자를 이단(異端), 동래인(東萊人)으로 문경공(文景公) 정흠(鄭欽)의 7세손이며 증 이참(吏參) 인직(仁直)의 아들이다. 임진년 주부(主簿)로서 선생과 종군하여 금산에서 순국하니, 시년(時年)이 16세였다. 뒤에 선무훈(宣武勳)을 녹하고 공신록(功臣錄)을 사(賜)했으며, 정조 22년(1798)에 병조참의(兵曹參議)를 추증했고, 순조 4년(1804)에 병조판서(兵曹判書)를 가증하고 절효(節孝)라 사시(賜諡)했다.

-『重峰集』

[72] 한응성(韓應聖, ?~1592)

한응성의 자는 경기(景期), 호는 구와(龜窩)로 청성인(淸城人)이다. 청성군 종손(淸城君宗孫)의 현손(玄孫)이며 대호군(大護軍) 축(軸)의 아들이다. 일찍이 선생에게 사사했다.

임진년에 선생이 기의(起義)했다는 말을 듣고 가동(家童) 수십 인을 거느리고 선생의 군중으로 달려갔다. 금산싸움에서 공은 앞장서서 눈물을 뿌리며 토적(討賊)을 맹세하니, 사기가 더욱 분려(奮勵)되었다. 왜적이 잠시 퇴각하자 공은 아군의 대오를 정비하고 적을 대

기할 것을 청했다. 과연 적은 크게 출격했다. 이때 선생은 일이 그릇
된 것을 알고 좌우 군들에게 결사를 선언하니, 공은 인(仁)을 이룩하
고 의(義)로움을 취하려는 것이 본래의 내 뜻이라 하며 분격(奮激),
적의 목을 베고 700 의사와 함께 순절했다.

　고종 29년(1892)에 이조참의겸시강원보덕(吏曹參議兼侍講院輔德)을
추증하고 정려(旌閭)를 표했다.

- 『重峰集』

[73] 강위구(姜渭龜, 1542~1592)와 아들 봉령(鳳翎)

　강위구의 자는 성수(聖叟)요, 호는 모헌(慕軒)으로 진주인(晋州人)이
다. 원수(元帥) 강이식(姜以式)의 후손이며 증 승수(承首) 참지(參之)의
아들로, 중종 37년(1542) 8월 10일에 태어났다. 어려서부터 영특하고
준수했다. 8세에 부친의 병환이 있었는데 매일 밤 뜰에서 친환(親患)
의 쾌유를 하늘에 빌었다. 점차 성장함에 강개(慷慨)한 대절(大節)이
있었고 여력(膂力)이 뛰어났다.

　선생이 적소(謫所)에 있을 때 공이 선생을 찾아뵙는데, 이때 선생
은 공의 기품을 보고 김헌(金獻)과 더불어 궁마의 무예를 닦기를 권
했다. 선생의 창의(倡義)하는 격문을 보고 가산을 기울여 장사들을
모집하고 가족과 결별했다. 이때 공의 아들 봉령(鳳翎)이 말하기를

　"아버지는 나라를 위하여 죽을 곳을 찾아가니 자식도 마땅히 아
버지를 따라야 한다."

　고 했다. 봉령의 나이 23세였다. 그리하여 부자가 금산으로 향했
고, 중로(中路)에서 김헌을 만나 같이 선생의 막하에 들어갔다. 이때

관군(官軍)도 조헌(趙憲)의 의병(義兵)과 합동하여 왜적을 협공(夾攻)하기로 약속했지만 관군은 기일을 연기하고 참전하지 않았는데, 왜적이 선생의 의군(義軍)에 후원병이 없음을 탐지하고 전군이 이 기회를 포착하여 육박했다.

선생이 말하기를 오늘은 단지 한 번의 죽음이 있을 뿐이라고 결사의 뜻을 밝히니, 공도 이에 응성(應聲)하고 아들 봉령과 함께 힘을 다하여 싸웠다. 그러나 우군은 후원병도 없는 데다가 화살마저 떨어졌고 왜적은 노도(怒濤)와 같이 밀려드니 700 의사들은 죽기를 두려워하지 않고 분전(했)다.

이때 선생은 좌우 군사들을 보고 강위구는 어디 있느냐고 했다. 공은 큰 소리로 "우구의 부자가 선생을 따라 죽을 것이로되, 죽더라도 의(義)에 부끄럼이 없게 하려고 한다." 하고 부자가 역전(力戰)하다가 전사했다.

그 뒤 부인 김 씨와 자부 문 씨가 초혼(招魂)하여 장사하고 문 씨는 공의 부자 무덤 앞에서 죽었다. 때마침 무지개가 3일간이나 하늘에 걸쳐 있었고, 모든 사람들이 이르기를 효열의 소치라고 말했다.

- 『重峰集』

[74] 강봉령(姜鳳翎, 1569~1592)

강위구(姜渭龜)의 아들이다. 아버지가 의병에 나가자 "아버지는 나라를 위하여 죽을 곳을 찾아가니 자식도 마땅히 아버지를 따라야 한다."라고 따라서 출전했다가 함께 순절했다.

- 『重峰集』

[75] 조여관(趙汝寬, ?~1592)

조여관의 자는 사홍(士弘)이요, 호는 모충재(慕忠齋)로 옥천인(玉川人)이다. 옥천 부원군(玉川府院君) 원길(元吉)의 7세손이며 선릉참봉(宣陵參奉) 응견(應堅)의 아들이다. 공은 천품(天稟)이 충효스러웠다.

임진년에 금산싸움에 참전했고, 선생이 순절하자 공은 군사들에게 령(令)을 내려 "주장은 이미 순절했다. 감히 흩어져 도망가는 자는 내가 참수하리라." 하고 독전타가 적탄에 맞아 전사했다. 선조 38년(1605) 특별히 근신을 보내 급복(給復)했고, 순조 19년(1819)에 사헌부지평(司憲府持平)을 추증했다.

- 『重峰集』

[76] 김가권(金可權, ?~1592)

김가권은 일찍이 선생에게서 수업했다. 임진년 창의할 때 선생이 장재(將材)로 천거하여, 상주군수(尙州郡守)가 되어 적을 막았고 금산싸움에서 선생과 함께 전사했다.

- 『重峰集』

지당에 비 뿌리고

[77] 이언(李彦, 1528~?)

이언의 자는 현중(賢仲)이요, 호는 국재(菊齋)로 중종 23년(1528)생
이다. 예안인(禮安人)으로 익양공(翼襄公) 천(蕆)의 6세손이다. 임진
란에 병을 무릅쓰고 선생과 이려(李勵), 김성원(金聲遠) 등 제 공과
누저리(樓底里)에서 창의했는데, 선생이 공의 나이가 많아(당시 65세)
귀가하기를 권유했다.

-『重峰集』

[78] 이성(李珹)

이성은 전흥도정(傳興都正) 몽설(夢說)의 둘째 아들이며, 선생의 문
하생(門下生)이다. 임진왜란에 선생과 한날에 전사했다. 공의 아우
주부(注簿) 종모재(終慕齋) 완(琬)이 의복과 신을 아버지 전흥도정(傳
興都正) 무덤 앞에 장사했다. 뒤에 정려(旌閭)를 명했다.

[79] 김헌(金巘, ?~1592)

김헌의 호는 동애(東崖)로 강릉인(江陵人)이다. 태어나면서부터 특
이한 재질(才質)로 사우(師友) 간에 이름이 알려졌다.
임진왜란에 의병 종사관(義兵從事官)으로 선생을 좇아 참전했다.
이보다 앞서 선생이 창의하는 격문을 열읍(列邑)에 띄우니, 휘하로
모여드는 군사가 운집했다. 그러나 순찰사(巡察使) 윤선각(尹先覺)의
방해를 받아 이미 모였던 의병들이 흩어져가고 단지 7백 명만이 남
아 있었다. 8월 16일에 금산으로 향발하려 했는데, 한 별장(別將)이

역언(力言)하기를 "금산에 집결한 왜적은 전번에 권율(權慄)에게 패한 전철을 경계하며 정예 수만 명이 설욕을 꾀하고 있으니 우리의 고군 (孤軍)으로는 상대하기는 불가하니 안병관세(按兵觀勢)할 것"을 주장 했다. 선생은 이 말을 듣고 "임금께서는 몽진(蒙塵)을 하셨는데 군세 의 이(利)·둔(鈍)을 어떻게 요량(料量)할 것이며, 또 임금이 욕을 당하 면 그 신하는 죽음으로써 설욕(雪辱)함이 의리(義理)에 당연한 바이 다." 하고 독병(督兵)하여 진격했다. 뒤에 선무훈(宣武勳)에 참록(參 錄)되고 호조참의(戶曹參議)를 추증했으며 종용사(從容祠)에 배향되 었다.

-『重峰集』

[80] 이종언(李宗彦)

이종언은 진위인(振威人)으로 선생에게서 수업했다. 임진년에 선생 을 따라 청주싸움에 참전했고, 금산싸움에도 참전했으나 모친의 친 환(親患)을 듣고 귀가했다.

-『重峰集』

[81] 공기우(孔奇禹, ?~1592)

공기우는 선생과 우의가 매우 좋은 사이로, 임진년에 가동(家童) 과 촌정(村丁)을 영솔(領率)하고 선생의 막하로 가다가, 금산에 못 미 쳐서 왜적과 조우하여 분전하다가 전사했다.

-『重峰集』

지당에 비 뿌리고

[82] 두정란(杜廷蘭, ?~1592)

두정란의 호는 수의당(守義堂)으로 두릉인(杜陵人)이다. 비인현감(庇仁縣監) 사순(思順)의 아들이다. 임진왜란에 군병(軍兵)을 초집(招集)하여 선생의 막하로 들어가 해남현감(海南縣監) 변응정(邊應井), 조방장(助防將) 백광언(白光彦), 김제 군수(金堤郡守) 정담(鄭湛) 등과 동심육전(同心戮戰)하여 왜적 수백 급을 참하고 700 의사와 동일에 순절했다.

-『重峰集』

[83] 김응수(金應壽, ?~1592)

김응수의 자는 승문(承門)이며 김해인(金海人)으로 진사(進士) 구철(九鐵)의 아들이다. 선조 21년(1588)에 무과(武科)에 급제했고, 임진년에는 선전관(宣傳官)으로 선생을 좇아 금산싸움에 참전했다. 이때 선생이 공에게 피출(避出)할 것을 명했으나, 눈물을 뿌리며 떠나지 않고 분전(奮戰)타가 선생과 함께 전사했다. 뒤에 선무원종훈(宣武原從勳)을 녹(錄)했다.

-『重峰集』

[84] 박충검(朴忠儉, ?~1592)

박충검은 호를 노곡(老谷)이라 했고 고성인(固城人)이다. 고려조 철성군(鐵城君) 혁충(奕忠)의 후예이다. 품성(稟性)이 견정(堅貞)했고, 금산싸움에서 역전(力戰)타가 선생 곁에서 전몰(戰歿)했다. 뒤에 정려(旌

閭)를 표하고 후율사(後栗祠)에 종향(從享)했다.

- 『重峰集』

[85] 김여철(金汝鐵, ?~1592)

김여철은 공주인(公州人)으로 금산싸움에서 선생을 따라 같은 날 전사했다. 아들 상진(尙進)이 나이 겨우 12세에 통곡하며 아버지의 시체를 수습하여 장사했다.

- 『重峰集』

[86] 이명백(李命百, 1552~1593)

이명백 의사 정려각

이명백은 자가 인로(仁老), 호를 한포재(寒圃齋)라 했으며 가평인(加

지당에 비 뿌리고

平人)이다. 증조부는 익산 군수를 지낸 이철영(李鐵榮), 할아버지는 찰방 이장홍(李長弘), 아버지는 진사 창신교위(彰信校尉) 이경(李耿), 어머니는 한산 이 씨(韓山李氏)로 현감을 지낸 이은(李檃)의 딸이다. 부인은 신평 이 씨(新平李氏)로 이천계의 딸이다.

선생에게서 수업했고 선조 24년(1591)에 선생이 장재(將材)로 천거했다. 임진년 청주싸움에 참전하여 많은 왜적을 무찌르고 금산으로 이동할 즈음, 친환(親患) 소식을 듣고 귀가했다. 이듬해 계사년에 창의(倡義)하여 적암(赤巖)에서 왜적과 싸우다 힘이 다되어 전사했다.

1812년(순조 12) 탄부면 구암리 충신각이 세워지고, 1892년(고종 2)에 이조판서(吏曹判書에) 추증되었다. 충신각은 1970년 탄부면 하장리로 이건했다. 묘소는 마로면 원정리에 있다. 뒤에 정려(旌閭)를 세우고 후율사(後栗祠)에 종향했다.

- 『重峰集』, 報恩郡誌

[87] 박현령(朴玄齡, ?~1592), 박희령(朴玄齡) 형제가 참전하여 순절

박현령은 자를 수지(壽之), 호는 도봉(道峯)으로 함양인(咸陽人)이다. 상서공(尙書公)의 16세 손으로 문원공(文元公) 박지빈(朴之彬)의 아들인 박장(朴莊)의 9세손이다. 천부(天賦)의 성품이 효성스럽고 우애가 있었으며, 도량과 재간이 남보다 뛰어난 바 있었다. 선생이 거의(擧義)했다는 말을 듣고 아우 희령(希齡)과 부장으로 종군하다가 금산 연곤평에서 순국했다. 종용사에 배향되었다.

- 『重峰集』, 沃川郡誌

[88] 박희령(朴希齡, ?~1592)

박희령은 박현령(朴玄齡)의 동생으로 형과 종군했다가 금산 연곤
평에서 순국했다.

- 『重峰集』, 沃川郡誌

[89] 금응신(琴應信, ?~1592)

금응신은 자를 사립(士立), 호를 덕재(德齋)라 했다. 무과(武科)에
급제하여 선략장군(宣略將軍)으로 훈련원봉사(訓鍊院奉事)를 지냈고,
선생을 따라 금산싸음에서 전사했다. 뒤에 병조판서(兵曹判書)를 추
증했다.

- 『重峰集』

[90] 김헌(金憲, ?~1592)

김헌의 자는 희경(希慶)으로 광주인(光州人)이며 대사간(大司諫) 성
옥(成玉)의 후손이다. 일찍이 유업(儒業)에 종사했으나 선조 24년에
무과(武科)에 급제했고, 임진년에는 선생의 막하에 참여하여 강위구
(姜渭龜) 등과 금산싸음에서 전사했다.

공이 평소에 아끼던 말이 공의 전포(戰袍)를 안장에 싣고 환가(還
家)하여 슬피 울었다 한다.

- 『重峰集』

지당에 비 뿌리고

[91] 오대걸(吳大傑, ?~1592)

오대걸은 자를 수경(秀卿), 보성인(寶城人)으로 보성군(寶城君) 현필(賢弼)의 후손이다. 선조 6년(1573)에 무과(武科)에 급제했고, 임진왜란에 전 판관(判官)으로 선생의 막하에 종군, 금산싸움에서 선생과 함께 순절했다. 뒤에 선무원종훈(宣武原從勳)을 녹(錄)했다.

-『重峰集』

[92] 이환(李丸)

이환의 자는 의지(毅之)요, 전주인(全州人)으로 종산백(宗山伯) 자의(子宜)의 후손이며 사정(寺正) 억손(億孫)의 아들이다. 지략이 뛰어났고 여력(膂力)이 절륜(絶倫)했다. 임진년에 가동(家童)과 촌정(村丁) 100여 인을 거느리고 금산으로 가다가 사현(沙峴)에서 왜적과 만나 힘껏 싸우다 전사했다.

-『重峰集』

[93] 조유(趙愈, 1553~?)

조유의 자는 경한(景韓)이요, 호는 서파(西坡)로 배천인(白川人)이며, 오월당(梧月堂) 우(瑀)의 손이며 선생의 족제(族弟)이다. 천성이 천실(薦實)하고 근후(謹厚)하여 선생은 공을 친동기같이 사랑했다. 임진년에 선생을 따라 거의(擧義)하는 격서(檄書)를 썼고, 청주승첩(靑州勝捷) 후 금산으로 이동할 때 선생은 말하기를 "자네는 누대를 독자로 내려오는데 다만 어린 아들 한 명뿐이니, 만약 진중에서 불행하게 된다면 어린 아들도 생명을 보전하지 못할 것이라." 하고 귀가할 것을 권유했다.

뒤에 공이 제 문인(諸門人)과 순의비(殉義碑)를 세웠다. 인조 때 영릉 참봉에 제수되었으나 나아가지 않았으며, 인조 15년에 동지중추부사(同知中樞府事)가 되었다. 광해군 때 폐모 사건으로 상소를 올리려다 뜻을 이루지 못했다.

- 『重峰集』, 永同郡誌

[94] 곽숭인(郭崇仁)

곽숭인은 선산인(善山人)으로 선생에게서 수업했고, 전가(傳家)의 충효(忠孝)와 문장(文章)으로 세상에 이름이 알려졌다. 임진년에 선생을 따라 창의(倡義)했다.

- 『重峰集』

[95] 박정필(朴廷弼)

박정필은 선생의 문인이다.

- 『重峰集』

[96] 박정량(朴廷亮, ?~1592)

박정량의 본관은 밀양(密陽)으로 선생의 문하에서 수학했다. 1592년 임진왜란이 일어나자 선생을 따라 왜적과 싸우다가 금산전투에서 순절했다.

- 『重峰集』, 永同郡誌

지당에 비 뿌리고

[97] 박정노(朴廷老)

박정노는 선생의 문인이다.

- 『重峰集』

[98] 곽현(郭賢)

곽현은 현풍인(玄風人)으로 선생 막하의 종사관(從事官)으로 청주 첩서(淸州捷書)를 가지고 용만(龍彎)으로 갔었다. 벼슬이 현감(縣監)에 이르렀다.

- 『重峰集』

[99] 남응서(南應瑞)

남응서의 자는 사휴(士休)로 선생의 문하를 출입했다.

- 『重峰集』

[100] 김성(金誠)

김성의 자는 극부(克孚), 호는 쌍행당(雙杏堂)으로 여주인(驪州人)이다. 1579년(선조 12) 생원시에 합격했고, 조헌 선생이 의병을 일으키자 청주성 싸움에 참여하여 공을 세웠다. 몸이 쇠약하여 군사를 지휘하기가 어렵고, 부친이 병중에 있어 고향으로 돌아가 금산싸움에는 참여하지 못했다. 호조판서(戶曹判書)에 추증되고 보은 후율사(後栗祠)에 배향되었다.

- 『重峰集』, 後栗祠記

[101] 신철(辛徹)

『중봉집』순절 편에 이름만 기록되어 있다.

-『重峰集』

[102] 남치리(南致理)

『중봉집』순절 편에 이름만 기록되어 있다.

-『重峰集』

[103] 윤광계(尹光啓)

『중봉집』순절 편에 이름만 기록되어 있다.

-『重峰集』

[104] 박로(朴輅)

『중봉집』순절 편에 이름만 기록되어 있다.

-『重峰集』

[105] 남호덕(南好德)

『중봉집』순절 편에 이름만 기록되어 있다.

-『重峰集』

지당에 비 뿌리고

[106] 박사삼(朴事三)

선생의 매서(妹壻)이다. 이외의 기록은 없다.

-『重峰集』

[107] 박정수(朴廷壽)

『중봉집』순절 편에 이름만 기록되어 있다.

-『重峰集』

[108] 조사안(趙師顔)

『중봉집』순절 편에 이름만 기록되어 있다.

-『重峰集』

[109] 김계남(金繼男)

『중봉집』순절 편에 이름만 기록되어 있다.

- 重峰集

[110] 최중룡(崔仲龍)

『중봉집』순절 편에 이름만 기록되어 있다.

-『重峰集』

[111] 박경수(朴景修)

『중봉집』순절 편에 이름만 기록되어 있다.

-『重峰集』

[112] 오중철(吳中喆)

『중봉집』순절 편에 이름만 기록되어 있다.

-『重峰集』

[113] 이령백(李齡百)

『중봉집』순절 편에 이름만 기록되어 있다.

-『重峰集』

[114] 양천회(梁千會)

『중봉집』순절 편에 이름만 기록되어 있다.

-『重峰集』

[115] 박연현(朴連賢, ?~1592)

박연현은 밀양인(密陽人)이다. 임진년에 선생을 따라 창의(倡義)하
고 금산에서 전사했다. 뒤에 공조참의(工曹參議)를 추증했다.

-『重峰集』

지당에 비 뿌리고

[116] 황진(黃璡, ?~1592)

황진의 자는 형옥(衡玉)이다. 참봉(參奉)으로 임진년에 대제학(大提學) 윤형(尹炯)과 주문사(奏聞使)로 명조(明祖)에 다녀왔고, 뒤에 모함을 입어 옥천(沃川)에 귀향 갔다. 얼마 뒤에 선생을 따라 창의(倡義)하고 금산에서 전사했다.

- 『重峰集』

[117] 이중덕(李重德, ?~1592)

이중덕은 한산인(韓山人)으로 목은(牧隱) 색(穡)의 후손이다. 선생에게서 수업했다. 공은 늘 고인(古人)의 입근(立懂)한 사실을 보면 곧 감정이 격앙되어 사생취의(舍生取義)의 지절(志節)을 가슴속에 간직했다. 그리하여 선생은 다른 사람에게 말할 때마다 아무개의 재조(才操)와 용기는 보통 사람보다 뛰어나서 그와 더불어 대사(大事)를 할 만하다고 했다.

임진왜란에 선생과 의병(義兵)을 모집하여 청주싸움에서 대첩했고, 16일에는 선생을 따라 금산으로 갔다. 이때 적세(敵勢)가 강성하고 아군의 약세를 감안하여 안병 관세(按兵觀勢)할 것을 선생에게 권했으나, 선생의 결사(決死)의 굳은 뜻을 보고는 선생을 따라 역전(力戰)타가 순절했다. 선조 29년(1596)에 장례원판결사(掌隸院判決事)를 특별히 증했고, 또 좌승지(左承旨)를 가증(加贈)했다.

- 『重峰集』

[118] 손승경(孫承憬, ?~1592)

손승경의 자는 사오(士悟)요, 밀양인(密陽人)으로 을사명현(乙巳名賢) 대교(待敎) 홍적(弘績)의 아들이다. 인종 원년(1545)에 아버지가 피화(被禍)된 후 정읍(井邑) 초산(楚山) 아래 은거하며 초은(楚隱)이라 자호(自號)했다. 뒤에 참봉(參奉) 벼슬을 주었으나 출사하지 않았다. 임진년에 국왕이 서행(西幸)함에 충의가 분격하여 의병과 가동(家童) 수십 인을 거느리고 선생에게로 달려가던 도중, 양성현(陽城縣)에서 왜적에게 포위되어 역전하다 순절했다.

- 『重峰集』

[119] 김성진(金聲振, ?~1592)

김성진의 첫 이름은 성룡(成龍)이며 호를 국재(菊齋)라 했다. 개성인(開城人)으로 평장사(平章事) 준(晙)의 후손이며 판서(判書) 용니(用泥)의 5세손이다. 인종 원년 생으로 천성이 강의(剛毅)하고 대절(大節)이 있었다. 선생의 문하에서 수업했다. 8세에 문장을 지었고 13세에 벌써 무예(武藝)에 능통하여 백보 밖에서 버들잎을 맞혀 뚫는 재능이 있었다. 그리하여 선생은 몹시 사랑하면서 늘 칭찬하기를 "한나라 수하(隨何) 육가(陸賈)의 문장과 한신(韓信), 팽월(彭越)의 무재(武才)를 겸비한 사람이 바로 이 아이다."라고 극찬했다.

임진년에 공은 선생을 따라 창의(倡義)하여 청주의 왜적을 진격할 때 아군은 천 명도 채 되지 못하는데 공이 홀로 참획(斬獲)한 적의 수가 심다(甚多)했고, 금산에 왜적이 둔취(屯聚)했다는 말을 듣고 추격하여 성하(城下)에 대진(對陣)하고 한참을 있는데 왜적의 후속 부

지당에 비 뿌리고

대가 많이 와서 아군을 포위했지만 세 번 싸워 세 번이나 물리쳤다. 그런데 이때 아군의 화살이 떨어졌고, 왜적은 사면에서 개미 떼같이 몰려들었다. 그래도 군사들을 정돈(整頓) 대기하고 있던 사람은 오직 공과 김성원(金聲遠), 김형진(金亨鎭), 김절(金節), 권격(權格) 등 5~6인뿐이었다.

선생은 의관을 정제하고 단정히 앉아 말하기를 "사나이가 한 번 죽는 것은 당연한데, 죽으려면 그 죽을 시기와 장소를 얻어야 한다."라고 했다. 이에 공은 울면서 대답하기를 "사나이가 그 임금이 몽진(蒙塵)하는데, 이때를 당하여 저 더러운 성진(腥塵, 비리고 먼지 같은)을 일소하여 대연(大駕)을 보호하지 못하고 이 몸이 먼저 죽음에 이르렀으니, 죽는 것은 두려운 바가 없으나 할 일을 다 하지 못함이 한스럽습니다." 했다.

이에 선생은 "나는 의병을 일으킬 때부터 오늘이 있을 것을 알았다. 담담하게 의(義)에 나아가 죽자." 하고 서로 손을 맞잡고 순절했으니, 곧 8월 18일의 일이다. 이때 권각(權格)의 노복이 거짓 죽은 척하고 시체 틈에 누워 있다가, 왜적이 물러간 뒤에 그 주인의 시체를 메고 돌아왔다. 선조 조(宣祖朝)에 의총 앞에 칠단(七壇)을 모으고 사액(賜額)했다.

- 『重峰集』

[120] 명광계(明光啓, ?~1592)

명광계의 호는 모암(慕庵)으로 진사(進士) 극겸(克謙)의 아들이다. 문과에 급제하여 양사(兩司)를 거쳐 평택 현감(平澤縣監)이 되었다.

임진년에 정예 수백 명을 거느리고 선생을 따라 청주에 왜적을 대파하고 금산으로 곧바로 달려가서 선생과 함께 순절했다. 부인 문씨(文氏)도 주위 사람들이 피난할 것을 권유했으나 오히려 성을 내고 말하기를 "신하는 임금을 위하여 사절(死節)하고 아내는 남편을 따라 죽는 것이 각기의 직분이거늘 어찌 피난하랴?" 하고 역시 순절했다.

- 『重峰集』

[121] 정원복(鄭元福)

정원복의 자는 집중(執重), 호는 석봉(石峯)이라 했다. 진주인(晉州人)으로 관(官)이 충순위(忠順衛)였다. 영조 22년(1746)에 충장공(忠壯公) 신설시(伸雪時)에 가선대부(嘉善大夫) 병조판서를 추증했다.

- 『重峰集』

[122] 박중립(朴中立)

박중립의 자는 집중(執中), 호는 만오재(晚悟齋)로 반남(潘南) 사람이다. 단종조(端宗朝) 충신(忠信) 희권(希權)의 5대손이다. 뒤에 금산 진처(錦山陣處)에 일군순의비(一軍殉義碑)를 세웠다. 김장생(金長生)과 신독재(愼獨齋) 김집(金集) 두 선생 문하에서 수업하여 학문이 고명하며, 또 효행이 있어 당시인들이 공이 생장한 마을을 가리켜 군자리(君子里)라고 했다. 선조 임진년에 의병을 일으켜 중봉의 의병과 합류하려다가, 중봉이 순절하자 그 뜻을 이루지 못했다.

- 『重峰集』, 錦山郡誌

지당에 비 뿌리고

[123] 정민수(鄭民秀, 1569~1592)

정민수는 자를 자준(子俊), 호를 월암(月菴)이라 했다. 나주인(羅州人)으로 문정공(文靖公) 가신(可臣)의 12세손이며 참봉(參奉) 곤(鵾)의 아들로 선조 2년(1569)생이다. 송제민(宋濟民)과 교유했으며, 행의(行誼, 행실이 올바름)로 영릉참봉(寧陵參奉)에 제수했으나 나아가지 않았다. 일찍이 김포(金浦)로 선생을 찾아뵙고 이야기를 했는데, 이때 선생은 공을 매우 기특하게 생각하여 "나라에는 장차 환란(患亂)의 근심이 있는데 자네의 재능을 보니 요긴하게 선용(善用)할 때가 있으려니 더욱 충의(忠義)에 면려하라."라고 했다.

임진년 공이 거상 중(居喪中)에 임금이 몽진(蒙塵)했다. 소식을 듣고 북망통곡(北望痛哭)하고 곧 삼종제(三從弟) 회(繪)와 창의하여 의병 105인을 모집, 용만(龍彎)으로 근왕하려 했다. 마침 선생이 공주에서 거의(擧義)했다는 말을 듣고 양남 지방(兩南地方) 의사들에게 격문을 띄워 소집하고, 가묘(家廟)에 결별을 고하고 공주에 이르러 김헌(金獻)을 만나 같이 죽기를 서약하고 선생의 막하로 들어갔다. 이때 선생은 공에게 군무(軍務)를 부탁하여 운량(運糧)을 모아 회복의 계책을 꾀했다.

금산싸움에서 공은 조광윤(趙光倫), 임정식(任廷式), 이려(李勵), 김헌(金獻) 등과 맨주먹으로 싸우다 700 의사는 물론 삼종제 회(繪)와 함께 전사했다. 선조 28년(1599)에 김약(金籥)이 금산싸움터에 비를 세웠으며, 동왕 38년(1605)에 선무원종공신(宣武原從功臣)에 녹훈되었다. 순조 원년(1801)에 사정(司正)을 추증하고 오산사(鰲山祠)에 배향했다.

- 『重峰集』

[124] 정회(鄭繪, ?~1592)

정회는 정민수(鄭民秀)의 삼종제(三從弟)로 금산전투에서 함께 순절했다.

-『重峰集』

[125] 조광윤(趙光倫, ?~1592)

조광윤은 정민수(鄭民秀)에 관한 기록에서 임정식(任廷式), 이려(李勵), 김헌(金獻) 등과 맨주먹으로 싸우다 700 의사와 함께 전사했다고 이름만 기록되어 있다.

-『重峰集』

[126] 박숭휘(朴崇煇, ?~1592)

박숭휘는 함양인(咸陽人)으로, 벼슬은 주부(主簿)이고 고려조(高麗朝) 문제공(文齊公) 충좌(忠佐)의 후손이다. 임진란에 선생을 좇아 청주에서 승첩(勝捷)하고 금산전투에서 전사했다.

-『重峰集』, 沃川郡誌

[127] 장의백(張義柏)

장의백의 자는 군직(君直)이요, 호는 백암(柏庵)으로 흥성인(興城人)이다. 고려조 포음(圃陰) 장길(張吉)의 후손이다. 선조 원년(1568) 5월생으로 선생에게서 수업했다. 임진년 7월에 선생의 기의(起義) 격문을 보고 탄식하기를 "부모의 연세가 높으시고 또 다른 형제가 없어 근왕(勤王)의 사행(師行)에 참여하지 못한다." 하고 홀로 눈물만 흘렸다.

선조 29년(1556) 9월에 부친상을 당했다. 이듬해 8월 16일에 대방성(帶方城)이 실함(失陷)되어 병사 이복남(李福男)과 부사 임현(任鉉)이 전사하니, 공은 그들과 함께 죽지 못한 것을 유한(遺恨)으로 여겼다. 9월에 충무공 이순신이 우수영(右水營)에 있다는 말을 듣고 가족들에게 결별을 고하기를 "사나이 숭상하는 바는 충효(忠孝)뿐이다. 임진(壬辰) 계사(癸巳)년에 싸움터에 나가지 못했음은 늙으신 부친이 계셨기 때문이었다. 이제 아버지도 안 계시니 나라를 위하여 싸우는 것이 나의 할 일이다." 하고 말 한 필에 노복 2명만 거느리고 우수영으로 달려갔다. 이때 영암군수(靈巖郡守) 이종성(李宗誠)이 공을 위로하기를, "당신은 상복을 입고 난에 뛰어들었으니 진실로 충효의 선비"라고 했다. 이때 적선(賊船)은 바다를 덮은 듯 크게 몰려들었고, 공은 역전타가 드디어 순절했다.

-『重峰集』

[128] 박광조(朴光祖, ?~1592), 광종(光宗) 형제 순절

박광조의 자는 시영(時榮), 호는 지봉(砥峰)이며 밀양인(密陽人)으로 병마절도사(兵馬節度使) 대손(大孫)의 후손이며 경암(敬庵) 번(番)의 아들이다. 선조 3년(1570)에 무과(武科)에 급제하여 주부(主簿)가 되고, 임진왜란에 선조가 서천(西遷)했다는 말을 듣고 아우 광종과 울부짖기 3일에 하늘을 우러러 북배(北拜)하고 바라건대 황천(皇天)은 우리나라의 부새(否塞)한 국운(國運)을 가르쳐 길을 열어달라고

축원하고는 선생을 따라 기의(起義), 금산싸움에서 형제가 함께 순
절했다.

- 『重峰集』

[129] 박광종(朴光宗, ?~1592)

박광종은 박광조(朴光祖)의 동생으로 금산전투에서 형과 함께 순
절했다.

- 『重峰集』

[130] 현만령(玄萬齡)

현만령의 자는 대년(大年)이요, 연주인(延州人)이다. 학자들은 공
을 송암처사(松庵處士)라고 칭했다. 고려조 평장사(平章事) 연산군 일
(鎰), 경헌공(景憲公) 담윤(覃胤)의 후손이요, 내담사 봉사(內贍寺奉事)
중 판결사(贈判決事) 석수(碩壽)의 아들로 중종 39년(1544)생이며, 천
품(天品)이 준정(峻整)했다. 선생이 정주훈도(定州訓導) 시에 문하에
서 수업했다. 선생은 공에게 많은 기대를 걸고 성리학을 가르쳤고,
공도 일체 학문에만 전념했다.

일찍이 무장훈도(茂長訓導)로 있을 때 서실을 지어 여택재(麗澤齋)
라 불렀으며, 원근의 학자들이 모여들었다. 허영(許穎)과 허담(許淡)
은 공의 고제(高弟)였다. 공이 양친상(兩親喪)을 당하여 3년을 거로
(居盧)하는 동안 본주(本州)의 문묘(文廟)가 왜란으로 인하여 퇴폐(頹
廢)하니 공은 가산을 기울여 중신(重新)했다. 광무 9년(1905)에 본주
의 선비들이 선생을 여택재(麗澤齋)에 타향(妥香)하고 공도 배향했다.

- 『重峰集』

지당에 비 뿌리고

[131] 현담(玄淡)

현담의 자는 약수(若水)로 선조 7년(1574)생이다. 어려서부터 영특했고 성리학을 전공하여 문하에 저명한 사람이 많았다. 임진왜란에 임금의 행차가 정주(定州)에 오니, 공은 이때 19세로서 문묘(文廟)의 수임(首任)으로 있었다. 임금에게 헌마(獻馬)하고 자신은 도보로 호종(扈從)타가 중로(中路)에서 발병이 나니, 임금은 집으로 돌아가 조섭(調攝)할 것을 명했다. 환도(還都)하는 길에 임금은 공을 불러 후상(厚賞)을 내렸고 인조 19년(1741)에 졸서(卒逝)하니 조정에서 임란 시에 호성(扈聖)한 공을 기려 공조참의(工曹參議)에 추증했다. 여택재(麗澤齋)에 배향했다.

- 『重峰集』

[132] 백호섭(白虎燮)

백호섭은 호가 갈현(葛峴)으로 수원인(水原人)이며 벼슬이 판관(判官)이었다. 선생이 정주훈도(定州訓導)로 있을 때 문하에서 수업했다. 선생을 따라 창의(倡義)했다.

- 『重峰集』

[133] 노경(盧璚)

노경은 해주인(海州人)으로 선생이 정주훈도(定州訓導) 시에 수업했다. 선생을 따라 창의했다.

- 『重峰集』

[134] 백표섭(白彪燮)

백표섭은 호를 갈포(葛圃)라 했고, 선생이 명나라에 갈 때 왕배(往拜)했다. 선생을 따라 창의했다.

-『重峰集』

[135] 장덕개(張德蓋)

선생을 따라 창의했다.

-『重峰集』

[136] 고경우(高擎宇)

선생을 따라 창의했다.

-『重峰集』

[137] 최호(崔虎)

선생을 따라 창의했다.

-『重峰集』

[138] 이유일(李惟一)

선생을 따라 창의했다.

-『重峰集』

지당에 비 뿌리고

[139] 김유선(金惟善)

선생을 따라 창의했다.

- 『重峰集』

[140] 이충범(李忠範)

정립(鄭雴) 형제와 더불어 선생을 따라 창의했다.

- 『重峰集』

[141] 전몽성(全夢星, 1561~1597)

전몽성은 자를 응상(應祥), 호를 길촌(吉村) 또는 도헌(道軒)이라 하며 천안인(天安人)이다. 명종 16년(1561)에 태어났다. 고려조 문평공(文平公) 전문식(全文軾)의 후손이며 첨중추부사(僉中樞副使) 방필(邦弼)의 아들이다.

용력이 절륜(絶倫)하여 무술을 닦았고, 선조 16년(1583)에 무과에 급제하여 북도에 부방(赴防)했는데, 당시의 병사(兵使) 신립(申砬)이 크게 기특히 여겨 자기 막하에 머물게 했다. 선전관으로 초임하여 군기사 주부(軍器寺主簿)가 되었다.

임진왜란에 고경명과 김천일이 창의했다는 신문을 듣고 의병 수백 명을 모집하여 고경명(高敬命)과 나주(羅州)에서 만나 같이 금산 싸움에 참가했다. 전투가 패할 지음에는 몸에 여섯 군데나 창상을 입었고, 타고 있던 말마저 왜적의 칼날에 꼬리가 끊겼다. 때마침 선생이 승장 영규와 합병하여 청주의 왜적을 궤멸하고 금산으로 달려왔는데, 전몽성은 자기가 거느린 군사들을 선생의 수하에 합군했다.

금산싸움에서 선생이 패하자 주위의 군사들에게 "임금님이 건재하시니 우리는 죽을 수 없다." 하고 위기에서 몸을 빼었다. 이때 임금님은 용만에 계셨는데, 몽성은 행재소로 달려가려 했으나 관찰사 이광(李洸)이 불러 편비(偏裨)로 삼고 별장(別將) 남응길(南應吉)과 더불어 진산 지방을 방수(防守)케 했다. 뒤에 선전관(宣傳官)이 되었고, 1593년 임금이 환도하여 함평현감(咸平縣監)을 제수했다.

정유재란(1597)에 아우 몽진(夢辰)과 전 첨사 유장춘(柳長春) 박대립(朴大立) 등으로 재차 의병을 규합하니, 여러 사람들은 그를 장(將)으로 추천하여 유점(鍮店)에 진둔(陣屯)했다. 왜적이 내습하니 화살이 빗발치듯 하는데, 조금도 신색에 변화를 보임이 없이 독전하며 큰 나무를 의지하여 왜적을 향해 화살을 날릴 때마다 왜적은 차례로 꺼꾸러졌다.

이때 아우 몽진이 왜적이 쏜 탄환에 전사하자 좌우가 모두 흩어져 달아나려고 하니, 몽성은 큰 소리로 부르짖기를 "나라를 위하여 죽는 것은 신하의 책임이다. 다만 집에 늙은 어머니가 계시니 그 불효함을 어찌하랴." 하고 칼을 빼 들고 왜적 6, 7급을 베고 자신도 전사했으니, 1597년 9월 25일의 일이었다.

숙종 11년(1685년)에 호남의 유생들이 이 사실을 도백에게 알려 조정에 보고하니 병조참의(兵曹參議)를 증직하고, 고종 24년(1887년)에는 병조참판(兵曹參判)을 가증했고 정려를 세울 것을 명했다.

- 『重峰集』

지당에 비 뿌리고

[142] 성호선(成好善, 1552~?)

성호선은 창산군(昌山君) 수익(壽益)의 아들로 자는 측우(則優), 호는 월사(月簑)라 했다. 일찍이 고청(孤靑) 서기(徐起) 선생의 문하에서 수업했고, 선조 6년(1573)에 사마시(司馬試)에 문과급제(文科及第)하고 사헌부장령(司憲府掌令) 승문원교리(承文院校理)를 역임했다. 뒤에 도승지(都承旨)로 추중했다.

-『重峰集』

[143] 김언경(金彦慶, ?~1592)

김언경의 자는 이견(而見), 호는 절재(節齋)로 김해인(金海人)이다. 문미공(文愍公) 일손(馹孫)의 현손으로 병조좌랑(兵曹佐郎)이었다. 강개(慷慨)한 성품에 대의를 위해 목숨을 바치는 절개가 있었다.

임진왜란에 창의하여 여러 번의 전공을 세웠으며, 일찍이 권율(權慄)을 도우며 군세가 점점 떨치게 되었는데, 선생이 금산에서 순절했다는 말을 듣고 군대를 금산으로 이동하여 왜적을 토멸하려 했다. 금산군 동쪽에서 왜적과 조우하여 강상까지 전전(轉戰)하니, 사졸들은 피곤하여 흩어지고 왜적은 더욱 창궐했다. 공은 분전타가 군중(軍中)에서 순국했다.

-『重峰集』

[144] 유섬(劉暹)

유섬의 자는 일진(日進)이요, 호는 송암(松菴)으로 강릉인(江陵人)이다. 개국원훈(開國元勳) 옥천군(玉川君) 창(敞)의 6세손이다. 명종 4년(1549)생으로 상서(庠筮)에 등제(登第)하여 금오랑(金吾郎)이 되었고,

분의병기(奮義炳幾)한 공으로 선무원종공신(宣武原從功臣)에 녹(錄)되어 감찰어사(監察御史)로 승서(陞敍)되었다.

일찍이 선생에게서 공부했다. 임진왜란에 선생이 순절했다는 소식을 듣고 남원에서 거의(擧義)하여 권율 장군과 일을 같이 하면서 교룡산성(蛟龍山城)을 지키고 있었다. 얼마 뒤에 왜적이 대거로 몰려오니 권율은 저들의 예봉을 피하려 했다. 이에 공은 칼을 뽑아 들고 크게 부르짖기를, "이곳을 방수(防守)하지 못하면 영호 지방(嶺湖地方)도 우리의 것이 될 수 없다."라고 했고, 모든 군사들은 눈물을 뿌리고 사수하기를 맹약했다.

안개가 자욱하게 깔려 사방이 잘 보이지 않는 틈을 타서 아군이 정예(精銳)를 선발하여 왜적을 격파하며 숙령(宿嶺)까지 추격했고, 송대빈(宋大斌) 낙상지(駱尙志) 등이 후속 지원하여 남원성(南原城)이 피해를 면했으나, 공은 병을 얻어 이듬해 9월에 진중에서 사망하니 나이 겨우 40이었다. 이 사실이 조정에 알려지자 좌승지(左承旨)를 추증했다.

- 『重峰集』

[145] 최희급(崔希汲)

최희급은 자를 경사(景思), 호는 정재(淸齋)라 했다. 수성인(隋城人)으로 중종 37년(1542)생이다. 임진년에 선생의 막하에 종군했고, 그 뒤에는 창의사(倡義使) 김천일(金千鎰) 막하에 종군했으며, 이듬해 6월에 진주(晋州)에서 전사했다. 뒤에 선무원종훈(宣武原從勳)을 녹(錄)하고 무숙(武肅)이라 사시(賜諡)했다.

- 『重峰集』

지당에 비 뿌리고

[146] 김성휘(金成輝)

김성휘는 자를 입부(立夫), 호를 오강(梧岡), 광산인(光山人)으로 광산부원군(光山府院君) 국광(國光)의 후손이다. 임진년(壬辰年)에 선조가 파천(播遷)했다는 말을 듣고 북향 통곡하고, 중봉 선생과 고경명이 기의(起義)함에 이르러서는 가재(家財)를 털어 의병을 모집하고, 좁은 통로를 거점으로 수비(守備)하며 육로로 군량미를 조달한 공으로 여러 차례 은전(恩典)의 베품을 받았다. 권율의 이치(梨峴) 싸움에서는 거만(巨萬)의 궁시(弓矢)와 추향(芻餉)을 조달하여 병조참의(兵曹參議)에 특별히 제수했다.

- 『重峰集』

[147] 한일휴(韓日休)

한일휴는 자를 경일(景逸), 호는 월포(月浦)로 청주인(淸州人)이다. 임진년에 야행(夜行)으로 의주(義州) 행조(行朝)에 갔었다. 뒤에 집의(執義)를 추중하고 청주 검암사(儉巖祠)에 종향(從享)했다.

- 『重峰集』

[148] 김지(金智)

김지의 자는 명중(明仲)이요, 호는 퇴포(退圃)로 연안인(延安人)이다. 천성이 심히 고결했으며, 경술(經術)을 오로지 숭상했다. 수령이 되어서는 밝은 정치를 하여 많은 공을 세웠다. 선생이 연안교수(延安教授)로 있을 때 공은 연령에 구애되지 않고 선생을 존경하며 따랐고, 선생이 명나라에 질정관(質正官)으로 갈 때 내방하여 율곡

(栗谷)의 석담향약(石潭鄕約)을 듣고 이삼동지(二三同志)와 조목(條目)을 설(設)하여 연안에서 권선징악의 도리를 가르쳐 한 고을을 교화시켰다.

-『重峰集』

[149] 김천일(金千鎰)

김천일의 자는 이중(而重)이요, 허는 재동(齋洞)으로 연안인(延安人)이다. 성격이 공손(恭遜)하여 남에게 거스르는 바가 없었다.

선생이 연안교수로 있을 때 사사했다. 일찍이 선생께서 우리 문중에는 김천일과 노성필(盧成弼)이 비범한 인물이라고 칭찬했으며, 선조가 서행(西幸)할 때 선생은 공에게 용만(龍轡)으로 호성(扈聖)할 것을 명했다. 선조께서 공조참의(工曹參議)를 특수(特授)했다.

-『重峰集』

[150] 탁억손(卓億孫)

탁억손은 광산인(光山人)으로 고려조의 태사(太師)인 광산군(光山君) 지엽(之葉)의 16세손이며, 태종조(太宗朝) 문정공(文貞公) 신(愼)의 7세손이다. 공은 태어나면서부터 특이한 재질(材質)은 총명하고 기억력이 좋아 경사(經史)를 줄줄이 외웠다. 선생에게서 수업했고, 선생은 공의 지기(志氣)를 아꼈다.

공의 아들 채포(蔡圃) 용(龍)은 임진년에 선조께서 서순(西巡)할 때 어가(御駕)를 본제(本齊)로 모셔 3일을 지숙(止宿)했는데, 환도할 때 그의 정충(精忠)을 생각하여 불렀으나 사양하고 출사하지 않았다.

지당에 비 뿌리고

고종(考終) 한 뒤에 조정에서는 그 충의를 가상히 여겨 벼슬을 누증(累贈)하여 호조판서에 이르렀고 정려(旌閭)를 표했다.

- 『重峰集』

[151] 김순광(金順光)

김순광의 자는 사윤(士潤), 호는 서원(西源)으로 남양인(南洋人)이다. 선생이 정주훈도(定州訓導)로 있을 때 기전참봉(箕殿參奉)으로 천거했다.

- 『重峰集』

[152] 백인환(白仁煥)

백인환은 자를 사해(士該), 호를 송담(松潭)이라고 했다. 문과에 급제하여 벼슬이 총관(摠管)이 되었다. 늘 중봉 선생을 위하여 건원(建元)할 것을 잊지 않고 반드시 이룩하리라 했다. 공의 손자 시원(時源)도 문과에 급제하여 지평(持平)이 되어 건원발문(建元發文)에서 중봉 조헌 선생(重峯趙憲先生)을 흠앙할 서원(書院)을 아직 세우지 못한 것은 본주(本州)의 미황(未遑)한 일이라 했다. 증손 유행(愈行)도 늘 말하기를 중봉 선생은 우리 고을 경학(經學)의 조(祖)라고 했다.

- 『重峰集』

[153] 전승업(全承業, 1547~1596)

전승업 의사 충의비와 묘역

　전승업은 고려 중기의 유학자이며 의병 활동을 했다. 자는 효선(孝先)이고 호는 우재(愚齋)인데, 만년에 인봉(仁峰)으로 불렀다. 본관은 옥천(沃川)이며 1547년 동이면 적하리에서 태어났다. 옥천 전 씨는 전숙(全淑)이 판도판서로 있다가, 고려가 망하자 동이면 적하리에 은거하면서 그의 후손들이 세거했다. 전승업은 임진왜란 때 금산에서 장렬히 최후를 마친 의사 700명의 무덤을 만들어주고 중봉 선생의 시신을 수습한 사람이다.

　　　　　　　　　　　지당에 비 뿌리고

그는 본디 과거를 보는 데 필요한 글들을 좋아하지 않았으나, 어버이의 명으로 과거 공부를 하여 1568년(선조 2) 증광초시에 장원하고 1572년(선조 5년) 또 급제했으나, 거듭 회시에서 낙방하자 "선비가 참됨을 잃는 데에 과거시험을 자주 보는 것 같은 게 없다." 하고 과거 공부를 그만두고 자신의 인격을 닦는 학문에 힘썼다. 이후 천거에 의해 중학교수, 동몽교관 등에 임명되었으나, 부친의 병이 더욱 심하다 하여 사양했다.

벼슬을 그만둔 선생이 1584(선조 17년) 옥천 안내에 은둔하고 있었다. 이에 전승업은 중봉 선생이 있는 곳을 왕래했다. 1592년 4월 임진왜란이 일어나고 왕이 수도를 떠나자, 그는 인봉정사(仁峯精舍, 안내면 용촌리)에 있다가 통곡하며 "임금이 피난을 갔는데 신하가 집에 앉아서 바라만 볼 수 있겠는가?" 하고 선생과 의병을 일으킬 것을 약속했다. 이어 건강한 종 100여 명을 모으고 잡곡 등 100여 석을 모아 우선 군량미로 충당한 다음 청산, 영동에 격서를 보내 군량미를 모았다.

8월에 중봉 선생이 1,600명의 의병을 일으켜 청주 서문 밖에 진을 쳤다가, 적과 싸워 크게 승리했다. 이를 왕에게 알리기 위해 선생의 명으로 전승업이 의주 행궁으로 길을 떠났다. 그러나 홍성에 이르렀을 때 선생과 의병들이 금산에서 적을 치다가 전군이 전사했다는 소식을 듣고 상소를 곽현에게 주어 전하도록 했다.

전승업은 곧바로 금산싸움터로 돌아와 의병 700명의 시신을 거두어 큰 무덤을 만들어 제사를 지냈다. 그리고 선생의 시신을 수습하여 옥천으로 돌아와 장례를 지내고, 그가 나라에 올린 글과 기타 잡저 등을 모아 선생의 유고집을 만들었다. 이후 조헌의 모부인과 아들을 인봉정사에서 지내게 했고 마음을 다해 도왔다.

　전승업은 평소 병이 있었는데 임진왜란을 겪은 후 더욱 심해져, 날마다 약을 복용하면서도 금산에서 선생과 함께 죽지 못하고 왜적을 섬멸하지 못한 것을 한으로 여기다가, 1596년 갑자기 세상을 떴다. 묘소는 동이면 금암리에 있다. 후율사(後栗祠)에 배향되었다.

- 沃川郡誌

[154] 조완도(趙完堵, 1569~1642)

조완도 의사 묘소

　조완도는 본관이 배천(白川)으로, 호는 분계(汾溪)이며 조헌 선생의 4남 2녀 중 차남이다. 부인은 장응현(張應顯)의 딸이다. 사계(沙溪) 김장생(金長生)의 문인으로, 이괄의 난 때 왕을 공주로 호송하여 공신에 올랐다. 벼슬은 도사(都事)를 거쳐 현감(縣監)에 이르렀다.

　『옥천읍지』는 "조완도는 중봉 헌의 아들로 사계 김장생에게 배웠다. 계곡(谿谷) 장유(張維)가 천거하며 조여식(趙汝式)의 아들 완도는 버릴 수 없다고 했다. 갑자년(甲子年, 1624년) 이괄의 변란 때 수원에서 적을 사로잡고 공주로 왕을 호종했다. 벼슬은 도사(都事)였으며, 이괄의 난 때 공신녹권에 실려 있다."라고 그의 행적을 기록하고 있다.

임진왜란이 일어나기 전 해인 1591년(선조 24년) 중봉은 아들 완도를 통해 평안감사 권징(權徵)과 연안부사 신각(申恪)에게 글을 보내, 곧 왜적이 침범할 것이니 방비를 튼튼히 하라고 했다. 아버지 중봉 선생의 의병 활동을 항상 곁에서 도왔고, 전승업과 청주전투 첩지를 가지고 용만으로 가다가 아버지가 순절했다는 소식을 듣고 금산으로 돌아와 시신을 수습하여 장례를 모셨다. 부친이 순절 후인 10월 조정에서 복수군(復讐軍)을 모으자 완도가 호응했다. 1596년(선조 29)에 중봉 의병진의 군공시비에 대한 상소를 올린 사실이 『서애선생문집(西厓先生文集)』5권에 전한다.

『중봉집』 연보에 따르면, 1605년(선조38) 조완도를 태릉참봉(泰陵參奉), 1623년(인조 1년) 내자사주부(內資寺主簿), 1624년 의금부도사(義禁府都事), 강음현감(江陰縣監)을 제수했다.

『신독재전서(愼獨齋全書)』에도 강음현감 조완도에 대한 기록이 있다. 민욱(閔昱)의 『석계집(石溪集)』권4 조완도의 제문에서 순의비(殉義碑)와 표충사(表忠祠)는 모두 조완도의 공이라 했다. 보은 후율사(後栗祠)에 배향되었다.

- 『重峰集』, 沃川邑誌

[155] 박희령(朴希齡, ?~1592)

박희령은 본관이 함양이고 박현령의 아우이다. 1592년 임진왜란 때 참봉으로 군량미 비축에 힘썼다. 그의 형과 함께 조헌 의병진에 종군하여 청주성 탈환 작전에 참전했고, 다시 금산전투에 참전했다가 형과 함께 순국했다. 통정대부(通政大夫)에 증직되었다.

- 『沃川郡誌』

[156] 김복창(金復昌, ?~1592)

김복창은 본관이 함창(咸昌)이며, 참군(參軍) 김수생(金水生)의 아들이다. 선조 조에 무과에 급제하여 관직이 훈련원 봉사(訓鍊院奉事)에 이르렀으며, 1592년 임진왜란 때 의병장 조헌 선생을 따라 종군하여 금산싸움에서 용감히 싸우다 전사했다. 그 이름이 녹권에 올라 있다.

- 『忠淸北道誌』

[157] 김탁(金鐸, ?~1592)

김탁의 자는 마필(磨弼), 호는 송죽당(松竹堂), 본관은 경주(慶州)이며 상촌(桑村) 김자수(金自粹)의 8세손이다. 선조 조에 관직이 병조좌랑(兵曹佐郎)에 이르렀고, 1592년 의병장 조헌 선생을 따라 종군하여 금산싸움에서 전사했다.

- 『忠淸北道誌』

지당에 비 뿌리고

[158] 박우현(朴佑賢, 1572~1592)

박우현은 영의정 난(蘭)의 손자로 1572년(선조 5) 지금의 강서면 수의리 도장골에서 태어났다. 임진왜란에 약관(21세)으로 중봉 의병장 막하에 들어가 1592년 8월 1일 청주성 북문 밖에서 교전 중에 전사했다. 선조 대에 복호(復戶)했다. 박우현의 묘소로 청주시 수의동 도장골 마을 왼쪽 청룡산 중턱에 위치하고 있다.

-『淸州市誌』

[159] 이대춘(李大春)

이대춘은 淸州人으로 자는 인백(仁伯)이요, 호는 동원(東園)이라 했다. 관직이 사직(司直)에 이르렀을 때 임진왜란이 일어나 이광륜과 같이 의병에 참가했다. 금산전투 중에 친상(親喪)의 급보를 받고 돌아가 전사를 면했다.

이몽학이 반란을 일으켰다는 소식을 듣고 군수 이익빈(李翼濱), 교위 박수일(朴守一), 조존성(趙存性) 등과 의병을 일으켜 홍주성 작전에 참전했다. 이몽학의 반란군을 격퇴한 공으로 정난원종 공신에 기록되고 대제학 이조판서가 되었다.

-『洪州郡誌』

[160] 승장(僧將) 영규(靈圭)

의승장(義僧將) 영규의 호는 기허당(幾許堂)이요, 속성(俗姓)은 박씨(朴氏)로 공주 반치인(公州 板峙人)이다. 계룡산에 입산하여 서산대사(西山大師)의 법학(法學)을 전습(傳襲)했고, 뒤에 서봉사(瑞鳳寺), 낙가사(落迦寺), 갑사(岬寺) 등의 주지(住持)를 지냈다. 임진왜란 때 승려 300인을 거느리고 선생을 따랐다. 금산싸움에서 같은 날 순절했다. 뒤에 정려(旌閭)를 표하고 종용사(從容祠) 별묘(別廟) 및 서산대사 표충사(西山大師 表忠祠)에 배향되었다.

-『重峰集』

이상 160명의 의사가 지금까지 밝혀진 중봉 의병의 전부로, 전체의 10분의 1 정도이다.

밝혀진 의사들의 면면을 보면 대부분은 중봉 선생의 제자이거나 문인, 또는 선비들이었다. 나라가 존망의 위기에 처하자 오직 충의 정신으로 자신의 안위를 돌보지 않고 의병에 가담한 것이다. 그중에는 부자(父子)가 함께 참전하기도 하고, 형제와 친지 그리고 가동과 향리의 뜻있는 의사들도 함께 참여하기도 했다. 지역에서 덕망과 존경을 받던 사람들은 10여 명에서부터 수백 명의 의사들을 모집하여 집단을 이루어 중봉 의병에 투합했다. 오직 구국에 불타는 애국정신으로 귀중한 목숨을 바친 의사들, 그 고귀한 희생으로 오늘에 우리가 있음에 머리 숙여 감사드린다.

지당에 비 뿌리고

후기

◇ 중봉 조헌 선생 순절 후 포전(褒典)

○ 1592년(선조 25년) 8월 18일 금산싸움에서 700 의사와 함께 순절하다.

11월에 **가선대부 이조참판 겸 동지경연춘추관의금부부사**(嘉善大夫吏曹參判兼同知 經筵春秋館義禁府事)에 증직되다.

○ 1593년(선조 26년) 종관(從官) 김횡(金橫), 황신(黃愼) 등을 보내 치제하다.

○ 1603년(선조 36년) 호남과 호서 지방의 유사(儒士)들이 **금산의 순절한 곳에 순의비(殉義碑)**를 세우다.

○ 1604년(선조 37년) **선무원종공신 1등**(宣武原從功臣一等)으로 공신록에 오르다.

자헌대부 이조판서 겸 홍문관대제학 예문관대제학 지경연 성균관 춘추관 의금부사 세자좌빈객(資憲大夫吏曹判書 兼 弘文館大提學 藝文館大提學 知經筵 成均館 春秋館 義禁府事 世子左賓客)에 증직하다.

12월에 예조좌랑 윤광계(尹光啓)를 보내 치제하다. 그리고 홍문관교리 성진선(成晉善)을 특별히 보내 묘를 지킬 오가(五家)를 주어 밭 오결(五結)을 감조케 하고 복호(復戶)를 명했다.

○ 1605년(선조 38년) 아들 완도(完堵)를 태릉 참봉에 임명했으나, 상소하여 선신(先臣)의 공열(功烈)을 억누르는 폐단을 들어서 받지 아니했다.

○ 1608년(선조 41년) 여러 선비가 상소하여 묘 앞에 사우(祠宇)를

지당에 비 뿌리고

세우고저 청하니 이를 허락하여 **사호(賜號)를 표충(表忠)**이라
했다.

○ 1609년(광해군 원년) 명(命)을 내려 정려(旌閭)하다.

○ 1613년(광해군 5년) 기보(畿輔)의 선비들이 **김포에 유허비(幽墟
碑)**를 세우다.

○ 1615년(광해군 7년) 아들 완기(完基)의 효자문(孝子門)을 정표(旌
表)하다.

○ 1623년(인조 원년) 연신(筵臣) 조익(趙翼)의 건으로 아들 완도(完
堵)를 내자사 주부(內資寺主簿)에 임명하다.

○ 1624년(인조 2년) 완도(完堵)를 의금부도사(義禁府都事) 강음현감
(江陰縣監)에 임명하다.

○ 1636년(인조 14년) 10월 20일, **묘소를 옥천군 안남 미산(薇山)으
로 이장**하다.

○ 1649년(인조 27년) **시호(諡號)를 내려 문열(文烈)**이라 하다.

○ 1653년(효종 4년) 7월 17일, 예조좌랑 정동엽(鄭東燁)을 금산에
보내 종용사(從容祠)와 의단(義壇)에 치제하다.

○ 1656년(효종 7년) **신도비(神道碑)**를 세우다.

○ 1663년(현종 4년) 예조의 관리를 보내서 치제하다.

○ 1667년(현종 8년) 5월 7일, 예조 좌랑 유송제(柳松齊)를 보내 묘
소에 치제하다. 이 해에 **묘표(墓表)를 고쳐 세우다.**

○ 1670년(현종 11년) 4월 10일, 사인(舍人) 이헌(李憲)을 보내 의단
에 치제하다.

○ 1671년(현종 12년) 5월, 예관(禮官) 김총(金璁)을 보내어 치제
하다.

○ 1673년(현종 14년) 완기(完基)에게 사헌부 지평(司憲府持平)을 증직하다.

○ 1684년(현종 10년) 7월 17일, 장령 권달(權怛)을 보내어 의단에 치제하다.

○ 1699년(숙종 25년) 1월 13일, 근신(近臣)을 보내어 의단에 치제하다.

○ 1703년(숙종 29년) 증손 광한(匡漢)에게 한성부 참군(漢城府參軍)의 벼슬을 주다.

○ 1710년(숙종 36년) 청주 유생들이 **청주싸움터에 유허비(遺墟碑)**를 세우다.

○ 1712년(숙종 38년) 5월 15일, 부사직 김시섭(金始燮)을 보내어 의단에 치제하다.

○ 1717년(숙종 43년) 3월 16일, 예조 정랑 김윤해(金潤海)를 보내 묘소(墓所)에 치제하다. 7월 17일에 예관을 보내 의단에 치제하다.

○ 1718년(숙종 44년) 5월 7일, 예관을 보내어 치제하다.

○ 1734년(영조 10년) 선생의 자손은 적손과 지손을 가리지 않고 녹용하게 하다.

　　『**조천일기(朝天日記)**』를 **간행**을 명하다.

　　7월 19일에 부수찬 유건기(兪健基)를 보내어 종용사와 의총에 치제하다.

　　9월 15일에 **영의정(領議政)을 증직**하다.

　　9월 25일 예조좌랑 박담을 보내어 김포 우저서원(牛渚書院)에 치제하다.

지당에 비 뿌리고

○ 1740년(영조 16년) 7월에 선생의 **문집(文集) 간행**을 명하다.

○ 1883년(고종 20년) 10월 21일, 관학 유생(館學儒生) 및 팔도 유생 (八道儒生)의 상소에 따라 **문묘(文廟)에 배향**하다.

○ 1971년 4월 13일, **순절지(殉節地)가 성역화(聖域化)**되다.

◇ 다시 정리해보는 중봉 조헌(重峯 趙憲)의 삶과 정신

　중봉 선생은 조선 중기의 문신이다. 절의(節義)를 생명보다 중히 여긴 도학자(道學者)로, 임진왜란(壬辰倭亂)에 임하여 의병장으로 활약하시다가 장렬하게 순절하신 구국의 표상이시다.

　중봉 선생은 1544년(중종 39년)에 도학자의 집안에서 태어났다. 조부 세우(世佑)는 정암(靜庵) 조광조(趙光祖)의 문인이었고, 부친 응지(應祉)는 청송(聽松) 성수침(成守琛)의 문인이었다. 그리고 선생은 율곡(栗谷) 이이(李珥), 토정(土亭) 이지함(李之菡), 우계(牛溪) 성혼(成渾) 세 분을 스승으로 모셨다. 이로써 중봉 선생의 학맥은 가까이는 율곡과 성혼에서부터, 위로는 퇴계 이황과 조광조의 도학사상까지 연계되어 있음을 알 수 있다.

　어려서부터 많은 책을 읽고 공부한 중봉은 도학에 정통했고, 학문의 진리를 몸소 실천하는 데 조금도 게을리하지 않았다. 24세에 과거에 급제했으나 낮은 관직에 연연하지 않았고, 나라와 백성을 걱정하는 상소를 그치지 않았다. 바른 소리로 항상 반대론자들의 표적이 되었으나, 이에 굴하지 않고 오로지 자신의 길을 걸었다.

　선생은 일생을 통하여 명예와 권력과 부를 탐하지 않았다. 선조가 그에게 예조좌랑을 제수했을 때는 스스로 미천한 자신에게는 맞지 않는다며 이를 사양하는 상소를 올렸으니, 평생 낮은 직급의 벼슬에도 만족하는 분이었다. 도학자로서 불의와 타협하지 않는 확고한 신념으로, 수없는 모함과 배척을 받으며 가난하고 험난한 삶을 살 수밖에 없었다. 그러나 선생은 의(義)를 행하는 일에는 주저하지

　　　　　　　　　　　　　　지당에 비 뿌리고

않았고, 나라와 백성을 위해서는 임금에게 직언을 서슴지 않을 정도로 거침이 없었다. 선생을 제대로 아는 사람들은 그를 당대의 대표적인 절의(節義)의 인물로 꼽기를 주저하지 않았다. 조정을 향해 불의를 과감히 비판하는 그를 선조가 미친 사람 취급하고 극도로 미워할 때도, 많은 선비들과 백성들은 그의 절의와 충성심에 탄복했다.

임진왜란이 일어나고 임금이 의주로 피난했을 때이다. 김천일(金千鎰) 의병진의 막료로 활동하던 양산숙(梁山璹)과 곽현(郭賢)이 첩지를 가지고 선조가 있는 의주에 행궁으로 갈 때, 중봉 선생에 대하여 그들이 직접 겪은 이야기가 전해 온다.

두 사람이 적진을 피해서 황해도와 평안도 지방을 지날 때였다. 어디를 가나 촌부(村夫)와 촌로(村老)들이 반드시 중봉 선생의 소식을 물었다. 선생이 의병을 일으켰다는 말을 듣고 원근(遠近)의 모든 사람들이 "조헌이 기병했으니 어찌 난을 평정하지 못한다고 걱정하랴." 하며 굳게 믿고 있었다. 세상 사람들은 국난을 당하면 조헌이 당연히 의병을 일으켜 왜적을 토벌할 것이라고 믿고 있었던 것이다.

등에 도끼를 메고 대궐에 들어가 상소를 한 충신인 중봉이 의병을 일으켰으니 이제 우리들은 살았다고 했는데, 이는 양산숙과 곽현이 몸소 들은 바였다. 그들은 "중봉 선생이 일세(一世)에 용납되지 못했으면서도 도리어 무식한 천예(賤隸)들 까지도 그를 잘 알고 있음은 무슨 일이냐? 기이하고도 기이하다."라고 했다. 비록 단편적인 일화이지만 당시에 선생이 어떠한 위치의 인물이었는가를 넉넉히 짐작하게 한다.

임진왜란이 일어나고 선생이 옥천과 공주에서 기병했을 때는 불과 2~3일 만에 1,000여 명의 의사들이 모여들었다. 그러나 관군의 방해로 의병들은 모두 흩어지고 말았다. 그가 충청우도로 가서 다시 의병을 모집하자 며칠 만에 1,600여 명이 모여들었다. 청주성을 탈환하고 금산에서 일만 오천 명의 왜적을 상대로 죽음을 무릅쓰고 싸울 때도, 선생을 따르던 700명의 의사들은 전세가 불리함을 알면서도 기꺼이 함께했다. 그리고는 한 사람도 전장을 이탈하지 않고 선생과 함께 순절했다. 이 불가사의한 희생정신이 과연 어디서 나왔는지 궁금하지 않을 수 없다. 그가 어떠한 인물이었기에 그 많은 사람들이 의병에 참여하고, 백성들이 그토록 믿고 신뢰했을까? 선생의 행적을 헤아려 우리에게 남기신 고귀한 정신을 되새겨본다.

첫째, 실천지학(實踐之學)의 행동하는 선비

중봉 선생은 어려서부터 학문에 대한 열정이 남다르고, 한 번 마음 먹은 것은 반드시 하고야 마는 성품이었다. 다섯 살 때 임정(林亭)에서 학동들과 공부할 때 사또의 행차가 있어서 다른 아이들은 모두 책을 놓고 뛰쳐나갔다. 그러나 중봉만은 홀로 의연하게 앉아 책을 읽으니, 그의 행동에 모두가 감탄했다. 사또가 임정에 올라 그에게 물으니 한눈팔지 말고 공부하라는 아버님의 명을 받들 뿐이라고 했다. 집이 가난하여 부모님을 도우면서 밭두렁에 책을 걸쳐놓고 공부했고, 밤이면 달빛에 비춰 책을 읽었다. 그는 "세상에 남자를 낸 것이 어찌 우연이리오."라며 자임하는 바가 컸다. 과거에 급제한 후에도 관직에 있거나 초야에 있거나 항상 책을 놓지 않았으며, 심지어는 성절사(聖節使) 질정관(質正官)으로 명나라를 다녀오는 수레에서도 책을 읽고, 귀양 가는 길에도 독서를 멈추지 않았다.

선생이 부평 유배에서 풀려나 보령으로 토정(土亭) 선생의 묘소를 찾아갈 때, 주막에서 하룻밤을 묵으며 이생(李生)이라는 한 선비를 만나게 되는데, 그에게 밤새도록 『격몽요결(擊蒙要訣)』을 전사해 주었다. 그 선비가 며칠 동안 선생과 함께하면서 살펴보니, 한시도 손에서 책을 놓지 않았고, 말안장에 실린 함에는 옷과 식량은 없고 관솔과 책뿐인 것을 보고 놀랐다고 한다.

선생은 학문의 성취를 위해 22세 때 성균관에 진학했다. 24세에 과거에 급제하여 벼슬길에 나아가서 율곡(栗谷)과 우계(牛溪). 토정(土亭)을 스승으로 모시고 도학의 경지를 이루게 된다. 우계와의 사제 관계는 27세 되던 해 파주목 교수로 있을 때 직접 찾아가 학문을 청하면서 이루어졌다. 우계는 중봉에게 학문은 가르쳤으나 스승과 제자의 관계를 사양하고 어려운 벗으로만 생각했다. 그러나 선생은 우계를 끝까지 스승으로 섬겼다. 또 선생이 28세 때 홍주목 교수로 나가면서 토정을 찾아가 사제 관계를 맺는다. 토정은 중봉과의 문답에서 그의 견식(見識)과 덕기(德氣)를 보고 스스로 가르칠 사람이 아니라고 사양했다. 그리고 스승인 율곡, 우계와 함께 구봉, 조카인 이산보(李山甫) , 문인인 서기(徐起) 등을 추천했다. 정여립(鄭汝立)이 우계와 율곡을 모함하고 이발(李潑)이 이에 동조했을 때 선생은 '만언소(萬言疏)'를 올려 극구 변명하기도 했다.

당대 제일의 도학자들을 스승으로 모시고 연마한 선생의 학문은 매우 넓고 깊었다. 방대한 양의 『주자대전(朱子大全)』과 『주자어류(朱子語類)』, 굴원의 『이소경(離騷經)』, 제갈량의 『출사표(出師表)』 등을 모두 배송했을 뿐만 아니라 고사(古事)에도 능통했고, 천문(天文)과 지리(地理)에도 밝아 미래를 보는 혜안까지 있었다. 우계는 "중봉의 학문이 날로 일취월장하니 매우 두려운 사람이다."라고 하면서, 율곡(

栗谷)이 일찍 작고하여 중봉의 학문이 크게 진보한 것을 보지 못한 것을 아쉬워했다.

선생은 배운 것을 몸소 행하는 철저한 실천가였다. 즉, 선생의 학문은 단순한 이론학(理論學)이 아니라, 이를 사회에 실현하고자 하는 실천사상(實踐思想)에 토대를 두고 있었던 것이다. 선생이 항상 제생들에게 이르는 말이 있었다.

> 글을 읽지 않으면 마음이 밝지 못하고, 공경스러운 태도를 갖지 않으면 마음의 중심이 존재하지 않으며, 힘써 행하지 않으면 밝은 마음과 갖고 있던 마음의 중심이 모두 허탕한 데로 돌아가 쉽게 이단으로 빠져든다.

이렇게 선생은 글을 읽되 반드시 이를 실천할 것을 강조했다. 선생의 실천지학(實踐之學)은 부모에 대한 효를 행하는 것에서부터 시작되었다. 어려서부터 부모의 말씀을 들을 때는 단정히 무릎을 꿇고 경청했으며, 분부를 거역하지 않고 지성으로 섬겼다. 스스로 나무를 하여 부모의 방을 덥히고, 농사를 지어 어버이를 봉양했다. 10살 때 어머니를 여의고 계모 김 씨를 맞이했다. 계모는 성품이 까다롭고 엄했다. 그러나 선생은 항상 웃는 낯으로 대했고, 부름이 있으면 늘 부드러운 음성으로 대답했다. 부친을 여읜 뒤에도 계모 김 씨는 조그만 잘못이 있어도 선생을 준엄하게 꾸짖었다. 그러나 선생은 지극한 효도로써 마음을 편안하게 해드리고, 종일 조심하여 조금도 게을리하지 않았다. 선생이 보은현감을 자청하여 내려간 것도 계모를 편히 모시기 위해서였다. 계모 김 씨는 선생이 순절한 후에도 8년을 더 살았다. 선생이 순절하자 김 씨는 울부짖으며 탄식하기를 "

지당에 비 뿌리고

어찌 이런 훌륭한 인물이 세상에 다시 있으리오. 슬프구나! 참으로 내 아들이로다." 하고 선생을 애도하기를 자기 일처럼 했다.

선생이 젊어서 양천강을 건널 때, 심한 바람에 배가 뒤집힐 지경에 이르러 배에 탄 사람들이 모두가 사색이 되었으나 홀로 태연했다. 바람이 가라앉고 함께 탄 사람들이 이유를 물으니 "사생은 천명인데 분주하여 울부짖는다고 면할 수 있을 것인가?"라고 했다. 이렇게 매사에 진중하고 의연했다. 어느 날은 좁은 길을 가는데 종자가 장작을 지고 가는 사람과 부딪쳐서 장작이 모두 흩어져버렸다. 그러자 선생은 그 장작을 주워서 다시 실어서 보낸 다음에야 가던 길을 갔다. 길주에서 귀양 생활을 할 때도 부과된 노역은 대부분 역관과 밀통하여 노복에게 대신 시키는 것이 관례였으나, 선생은 그 힘든 노역을 몸소 감당하면서 "조정에서 노역을 시키는 것은 죄를 지은 사람을 다스리려고 하는 것인데, 이것을 모면할 것을 구한다면 이것은 임금의 명을 어기는 것이다."라고 했다.

이발(李潑)이 정여립에 동조하여 율곡과 우계를 배반하자 선생은 그의 마음을 돌리려고 한겨울에 전라도 남평까지 갔다. 그러나 어쩔 수 없이 절교하고 돌아선다. 선생이 떠나고 동석했던 사람이 이발에게 중봉이 어떤 사람이냐고 물었다. 이에 이발이 삼대(夏·殷·周) 시대나 볼 수 있는 인물이라고 대답하면서, 자네나 우리 따위가 그 사람을 이렇다 저렇다 하고 헤아려 논할 바가 못 된다고 말했다. 친구인 이발도 선생을 이처럼 높이 생각하고 있었던 것이다.

선생이 태의(太醫)로 이름난 양예수를 만난 적이 있었다. 그가 좌중의 사람들에게 선생을 소개하며 "여러분들은 일찍이 이분을 본 일이 있느냐고 물었다. 그리고는 "여러분들이 나의 친구이기에 이분을 면식할 수 있으니 정말 다행한 일이다."라고 말했다. 중봉 선생이 돌아가고 사람들이 양예수에게 "당신은 발의 병으로 손님을 영송하지 않은 지가 오래되었는데, 오늘은 무슨 기운으로 중봉 선생을 공경하는 것이 이토록 지극하냐?"라고 물었다. 양예수는 "이분이 평생 하는 거지(擧止)는 옛사람에게서 구하려 해도 짝할 수 있는 사람이 드물 것이다. 백성에게 인자하고 사물을 아끼는 그 마음씨는 비록 그분을 성인(聖人)이라고 하여도 옳을 것이다."라고 감탄하며 대답했다.

임진란이 일어나기 전 해에 선생이 속리산의 어느 절에 머물고 있었다. 어느 날 홀연히 엎드려 슬피 울면서 조반도 들지 않는 것이었다. 지현(智玄)이란 중이 이상히 여겨 그 까닭을 물었으나 대답하지 않았다. 며칠 뒤 선생이 지현에게 이르기를 "지난밤에 성진(星辰)의 변괴가 몹시도 심했으니, 시사(時事)를 감히 알 만하다. 내 어찌 슬프지 않으랴."라고 하는 것이었다.

그 후에 안방준이 월출산 도갑사에 갔다가 70이 넘은 지현스님을 만났는데, 그가 말하기를 "조제독(趙提督)은 성인(聖人)이다. 당시의 사대부들의 애민우국(愛民憂國)이 모두 조제독만 같았으면 국사가 어찌 이 지경까지 이르렀겠는가?"라고 했다. 선생은 사람을 사귀는 데 있어서 귀천이 없고 현우(賢愚)를 가리지 않고 지성으로 대했다. 그는 외모가 장중하고 말이 엄정하여 그를 군자로 대하지 않는 사람이 없었다. 이와 같이 선생은 쉬지 않고 학문을 닦고, 스스로 수기치인(修己治人)하여 세상의 평이 이러했으니, 가히 성인이라 할 것이다.

이러한 선생에 대한 숱한 일화들은 모두가 옛 성현의 가르침을 일

지당에 비 뿌리고

상에서 그대로 실천한 것이었다.

우리가 힘써 배우는 까닭은 무엇인가? 그것은 이 세상에 태어나 인간답게 살고자 함이요, 그 삶에는 인류와 민족과 사회에 유익한 존재가 되고자 함이 아닌가. 그러나 지금의 사회 현상은 배움에 대한 열정과 노력은 어느 시대보다도 높고 극성이지만, 그 지식을 활용하는 데 있어서는 지극히 배타적이고 이기적이란 생각을 하게 된다. 중봉 선생은 일생을 통해 작은 하나에서부터 어려움과 고통을 마다하지 않고 자신의 모든 것을 바쳐 정의를 구현하는 데 힘썼다. 재물과 명예와 권력을 좇지 않았고, 오직 대의를 위해 성현의 가르침을 실천하는 일관된 일생을 살다가, 한창 뜻을 펼칠 49세의 나이에 의병을 일으켜 나라를 위해 순절했다. 결코 불의와 타협하지 않았고 성현의 가르침대로 의롭게 살다가신 선생이야말로 민족의 스승이라 할 것이다.

둘째. 보국안민(保國安民)의 개혁 정신

선생은 백성들이 평안하고 외세의 침략으로부터 고통받지 않는 나라를 만들고 싶었다. 자신이 성취한 학문을 사회에 실현하여 위로는 임금과 신료들이 정의롭고, 아래로는 백성들이 편안하게 살 수 있는 태평한 세상을 만들고자 했다. 이러한 선생의 사상은 그가 올린 상소문 속에 가득하다.

1574년 선생이 31세가 되던 해에 성절사의 질정관으로 명나라를 사행하게 되었는데, 새로운 문명을 보면서 많은 것을 느끼게 된다. 명나라를 다녀와서 쓴 '시무팔조소(時務八條疏)'와 '의상십육조소(擬上十六條疏)'에는 보국안민을 구하려는 선생의 개혁안들이 줄줄이

제시되어 있다.

'선상팔조소(先上八條疏)'에서 국가의 위태함과 민생의 어려움은 관리 임용의 잘못에서 비롯된다고 지적했다. 관리를 너무 자주 교체하는 폐단을 제도적으로 개선하여 직무를 열심히 수행하게 하고, 백성들이 안식처를 얻도록 해야 하며, 의관(衣冠)의 실용적인 개선과 중국인의 검소한 생활을 본받아 과음과 과식을 삼가는 절약 정신을 가져야 한다. 국방에 있어서도 병사의 강약은 주장(主將)의 능력에 있는 것이지, 군사의 다과(多寡)에 있는 것이 아니므로 문무를 겸비한 장수를 육성하고 군사를 강화하여 나라를 지키는 힘을 길러야 한다고 강조했다.

또한 '의상십육조소(擬上十六條疏)'에서는 과부의 재가(再嫁)와 서얼(庶孼)의 등용을 막는 혁신적인 제도의 개선을 주장했다. 특히 과부의 재혼을 허락하여 인구의 증가를 도모하고, 백성을 안거하게 하도록 민생을 돕는 것이 시급하다고 했다. 그리고 차별받는 서자도 우수한 자를 등용할 것을 제안하는 등 선생의 개혁적 사상이 잘 나타나 있다. 안정되고 부강한 나라, 백성들의 평안하게 살 수 있는 나라를 만드는 것이 그의 꿈이었던 것이다. 그러나 현실은 너무나 참혹했다.

1582년 선생이 보은현감으로 있을 때 올린 의상소(擬上疏)에서 백성들이 겪는 어려운 현실을 이렇게 말한다.

> 오늘날에는 가난한 백성들이 많고 또 송곳을 꽂을 만한 땅도
> 갖지 못했는데, 일 년에 부역에 종사하는 날이 거의 한 달이 넘고,
> 사소한 대출로 양곡의 낭비가 많아 농량을 이어가지 못하여 많은
> 백성이 추위와 굶주림에 떠는 까닭입니다.

지당에 비 뿌리고

일족이 거듭되는 징수로 농지와 집을 모두 팔아도 지탱할 수가 없어 떠돌아다니는 백성이 날로 늘어나고 동리는 쓸쓸해져 갑니다.

백성들이 과도한 부역에다 세금보다 더 많은 인정비(뇌물)를 받는 서리(胥吏)들의 폐해로 도저히 감당할 수 없는 지경에 이른 현실을 강하게 비판했다. 그러므로 부역을 줄이고 이를 바르게 시행하며, 서리들의 생계 대책을 보장해 주어서 이들이 횡포를 부리지 못하게 함으로써 백성들을 보호해야 한다는 서리 개혁론을 제시했다.

1589년 중봉 선생이 46세 때 올린 '논시폐소(論時弊疏)'에서는 과도한 세금과 부역, 지나친 형옥(刑獄)으로 인하여 민생은 곤궁해지고 국가의 운명이 기울어지는 당시의 상황을 "수많은 백성들을 밑이 뚫린 배에 태워 출항하였다가, 바다 한가운데 풍파를 만나 행방을 잃은 것과 같다."라고 비유했다.

또 국경선이 북방으로 확대됨에 따라서 남쪽의 백성들을 변방으로 무리하게 이주시키는 폐단을 논했다. 고초를 견디지 못한 백성들이 유랑하는 실정을 지적하고, 이를 개선할 삼분사일제(三分徙一制)를 주장했다. 이는 옮기려는 백성을 셋으로 나누어 1분을 먼저 옮기되 장정이 있는 호구를 선발해서 지원해 주고, 밭을 개간하여 자리를 잡으면 그다음에 2분을 옮기는 점차적인 이전 방법으로서, 백성을 구제할 현실적인 방안이었다. 선생이 올린 많은 상소에 반드시 들어 있는 백성들의 어려움을 논하는 절절한 대목에서 우리는 그의 각별한 애민정신을 느낄 수 있다.

가령 유사(有司)가 법을 봉행하고 백성이 과연 영을 따른다고 하더라도, 옥비(玉婢)의 자손 200여 명을 옮겼는데 지금은 열 사람도 차지 않는다고 합니다. 이는 백성의 산업(産業)을 주관하는 사람이 사람마다 모두 살아가도록 하지 못하고 도리어 못 살게 재촉하였기 때문입니다.

가령 셋으로 나누어 옮기되 먼저 건아(健兒)가 있는 민호(民戶)를 먼저 옮기고, 3분의 2는 남겨두었다가 이들에게 각각 공물을 거두어 먼저 옮겨간 민호를 부호(扶護, 도와서 보호함)하게 하여 저들이 전지를 개간한 다음에 점차 옮기게 하면, 거주하는 자와 옮겨가는 자가 양쪽 모두 온전하게 될 수 있습니다.

'칼로 죽이는 것이나 정사로 죽이는 것이나 살인한 것은 같습니다.' 전하께서 이 백성들이 모두 죽었다는 것을 들으시면 반드시 척연(戚然)히 마음속으로 슬퍼하게 될 것입니다. 백성의 부모가 되어 어찌 차마 먼저 백성의 산업을 관리하지 아니하고, 그저 백성을 옮기는 명령만 급급히 내리신단 말입니까. 지금 백성의 산업을 관리하는 데에는 다른 방법이 없습니다.

오직 현재 쇄환시키는 문서에 기록되어 당연히 옮겨야 할 백성들에 대해서 그 가운데 노약자는 그대로 남쪽 지방에 살게 허락하되, 그들의 소원에 따라 해마다 공목(貢木)을 납입하게 한 다음, 관에서 역마로 운송하여 토병(土兵)의 남녀로서 농사를 지을 수 있는 자에게 각각 1필씩 나누어주어 둔전(屯田)을 개간하게 하소서. 그렇게 하면 토병의 남녀가 추우면 옷을 입게 되고, 굶주리면 이를 팔아 밥을 먹을 수 있으니, 오랑캐 지방의 찌꺼기를 빌어먹기 위해 몰래 왕래하면서 나라의 계책을 누설하는 지경에 이르지 않을 것입니다.

선생은 국방 개혁에 있어서도 장차 전란의 위협에 대비하여 군제(軍制)를 강화하는 국방강화론(國防强化論)을 역설했다. 이러한 군제의 개혁은 민생 안정을 통한 국방 강화에 목표가 있었다. 군역제

지당에 비 뿌리고

도(軍役制度)의 폐해로 인해 백성들은 이를 면하고자 양인이 노비가 되고 승려가 되었으며, 떠돌아다니는 백성들이 늘어나 장정 수가 날로 줄어드는 실정이었다. 그러므로 민생의 안정으로 인구를 늘리고 노비와 승려를 줄여 이를 병사로 선발하면 20년 이내에 백만 양병(百萬養兵)이 가능하다는 '백만 양병설'의 구체적인 방안을 내놓았다. 이처럼 선생은 부강한 나라가 되기 위해서는 먼저 민생의 안정에 근본하고 강한 군대를 육성해야 한다는 보국안민을 실현하고자 끊임없이 현실을 비판하고 대안을 제시했던 것이다.

셋째. 절의진명(節義盡命)의 확고한 신념

선생은 불의와 타협을 모르는 강직한 기질의 성품이었기에 조정으로부터도 인정을 받지 못하였고, 오히려 심한 핍박을 받아야만 했다. 그는 당파에 적을 두지 않았으나 동인(東人)들은 선생을 음험하고 사독한 인물로 평가하였으며, 선조 임금조차도 간귀(奸鬼)라고 폄하하였다. 선생 스스로도 "우주가 생성된 이래 소인배들에게 이토록 노여움을 산 사람은 자신보다 더 심한 사람은 없다."라고 말했다. 선생은 이와 같이 혹독한 평가에도 개의치 않았고 지극한 정성으로 국가의 안위만을 생각하고 잘못된 정치를 비판하는 상소를 지속적으로 올렸다. 이로 인하여 수차례 임금의 노여움을 사기도 하고 온갖 고초를 겪기도 하였으나 오로지 죽음을 두려워하지 않는 강한 신념으로 일관하였다.

> "오늘은 오직 한 번의 죽음이 있을 뿐이다. 앞으로 나아가고 물러섬에 있어 의(義)에 부끄럼이 없도록 하라(今日只有一死死生進退 毋愧義字)."

이 말은 선생이 금산전투에 임하는 의병들에게 당부한 마지막 훈시이다. 금산의 왜적을 공격하기로 한 그 순간부터 이미 이 전투에서 이길 수 없다는 것을 선생은 알고 있었다. 그럼에도 불구하고 죽음을 무릅쓴 항전을 피하지 않은 것은 권율과의 협공도 약속되었지만, 나라의 위급함을 보고 참을 수가 없었기 때문이었다. 충청도 순찰사 윤선각의 모사로 근왕 가던 길을 돌려 금산으로 향할 때 영규 대사는 중봉에게 진군을 만류한다. 이에 중봉이 말하기를

"지금 임금이 어디에 계시는가. 임금이 욕을 당하면 신하는 마땅히 죽는 것이니, 한 번의 죽음이 있음을 알 뿐이다."

라고 일축했다. 그러자 영규 대사는 더는 만류하지 못하고 선생을 따랐다. 금산전투가 최악의 상황으로 전개되자 참모들은 선생에게 이 상황을 피해 다음을 기약하자고 다급히 청한다. 그러나 선생은

"여기가 나의 순절할 땅이다. 장부는 죽음이 있을 뿐 전쟁에 임하여 구차하게 이를 모면하고자 해서는 안 된다."

라고 거절했다. 그리고 또 이렇게 말했다.

"너희들이 나를 후퇴하도록 하려 하나 나는 여기서 죽을 것이니, 너희들의 진퇴는 각자 임의대로 하여라."

그러나 휘하 의병들은 한 사람도 자리를 이탈하지 하지 않고 700명 모두가 선생을 따라 함께 순절했다. 이러한 선생의 사생관(死生觀)은 의(義)를 몸소 실천하며 살아오신 확고한 신념이었다.

의리사상(義理思想)이란 불의와 부정을 비판하여 사회 정의를 구현하고 외세의 침략에 항거하여 민족을 수호하는 저항정신으로, 절의(節義)란 이러한 의리를 구현하기 위한 강한 신념이라고 할 것이다. 선생은 자신을 버리고 의리를 행하는 신념으로 일생을 살아왔

지당에 비 뿌리고

다. 끊임없는 상소로 사회의 부패와 부정을 비판하고 대안을 제시하여 밝은 세상, 백성이 안정된 삶을 사는 사회를 구현할 방법을 모색해 왔다.

1587년(선조 20년) 11월에 일본의 풍신수길이 현소(玄蘇)를 보내와 화친을 청했다. 그때 선생은 일본과 통호하지 말 것을 주장하는 '청절왜사소(請絶倭使疏) 1소'를 지어 올렸으나. 관찰사가 이를 왕에게 올리지 않으므로 다시 2소를 지어 직접 대궐 문 앞에 가서 1, 2소를 함께 올렸다. 이 상소에서 왜국과의 절교가 상책이지만, 부득이 통호를 한다면 외교문서에 나타난 일본의 연호를 삭제하여 명분을 바로잡을 것, 왜구 및 왜상의 불법 침입을 금할 것, 왜구가 침입 시 포로로 끌려간 우리 백성 80여 명과 반민(叛民)을 송환하는 3가지 조건이 먼저 이루어져야 한다고 주장했다.

선생은 평화주의자였다. 그럼에도 일본과의 화친을 반대한 것은 군신(君臣)의 도리를 저버린 풍신수길에 대한 응징의 조치이고, 조선의 국격(國格)과 자존심의 수호였다. 선생은 도의(道義)로 일본을 감화시켜 평화의 길로 인도해야 한다고 생각했다. 선생은 '청절왜사소(請絶倭使疏)'에서 이렇게 말한다.

> 오랑캐들을 대하는 데에는 본래 상책이라고는 없습니다. 인의예지(仁義禮智)로 저들을 감화시키는 것뿐입니다. 당당한 우리나라는 태조대왕께서 창업하신 이래 관해(關海)에서 백전(百戰)을 겪어 생령(生靈)들을 편안케 하셨으며, 열성조(列聖朝)께서 큰 덕을 전하여 미봉(彌縫)하심이 세밀하셨으며, 진(鎭)과 보(堡)가 별과 같이 벌려 있고, 문교(文敎)가 때로 선양되었습니다.

선생은 공자의 가르침으로 일본을 교화시켜서 평화의 길로 인도하는 것이 상책임을 강조한다. 그러면서도 여의치 못한 상황에서는 백성을 편안하게 하기 위해서 백전(百戰)을 불사할 수밖에 없다고 했다. 그리고 그 근본은 강한 나라, 강한 군대임을 분명히 했다.

선생이 보다 두려워하는 또 하나가 있었다. 명나라를 침범하겠다는 일본의 야욕에 조선이 자칫 중국의 오해라도 사게 된다면, 조선에 돌아올 보복을 두려워했다. 그것은 약소국의 비애였다. 선생은 그 보복이 일본의 도발보다 더 두렵다는 역사적 사실을 상기하며 조정의 안일한 태도를 비판했다.

이와 같이 선생은 대내외적으로 위기에 처한 조선을 구하고자 임금과 대신들을 일깨우려는 목숨 건 노력을 끊이지 않았다. 1589년에는 조정의 잘못과 동인의 전횡을 비판하는 '논시폐소(論時弊疏)'를 지부상소(持斧上疏)했다가, 동인 세력의 배척과 선조의 분노로 함경도 길주 영동역(嶺東驛)으로 유배되었다. 선생은 유배지에서도 간계한 왜국에 사신을 보내서는 안 된다는 주장의 '청절왜사소(請絶倭使疏) 3소'를 올린다. 일찍이 왜란을 예측하고 이에 대비할 것을 조정에 수없이 상소했다. 그러나 조정은 이를 받아들이지 않는다.

임진왜란이 일어나기 전 해인 1591년 3월에는 일본이 다시 사신을 보내와 명나라를 공격할 길을 빌려달라는 무례한 요구를 해왔다. 일본이 조선을 침략할 뜻을 분명히 했음에도 조정은 당황하여 의견만 분분할 뿐, 이렇다 할 대책을 내놓지 못하고 있었다. 이때 선생은 조선을 정탐하러 온 왜 사신의 목을 베라는 '청참왜사소(淸斬倭使疏)'를 두 번에 걸쳐 올린다. 지난번 '논시폐소(論時弊疏)'에 이어 두 번째 지부상소(持斧上疏)를 한다. 지부상소는 도끼를 놓고 상소

지당에 비 뿌리고

를 올리는 것으로, 내 뜻을 가납하지 않으려면 목을 치라는 극단적인 상소의 방법이었다. 이와 함께 올린 것이 '영호남비왜지책(嶺湖南備倭之策)'이다.

'영호남비왜지책(嶺湖南備倭之策)'은 일본의 공격에 대비할 이상적인 방어책이었다. 장차 왜란의 전개를 정확히 예측하고, 이에 대한 세부적인 대응 방책과 사전 준비를 구체적으로 제시한 실질적인 조선 방어책이었다. 임진왜란이 일어나고 왜적의 침입 진로와 진행 양상이 선생의 예측과 정확히 일치했으니, 참으로 놀라운 일이다. 그러나 당시 조정은 선생의 상소를 거들떠보지도 않았다. 이때 중봉의 상소를 제대로 받아들였다면 역사에서 가장 비극적인 임진왜란이란 전란을 예방하거나 또는 조기에 끝낼 수도 있었을 것이다. 이러한 기회를 가볍게 여김으로써 불행하게도 사태를 가장 치욕적이고 비극적인 상황으로 몰고 가고 말았다.

1592년 4월, 조선을 침입한 왜적의 전진이 파죽지세로 전개되자, 선생은 분연히 일어나 의병을 모집한다. 숱한 관군의 방해에도 굴하지 않고 보은 차령전투의 승리와 임진란 최초로 의병과 관군이 합동 작전으로 공성 작전(攻城作戰)을 실시하여 청주성을 회복하는 혁혁한 전과를 올렸다. 청주성 전투가 끝나고 북쪽으로 근왕을 나섰을 때 이를 방해하는 순찰사의 간계로 다시 공주로 돌아왔으나, 의병의 가족을 잡아 가두는 등의 탄압과 방해로 남은 의병은 불과 700명뿐이었다.

선생은 700 의병에 영규 대사의 의승병 3백 명을 포함하여 약 1,000명의 군사로 금산에 포진한 왜적의 정예 대군과 일전을 벌였다. 그러나 중과부적(衆寡不敵)으로 선생과 700 의병은 한 사람도 전장을 이탈하지 않고 목숨을 바쳤다. 모두가 의(義)를 위해 죽음을 초월했던 것이다. 그 희생이 헛되지 않았으니, 곡창 지대인 호남을 보전했고 실의에 빠진 백성들에게 전승 의지를 불러일으키기에 충분했다. 죽음 앞에서도 의연했던 중봉 선생, 옳은 일에 결코 주저하지 않는 그의 의로운 행적들, 이는 절의를 생명보다 중히 여기는 그의 확고한 신념에서 나오는 것이었다.

아! 평생 익힌 학문으로 의(義)를 행하기 위해 흔들림 없는 삶을 살았고, 불의를 비판하고 대안을 제시하는 데 자신의 안위를 돌보지 않았으며, 나라가 위급할 때는 분연히 일어나 목숨을 바친 중봉 선생이야말로 영원한 민족의 사표(師表)요, 절의의 표상(表象)이다.

선생이 순절하신 뒤에 은봉 안방준은 생전에 선생을 만난 일이 없지만, 그를 흠모하여 자신의 호를 포은(鄭夢周 1337~1392)의 '隱' 자와 중봉의 '峯' 자를 따서 은봉(隱峯)이라고 지었다. 그는 선생의 사적이 민멸하여 후세에 전해지지 못할 것을 걱정한 은봉은 선생의 글과 언행록을 모아 『항의신편(抗義新編)』과 『동환봉사(東還封事)』를 간행했다. 『동환봉사』의 발문(跋文)에서 "이때 선생의 나이 겨우 30이었는데 그 식견과 학문은 이미 공명정대한 경지에 이르렀으니, 실로 우리나라 역사 이래 수천 년 동안에 있어서 보기 드문 영재이며 뛰어난 진유(眞儒)이다."라고 중봉을 존숭했다.

후대에 청음(淸陰) 김상헌(金尙憲 1570~1652)은 선생을 일컬어 "국가가 이백 년간 인재를 양육한 이래 선조 대에 이르러 충효와 절의와 도학을 겸비한 한 사람이다."라고 평가했다.

민본주의에 기반을 둔 선생의 개혁사상은 실학파인 반계(磻溪) 유

지당에 비 뿌리고

형원(柳馨遠, 1622~1673), 담헌(湛軒) 홍대용(洪大容, 1731~1783), 초정(楚亭) 박제가(朴齊家, 1750~1815) 등에게 큰 영향을 주었다. 또한, 충절과 호국 정신은 병자호란을 전후하여 청의 무력적 침략에 항거하는 의기(義氣)와 일제 침략에 항거하는 항일 의병 정신에 이르기까지 민족정기(民族正氣) 확립에 커다란 영향을 주었다.

이와 같이 선생의 학문과 개혁정신은 후세에 큰 영향을 미쳤고, 충절과 대외적 항쟁 의식은 선비의 표본이 되어 우리의 민족정신으로 면면이 계승되고 있다.

◇ 관련 서적과 논문 자료

1. 서적 및 논문 자료

- 『趙憲全書(重峯集)』崔永禧, 探究堂.
- 『朝鮮王朝實錄(重峯 趙憲 편)』金浦文化院.
- 『朝天日記』동아시아비교문화연구회, 서해문집.
- 『불멸의 重峯 趙憲』金浦文化院.
- 『救國의 실천적 道學者 重峯 趙憲』李河俊.
- 『重峯 趙憲과 그의 時代』李河俊.
- 『重峯詩譯註』卞亨錫, 重峯趙憲先生記念事業會.
- 『重峯趙憲詩選』卞亨錫, 重峯趙憲先生記念事業會.
- 『壬亂義兵將 趙憲』李錫麟, 沃川郡.
- 『重峯 趙憲 栗原九曲歌地誌』李相周, 沃川文化院.
- 『重峯 趙憲의 民族史的 位相』李東俊 논저.
- 『重峯 趙憲의 義理思想』吳錫源 논저.
- 『隱峯野史別錄』李相益, 崔英成.
- 『壬辰倭亂史』國防部戰史編纂委員會.
- 『沃川의 漢詩』沃川鄕土史研究會.
- 『淸州地域의 壬亂史 硏究』壬辰亂精神文化宣揚會.
- 『仁峯全承業先生遺稿』沃川全氏松亭公派宗會.
- 『顧庵先生遺稿』沃川文化院.
- 『忠淸北道誌』『忠淸南道誌』『沃川郡誌』『報恩郡誌』『永同郡誌』『淸州市誌』.
『錦山郡誌』『公州市誌』『洪城郡誌』.

2. 사진 자료(제공: 문화재청 칠백의총관리소)

- 중봉 조헌(重峯 趙憲)像. 문과급제교지. 봉상시첨정제수교서. 중봉집. 칠백의총. 국방강화
  상소도. 근왕창의도. 전략회의도. 금산혈전순절도.

지당에 비 뿌리고